Thüringer Sagen

Thüringer Sagen

Gesammelt und herausgegeben
von Paul Quensel

Mit einer Einleitung
von Leander Petzoldt

Bechtermünz Verlag

Genehmigte Lizenzausgabe für
Weltbild Verlag GmbH, Augsburg 1998

Einbandgestaltung: Zembsch' Werkstatt, München
Satz: Uhl + Massopust, Aalen
Druck und Bindung: Wiener Verlag, Himberg bei Wien
Printed in Austria
ISBN 3-86047-203-8

INHALT

Einleitung 7

Vorwort von Paul Quensel 11

GESCHICHTLICHE SAGEN

Frühzeit 19

Von großen Wassern · Die Thüringer am Meer · Attila in Thüringen · Childerich und Basina · Bruderkampf

Ungarn- und Wendenkämpfe 29

Herrengeschlechter und ihre Burgen 32

Die verschiedenen Geschlechter · Raubburgen

Die Landgrafen und die Wartburg 43

Ludwig der Bärtige · Übernahme der Herrschaft · Der eiserne Landgraf · Der Sängerkrieg · Die vierjährige Braut · Der Erbstreit · Albrecht der Unartige · Der Taufritt

Vom Ausgang des Mittelalters 78

Kinderzüge · Judenverfolgung

Die Städte 83

Erfurt · Arnstadt · Gotha · Mühlhausen · Nordhausen · Sondershausen · Naumburg · Jena · Weimar · Altenburg · Saalfeld · Koburg · Größe der Städte · Gerichtswesen

Dorfleben 107

Entstehung von Dörfern · Kirchen, Glocken und Bildwerke

Bergbau 113

Walenkunde · Die Venezianer

Luther und die Reformation 123

Prophezeiung auf Luther · Der Bauernkrieg · Wiedertäufer · Karl V.

Aus den letzten drei Jahrhunderten 132

Dreißigjähriger Krieg · Die Geisterschlacht · Der Siebenjährige Krieg · Die Franzosenzeit

Die Pest und andere Landplagen 141

Himmelszeichen · Entstehung der Pest · Hungersnot · Wassersnot · Windsbraut · Feuersnot

Zigeuner und Räuber 153
Male und Wahrzeichen 159

VOLKSGLAUBE

In den Bergen 167
Das wilde Heer 174
Im Kyffhäuser 183
Andere Seelenberge, Frau Holle und Perchte 194
Riesen 205
Zwerge, Berggeister, Kobolde 209
Namen und Sitze · Bergmännchen · Der Kobold im Ranzen · Gestalten des Drachen
Holzleute 225
Wassergeister 234
Geheimnisvolle Tiere 246
Schätze 254
Geldschätze · Äffende Schätze · Weinlager · Die Wünschelrute
Lichter und Feuer 269
Irrlichter · Umgehende Laternen · Feurige Kugeln · Feuermänner
Versunkenes und Erstandenes 276
Der Alp 283
Hexe und Zauber 286
Von den Hexen · Liebeszauber · Andere Zaubermittel und -künste · Zauberer und Hexenmeister
Jäger und Schützen 309
Der Teufel 317
Böse Mächte · Lästerer · Spieler
Faust 329
Der Tod und die Toten 336
Trauerzüge · Die Erdhenne · Wiederkehrende Tote · Der Toten Eigentum: Das Grabkreuz · Grenzfrevler · Spieler und Raufer · Spukende Geistlichkeit · Geisterzüge

Quellennachweise und Anmerkungen 354
Ortsregister 370
Bildregister 376

Einleitung

Fast siebzig Jahre sind vergangen, seit der Weimarer Gymnasiallehrer und Heimatschriftsteller Paul Quensel seine „Thüringer Sagen" vorlegte. Er schuf damit eine Sammlung, die in den Besprechungen der zwanziger Jahre enthusiastisch begrüßt und von der Bevölkerung sofort als Heimatbuch aufgenommen wurde. Mehr noch als damals ist diese Sammlung heute geeignet, die Verbundenheit mit dieser geschichtsträchtigen und schicksalreichen deutschen Landschaft zu erneuern. Paul Quensel, am 9. Mai 1865 in Weida, Thüringen, geboren, war Zeichen- und Deutschlehrer am Lehrerseminar und der späteren Deutschen Aufbauschule in Weimar, wo er am 8. 12. 1951 verstarb. Er schrieb Gedichte, Dramen, Novellen und Erzählungen, daneben Jugend- und Volksstücke und initiierte die erste weimarische Schulbühne. Seine Stücke wurden in Dresden und Berlin aufgeführt. Quensel war ein guter Kenner der heimatlichen thüringischen Überlieferung, dazu ein Wissenschaftler, der mit Intuition und Exaktheit das Wesentliche vom Unwesentlichen zu scheiden wußte. Es gelang ihm, die beinahe uferlose Masse lokaler Überlieferungen sinnvoll zu ordnen und, im Gegensatz zu früheren Sammlungen, in eine sachliche Ordnung zu bringen, die sich einer geographischen Gliederung insofern überlegen zeigt, als sie Wiederholungen bestimmter Typen vermeidet, ohne die Fülle des Stoffes einseitig zu beschränken.

Thüringen war eine reiche Sagenlandschaft, in der sich slawische Überlieferungen mit der bodenständigen Tradition mischten, vorchristlicher Glaube mit christlichem verband. In der Mitte Deutschlands gelegen, sah diese Landschaft den Durchzug vieler Heere und die Herrschaft vieler Mächtigen. Dies alles hat seinen Niederschlag in der Überlieferung der Bevölkerung, in ihren Geschichten, Erzählungen, Urteilen und Meinungen gefunden. Viele historische Persönlichkeiten sind über Thüringen hinaus bekannt. Die Sage sieht sie freilich mit anderen Augen als die exakte Geschichtsschreibung. Von dem Minnesänger Tannhäuser, dem die Sage ein Verhältnis mit Frau Venus im Hörselberg nachsagt, von Friedrich Barbarossa, der im Kyffhäuser auf bessere Zeiten wartet, bis zu Faust, der, wie sollte es anders sein, der Sage nach aus einem Dorf bei Weimar stammt, werden sie alle mit Charakterzügen versehen, die sie menschlich – oder übermenschlich –

erscheinen lassen. Und natürlich verlegt lokales Selbstbewußtsein viele der aufregenden Künste und Taten Fausts in thüringische Städte: Gotha, Wittenberg und Erfurt, wo man noch das Haus kennt, in dem er sein wunderbares Gastmahl veranstaltete. Im Erfurter Dom steht auch das Grabmal des Grafen von Gleichen, der nach der Volksüberlieferung eine Doppelehe mit einer Sarazenin und einer thüringischen Adeligen führte. Präzise wie die Sage ist, vergißt sie auch nicht, »das dreischläfrige Bett mit rundgewölbtem Himmel, grün angestrichen« zu erwähnen. Das sind typische volksmäßige Ätiologien (Erklärungen), die, von nicht mehr verstandenen Realien ausgehend, diese mythisieren, konkretisieren und umdeuten. Ähnlich ist es mit der Sage von der Gräfin von Orlamünde. Beide Sagen, die vom Graf von Gleichen wie die von Kunigunde von Orlamünde, gehen auf Mißdeutungen von Grabdenkmälern zurück. Das Grabmal des Grafen von Gleichen im Erfurter Dom zeigt diesen, der Sitte der Zeit entsprechend mit seinen beiden Frauen abgebildet, die er freilich nacheinander geehelicht hatte. Zur Erklärung bot sich dann das Sagenmotiv von dem Kreuzfahrer an, der, in Gefangenschaft geraten, durch die Liebe der Sultanstochter befreit wird und diese aus Dankbarkeit (mit päpstlichem Dispens) neben seiner bereits angetrauten Gattin heiratet. Dieses Motiv wird auch in Verbindung mit dem ritterlichen Minnesänger Heinrich von Morungen erzählt. Im Falle der Gräfin von Orlamünde, die als junge Witwe in das Kloster Himmelsthron in Gründlach eingetreten war und als Äbtissin im weißen Zisterziensergewand auf ihrem Grabmal abgebildet ist, konnte sich die Fama den frühen Eintritt ins Kloster nicht anders als durch begangene schwere Schuld erklären: Sie soll ihre beiden unmündigen Kinder ermordet haben, um eine neue Ehe eingehen zu können.

Sagen heften sich mit Vorliebe an Burgen und Schlösser, an denen Thüringen so reich ist. Allen voran die Wartburg. Hier fand der Sängerkrieg statt mit Heinrich von Ofterdingen, Wolfram von Eschenbach und Meister Klingsor. Hier lebte die hl. Elisabeth, hier warf Luther sein Tintenfaß nach dem Teufel. Die Reformationszeit und der Dreißigjährige Krieg sind markante Einschnitte und historische Fixpunkte, auf die sich die Sage ohne historische Skrupel bezieht und wohin sie Geschehnisse verlegt, die keineswegs immer ins 16. oder 17. Jahrhundert gehören. Letztlich kommt es der Sage nur auf die innere Stimmigkeit an. Schwedenschanzen und Kroatengräber, Erinnerungsmale und Feldkreuze sind Zeichen für die Greuel des Krieges schlechthin, aber sie verlangen nach einer Erklärung, die sie bemerkenswert macht. Diese Erklärungen bevorzugen das Außergewöhnliche. An die Wiedertäufer erinnert man sich sagenhaft, an Judenpogrome, an Sektierer und Ketzer und an die Hussiten vor Naumburg. Wie an vielen Orten wird diese Belagerung und die glückliche Errettung Naumburgs mit einer bewegenden Geschichte versehen, bei der es nur darauf ankommt, daß es so hätte sein können; eine Geschichte, die auswechselbar ist, die sozusagen Zeichencharakter besitzt und unverhoffte Rettung signalisieren soll. Denn wie in Naumburg die Hussiten durch die Bitten der Kinder an der Plünderung gehindert werden, so sind es in Dinkelsbühl und andernorts die Schweden.

Den geschichtlichen Sagen schließen sich in der vorliegenden Sammlung die ›mythischen Sagen‹ an; von Quensel unter den zutreffenden Titel ›Volksglaube‹ gestellt. Hier finden sich sehr altartige Motive und Sagentypen. Einzelne Motive sind bis in die Antike zurückzuverfolgen. So in der Sage vom Räuber Pölsmichel, der unüberwindlich war, solange er auf fester Erde stand. In die Höhe gehoben, verlor er seine Kraft. Das Gleiche erzählt die griechische Sage von Antaios, dem Sohn der Gäa, den Herakles erst töten konnte, als er ihn in die Höhe hob und damit verhinderte, daß er immer neue Kräfte aus der Berührung der Erde gewann. Noch reizvoller ist die Herkunft eines Motives, von dem man annehmen würde, daß es wie kein anderes auf volkstümlicher Denkweise beruht: Bei der Hinrichtung eines Räubers bittet dieser, seine Mutter noch einmal küssen zu dürfen. Statt dessen aber beißt er seine Mutter in die Wange, daß sie aufschreit. Er aber wirft ihr vor, hätte sie ihn besser erzogen, würde er jetzt nicht hingerichtet. Dieses Motiv in einer Sage aus dem Werratal findet sich bereits zu Anfang des 6. Jahrhunderts bei dem Schriftsteller Boethius in dessen ›Disciplina Scholarium‹ und wird z. B. auch in Österreich von dem Räuberhauptmann Georg Grasel erzählt. Diese wenigen Bemerkungen vermitteln einen Eindruck von der zeiten- und länderüberschreitenden Kraft der Sage, von dem Beharrungsvermögen volkstümlicher Tradition und gleichzeitig von der Wandlungs- und Anpassungsfähigkeit einzelner Motive. Ein hohes Alter besitzt auch die Sage von der Seele als Maus, die dem Schläfer aus dem Munde schlüpft; sie wird in der Gegend von Saalfeld erzählt. Zum ersten Male aber findet sie sich in der Geschichte der Langobarden des karolingischen Historikers Paulus Diakonus und wird hier von dem fränkischen König Guntram berichtet. In dieser Sage spiegeln sich Glaubensvorstellungen sehr früher Kulturen. Das gilt im wesentlichen für fast alle Sagen dieser Gruppe, die man letzten Endes als ›Konkretisierungen des Volksglaubens‹ bezeichnen könnte; seien es nun Riesensagen, Sagen vom Wilden Heer, von Hexen und Zauberern oder dämonologische Sagen von Zwergen, Nixen, Kobolden oder dämonischen Tieren von nur lokaler Bedeutung, von der Erdhenne, dem Kreuzhirsch, dem Feuerhasen, dem Otternkönig und dem Bieresel. Noch viele solcher sagenhafter Tiere wären zu nennen. Sie sind Produkte der kollektiven Phantasie.

In der Sage wird das Ungewöhnliche, der rettende Einfall, das seltene Naturereignis, die unvermutete Wendung, der Krieg aktualisiert, kaum aber das Alltägliche. Das hängt jedoch nur bedingt mit dem Unterhaltungscharakter der Volkssage zusammen, weit mehr ist es kennzeichnend für eine Denkweise, die im Besonderen das Allgemeingültige zu erkennen sucht. Es ist die gleiche Denkweise, die das Volk seine Herrscher nach ihren Taten charakterisieren oder nach ihren hervorstechenden Merkmalen benennen läßt. Thüringen hat so eine Reihe bemerkenswerter Fürsten aufzuweisen: Ludwig den Springer, Albrecht der Entarteten, Friedrich mit der gebissenen Wange, Wilhelm den Einäugigen und nicht zuletzt Friedrich den Friedfertigen. Ist es Ironie oder höhere Einsicht, daß gerade letzterer gleichzeitig den Beinamen ›der Einfältige‹ führte?

LEANDER PETZOLDT

Vorwort

Thüringen – ein Wort mit gutem Klang und doch in seiner Herkunft dunkel und viel umstritten. In der historischen Forschung wird er überwiegend mit den Hermunduren in Verbindung gebracht und dieser Name als Irminduren, d. h. die großen Duren, gedeutet. Sie standen innerhalb des Verbandes der Hermionen, einer jener vier großen Germanengruppen, die vielleicht Kultgemeinschaften waren. Anfang des 4. Jahrhunderts verschwindet der Name der Hermunduren, und man nimmt an, dieser germanische Volksstamm habe hernach den wesentlichen Bestandteil der Thüringer gebildet. Aber andere lehnen diese »bequeme Hermunduren-Theorie« ab und sind der Ansicht, die Thüringer seien hervorgegangen aus einer Verbindung von Cheruskern und Angeln, zu denen sich dann noch die Warnen gesellten. Unzweifelhaft ist wohl der Blutsanteil der beiden letztgenannten am Thüringer Stamm, dagegen ist noch fraglich, ob es dieselben Angeln und Warnen waren, die uns in Schleswig-Holstein begegnen, oder gleichnamige Stämme andern Ursprungs. Auch über die Form des Thüringer Königreichs und seine Begrenzung gehen die Meinungen auseinander, ebenso über die Art und Weise, wie es unter Hermannfred an die Franken seine Freiheit verlor. Unter den späteren Frankenkönigen aus dem Merowingergeschlecht führte Thüringen jedenfalls wieder ein starkes Eigenleben, gegen Ende des 7. Jahrhunderts heißen die Thüringer Herzöge gelegentlich auch wieder Könige. Diesen Sondergewalten machte dann aber das Emporkommen der Karolinger ein Ende; neben einem Karl Martell konnte sich ein thüringischer Herzog nicht mehr halten. Als dann unter den letzten Karolingern der fränkische Staatsbau zerfiel, kam wie bei den andern deutschen Stämmen so auch in Thüringen wieder ein Herzogtum auf, ehe es aber fest genug saß, griff das stärkere Geschlecht der Liudolfinger, das beim benachbarten Sachsenstamm die Führung übernahm, auch nach Thüringen über und brachte die Herrschaft an sich. Unter dem ersten deutschen Könige aus diesem Hause, Heinrich dem Vogler, sowie unter seinen Nachfolgern erscheint dann Thüringen wieder vor allem als Markland und Ausfallstor gegen Ost und Südost. Gern weilten sie auf ihren Pfalzen Allstedt, Memleben und Saalfeld und jagten in den umgebenden Wäldern.

Alle die Veränderungen an Ausdehnung und Macht, die seit dem Verlust der Selbständigkeit an die Merowinger den Thüringer Stamm trafen, erscheinen noch zum Teil ungeklärt. Doch kann der fränkische Einschlag, der durch Besetzung und Besiedelung von Landesteilen erfolgte, nicht bezweifelt werden und ist südwestlich vom Walde ganz offensichtlich. Ebenso muß ein Eindringen sächsischen Volkstums von Norden, z. B. nördlich der Unstrut, angenommen werden. Endlich kam auch von Osten her ein Zuschuß: slawische Völker, besonders die Sorben, schoben sich bis zur Saale und zum Teil noch über sie hinüber und wurden in harten Abwehrkämpfen aufgehalten, ohne daß damit eine Absonderung und Ausscheidung dieser Fremdstämme erreicht worden wäre.

Den verschiedenen sich widerstreitenden Annahmen und ihren Begründungen, wie sie etwa in Ortsnamen gegeben sind, genauer nachzugehen, hätte an dieser Stelle wenig Sinn. Liegt doch in den geschichtlichen Tatsachen keinerlei notwendige Voraussetzung für die Freude an dem, was das vorliegende Buch bieten soll. Im Gegenteil, in der Hand des unbarmherzigen Historikers kommen die schönen Sagenblüten – es sei nur an Widukinds Erzählung von der Schlacht von Burgscheidungen erinnert – gar vielfach zum Welken, und aller bunte Blumenstaub verbleicht im scharfen Lichte seiner Untersuchungen. Wir müssen aber trotzdem das Recht der Sage mit allem Nachdruck wahren, ja können noch weitergehen und sagen, daß gerade bei der Unsicherheit unserer geschichtlichen Kenntnis von der Frühzeit Thüringens die Sage erhöhten Wert gewinnt: sie bewahrt uns die innere Geschichte, den historischen Volkscharakter des Thüringerstammes.

Eines auch von den Ergebnissen historischer Untersuchung muß dabei festgehalten werden: jene Mischung mehrerer der bedeutendsten germanischen Völkerstämme und anderseits die mannigfache Begegnung mit slawischem Blut, der jahrhundertelange Vorkampf für germanische christliche Kultur, alles das konnte nicht ohne Einfluß auf das thüringische Volkstum bleiben. Es prägt sich in scharfen Zügen aus in den thüringischen Herrengeschlechtern, vorab in dem, das über alle emporstieg, dem der Landgrafen; es prägt sich aus in all dem Leben, das die Wartburg für uns umschließt. Aber auch im Bauern- und Bürgertum; auf diesem Boden erwuchs eine stattliche Zahl von Persönlichkeiten, die in ihrer verschiedenartigen überragenden Größe der ganzen Welt Ehrfurcht abzwangen. Die Bedeutung des Meisters Eckehart, geboren in Hochheim bei Gotha, erscheint immer klarer, je mehr sein Geisteswerk von der Forschung durchdrungen wird; man erkennt immer mehr, wie er nicht nur stille Gottsucher erquickt, sondern mit seiner reinen, gefühlsinnigen Saat auch die größten deutschen Denker und Dichter befruchtet hat. In Martin Luther sehen wir den Genius des Glaubens und kampfstarken Vertrauens, der seine religiöse Überzeugung gegen eine Welt von Feinden zu behaupten wußte. Johann Sebastian Bach ist der musikalische Bahnbrecher von Ausmaßen, die die Welt nicht zum zweiten Male sah. Und schrieb doch seine Riesenwerke trotz wirtschaftlicher Dürftigkeit und Zurücksetzung in jener heitern Ruhe und Selbstverständlichkeit, die man noch bis in die neueste Zeit in der tüchtigen und begeisterten Thüringer Kantorenzunft beobachten konnte. Zu diesen drei ganz Großen kommen Heerführer von der Bedeutung eines Herzogs Bernhard, Erzieher wie Herzog Ernst der Fromme und Fröbel und Kunstförderer wie Karl August, der Nachfahre des Landgrafen Hermann.

Zu den in der Blutmischung gegebenen Voraussetzungen kam eine freundliche, versöhnliche Natur, die dem Menschen viel mildere Aufgaben stellte als die im Hochgebirge oder an der Meeresküste. So ist es am Ende nicht verwunderlich, wenn sich das thüringische Volk nicht herb geschlossen, sondern heiter und zugänglich erweist, wenn zu den großen, kraftvollen Zügen der älteren Zeit minder starke treten, wenn die Arbeitsfreudigkeit oft nicht Arbeitszähigkeit ist, der Begeisterungsfähigkeit nicht selten die Ausdauer der Überzeugung fehlt. So sieht man in den Sagenbildungen oder Umformungen der jüngeren Zeit mehr Genüge an liebenswürdigen, geheimnisvollen, wunderlichen Bildern und Gestalten als an unbändigen, finstern, dämonischen. Noch einige andere Umstände, die für die Sagenkunde bedeutsam erscheinen, dürfen nicht übersehen werden. Thüringen ist Übergangsland gewesen und geblieben, und alle großen Kriege, die über Deutschland hingebraust sind, haben sich in erhöhtem Maße in Thüringen ausgewirkt und die Eigenart von Land und Leuten erschüttert und geschädigt. An die Stelle schweifender oder monatelang eingelagerter Kriegshorden traten später Schwärme von Sommerfrischlern, gelockt von der freundlichen, waldreichen Natur. Der Zuzug ist ihnen seit langem leicht gemacht, denn das Land wurde durch große Schienenstränge zeitig erschlossen und durch ein immer enger geflochtenes Netz von kleineren Bahnen in steigendem Maße dem Verkehr preisgegeben. Dazu kam eine Industrialisierung, deren Notwendigkeit oft nicht einmal durch bodenständige Voraussetzungen bewiesen, sondern von außen her, glaubhaft gemacht wurde, und mit ihr ein Zustrom fremder Arbeiter und Betriebsleiter. Auch die Aufklärung tat das Ihrige und konnte um so erfolgreicher arbeiten, als der Thüringer, wie bereits angedeutet, von Haus aus geneigt ist, sich Neuerungen gern in die Arme zu werfen. Hahn bemängelt in seiner Geschichte von Gera (1850) den Mißbrauch, den man mit den zwölf Nächten getrieben, und berichtet mit Bedauern: der Aberglauben sei im 18. Jahrhundert so stark gewesen, daß es kein Schloß, keine Burg- oder Klosterruine, keine Mühle, überhaupt kein merkwürdiges Gebäude gegeben habe, in dem nicht ein graues Männchen, ein Mönch oder eine Nonne, ein alter böser Vorfahr oder sonst ein Ungetüm gespukt und rumort habe. Und hundertzwanzig Jahre früher tritt Falckenstein in seiner Thüringischen Chronik den Lügenschmieden und Fabelmachern gegenüber, die sich unterfangen, Sagen und Mären in ihre geschichtlichen Bücher aufzunehmen. Es sei zwar, so meint er, solchen Leuten nicht zu verdenken, die nicht studiert haben, wenn sie »dergleichen fabulösen Erzählungen Beifall geben; denn sie gedenken: mein Großvater und meine Großmutter haben mir dieses erzählet, derowegen muß es doch wahr sein. Wenn aber Leute, die studieren oder gar vom Studio Historico Profession machen, dergleichen unstandhafte Dinge nicht allein glauben, sondern auch in ihren Schriften propagieren, denen ist nicht zu pardonnieren«. Inwiefern der Volksglaube mitunter weiser war und den Ursprung der Dinge zeitiger erfaßte als der Gelehrte, kann an dieser Stelle nicht weiter ausgeführt werden; doch fehlt es auch in Thüringen nicht an Beispielen dafür.

Alle diese Tatsachen machen es erklärlich, daß das sagenhafte Erbgut in der heutigen Bevölkerung Thüringens die ursprüngliche Kraft fast verloren hat. Hier und da ist der Glaube an Hexen und Drachen noch lebendig; ebenso behaupten sich allerlei Geschichten von Umgängern in der Erinnerung. Doch die Angaben sind blaß; auch scheint es zuweilen, als ob diese Restbestände ihren Nährboden mehr im Gelüst nach Grusel und übler Nachrede fänden als im Glauben an geheimnisvolle Mächte über und hinter der greifbaren Welt. Wo aber im Bewußtsein alter Leute, die in stiller Abseitigkeit aufgewachsen und erhalten worden sind, ja noch lebendige Erinnerungen an Holde und Unholde wurzeln, da mag die Scheu, von der klügeren Jugend verlacht zu werden, die Zungen lähmen. So kommt es, daß die zahlreichen neueren Ortsgeschichten wenig Sagengut aufweisen. Der verdienstvolle Verfasser der Ostheimer Chronik gesteht es offen: »Ein besonderer Abschnitt war den örtlichen Sagen gewidmet. Viel ist aber nicht zutage gefördert worden. Über die sechs, sieben oder zwölf Reiter ohne Kopf, erscheinende Flämmchen, verborgene Schätze ist man nicht hinausgekommen.« Schon vierzig Jahre zuvor beklagt es Sigismund in seiner Landeskunde des Fürstentums Schwarzburg-Rudolstadt, daß die Zahl der lebendig gebliebenen Sagen, denen Urwüchsigkeit aus den Augen leuchte, nicht groß sei.

Doch fleißige Sammler hatten vorgesorgt und die Schatzkammer, namentlich nachdem durch die Romantiker die Bedeutung des geistigen Volksgutes gewürdigt worden war, ansehnlich gefüllt. Dabei kam den Sagensammlern sehr zustatten, daß von bedeutenden Geschichtsschreibern die historischen Sagen, besonders die unvergleichlichen Geschichten von der Wartburg, schon zeitig aufgezeichnet worden waren, und in Chroniken und Akten schimmerten unter den Begebenheiten der weiten und engern Welt mancherlei alte Sagenstücke hervor, geeignet zur Aufnahme in das bunte Mosaikbild. In den Jahren 1835–38 brachte Ludwig Bechstein seinen Sagenschatz des Thüringer Landes heraus, dem später u. a. das Thüringer Sagenbuch und die Sagen des Rhöngebirges folgten. Leider sind seine Bücher ohne Quellenangaben geblieben, so daß es oft schwerfällt, unter ausschmückenden Zusätzen die Vorlage zu erkennen. Sein Gegenpart ist der gewissenhafte August Witzschel in seinen Sagen aus Thüringen (1866, 2. Teil 1878); denn er verzeichnet für jedes Stück seiner Sammlung die Quelle, aus der es geflossen. Ihm folgte in dieser Beziehung Robert Eisel in seinem Sagenbuch des Vogtlandes (1871), einer umfassenden Zusammenstellung von mehr als tausend Sagen und sagenhaften Nachrichten. Eine besondere Erwähnung verdient auch Ludwig Wucke mit seinen Sagen der mittleren Werra (1864), nicht nur wegen der Erzählweise, sondern auch wegen der Art, in der sie zusammengebracht wurden. Als ein blinder Mann, öfters ohne Führer und Gefährt, hat Wucke sein Gebiet durchzogen und bei Greisen, Hirten, Waldhütern, Kräuterweibern Gesellschaft gesucht. Es war nicht immer leicht, ihr Zutrauen zu gewinnen. »Landbewohner«, sagt er selbst, »sind mißtrauisch und fürchten, von dem sogenannten Gebildeten zum besten gehabt zu werden. Und wenn auch ein guter Teil derselben noch fest an den Inhalt der Sagen glaubt, so ist man meist ängstlich bemüht, den Schein des Glaubens zu vermeiden, weil man fürchtet, durch den Sagensammler bloßgestellt oder wohl gar auf irgendeine Weise verdächtigt zu werden.« War aber in der Schenke erst einer soweit gebracht, daß er erzählte, so wirkte das in der Regel wie ein Zauber auf die andern. Schlafende Erinnerungen wurden geweckt; die eifrigsten Spieler legten ihre Karten weg und sammelten sich als Erzähler oder Zuhörer um die andern. Zufolge seines bewegten Lebensganges war Wucke zu solchem Verkehr mit dem einfachen Manne besonders geeignet, und das scharfe Ohr des Blinden erlauschte alle bezeichnenden Formen volkstümlicher Denk- und Ausdrucksweise, so daß man nach einem Vergleich der Fassungen bei ihm und bei seinem Freunde Bechstein meist deutlich erkannt hat, auf welcher Seite die größte Treue zu finden ist. Allerdings darf nicht vergessen werden, daß die Gebiete, in denen Wucke sammelte, ihre Ursprünglichkeit viel länger bewahrt haben als beispielsweise das nordöstliche Vorland des Thüringer Waldes.

Das alte Wort: »Alles fließt« gilt in besonderem Maße von der Welt der Sagen. Nicht nur in dem Sinn, daß eine scharfe Gesamtgrenze nicht zu ziehen sei. Ein Austausch herüber und hinüber ist natürlich, und gemeindeutsche Motive suchen ihre Thüringer Form. Da ist der Pumphut und die Hausotter mit der wendischen Bevölkerung eingewandert; der Traum von der Regensburger Brücke wird mit neuen Zusätzen abgewandelt; die Bopfinger und Schildbürger senden ihre Vertreter. – Was die eingehaltene Umfassungslinie anlangt, so folgt sie im Süden und Westen, nach außen hin abrundend, der politischen Grenze Thüringens mit Einschluß Koburgs, geht dann über das obere Eichsfeld bis zur Helme und diese und die Unstrut hinab nach Naumburg, springt in gleicher Richtung nach Zeitz hinüber, umfaßt den Altenburger Ostkreis und läuft am rechten Elsterufer hinauf bis zum Anfang. Aber auch eine Gruppierung des von solcher Umgrenzung einbegriffenen Thüringer Stammesgutes ist keine einfache Sache. Die Vielgestaltigkeit einzelner Sagenfiguren, die widersprechenden Auffassungen in dem oder jenem Bezirk, die vielen Zwischenformen verwandter Erscheinungen machen die Scheidung oft schwer, und hat die schulmeisternde Hand entschieden: Hierher gehörst du! so blinzelt solch ein ungewisses Ding nach einer andern Nachbarschaft hinüber, als wollt es sagen: Auch dorthin!

Damit ist schon angedeutet, daß eine Anordnung der Sagen nach örtlichen Gesichtspunkten, wie sie in den meisten Thüringer Sagenbüchern erfolgte, aufgegeben und – von einigen Ausnahmen abgesehen – eine Gruppierung nach sachlichen Beziehungen angestrebt wurde. Aus inneren Gründen: um den Leser zu besinnlicher Ruhe und Übersicht, sowie zu ahnender Einsicht in die Zusammenhänge der vielgestaltigen Sagenwelt zu bringen – aber auch aus äußeren: die vorliegende Sammlung war an einen gemessenen Raum gebunden, und der hätte bei den vielfach nötigen Wiederholungen, die mit einer Wanderung von Ort zu Ort verbunden sind, durchaus nicht ausgereicht. Aus gleichem Grunde konnte manche reizvolle Blüte nicht in den Kranz eingebunden werden, und der Leser möge darum nicht sauer sehen, falls er von seinem heimatlichen Standpunkt Ausschau hält und ihm liebgewordene und für die besondere Örtlichkeit vielleicht nicht unbedeutende Sagen vermißt. Die Legenden von der heiligen Elisabeth brauchten hier nicht mit der vollen Ausführlichkeit der Quellen wiedergegeben zu werden, da gleichzeitig ein besonderes Bändchen in einer andern Bücherreihe des Verlags ihr allein gewidmet wird. Auch die Barbarossasage vom Kyffhäuser findet in der gleichen Bücherreihe »Deutsche Volkheit« eine ausführliche historische Begründung. Wenn nun andere Mitarbeiter an der großen deutschen Sagensammlung ihren Stoff, wo nicht nach Örtlichkeiten, so doch wenigstens nach größeren Gebieten ihres Landes aufteilen, so schien auch das für Thüringen nicht möglich, da bei der verfließenden Art von Land und Leuten bestimmte Trennungslinien nicht wohl zu ziehen sind. Selbst das große Waldgebirge mit seinem altberühmten Rennsteig ist ja durchaus nicht die Völkerscheide, als die man es gewöhnlich bezeichnet.

Nach solcher Darlegung der Grundlinien, die für den Ausbau des Buches maßgebend waren, bleibt nur noch der Wunsch, daß es seine Aufgaben recht erfüllen möge: eine Ahnung der Vorzeit aufdämmern zu lassen, die heimatliche Betrachtung und Liebe zu vertiefen, die Erkenntnis des Volkstums zu steigern und nicht zuletzt das Empfinden für die hohe dichterische Kraft zu fördern, die im Volke formte und sagte. Die Voraussetzungen zur Erreichung dieses letzten Ziels sind trotz alles naturwissenschaftlichen Widerparts während der letzten Jahrzehnte noch lange nicht abgestorben. Im Gegenteil, bei den besten und nachdenklichsten Teilen unseres Volkes sehen wir Abkehr und Wandel: erneutes Empfinden für die Wunder in Tiefen und Höhen, Gefühl der Abhängigkeit von den Urgewalten, Fragen nach dem Woher und Wohin aller sichtbaren Erscheinung, Ehrfurcht vor den unergründlichen Geheimnissen der Seele, Ringen um die ewigen Rätsel des Lebens und Sterbens. Und all das war es ja auch, was einst die Sagenbildner bewegte und sie trieb, Meinungen und Antworten in ihrer Art zu gestalten.

Weimar PAUL QUENSEL

GESCHICHTLICHE SAGEN

Frühzeit

Von großen Wassern

Orte wie Weißensee, Gebesee, Schwansee, Seega, Seebergen deuten auf ein großes Binnenwasser im Thüringer Becken, und uralte Sagen stimmen zu. An den Eisenring am Tor des Schlosses zu Beichlingen sollen einst die Schiffer ihre Boote gebunden haben. Eine alte Erfurter Sage erzählt von der Kapelle Corporis Christi am Petersberg: Es war aber lauter schiffreich Wasser allda und nichts angebauet. An der Kapelle hing eine Laterne, nach der sich die Leute richteten. Endlich ward das Wasser an der Sachsenburg abgestochen. Die Laterne liegt unten in der Kapelle, die hat ein doppelt Gewölbe. – Auch jenseits des durchbrochenen Bergwalles kennt die Sage noch eine große Stauung. Da sei es geschehen, daß ein Mönch, der das Gelübde der Keuschheit leichtsinnig gebrochen, zur gerechten Sühne habe lebendig eingemauert werden sollen. Kurz vor der Vollstreckung ließ er den Abt bitten, noch einmal seine Beichte anzuhören, und dabei soll er sich erboten haben, unter der Bedingung, daß man ihm das Leben schenke, dem See einen Durchbruch zu verschaffen. Er untersuchte nun jeglichen Ort genau und begann unterhalb Memleben, etwas tiefer als der Spiegel des Sees, eine Höhle durch den Felsen zu arbeiten. Als er sie nach langer Zeit und Anstrengung glücklich zustande gebracht hatte, leitete er durch Gräben das Wasser hinzu. Es schoß in das Loch hinab, bahnte sich nach und nach einen immer breitern und tiefern Weg und riß mit der Zeit auch die darüber liegenden Felsmassen mit sich fort. – Aus dem oberen Saaletal meldet die Sage: Als die Fluten noch die Gipfel der benachbarten Berge umspülten, habe nur der Alter, ein hoher Felsen bei Wilhelmsdorf, aus ihnen hervorgeragt. Darauf hätten die ersten Bewohner ihren Göttern geopfert, weshalb er auch ehemals Altar geheißen. Ähnliche Flutsagen gehen auch jenseits des Waldes um: »Unsere Alten haben immer erzählt, zur Zeit, als der Werragrund und auch die Gegend bei Schweina und noch gar weit hin alles ein großer, wilder See gewesen und die Menschen nur auf den Bergen gewohnt hätten, da wären die Luft- und Wassergeister einmal uneins worden und sei eine so schreckliche Zeit gekommen, daß die Menschen sich selbst auf den höchsten Bergen vor der argen Aufregung der Gewässer nicht mehr sicher geglaubt hätten. Da sollen sie sich in ihrer Not an den Berggeist gewandt haben, daß er sich ihrer erbarme. Er kam aus der Tiefe empor, schlug mit seinem Demantfäustel das Loch in den Hohlenstein, und das Wasser stürzte alsbald in das Innere des Berges. Darinnen steht es noch heut als ein gewaltiger See, festgebannt von dem Geiste. Aber auch die Gewässer hier unten in den Tälern folgten ihm und brachen nach dem Werratale durch.« Damit stimmt ein Bericht aus Waldfisch zusammen: Alte Leute haben erzählt, daß unser Moorgrund einmal ein großer See gewesen sein soll, und daß das Wasser weit hinaufgereicht habe. Das höher gelegene Land aber sei eine arge Wildnis gewesen, in der Bären, Wölfe und anderes Getier hausten.

Die Thüringer am Meer

Als die Thüringer noch in dem Lande Hadeln wohnten, kamen dahin auch die Sachsen auf ihren Schiffen, wollten dort landen und wohnen. Den Thüringern war aber ihre Ankunft zuwider, und sie erhoben die Waffen gegen die Sachsen, um sie zur Rückkehr zu zwingen; aber jene leisteten Widerstand und behaupteten den Hafen. Als man nun lange gegeneinander gekämpft hatte und auf beiden Seiten viele gefallen waren, kam man überein, Frieden zu machen und einen Vertrag zu schließen. Den Sachsen sollte gestattet sein, Lebensmittel zu kaufen und zu verkaufen; des Landes aber sollten sie sich enthalten, auch nicht rauben und plündern. Diesen Vertrag wollten die Sachsen halten, und der Friede bestand unverletzt viele Tage. Als den Sachsen aber das Geld ausging und sie nichts mehr kaufen und verkaufen konnten, erschien ihnen der Friede nutzlos und drückend, und sie hätten sich desselben gern wieder entledigt. Da geschah es, daß ein Sachse mit vielem Golde beladen und mit güldenen Ketten und Spangen geschmückt ans Land ging. Ihm begegnete ein Thüringer und fragte: »Wozu eine solche Menge Goldes um deinen abgezehrten Leib?« »Ich suche einen Käufer«, sprach jener, »nur in dieser Absicht trage ich dieses Gold mit mir. Denn wie kann ich mich am Golde erfreuen, da ich vor Hunger verschmachte?« Der Thüringer fragte nach dem Preise. »Der Preis kümmert mich nicht«, antwortete der Sachse, »ich nehme gern, was du mir geben wirst.« Darüber lachte der Thüringer, und höhnend sprach er: »Nun so will ich dir dein Kleid mit Erde füllen.« Der andere öffnete alsbald sein Gewand, empfing für sein Gold die Erde, und beide gingen froh des Handels zu den Ihrigen zurück. Der Sachse aber nahm die Erde und streute sie so dünn als möglich über die benachbarten Felder und gewann einen großen Raum zu einem Lagerplatz, den die Sachsen auch sogleich in Besitz nahmen und befestigten. Als die Thüringer das sahen, schickten sie Gesandte und klagten über Friedensbruch. Die Sachsen aber entgegneten: »Den Vertrag haben wir jederzeit unverbrüchlich gehalten; das Land aber, das wir mit unserm Gold erworben haben, gedenken wir in Frieden zu behalten oder mit den Waffen zu verteidigen.« Nun verwünschten die Einwohner das sächsische Gold, und den sie kürzlich gelobt und gepriesen hatten, hielten sie für ihres Unheils Urheber. Zornentbrannt und in blinder Wut stürmten sie ohne Ordnung und Plan gegen das Lager der Sachsen; aber diese empfingen sie wohl vorbereitet mit den Waffen, kämpften tapfer und behaupteten durch das Glück und Recht des Krieges das umliegende Land. Als man auf beiden Seiten lange und heftig gestritten hatte, unterlagen die Thüringer und waren genötigt, wegen des Friedens Gesandte zu den Sachsen zu schicken. Es wurde verabredet, daß beide Völker an einem bestimmten Orte zusammenkommen sollten, jedoch ohne Wehr und Waffen, um sich wegen des Friedens zu besprechen. Die Sachsen gebrauchten damals lange Messer, wie sie auch die Angeln zu führen pflegten. Mit dieser Waffe, unter ihren Röcken verborgen, zogen sie aus dem Lager und trafen mit den Thüringern zusammen. Sie sahen, daß ihre Feinde unbewaffnet und alle Häuptlinge derselben zugegen waren; sogleich fielen sie über die arglosen und unbewehrten Thüringer her und stießen alle nieder, daß nicht einer davonkam. So bemächtigten sich die Sachsen der Gegend und erhielten einen Namen und waren der Schrecken für alle umwohnenden Völker.

Attila in Thüringen

Wie Attila mit seinem Kriegsvolke in Thüringen angekommen war und sich zu Eisenach zu König Günthern, der daselbst Hof hielt, verfügt hatte, nahm er, um ihn zum Freund und Bundesgenossen zu haben, seine Tochter Chrimhilde zur Ehe, hielt daselbst mit ihr Beilager und schrieb einen fürstlichen Landtag aus samt einer Zusammenkunft aller benachbarten Fürsten durch ganz Deutschland, hielt da einen sonderlichen Triumph, Rennen, Turniere und allerlei Ritterspiel. Da nun alle deutschen Fürsten und Herren, so seine Gunst zu haben begehrten, gen Eisenach kamen oder ihre Gesandten dahin schickten, geschah eine gute Aufrichtung; sie bekamen Geschenke, wurden freigehalten, und er ließ sie in gutem Frieden wieder von sich reisen. Darnach rüstete er sich aufs beste, das römische Kaisertum zu überziehen. Er ist in Thüringen eine Weile stillegelegen, und die alten Thuringer wissen noch von ihm zu sagen, wie mild und kostfrei er gewesen, wie er die alten Münz- und Dezemspfennige gemünzet, so man bisweilen noch heutigen Tages in Äckern und Weingärten ausgräbt. Bei Tundorf hart an der Enzeroder Flur hat er am See gelegen und allda geweidwerket und gefischt, wie noch ein Ort daselbst der Königsstuhl heißet.

Childerich und Basina

Childerich, Merowigs Sohn, hub an, übel zu regieren und die Töchter der Edeln zu mißbrauchen; da warfen ihn die Franken vom Thron herab. Landflüchtig wandte er sich zu Bisinus, dem Könige der Thüringer, und fand bei ihm Schutz und ehrenvollen Aufenthalt lange Zeit hindurch. Er hatte aber unter den edelsten Franken einen vertrauten Freund; der wendete mit List das Volk von dem neuen König, worauf Childerich schnell wiederkehrte und ihn überwand. Wie er nun wieder in Ruhe sein Reich beherrschte, verließ Basina, des thüringischen Königs Bisinus Weib, ihren Gemahl und zog zu Childerich, mit dem sie, als er sich dort aufhielt, in vertrauter Liebe gelebt hatte. Sie sagte ihm: kein Hindernis und keine Beschwerde habe sie abhalten können, ihn aufzusuchen; denn sie vermöge keinen Würdigeren in der ganzen Welt zu finden als ihn. Childerich aber, der Wohltat, die ihm Bisinus erwiesen, vergessen, weil er ein Heide war, nahm Basina bei Lebzeiten ihres ersten Gemahls zur Ehe. In der Hochzeitsnacht nun geschah es, daß Basina den König von der ehelichen Umarmung zurückwies, ihn hinaus vor die Tür der Königsburg treten und, was er da sehen werde, ihr hinterbringen hieß. Childerich folgte ihren Worten und sah vor dem Tor große wilde Tiere, Parder, Einhörner und Löwen wandeln. Erschrocken eilte er zu seiner Gemahlin zurück und verkündigte ihr alles. Sie ermahnte ihn, ohne Sorge zu sein und zum zweiten Male hinaus zu gehen. Da sah der König Bären und Wölfe wandeln und hinterbrachte es der Königin, die ihn auch zum drittenmal hinaussandte. Da erblickte er Hunde und kleinere Tiere, die sich untereinander zerrissen. Staunend stieg er ins Ehebett zurück, erzählte alles und verlangte von seiner weisen Frau

Auslegung, was diese Wunder bedeuteten. Basina hieß den König die Nacht keusch und enthaltsam zubringen; bei anbrechendem Tag solle er alles erfahren. Nach Sonnenaufgang sagte sie ihm: »Dies bezeichnet zukünftige Dinge und unsere Nachkommen. Unser erster Sohn wird mächtig und stark gleich einem Löwen oder Einhorn werden, seine Kinder raubgierig und frech wie Wölfe und Bären, deren Nachkommen und die letzten aus unserm Geschlecht feig wie Hunde. Aber das kleine Getier, was du gesehen hast sich untereinander zerreißen, bedeutet das Volk, welches sich nicht mehr vor dem König scheut, sondern untereinander in Haß und Torheit verfolgt. Dies ist nun die Auslegung der Gesichter, die du gehabt hast.« Childerich aber freute sich über die ausgebreitete Nachkommenschaft, die aus ihm erwachsen sollte.

Bruderkampf

Nach Bisinus kamen dessen drei Söhne an die Regierung: Baderich, Herminefred und Berthar. Herminefred bezwang Berthar und tötete ihn. Das befriedigte aber seine herrschsüchtige Gemahlin Amalberga, eine Nichte des Frankenkönigs Theoderich, noch nicht. Denn als Herminefred eines Tages zum Mahle kam, fand er den Tisch nur halb gedeckt, und da er fragte, was das zu bedeuten hätte, erhielt er zur Antwort: »Wer nur das halbe Reich sein nennt, darf auch den Tisch nur halb gedeckt haben.« Durch solche und andere Reden aufgereizt, erhob sich Herminefred auch gegen den zweiten Bruder Baderich und lud durch Boten den König Theoderich zur Teilnahme an diesem Kampfe und zum Bündnis mit ihm. »Wenn du ihn tötest«, so ließ er ihm sagen, »wollen wir sein Reich unter uns teilen.« Theoderich kam mit seinem Heere, und Baderich verlor Schlacht und Leben. Herminefred aber vergaß sein Versprechen und dachte nicht daran, es zu erfüllen.

*

Solchen Treubruch vergaß der König der Franken nicht. Er verband sich mit seinem Bruder Clotar und zog gegen Herminefred, ihn wegen seiner Untreue zu strafen. Er erregte das Heer seiner Franken, indem er den Thüringern vielerlei Schandtaten nachredete, und schloß mit den Worten: »Seht, unsere Sache ist gerecht; laß uns unter Gottes Beistand gegen sie ziehen!« Die Thüringer stellten ihnen aber eine Falle. Auf dem Felde, wo der Kampf entschieden werden sollte, gruben sie Löcher und bedeckten sie wieder mit Rasen, daß der Boden als eine gleiche Fläche erschien. In diese Gruben stürzten viele fränkische Reiter, und das Heer konnte nicht von der Stelle. Nachdem aber die Franken hinter die List gekommen waren, wurden sie achtsamer und brachten den Thüringern eine große Niederlage bei, daß sie bis zur Unstrut flohen. Dort wurden noch viele Thüringer getötet und das Flußbett mit Leichen so angefüllt, daß die Franken darüber wie über eine Brücke an das andere Ufer zogen. Nach diesem Siege nahmen sie das Land in Besitz und brachten es unter ihre Botmäßigkeit. Nachdem Theoderich wieder in sein Reich zurückgekehrt war, ließ er den entflohenen Herminefred zu sich kommen und gab ihm sein Wort zum Pfande, daß ihm nichts Böses zugefügt werden sollte, dazu auch viele Ehrengeschenke. Als sie aber eines Tages auf der Mauer der Stadt Zülpich standen und miteinander sprachen, erhielt Herminefred von einem Unbekannten plötzlich einen Stoß, daß er von der Mauer hinabstürzte und sogleich seinen Geist aufgab. Man sagt allgemein, daß Theoderichs Hinterlist dabei im Spiele gewesen sei. Diese Untat hat die Franken und ihre Treue bei andern Völkern in einen üblen Ruf gebracht. Das Königreich Thüringen ist nun an die fränkische Herrschaft gekommen.

Anders als der fränkische Chronist erzählt der sächsische den Untergang des Thüringer Reiches: Der König der Franken war gestorben und hatte außer seiner Tochter Amalberga, die mit Irminfried, dem Könige der Thüringer, vermählt war, keinen rechtmäßigen Erben hinterlassen. Das Volk der Franken aber erwählte aus Anhänglichkeit und Dankbarkeit gegen den gestorbenen König seinen unehelichen Sohn Theodrich oder Dietrich, den Halbbruder der Amalberga, zum König, der nach den Gesetzen kein Recht auf den Thron hatte. Dietrich schickte sogleich eine Gesandtschaft an Irminfried, um Frieden und Eintracht zu sichern. Der erwiderte gnädig und freundlich, er sei mit dem Beschlusse der Franken einverstanden; auch er wolle nicht die Zwietracht, sondern den Frieden. Über die Sache der Thronfolge aber müsse er den Rat seiner Freunde hören und darum die Antwort noch verschieben. Die Königin Amalberga aber meinte, daß ihr das Frankenreich mit Recht gehöre und zugestorben sei; denn sie sei eine Tochter des Königs und der Königin, Dietrich hingegen ein geborner Knecht, da er eine Sklavin zur Mutter gehabt habe. Nun lebte am Hofe des Königs auch ein kühner und tapferer Mann, Iring genannt, kräftigen Geistes, scharfsinnig, klug und geschickt in allem Ratgeben, und deshalb stand er auch in großem Ansehen beim Könige und hatte sein Vertrauen. Diesen rief die Königin zu sich und bat ihn, dem Könige einzureden, daß es sich für ihn nicht gezieme, einem Sklaven die Hand zu reichen und ihm zu huldigen. In der Beratung, welche der König zusammenrief, brachte ihn Iring um der Königin willen von dem Frieden mit Dietrich ab, wozu die anderen Räte sehr geraten hatten. Irminfrieds Sache sei gerechter, sein Reich weit und groß, und in der Zahl der Krieger, in den Waffen und anderem Kriegsbedarf sei zwischen ihm und Dietrich eben kein Unterschied. Seine Worte gefielen dem Könige, und er erwiderte den Gesandten, er wolle zwar Dietrich seine Freundschaft und Vetterschaft nicht verweigern, doch müsse er sich wundern, wie Dietrich eher ein Reich als die Freiheit zu gewinnen trachte, da er als ein geborner Sklave königliches Recht und Eigentum billigerweise nicht verlangen könne. Bekümmert und tief bewegt sprach der Gesandte: »Lieber wollte ich mein eigenes Haupt dir zu Füßen legen als solche Worte hören; denn ich weiß, daß sie mit vielem Blute der Franken und Thüringer gesühnt werden müssen.« Als Dietrich die Antwort vernahm, verbarg er seinen übergroßen Zorn hinter einer heitern Miene. »Es tut not«, sprach er, »daß wir eiligst unsern Dienst bei Irminfried antreten, damit wir, der Freiheit beraubt, wenigstens das nackte Leben erhalten.« Er sammelte aber alsbald ein gewaltiges Heer und zog mit demselben an die Grenzmarke der Thüringer, wo ihn sein Schwager bei Runibergun bereits erwartete. Zwei Tage währte der heiße Kampf ohne Entscheidung; am dritten wurde Irminfried besiegt und floh mit seinem Heere in seine Burg Scithingi[1], welche an dem Flusse Unstrode gelegen war.

Nach der Flucht der Thüringer rief Dietrich seine Feldherren und Hauptleute und fragte sie um ihre Meinung, ob er Irminfried weiter verfolgen oder ins Vaterland zurückkehren sollte. Einer riet zum Abzug, ein anderer zur Ausdauer. Dessen Rede gefiel dem Könige und allen, die nach Siegesruhm begierig waren. Man blieb im Lager, und eine Botschaft ging sogleich zu den Sachsen mit dem Erbieten, wenn sie dem Könige Dietrich Hilfe brächten wider Irminfried und die Thüringer, wolle er ihnen Land und Reich als ein ewiges Besitztum überlassen. Die Sachsen säumten nicht und schickten sogleich neun Heerführer mit je tausend Mann. Diese Führer traten in das Lager der Franken jeder mit hundert Mann, während die übrigen draußen vor dem Lager blieben, entboten dem König Dietrich Gruß und Frieden und sprachen also: »Das Volk der Sachsen, dir ergeben und deinem Befehle gehorsam, hat uns zu dir gesendet, und wir sind bereit

1 Das heutige Burgscheidungen.

auszuführen, was der Wille von uns fordert, entweder deine Feinde zu besiegen oder für dich zu sterben; denn die Sachsen haben keinen anderen Wunsch, als den Sieg zu gewinnen oder das Leben zu lassen.« Einige der Franken meinten, solche Freunde seien ihnen wenig nützlich; es sei ein unbändiges Volk, und wenn sie das Land erst innehatten, würden sie das Reich der Franken bald vernichten. Der König Dietrich dachte aber nur an den augenblicklichen Nutzen; deshalb nahm er die Männer als Bundesgenossen auf und gebot ihnen, sich zum Sturme gegen die Stadt vorzubereiten. Die Sachsen steckten nun ein Lager ab, südlich von der Stadt auf den Wiesen, die an den Fluß stießen, und am folgenden Tage griffen sie mit dem ersten Morgenstrahle zu den Waffen, stürmten die Vorstadt und steckten sie in Brand. Dann stellten sie dem östlichen Tore gegenüber eine Schlachtreihe auf. Die Thüringer machten einen verzweifelten Ausfall, stürmten in blinder Wut auf ihre Gegner los, und eine grimmige Schlacht begann. Auf beiden Seiten wurden viele zu Boden gestreckt; denn die Thüringer kämpften für ihr Vaterland, für ihre Weiber und Kinder und für das eigene Leben, die Sachsen aber für ihren Ruhm und den Erwerb des Landes. Erst die einbrechende Nacht trennte den Kampf.

In dieser Not wendete sich Irminfried an Dietrich, um Frieden zu erbitten und freiwillige Unterwerfung zu geloben. Die fränkischen Räte, die zuvor mit Gold bestochen worden waren, verwiesen auf die Gefahr, die dem Frankenreich durch die unbändigen Sachsen erwachsen könne; so ließ sich Dietrich, wenn auch mit Widerstreben, bestimmen, seinen Schwager zu Gnaden anzunehmen. Da durch diese Meldung die belagerte Stadt ruhig und des Friedens sicher geworden war, ging ein Thüringer mit seinem Falken vor das Tor, um am Ufer der Unstrut zu beizen. Der Vogel flog an das jenseitige Ufer und wurde von einem Sachsen gefangen. Der Thüringer forderte den Falken zurück, der Sachse aber weigerte sich beharrlich. »Laß ihn zurückfliegen«, sprach endlich der Thüringer, »und ich will dir ein Geheimnis offenbaren, das dir und deinen Leuten von großem Nutzen sein wird.« »Sprich«, entgegnete der Sachse, »und du sollst deinen Vogel erhalten.« »Die Könige«, fuhr jener fort, »haben miteinander Frieden gemacht und verabredet, daß ihr morgen im Lager gefangen oder, wenn ihr Widerstand leistet, niedergehauen werden sollt.« »Sagst du das im Ernste oder im Scherze?« fragte der Sachse. »Die zweite Stunde«, erhielt er zur Antwort, »wird dir morgen kundtun, daß es euch gilt, Ernst zu zeigen. Deshalb sorgt für euch und sucht die Flucht.« Der Sachse ließ sogleich den Falken los und brachte seinen

Genossen diese Nachricht. Die Sachsen, darüber ganz aufgebracht und tief erregt, wußten anfangs nicht, was sie in dieser Sache tun sollten. Es war aber im Lager ein Krieger, zwar hochbetagt, doch ungeschwächt an Körperkraft. Er wurde aber gewöhnlich Vater der Väter genannt. Dieser ergriff der Sachsen heiliges Feldzeichen, das Bild eines Löwen und Drachen mit einem darüber fliegenden Adler, und ermahnte mit hohen Worten zur Todesverachtung. Dadurch ermutigt, verwendeten die Sachsen den übrigen Tag darauf, sich zu stärken und zu erfrischen, und mitten in der Nacht griffen sie zu den Waffen, stürmten die Mauern und drangen mit gewaltigem Geschrei in die unbewachte Stadt. Die Thüringer suchten ihr Heil in der Flucht, andere irrten wie Trunkene in den Straßen und Festungswerken umher, andere fielen den Sachsen in die Hände, indem sie dieselben verkannten und für die Ihrigen hielten. Die Sachsen aber töteten alle erwachsenen Männer, die jüngern sparten sie zur Beute und Knechtschaft auf. Es war eine Nacht voll Geschrei, Mord und Plünderung und kein Ort ruhig in der ganzen Stadt, bis die Morgenröte den verlustlosen Sieg der Sachsen beleuchtete. Durch Irminfrieds Tod oder Gefangenschaft wäre der Sieg vollendet gewesen; aber man fand, daß er mit Frau und Kindern durch die Flucht sich gerettet hatte. Frühmorgens stellten die Sachsen am östlichen Tore einen Adler auf, errichteten einen Siegesaltar und verehrten ihre Götter nach der Väter Weise. Drei Tage feierten sie dieses Siegesfest, verteilten die Waffenbeute, erwiesen den Gefallenen die kriegerischen Ehren und priesen ihren Führer über alle Maßen. Darauf kehrten sie in das Lager der Franken zu Dietrich zurück und wurden von ihm freundlich aufgenommen, um ihrer Tapferkeit willen höchlich belobt, Freunde und Bundesgenossen der Franken genannt und mit dem ganzen Lande der Thüringer begabt. Sie bewohnten zunächst die Stadt, welche sie mit Feuer verschont hatten.

Als aber Dietrich Irminfrieds Flucht vernommen hatte, ersann er eine List, ihn zu töten. Er ließ ihn zu sich rufen, ging zu Iring, der noch als Gast im Lager der Franken verweilte, und suchte ihn durch trügerische Verheißungen zu bereden, daß er seinen Herrn und König so ums Leben brächte, daß niemand merken könnte, Dietrich habe dabei seine Hand im Spiele gehabt. Iring weigerte sich anfangs lange, endlich gab er nach und versprach, den Auftrag auszuführen. Irminfried kam ins Lager der Franken und warf sich dem Könige zu Füßen; Iring aber, der als Dietrichs Waffenträger mit entblößtem Schwerte daneben stand, tötete seinen Herrn, den König Irminfried, als er kniend am Boden lag. Sobald dieses geschehen war, rief ihm der König Dietrich zu: »Da du durch solche Greueltat ein Abscheu aller Menschen geworden bist, so weiche von uns, der Weg steht dir offen; wir wollen an deiner Freveltat weder Teil noch Schuld haben!« »Mit Recht bin ich allen Menschen ein Abscheu geworden«, entgegnete Iring, »weil ich deinen Ränken gedient habe; bevor ich jedoch von dannen gehe, will ich mein Verbrechen damit sühnen, daß ich meinen Herrn räche.« Und mit demselben Schwerte, das er noch in seiner Hand hielt, stieß er den König Dietrich nieder, nahm den Leichnam seines Herrn und legte ihn über die Leiche des Königs der Franken, damit der im Leben Besiegte wenigstens im Tode die Oberhand hätte, bahnte sich den Weg mit dem Schwerte und ging von dannen. Diese Tat hat aber solche Berühmtheit erhalten, daß die Milchstraße am Himmel noch heutigen Tages mit Irings Namen bezeichnet und Irings Weg oder Irings Straße genannt wird.

Ungarn- und Wendenkämpfe

Als man nach Christi Geburt neunhundert und neun Jahre zählte, zogen, wie schon vordem, die Ungarn, die noch Heiden waren, nach Thüringen und verheerten das Land. Zu dieser Zeit wurden, wie ein erfurtischer Mönch geschrieben, sechzehn Mönchs- und Nonnenklöster in Thüringen zerstört, darunter auch St. Michael in Ohrdruf. Da ist eine solche Furcht und Schrecken in die Leute kommen, daß sie nicht gewußt, wo sie in der Welt bleiben sollten. Wer da hat laufen und fliehen können, hat sich davongemacht in die Festungen, derer doch dazumal in diesen Landen nicht sehr viel gewesen. Aber weil die Ungarn keine feste Stadt oder Schloß angriffen, sondern dieselbigen liegen lassen und fürüber gestreift, sind um diese Zeit und hernach aus Furcht vor den Ungarn etliche Städte, Schlösser und Flecke bemauret, umgraben und festgemacht, auch etliche von neuem gebaut, deren etliche in die harten Felsen gehauen worden, daß man im Fürhinziehen nicht hat merken können, daß daselbst in den Bergen Wohnungen und Leute darinnen sein sollten, wie dessen noch Anzeigung vorhanden am alten Rheinstein bei Blankenburg für dem Harze und im Harze am alten Anhalt, item an Buffhart an der Ilmen zwischen Weimar und Blankenhain . . . desgleichen viel Schlauflöcher in die Berge und unter der Erden hin und wieder gegraben worden, darein das Land ihre Güter geflehet und sich für den Ungern darinnen verborgen und aufenthalten, welche Höhlen und Löcher noch an etlichen Orten heutigen Tages Zwerglöcher genennet werden. Damals war ein Herzog von Thüringen, namens Burkhart, der sandte umher zu den Herzögen von Sachsen, Österreich, Bayern, Schwaben und Franken um Hilfe. Die kamen auch zu ihm mit großer Heeresmacht und trafen auf das Hunnenheer mit acht Bannern. Da geschah eine große Schlacht bei Eisenach, in welcher zwei Dritteile der Hunnen erschlagen wurden; aber auch der wackere Herzog Burkhart blieb im Felde, mit ihm der Herzog von Österreich und viele andere Grafen und Herren.

Anno 933 in der Fasten hatten die eingebrochenen Ungarn nicht weit von dem Städtlein Lützen ir Lager auffgeschlagen und wol verschantzet, wie denn die Warzeichen noch heuts Tages deß Orts zu finden. Darauff ließ der Keyser eine grosse, weite Schantze auffwerffen, an einem Ort, der zuvor Riade geheissen und hernach der

Keuschberg genannt worden, darumb daß der Keyser kein unzüchtig Weib in seim Feldlager hat dulden wollen, auß der Beysorge, daß wenig Glücks bey solchem Schandwesen zu erwarten wäre . . . Wie nu der Keyser seine Zeit ersahe, ließ er frisch Lerma blasen, ruckten an den Feind, und geschah eine Schlacht, in welcher die Ungarn, wie fest sie sich auch wehreten und wie die grimmigen wilden Thiere tobten, dennoch endlich in die Flucht geschlagen worden. Da wurden ihr viel tausend denselbigen Tag erwürget, viel gefangen, und hat die Schlacht gewähret von früe Morgens an biß eine Stunde nach Sonnen Niedergang, im blachen Felde, am Eichholtz beim Dorff Scölen. Der Hünen Lager ist geplündert und viel gefangene Christen drinne loß gemacht. Die erschlagenen Feinde hat man beym Eichholtz, da noch viel kleine Hügel sind, verscharret; die Christen sind nach dem Dorff Keuschberg gefürt und in deß Keysers Schantze begraben, dahin der Keyser hernach eine schöne Kirche zum Gedächtniß hat bauwen laßen. Gott verley denen, so für ihr Vaterland ihr Leben ritterlich auff grüner Heyde gelassen, eine fröhliche Aufferstehung am Jüngsten Tage.

*

Von Osten her drang auch wendische Macht nach Thüringen vor. Im Wilzentale bei Rauschengeseeß wurde der räuberische Stamm der Wilzen von den Urbewohnern jener Gegend geschlagen und schließlich ganz vernichtet, wovon das Tal bis auf diesen Tag seinen Namen behalten hat. Etwas nördlicher, am Streitwalde bei Burgk zieht sich ein Tal hin, der sogenannte Schlag- oder Schlachthaken. Zwischen Christen und Heiden hat hier eine große Schlacht stattgefunden, und ellentief in der Erde liegen davon die Waffenstücke und Hufeisen. Eine schwere Niederlage erlitten die Wenden auch in der Mitte des Triangels von Lengefeld, Reichenbach und Hirschfeld (unweit Gera) im Streitholz. Auch da fand man beim Roden vielerlei Harnische und Waffen.

Ketten fester Stützpunkte wurden an Saale und Elster gebaut. Die Anlage von Weida mit seiner Osterburg wird auf Karl den Großen, den Gründer der Mark gegen die Sorben, zurückgeführt, ebenso wie die von Saalfeld. Allerdings deutet die Sage den Ursprung der Burg, des Hohen Schwarms, auch anders: Ehe die Sorben diese erbaut, hätten sie eine weiße Taube, der sie Schellen oder Glöcklein angebunden, nach heidnischem Gebrauch auffliegen lassen, welche den Ort anzeigen sollte, wo das Schloß könnte hingebaut werden. Da sich nun die Taube auf einen hohen Eichbaum niedergelassen, so wäre der Platz zu einer neuen Burg erwählt worden. Indem man aber beschäftigt gewesen, den Eichenbaum abzuhauen und den Platz zur Grundlegung einer Burg geschickt zu machen, so wäre aus demselben unvermutet ein großer Schwarm Bienen geflogen und hätte sich an den Baum gehängt, daher dann hernach das neue Schloß der Hohe Schwarm genennet worden.

Als im Jahre 915 Konrad, König von Franken, die Sorben und Wenden in das Flußgebiet der Saale und Elbe getrieben hatte, wollte er auf der Höhe des Gebirgs als Schutz- und Grenzveste eine Burg errichten. Auf dem Gipfel des Schwarzberges, am rechten Loquitzufer, sollte sie aufgebaut werden, und die besiegten Sorben und Wenden mußten Frondienste leisten. Allein der Teufel suchte das Werk zu verhindern; was man am Tage baute, zerstörte er des Nachts. Nun wurden starke Wachen aufgestellt und mächtige Feuer entzündet. Wenn jedoch die Mitternachtsstunde kam, da sanken die Wachen in Schlaf, die Feuer erloschen, und die Arbeit des Tages ward aufs neue zerstört. So wollte der König schier an seinem Werk verzweifeln. Doch es kam ihm von einem Einsieder ein Rat: er solle seinen Königsmantel zerreißen, die Fetzen zu einem Seil zusammenknüpfen und mit diesem den Gipfel des Burgbergs umstricken. Das tat der König, und seine Veste wuchs nun ungeschädigt aus dem gehegten Kreis empor. Das Volk aber nannte, sie weil sie im Bannring des geheiligten Königsmantels gebaut war, die Mantelburg.

Herrengeschlechter und ihre Burgen

Schloß Schwarzburg
Lithographie von C. W. Arldt. Aus: Die malerischen Ufer der Saale, Dresden 1848

Die verschiedenen Geschlechter

Das Übergangs- und ehemalige Markland mit seinen zahlreichen Ein- und Ausgängen, seinen wichtigen Pässen und Flußübergängen auch im Innern verlangte Sicherungen. Die Kette von Bollwerken an Saale und Elster gegen die Slawenflut waren von besonderer Bedeutung. Dazu kamen kleinstaatliche Sonderbestrebungen mit ihrem Verlangen nach Befestigungen, auch zahlreiche Handelswege, die zum Zollen und Rauben lockten. Und das Gelände begünstigte den Bau von Burgen wie kaum anderwärts. Ihre Entstehung wird von der Sage oft in graueste Vorzeit gerückt; sind sie doch nicht selten an der Stelle vorgeschichtlicher Zufluchtsstätten entstanden, falls diese nicht ganz und gar in Ritterburgen umgedeutet wurden. Schwarzburg hat sich erhoben, als die Thüringer durch die Sachsen von der See vertrieben wurden. Von da kamen sie an den schwarzen Wald, und darum nannten dieselben Herren das Schloß, das sie bauten, Schwarzburg. Etliche sprechen, daß ein Köhler gesessen hätte an dem Berge, wo man die Burg aufschlug, und deshalb sei sie Schwarzburg genannt worden.

*

Die von Gleichen baueten zuerst die Gleichen, zwei Schlösser, die auf einem Berg beieinander lagen, gleich hoch, und da sie in das Thüringer Land kamen und baueten, da nannten sie ihr Schloß auch Gleichen um ihres Namens willen, den sie bereits hatten von ihren ersten Schlössern.

*

Die Herren von Frankenstein nannten ihr Schloß nach dem Lande, das noch Franken heißet. Denn in der Zeit, da sie baueten, hatten dasselbe Land die Könige von Frankreich inne, dazu auch Thüringen, Hessen und Wetterau, auch Welschland und die Niederlande. Später baueten die Verwandten desselben Herrn von Frankenstein ein Schloß bei Eisenach gelegen und nannten es den Mittelstein, weil der Berg mitten zwischen fünf Landen gelegen ist: zwischen Thüringen, Franken, Buchen, Hessen und Sachsen oder dem Eichsfelde, welche alle bei einer Meile oder bei einer halben daranstoßen. Da war weder Eisenach noch die Wartburg.

*

Die von Treffurt kamen bei Nieder-Creuzburg an die Werra und hießen zuerst die Nortmannen. Sie bauten in einem Loch, da der Stein überhängt, eine Wohnung und davor eine Wehre, gleich wie ein Türmlein, und nannten es den Nortmannsstein. Darunter lag ein schöner fließender Born, den nannten sie den Nortmannsborn. Aber nachher wurden sie mächtig, daß sie das Haus und die Stadt Treffurt bauten, und nannten sie Treffurt, darum daß drei Furt daselbst durch die Werra gingen.

*

Im Jahre 319 ist das Schloß Mühlberg von einem Ritter erbaut worden, der vom Geblüt eines Königs der Thüringer, Hogerle oder Hoierlin, war. Er hieß es nach einer Mühle, die samt anderen kleinen Hütten unten am Berge stund. Als aber die Einwohner, welche in den Wäldern herum und anderswo in der Gegend verstreut wohnten, nachmals sahen, daß der Ort wegen des Schlosses eine gute Gelegenheit hätte, verließen sie ihre Wohnungen und bauten unter das Schloß gegen Abend zu, so daß sie nach etlicher Zeit einen freien Flecken machten. Auch bauten sie hinter das Schloß gegen Morgen ein Compostell oder Brustwehr, das man die Neuburg nannte, dieweil in einem Ring auf ein paar Meilen solcher Befestigungen noch acht waren und sie täglich zu streiten und zu kämpfen hatten.

*

Der Ursprung der Grafen von Henneberg wird also erklärt: Um das Jahr 456 »do zoch eyn Romer von Rome umbe des unfredes wegen yn deutzsche landt, der was eyner vonn de sule[1] des grosten und edilsten geflechtis der Romer, fursten slacht, mit seyme volke unde qwam an die stat do nu Henbergk leit. unde do was is sere wuste umb, unde der bergk behagitte om wol zu buwen. unde do her das sloss do wolde uf slahin, do vant her eyne wilde henne mit yren jungen, dorumbe sso nante her das sloss Henberg unde brach do under sich[2], was yn dem wiltnisch unde walde umb sich was.« Dem wird hinzugefügt: Es war eine welsche Gräfin, die hatte ihn nach dem Tode seiner Gemahlin mit ihrer Zuneigung verfolgt. Sie machte sich mit all ihren Schätzen auf, den Entwichenen zu suchen. Fand auch seine Spur und ging an der Schleuße entlang, bis sie mit der Werra zusammenfließt. Da hörte sie feierliches Geläut, forschte, was es bedeute, und hörte: Graf Poppo von Henneberg ist tot! In ihrem unsinnigen Schmerz riß sie sich ihren Zopf aus, nahm den Schleier und verwendete Geld und Gut zu frommen Werken. Um sie nach ihrem Tode zu ehren, schmückte Gottwald, Poppos zweiter Sohn und Nachfolger, sein Wappen mit einem neuen Helmzeichen: einer gekrönten Jungfrau mit einem starken und langen Haarzopf. Jungfer mit einem Zopfe heißt noch jetzt unter den Bewohnern jener Gegend der Helmschmuck des Wappens.

*

Von hoher Bedeutung waren auch die Kaiserpfalzen Allstedt und Memleben. Der letzteren Schutzfeste, der Wendelstein, soll erst eine hölzerne Burg gewesen sein; dann erhielt er wehrhaftere Gestalt: Im Jahre 1332 do wart der Wendelsteyn das sloß gebuwet, das do leit an der Unstrut bey Wy, von den zween Graven ern Frederichen unde Hermanne gebrudir von Wymar.

---

1 Von der Säule, also ein Colonna. 2 unterwarf sich.

In jenen alten Zeiten suchte man Gewölbe und Brücken durch Menschenopfer (später Tieropfer) unzerstörbar, Burgen uneinnehmbar zu machen. Die Sage vom eingemauerten Kind kehrt ungemein oft wieder, nur in den Nebenumständen verschieden. Die Eulen, die den alten Liebenstein klagend umflattern, sollen die Maurer sein, die solch eine Untat verübten. Auf der Kraienburg zeigte sich das eingemauerte Kind in einem weißen Kleidchen, und eine Frau, die danach griff, sah an seiner Stelle einen blauen Schmetterling, der zum Himmel schwebte. Erst nachdem beim Abbruch eines Gemäuers ein kleiner steinerner Sarg mit einem Kindergerippe zutage kam, hat man nichts mehr von der Erscheinung gesehen. Auf der Hennenburg soll ein Maurer den eignen Sohn verkauft und eigenhändig eingemauert haben, und am Gemäuer des Reichenfelser Schlosses stieß sich die Mutter in Reue den Schädel ein, nachdem das ruchlose Werk getan war. – Die Brücke zu Vacha war im Jahre 1342 durch die Werra zerstört worden, und da beim Neubau die Bogen immer wieder einstürzten, entschloß man sich auch da zu einem Kindesopfer. Während nun der Steinmetz das Kind einmauerte, aß es ruhig von einer Semmel und bat um ein Gucklöchelchen. Und seiner herzlosen Mutter habe es nacheinander zugerufen: »Mütterchen, jetzt seh ich dich noch!« – »Mütterchen, nun seh ich dich noch ein klein wenig!« – »Ach, Mütterchen, jetzt seh ich dich gar nicht mehr!«

*

In einer alten Handschrift des Klosters Bose vor Zeitz steht folgende Geschichte, welche besagt, warum die Fürsten Reuß den Namen Reuß von Plauen, Gera und Weida führen. Als im Jahr 1228 Kaiser Friedrich II. mit König Andreas von Ungarn, König Primislaus von Böhmen, Erzherzog Leopold von Östreich und andern Fürsten und Herrn eine große Heerfahrt wider die Sarazenen unternommen, ist auch Landgraf Ludwig IV. von Thüringen, der hl. Elisabeth Gemahl, mitgezogen und hat einen Herrn von Gera oder Plauen, dessen Name aber sonst nicht weiter angegeben wird, bei sich gehabt. Zwar ist der Landgraf zu Brundusium Todes verblichen, allein nichtsdestoweniger sind seine Ritter unter ihren Obersten mit weiter gezogen, aber nachmals in einem harten Scharmützel vor Ptolemais der Herr von Gera und der Graf von Gleichen von den Sarazenen gefangen und in ferne Örter verschickt worden, bis nach zwölf Jahren ersterer durch einen reußischen (russischen) Kaufmann losgekauft und als leibeigener Sklave nach Rußland geführt, der Graf von Gleichen aber durch seines sarazenischen Herrn Tochter auf gleiche Weise befreit worden, also daß beide wiederum wunderbarer Weise heim zu den Ihrigen gekommen sind. Nachdem nun der Herr von Gera lange als Sklave in Rußland gehalten worden und viel Ungemach hat ausstehen müssen, ist von dem Großfürsten ein eiliges Aufgebot wegen des Tartareneinfalls ergangen und hat jener auch mit ins Feld ziehen müssen; es sind jedoch die Russen überwältigt worden und haben ihn die Tartaren, da er ihre Aufmerksamkeit durch seinen ritterlichen Widerstand erregt, nicht getötet, sondern zu einem ihrer obersten Fürsten, Hoccata genannt, gebracht. Der hat ihn gut gehalten und hat er mit ihm gen Schlesien ziehen müssen; als die Tartaren aber, nachdem sie den frommen Herzog Heinrich erschlagen und die Stadt Liegnitz in Brand gesteckt, wieder umkehrten, hat er, weil er beim Nachzuge gewesen, seinen Vorteil abgesehen und sich davongemacht, ist auch bald mit Gottes Hilfe zu bekannten Freunden gekommen und hat sich in seinem russischen Habit an den Hof Kaiser Friedrichs II. begeben. Hier ist er eine zeitlang geblieben und hat sich besonders durch seine Geschicklichkeit in ritterlichen Spielen, im Ringen und Springen, so damals in Deutschland noch nicht so allgemein gewesen, ausgezeichnet. Darum hat der Kaiser großen Gefallen an ihm gefunden und ihn sehr geehrt, ihn auch oft, weil er fremde Sprachen fertig und gut hat sprechen können, an seine Tafel gezogen und sich von ihm von seinen Reisen und Schicksalen erzählen lassen. Weil er aber vor allen Hofleuten sich durch seine Länge ausgezeichnet, hat der Kaiser die Gewohnheit gehabt, ihn, wenn er ihn rufen ließ, immer den langen Reußen zu nennen, und dieser Zuname ist ihm so gemein geworden, daß er sich selbst in Briefen und Titeln: Heinrich von Gera der Reuße genannt, geschrieben und diesen Namen für alle Zeiten angenommen hat.

*

Graf Ludwig von Gleichen zog im Jahre 1227 mit gegen die Ungläubigen, wurde aber gefangen und in die Knechtschaft geführt. Da er seinen Stand verbarg, mußte er gleich den übrigen Sklaven die schwersten Arbeiten tun. Bis er endlich der schönen Tochter des Sultans in die Augen fiel wegen seiner besonderen Geschicklichkeit und Anmut zu allen Dingen, so daß ihr Herz von Liebe entzündet wurde. Durch seinen mitgefangenen Diener erfuhr sie seinen wahren Stand, und nachdem sie mehrere Jahre vertraulich mit ihm gelebt, verhieß sie, ihn frei zu machen und mit großen Schätzen zu begaben, wenn er sie zur Ehe nehmen wolle. Graf Ludwig hatte eine Gemahlin mit zwei Kindern zu Hause gelassen; doch siegte die Liebe zur Freiheit, und er sagte ihr alles zu, indem er des Papstes und seiner ersten Gemahlin Einwilligung zu erwirken hoffte. Glücklich entflohen sie darauf, langten in der Christenheit an, und der Papst, indem sich die schöne Heidin taufen ließ, willfahrte der gewünschten Vermählung. Beide reisten nach Thüringen, wo sie im Jahre 1249 ankamen. Der Ort bei Gleichen, wo die beiden Gemahlinnen zuerst zusammentrafen, wurde das Freudental benannt, und noch steht dabei ein Haus dieses Namens. Man zeigt noch das dreischläfrige Bett mit rundgewölbtem Himmel, grün angestrichen, auch zu Tonna den türkischen Bund und das goldne Kreuz der Sarazenin. Der Weg zur Burg, den sie pflastern ließ, heißt bis auf den heutigen Tag der Türkenweg. Die Burggrafen von Kirchberg besitzen auf Farrenroda, ihrer Burg bei Eisenach, alte Tapeten, worauf die Geschichte eingewirkt ist. Auf dem Petersberge zu Erfurt liegen die drei Gemahel begraben, und ihre Bilder sind auf dem Grabsteine ausgehauen.

*

Während Graf Ludwig von Gleichen in dem Gelobten Lande war, zündete im Jahre 1230 das Wetter die Türme der drei thüringischen Schlösser Wassenburg (Wachsenburg), Mühlberg und Gleichen an, daß sie wie drei Feld- und Reisefackeln auf einmal lichterloh brannten. Der Sohn des Grafen Ludwig, Sigismund, welcher mit der Stadt Erfurt und andern benachbarten Herren große Unruhe gehabt, wurde wegen seines unruhigen Kopfes der Wunderliche und weil er sein eigen Schloß und Haus Schwabhausen, auch andere Örter in Brand gestecket, der Thüringer Teufel zugenamet.

Raubburgen

Auf Hunderten von Bergkegeln und vorgeschobenen Zungen, seltener, vom Graben umgeben, in der Niederung, erhoben sich mehr oder weniger stattlich und bedrohlich die festen Häuser. Allein im Umkreis von Gera blieben Erinnerungen an Raubburgen im Zaufensgraben, Stephansgraben bei Niederndorf, zu Speutewitz zwischen Tröbnitz und Röpsen, auf dem Katzenkopf bei Großaga und auf dem Hausberg bei Langenberg. Hier sollen die Burgmannen stets auf Pferden mit verkehrten Hufeisen ausgeritten sein und sich mit denen auf Osterstein Zeichen gegeben haben. Die Nürnberger erboten sich, als Kaufpreis für den Mukberg bei Sonneberg ein großes Kreuz von

Laubtalern über seine ganze Tafelfläche zu legen; denn sie brauchten ein Bollwerk zum Schutze ihrer Warenzüge.

*

Dem Thüringer Teufel ähnlich triebs Apel von Vitztum, den das Volk den Brandmeister nannte. Er beherbergte auf der Wachsenburg drei Raubgesellen, Zeisig, Fink und Storch geheißen, mit denen er sich auf zuchtlose Weise die Zeit verkürzte. Einst fingen sie einen Mönch und sperrten ihn in einen Käfig. Darin mußte er bei Trinkgelagen den rohen Zechgenossen zur Kurzweil dienen und allerlei Hohn und Spott über sich ergehen lassen. Darum bat er den Ritter demütig um Befreiung aus der schimpflichen Haft. Und wirklich wurde der Käfig geöffnet; doch als der Mönch hervorgekrochen kam, wurde er von den rohen Gesellen mit Schlägen empfangen. Da verließ ihn alle Geduld; im höchsten Zorn schlug er seinen Peiniger Apel von Vitztum ins Gesicht. Doch kostete ihm der Schlag sein Leben. Der Ritter ließ ihn binden und noch am gleichen Tage auf der Anhöhe nördlich der Burg hinrichten. Auf dem Weg zum Richtplatz sprach der Mönch den Fluch aus, der Berg solle zum Zeichen seiner Unschuld die Farbe seines Blutes tragen, und der Spruch hat sich erfüllt: die grüne Haut des Bodens wurde hinweggespült; nackt und öde ist der rote Berg bis heute.

*

Die Schnapphähne am Kyffhäuser raubten einst vier wunderschöne Schwestern vom Kirchgang weg. Aus den Tränen der Mutter, an der Stelle vergossen, wo die Räuber mit den Mädchen im Dickicht verschwanden, soll ein klarer Quell geworden sein, an dem sich die Wanderer erquickten, die von Kelbra nach dem Kyffhäuser zogen. – Glücklicher war eine Salzunger Bürgerstochter, die vom Ritter von Ringelstein entführt und durch einen unterirdischen Gang auf die Burg gebracht worden war. Dem Mädchen gefiel es nicht in der Räuberherberge, obwohl es sich so stellte, und sie brachte es dahin, daß sie eines Tages auf einen Ritt über den Streifling mitgenommen wurde. Da gab sie plötzlich ihrem Pferde die Sporen und wandte es hinab nach Salzungen, reitend auf Tod und Leben. Die Räuber jagten ihr nach, allen voran der Anführer. Er erreichte sie, als sie eben in den Hof ihres Elternhauses sprengen wollte, und führte einen wütenden Schwertstreich nach ihr. Aber die Klinge fuhr in das Gebälk der Haustür und zersprang. Da ward er ergriffen und hingerichtet.

*

Nicht selten ließ der Himmel die Raubburgen mitsamt ihrer verruchten Besatzung in die Erde versinken; so geschah es mit der Burg Katzenstein sowie den Schlössern bei Brotterode und auf dem Singerberg. Andere wurden durch die irdische Gerechtigkeit gebrochen. Als Kaiser Rudolf von Habsburg in Erfurt Hof hielt, schickte er zu Trinitatis aufs neue nach gehaltenem gemeinen Reichsschluß wider die Räuber, über deren Menge und Frevel er viel Klagens hörte, Graf Adolf von Gleichen und Herrn Heinzeln von Reußen mit etlichen der Seinen und den Bürgern von Erfurt aus, die Räuber, alle edle und unedle aufzutreiben und ihre Nester zu zerstören. Welche auch solcher Raubschlösser sechsundsechzig einnahmen und verwüsteten, auch was sie da von solchen Staudenhengsten, die sich des Stegreifs mit der Wandersleute Schaden nährten, antrafen, alsbald durch die Henker um eine Spanne kürzer machen ließen. In dem Ilmenauer Raubnest wurden achtzehn Personen gefangen und ohne Gnaden zu Galgen, Rad und Schwert verurteilt. Ein gleiches Ende fanden die Bosen, eine freche Rotte von Räubern und Schnapphähnen, die sich auf dem Raubschloß Hohenwarte über dem Städtlein Teichel hielten, auch in dem engen Tal unter Teichroda, die Judasmühle genannt, heimliche Höhlen, verborgene Schlauflöcher und Gänge hatten, daraus sie die Reisenden anfielen, immer mit dem Feldgeschrei: »Holla, holla, hoscha! Das Land ist der Bosen!« In Schloß Elsterburg, das alte Haus genannt, der Sage nach eine Doppelburg mit schwebender Verbindungsbrücke aus Leder, erwischte man dreizehn Schnapphähne, von denen einer entkam, während man den andern auf dem oberen Markte die Köpfe vor die Beine legte. Schloß Dienstberg bei Erfurt wurde so zu Fall gebracht: Es war ein Fleischhauer aus der Stadt verwiesen worden, der kam von ungefähr im Felde zu den Räubern. Sie nahmen ihn vor einen Koch mit sich in das Schloß, darzu sie durch verborgene Wege unter der Erde kamen. Da nun nach einer Zeit die Räuber ihrer Gewohnheit nach auf weißen Pferden ausgeritten und den Schlüssel einer alten Frauen anvertraut hatten, bat er dieselbe, daß sie ihn nur auf eine kleine Zeit wolle ausspazieren lassen, und nachdem ers erhalten, lief er in Eil der Stadt zu, verlangte, es möchte vom Rate jemand heraus zu ihm geschicket werden, dem wolle er eine große Heimlichkeit offenbaren. Und da einige zu ihm kamen, so versprach er, ihnen das Schloß ohne Mühe in die Hände zu liefern, wenn sie ihn als einen ehrlichen Bürger wieder aufnehmen wollten. Und als sie ihm das versprachen, so sagte er ferner, wie sie auf eine gewisse Stunde, die er ihnen schon offenbaren wollte, wenn die Räuber auf Beute ausgeritten wären, auf weißen Pferden vor das Schloß kommen sollten, damit die anderen gedenken möchten, ihre Kameraden kämen wieder zurücke. Da wollte er sich des Schlüssels bemächtigen und ihnen das Tor aufmachen. Dieses ging nun alles richtig an, die Räuber, so darin waren, wurden gefangengenommen. Des folgenden Tages kamen die Weggerittenen auch wieder, und weil sie von dem, was passieret war, nicht wußten, ritten sie ganz unbesorgt zum Schlosse hinein, wurden aber auch alsbald arrestieret und nachgehends ihr Recht getan, das Schloß aber gänzlich zerstöret.

*

Nachdem Burg Liebenstein von den Feinden zerstört war, ist der alte Asmus von Stein in der Verzweiflung zu seinen Brüdern gegangen und hat sie erdolcht. Mit seinem letzten Diener hat er dann Kostbarkeiten und bares Geld im halbverschütteten Keller vergraben, worauf er auch ihm und zuletzt sich selbst den Tod gegeben, da er den Fall seines Ahnenschlosses nicht überleben mochte. Nun geht er um im einöden Gemäuer, und viele wollen ihn gesehen haben – nicht im ritterlichen Gewand, sondern mit einem dreieckigen Hute, einem langen, großknöpfigen Rock und mit hirschledernen Hosen.

*

Schrecklich erlosch auch ein ander Geschlecht: Auf dem Katzenkopf am Zeitzer Forst hat einst, vom Graben umgeben, ein Schloß gestanden. Darin wohnte eine Herrin, die alle Einkehrenden in ruchloser Weise umbrachte. Nach langer Abwesenheit kam auch ihr einziger Sohn zurück ins väterliche Haus. Da sie ihn nicht mehr kannte, gedachte er, sich ihr erst am nächsten Morgen zu entdecken. Sie aber, von seinem mitgebrachten Gelde gereizt, tötete ihn wie die anderen. Das war ihre letzte Untat, denn als sie erkannte, was sie getan, verfiel sie in Wahnsinn. Ihre Burg aber wurde zerstört und ist nie wieder aufgebaut worden.

*

So hat auch der alte Ritter von Heilingen bei Weißbach wider das eigne Blut gesündigt. Bedrohte den Freier seiner einzigen Tochter: »Läßt mir der Fant das Gereite nicht, so schieß ich ihn, wenn er wiederkommt, vom Pferde!« »Dann stürze ich mich vom Söller!« entgegnete die Tochter; »seht wohl zu, Vater, was Ihr tut!« Der Freier ließ sich nicht einschüchtern, der Alte schoß, und Mann und Roß sanken

Burgruine Liebenstein
Stahlstich von R. Dawson. Aus: L. Bechstein, Wanderungen durch Thüringen, Leipzig 1838

nieder, worauf das Fräulein in der ersten Verzweiflung ausführte, was sie angedroht. Sie fand den gesuchten Tod und wurde unter die weißen Schlüsseljungfrauen und Weinhüterinnen versetzt, während der Junker sich seines Lebens auch ferner freuen konnte; denn nur sein Gaul war von dem alten Heißsporn getroffen worden.

*

Von den gegenseitigen Befehdungen mit Reiten, Stechen und Brennen, bei denen zumeist die armen Bauern die Zeche bezahlen mußten, wissen die Thüringer Sagen viel zu erzählen. Auch spaßhafte Dinge klingen aus den Raufereien: Im Jahre 1447 wurde der Herr des Schlosses Leutenberg (der Friedensburg) mit seiner aus zwei Mann und zwei Jungen bestehenden Besatzung vom Grafen Ludwig von Gleichen, der eine Schar von vierhundert Mann führte, des Nachts überfallen. Die Feinde waren unbemerkt durch zwei Tore in die Vorburg eingedrungen und begannen, das innere Tor mit Steinbüchsen zu beschießen. Zum Glück erwachte ein Junge in der Burg und schrie: »Feind! Feind!« Da rannte die Besatzung auf den Turm und warfen und schrien gar sehr. Darüber wurde es Tag; die Feinde wurden besorgt, es möchte Entsatz kommen, daß sie beschädigt würden, liefen deshalb davon, zogen wieder heim und ließen die Büchsen da.

*

Doch auch lichte Erscheinungen treten aus der Ritterschaft hervor. So Herr Waltmann von Sättelstedt, der auf dem Bergrücken vor dem gleichnamigen Dorfe seinen Sitz hatte. Er vermaß sich vollkommener Ritterschaft, denn er war ein guter Wapener und gestrenger Ritter und solchen Mutes und voll Mannlichkeit, daß er mit seinem Herrn, dem Landgrafen, zu einem Hofe nach Merseburg ziehen wollte, dahin viele Herren aus Sachsen, aus der Mark, aus Meißen, aus dem Osterlande und Vogtlande, aus Franken, Hessen und Thüringen kamen. Dahin wollte er am andern Tage nach St. Walpurgis ziehen und mit sich führen eine schöne wohlgeschmückte Jungfrau, die sollte führen einen Sperber und einen fertigen guten Stöber. Er selbst wollte dreimal ein Rennen und Stechen halten mit einem jeden, wer da wollte, und wer ihn niedersteche, der sollte seinen Harnisch und sein Stechzeug gewinnen und den Sperber und den Stöber, und die Jungfrau sollte sich mit einem goldenen Fingerring lösen. Steche ihn aber der Gegner nicht nieder, so sollte dieser der Jungfrau einen goldenen Fingerring als Geschenk geben. Da waren viele Herren, die darauf warteten und Ritterschaft unterwegs mit ihm übten; auch stritten sie untereinander und entzweiten sich, wer mit ihm das Stechen halten sollte, und wenn ihrer viel waren, so hatte der das Vorreiten, den er sich ausersah. Aber der Ritter brachte die Jungfrau auf den Hof nach Merseburg und wieder heim ohne Verlust, und sie brachte soviel Fingerringe mit, als sie Finger an beiden Händen hatte, und teilte sie unter die Frauen und Jungfrauen, die am Hofe der heiligen Elisabeth waren, und hatte davon große Freude, und sie dankten dem frommen Ritter ob seiner Mannlichkeit.

Die Wartburg in alter Zeit
Kupfer um 1820

Die Landgrafen und die Wartburg

Ludwig der Bärtige

Nach der Jahrtausendwende erhob sich in Thüringen ein neues Herrengeschlecht, das die älteren Grafenhäuser von Schwarzburg, Käfernburg, Gleichen, Orlamünde und Weimar gar bald an Macht und Ansehen überragte. Reich umblüht von Sagen und Legenden, ist es in der Volkserinnerung geblieben, wo jene versanken, und da sich große Künstler an den lebendigen Überlieferungen begeisterten, so werden sie im Osten und Westen gesungen und geschaut, ein Erbteil der Welt.

Am Hofe des salischen Kaisers Konrad lebten zwei Brüder, die aus dem Geschlechte der fränkischen Könige Karl und Ludwig waren und nahe Verwandte der Kaiserin Gisela. Der eine hieß Graf Hugo, war reich und begütert und wollte keinem Herrn als Dienstmann angehören außer den Bischöfen von Fulda und Mainz. Sein Bruder wurde genannt Ludwig mit dem Barte. Als Graf Hugo gestorben war, erbte sein Sohn Wichmann das väterliche Besitztum; weil er aber etwas schwachsinnig war, so wurden ihm die Lehen, die sein Vater vom bischöflichen Stuhle in Mainz innegehabt hatte, entzogen und einem andern gegeben. Als das Wichmann vernahm, ging er mit einigen Begleitern nach Mainz und drang, sei es im Wahnsinn oder aus übergroßem Zorn, in das Gemach des Bischofs, der eben mit den andern geistlichen Herren einen Rat hielt, und erstach sofort denjenigen, welcher seine Lehen erhalten und innehatte. Obwohl er schnell nach der Tür eilte und zu entkommen suchte, ward er doch ergriffen und für seine Freveltat mit dem Tode bestraft.

Sein Erbe und Lehen fiel nun dem Grafen Ludwig mit dem Barte zu. Der war am kaiserlichen Hofe groß, gewaltig und angesehen; denn er zeigte in allen Geschäften besondere Geschicklichkeit, gute Einsicht und Treue. Darum sandte ihn auch der Kaiser mit Empfehlungsbriefen an den Erzbischof Bardo nach Mainz, daß dieser ihn mit Land und Leuten belehnen möchte. Da aber der Bischof in seinem Gebiet am Rheine eben keine Lehen zu vergeben hatte, machte er ihn zu einem Vitztum in Thüringen und erteilte ihm dort noch andere Lehen und Einkünfte. So kam Ludwig mit dem Barte in das Thüringer Land mit zwölf Rittern und nahm seinen Wohnsitz in der Nähe des Waldes, welcher die Loibe genannt wird, zwischen dem Katerberg, Aldenberg und Kornberg. Von den Grafen Busso von Gleichen und Günther von Käfernberg und andern edlen und freien Leuten erwarb er durch Kauf noch viel Gut dazu: das Dorf Aldenberge und noch anderes bebautes und unbebautes Land, das in der Nähe gelegen war, ließ den Wald roden, das Land ebnen und baute darauf Dörfer: Friedrichrode, Reinhersborn, Dünsterberg (Finsterbergen), Engelsbach, Espenfeld und andere mit anderen Namen. Für sich selbst aber baute er ein Haus auf einem Hügel bei Aldenberge und begann sein Besitztum in jener Gegend zu mehren und zu bessern, daß er bei allen benachbarten Grafen und Herren in hoher Ehre und großem Ansehen stand. Auch erbaute er mit des Kaisers Erlaubnis auf einem Berge neben der genannten Loibe eine feste Burg, genannt die Schauenburg, und durch kaiserliche Schenkung erhielt er dazu noch einen großen Teil desselben Waldes zu seinem Eigentum.

*

Nach Christi Geburt 1040 Jahr geschah es, daß Graf Ludwig mit dem Barte Frau Cäcilie von Sangerhausen, eine Herzogin von Braunschweig, eine stolze, säuberliche Frau von dreißig Jahren voll Tugend und guter Sitten, zur Ehe nahm und führte sie auf sein Schloß

Schauenburg mit großer Herrschaft und mit großem Gute. In dem andern Jahre darnach bauete er die Pfarrkirche zu dem Aldenberge, die der heilige Bonifatius, da er das Thüringer Land bekehrte, zuerst gestiftet und geweihet hatte, und machte sie weiter und größer. Und als ihm im Jahre 1042 von Frau Cäcilie sein erster Sohn geboren wurde, da schrieb Graf Ludwig einen Brief an seinen Lehnsherrn, den Erzbischof Bardo zu Mainz, und bat ihn mit großem Fleiße, zu ihm auf seine neue Burg zu kommen; er wollte das allezeit um ihn verdienen. Der Bischof kam und weihete ihm die St.-Johannis-Kirche zu dem Aldenberge, die er größer gemacht hatte, und taufte ihm alsbald seinen Sohn Ludwig in Gegenwart des Herzogs von Braunschweig, der Grafen Günther von Schwarzburg, Heinrich von Mühlberg, Günther von Käfernburg, Busso von Gleichen und vieler edler Herren aus Thüringen, Hessen und Franken, und es wurde da Hauswärme, Heimfahrt, Kirmesse und Kindtaufe miteinander gehalten.

Übernahme der Herrschaft

Der Sohn folgte dem Vater in der Herrschaft und vergrößerte durch Kauf seine Güter. Seine Freunde und Herren rieten ihm, er solle sich verändern, damit er eine gute Freundschaft und Rat und Hilfe gewinne, wenn es ihm not tue. Man freiete ihm Herzogen Ulrichs von Sachsen Tochter, und die nahm er im andern Jahr zur Ehe. Als er sie aber heimgebracht hatte, ward sie hoffärtig und ließ sich bedünken, daß der Graf Ludwig ihrer nicht würdig wäre, weil ihr Vater ein Herzog war, er aber und sein Vater neue Grafen. Und obwohl ihr Gemahl ein junger, stolzer, freidiger und schöner Mann war, tat sie ihm doch viel Schmach mit Worten und Werken an. Da er das von ihr nicht länger leiden wollte, sandte er sie ihrem Vater wieder heim, bis er ihr gut genug würde. Ihr Vater, ihre Mutter und die andern Freunde straften sie darum also sehr mit Worten, daß sie in ihrem Herzen sich zu härmen anfing, in eine Krankheit verfiel und noch in demselben Jahr starb.

*

Ludwig II. suchte ritterliche Abenteuer, wo er konnte. In jenen Zeiten wohnte Graf Friedrich, Pfalzgraf zu Sachsen, in dem Osterlande bei Thüringen auf seiner Burg Scheiplitz. Der hatte ein unmaßen schönes, säuberliches Weib, Tochter des Markgrafen von Stade. Der machte

Graf Ludwig den Hof, gewann sie sehr lieb und litt große Not um ihrer Liebe willen. Und die Frau ward von seiner Liebe also betrogen, daß sie ihn heimlich zu sich beschied und freundliche Gespräche mit ihm pflog. Dabei riet sie ihm, er sollte ihren Herrn, den Pfalzgrafen, töten und sie zu Ehe nehmen, und sie ratschlagte also mit ihm, daß er auf einen Tag, den sie ihm benannte, jagen sollte bei dem Schlosse Scheiplitz, sie wollte dann ihren Mann dazu anhalten, ihm das zu wehren. Der Graf kam auf den bestimmten Tag, ließ in dem Walde seine Hörner erschallen und ermunterte durch Zuruf die Hunde. Derweilen saß der Pfalzgraf in einem Bade, wie das so bestimmt und verabredet war. Da lief das Weib stürmisch über ihren Mann und sprach höhnisch zu ihm: »Dieweil du hier sitzest und pflegst deines Leibes Wohl, verlierst du dein Recht und deiner Herrschaft Freiheit und läßt dir jagen bis vor die Nase.« Bei diesen Worten fuhr der Pfalzgraf aus dem Bade, warf einen Mantel über sein Badehemd, fiel auf einen Hengst und jagte dem Grafen Ludwig nach mit Geschrei und strafte ihn mit Worten; dieser aber wandte sich gegen ihn und stach ihn nieder mit seinem Jagdspieß.

Als so der Pfalzgraf Friedrich erstochen war, wurde große Klage erhoben von seinen Freunden und von seinem Weibe, wiewohl ihr das nicht sehr leid war, und man begrub ihn zu Goseck in dem Münster, das an der Saale liegt neben der Neuenburg und vor Zeiten von demselben Pfalzgrafen gestiftet war. An die Stätte aber, wo er ermordet wurde, hat man zum ewigen Gedächtnis ein steinernes Kreuz gesetzt.

Als aber das Jahr zu Ende ging, da gelobte dieselbe Witwe Frau Adelheid dem Grafen Ludwig von Thüringen, der ihren Herrn erstochen hatte, die Ehe, und er führte sie mit sich heim auf die Schauenburg und hielt da mit großer Pracht die Hochzeit. Auch in einem alten Lied von der Frau zur Weißenburg ist diese Sage überliefert.

*

Die Freunde und Verwandten des Pfalzgrafen Friedrich von Sachsen konnten dessen Tod nicht vergessen, und sie klagten den Grafen Ludwig zu Thüringen vor dem Kaiser an wegen der Freveltat, die er um des schönen Weibes willen begangen hatte. Auf Befehl des Kaisers wurde Graf Ludwig gefangengenommen und auf das Schloß Giebichenstein gebracht und zwei Jahre in einem Gefängnisse festgehalten, doch ohne Fessel. Der Kaiser hatte ihm den Tod zuerkannt. Kurz vor dem Tage, an welchem die Todesstrafe ihn treffen sollte, spielte er mit einigen Männern im Brett, und als er von denselben vernahm, daß er nicht wohl mit dem Leben davonkommen möchte, stand er alsbald vom Spiele auf, ging zur Seite und tat ein Gelübde zu St. Ulrich, ihm eine Kirche zu erbauen, wenn ihm durch seinen Schutz aus der Not und vom Tode geholfen würde. Darauf verstellte er sich, klagte über großen Frost und tat deswegen viele und weite Kleider an und ging sanft und gemach in seinem Gefängnis auf und ab, während die Männer, die bei ihm waren, im Brett spielten und seiner nicht sonderlich achteten. Unterdessen sah er durch das Fenster und gewahrte unten über der Saale, welche am Fuße des Berges hart vorbeifließt, einen seiner Diener, der mit seinem weißen Hengste, welcher der Schwan hieß, dem Ufer des Flusses zuritt, und erkannte, daß dieses durch Gottes und des hl. Ulrichs Eingabe und Fügung so geschehe. Sogleich stürzte er sich mit seinen Kleidern, die vom Winde ausgebreitet wurden, hinab in das Wasser, und als er dasselbe oben berührt hatte, erfaßte ihn der Diener, setzte ihn auf das Pferd und befreite ihn von der Gefahr des Todes. Als Graf Ludwig heim in seine Stadt Sangerhausen kam, dankte er Gott für seine Rettung und erbaute eine schöne Kirche zu St. Ulrichs Ehre.

*

Graf Ludwig jagte einmal am Inselsberge und traf ein Stück Wild an. Dem ritt er nach bis an die Hörsel bei Eisenach und von da bis auf den Berg, wo jetzt die Wartburg liegt, zu warten, wo das Wild aus dem Walde liefe. Da gefiel ihm die Gelegenheit des Berges also wohl, daß er eine Lust darauf zu bauen bekam, trachtete deshalb auf Mittel und Wege, wie ers füglich anfinge und den Berg, welcher denen von Mittelstein und Frankenstein zuständig, an sich brächte. Bald schickte er des Nachts aus und ließ heimlich Erde in Körben von seinem Lande auf den Berg tragen, darnach auch einen Burgfried machen und schlug ihn mit Gewalt auf. Da ward er von denen von Mittelstein und Frankenstein bei dem Reich verklagt, daß er sich des Ihrigen mit Gewalt freventlich unterstünde. Als er nun darum zur Rede gesetzt ward, gab er zur Antwort, er hätte die Burg auf das Seine gebaut und wolle das mir Urtel und Recht seines Verhoffens wohl erhalten. Darauf denn zu Recht erkannt ward: Wenn er mit zwölf redlichen Männern aus der Ritterschaft beweisen könnte oder selbst einen leiblichen Eid schwören wollte, daß das Land, darauf er gebaut und da jetzo Wartburg liegt, sein wäre, sollte ers behalten. Darauf hat er zwölf

Ritter erkoren, welche ihm zuvor die Erde auf den Berg zu tragen Rat und Tat gegeben und behilflich gewesen. Mit denselben trat er auf den Berg, und sie steckten ihre Schwerter in die Erde, die er hatte darauf tragen lassen, und schwuren, daß ihr Herr, der Graf Ludwig, da auf dem Seinen stünde und vor alters der Boden zum Lande und zur Herrschaft von Thüringen gehört habe. Damit behielt er den Berg und fing also an, das Schloß und die Burg zu bauen.

Er ließ Steine vom Seeberg bei Gotha führen und bauete das Mushaus und andere Kemnaten und Türme darauf, ließ auch ans Reich gelangen, daß ers möchte mit Kupfer übergüldet decken. Das Reich aber wollte solches nicht nachgeben, da ließ ers mit Blei decken. Nach der Zeit aber ist das abgebrannt und nunmehr mit Ziegel bedeckt.

*

Danach baute Graf Ludwig die Ringmauer, darinnen Eisenach liegt, und ein jedes Dorf im Thüringer Land mußte ein Stück Mauer machen und dazu Handreichung und Fuhren und anderes, was not war, ausrichten, wie man es noch heutigen Tages sieht am Stückwerk der Mauer. Vorher war die Stadt Eisenach ein offner Flecken, gelegen an St. Peters Berge zwischen der Hörsel und der Nesse, darinnen zwei Kirchen, welche nunmehr zerbrochen, und ein Kloster, das nun in der Stadt liegt bei St. Nicolai Tor.

Die Dörfer, die den Herrn von Mittelstein gehörten, als Obern-Stedtfeld, das Teil hinter St. Katharinen und Ammeren, das in dem Ammeren Felde liegt, und Montzried, wurden alle wüste; denn die Leute zogen in die neue Stadt Eisenach und bearbeiteten von da ihre Äcker, so daß sie verarmten, ihr Recht verkaufen mußten und sehr herunterkamen. Um Wartbergs willen ward die Stadt an den Wald gebaut. Die alte Stadt hieß auch Eisenach, denn man machte da Eisen, wie man jetzt in der Ruhla tut.

*

Auch das Kloster Reinhardsbrunn hat er zur Sühne gebaut, davon der Chronist folgendes berichtet: Die Gnade und Barmherzigkeit Gottes, der alle Leute will selig haben und niemand gerne lassen verderben, rührte das Herz Frau Adelheids und ihres Ehegemahls, daß sie gedachten an ihrer Seelen Seligkeit und begehrten, ihr Leben zu bessern. Am Stillen Freitag bat Frau Adelheid ihren Herrn, daß er mit ihr esse. Und als sie beide zu Tische saßen, ließ sie viel Gerichte, wild

Die Stadt Eisenach um 1650
Kupfer von M. Merian

und zahm, gesotten und gebraten, auftragen. Da das Graf Ludwig sah, erschrak er und fragte, was es bedeute; denn sie wisse ja, daß es Christen nicht zieme, solche Speisen zu genießen an dem Tage, an welchem unser Schöpfer und Erlöser für das Heil des Menschengeschlechts am Kreuze gelitten. Da antwortete Frau Adelheid: »Ist es nicht ziemlich, diese Speisen zu genießen, um wieviel schlimmer ist es, daß wir Gottes Barmherzigkeit nicht sehen und nicht Leid und Reue empfinden über unsere Sünden, ob sie auch in den Himmel gewachsen sind.« Graf Ludwig schlug bei diesen Worten das Haupt nieder, begann sehr zu weinen und gelobte Besserung. Als Ostern vorüber war, sandte er nach dem Bischof von Halberstadt, seinem Freund, und gelobte, ihm und dem Papste in allen Dingen gehorsam zu sein. Sie rieten ihm, daß er ein Münster stifte, wo es ihm am bequemsten wäre. Nun wohnte ein Töpfer namens Reinher beim Schlosse Schauenburg im Wald bei einem tiefen Brunnen, der stark ausfloß. Er sah alle Nacht zwei schöne Kerzen nahe bei seinem Hause brennen. Das verwunderte ihn sehr, und wenn er hinzuging, so fand er nichts an der Stätte. Er wies das Wunder auch anderen Leuten, die in dem Walde wohnten, und so erfuhr es Graf Ludwig. Der ritt zum Töpfer Reinher und fragte ihn darum, und als er die Wahrheit gehört hatte, dachte er an sein Gelübde und erkannte, daß Gott selbst diese Stätte bestimmte. Und baute, wo die eine Kerze gebrannt hatte, ein Kloster, und wo die andere gebrannt hatte, eine Kapelle. Dies geschah nach Christi Geburt 1085 Jahr.

Der eiserne Landgraf

Ludwig des Springers Sohn erhielt die Würde eines Landgrafen von Thüringen; von seinem Nachfolger, der durch seine Gemahlin dem Kaiser Friedrich Barbarossa verwandt war, weiß die Sage wieder viel zu erzählen. In seiner Jugend war er ein gütiger Herr, demütig und nachsichtig gegen jedermann. Wegen dieser Milde wurden seine Junker und Edelleute hochmütig und stolz, schmäheten ihn und nannten ihn einen Toren, der zur Regierung nicht tauge. Auch beschwerten sie seine Untertanen an allen Enden, schatzten und drückten sie sehr und taten ihnen großen Verdruß. Nun geschah es einmal, daß der Landgraf zur Jagd ausritt auf den Wald und ein Wild antraf, dem folgte er eifrig nach, verirrte sich und ward benächtiget. Da gewahrte er eines Feuers, richtete sich darnach und kam in die Ruhl zu einem Waldschmiede. Der Landgraf war mit schlechten Kleidern angetan und hatte ein Jagdhorn umhängen. Der Schmied fragte, wer er wäre. »Des Landgrafen Jäger«, war die Antwort. Und der Schmied: »Pfui des Landgrafen! Wer ihn nennet, sollte allemal das Maul danach wischen!« Der Landgraf schwieg. »Ich will dich herbergen«, sprach zuletzt der Schmied, »dort in dem Schuppen findest du Heu; da magst du dich mit deinem Pferde behelfen. Aber um deines Herrn willen will ich dich nicht beherbergen.«

Der Schmied arbeitete die ganze Nacht hindurch. Wenn er mit dem großen Hammer das Eisen zusammenschlug, so schalt er seinen Herrn, den Landgrafen, und hieß ihn hart werden wie das Eisen und sprach: »Nun werde hart, du böser, unseliger Herr! Was sollst du den armen Leuten leben? Siehst du nicht, wie deine Räte die Leute plagen und mähren dir im Munde?« Und er erzählte die ganze lange Nacht, was die Beamten des Landgrafen für Untugend mit den armen Untertanen übten. Wenn dann die Untertanen klagten, so wäre niemand da, der ihnen Hilfe täte; denn der Herr nehme es nicht an. Die Ritterschaft spotte seiner hinterwärts, hießen ihn Landgraf Metz und hielten ihn gar unwert. Also hieß der Schmied den Herrn mit Fluchen und Schelten hart werden wie das Eisen und trieb solches die ganze Nacht.

Der Landgraf konnte nicht schlafen, hörte alles gar wohl, nahm es zu Herzen und ward von Stund an scharf und ernsthaft in seinem Gemüt. Auch fing er an, die Widerspenstigen zu zwingen und zum Gehorsam zu bringen. Das wollten nun etliche Ritter und Beamten nicht leiden, sondern verbanden sich untereinander und gedachten, sich gegen ihren Herrn zu wehren. Als daher der Landgraf einen seiner Ritter, der sich wider ihn verbrochen hatte, überzog und strafen wollte, versammelten sich die andern und wollten solches nicht leiden. Da kam es zu einem Streit mit ihnen bei der Naumburg an der Saale, und der Landgraf bezwang und fing sie und führte sie mit sich auf seine Burg. Da strafte er sie zuerst nach Notdurft und Gebühr mit harten Worten, daß sie den Eid, welchen sie geschworen und gelobet, so schlecht und böslich gehalten hätten. Dann sprach er zu ihnen: »Nun wollte ich zwar eure Untreue wohl belohnen, wenn ichs aber täte, spräche man vielleicht, ich tötete meine eigenen Diener; sollte ich euch aber schatzen, so spräche man übel von mir, und ließe ich euch los und ungestraft von mir kommen, so achtet ihr meines Zornes ferner nicht.«

Und der Landgraf führte sie zu Felde, fand dort auf einem Acker einen Pflug, spannte in denselben die ungehorsamen Edelleute je vier in ihren Hemden und ackerte mit ihnen eine Furche, während die Diener den Pflug hielten und er selber mit einer Geißel auf die vorgespannten Edelleute hieb und sie antrieb, daß sie sich beugten und oft auf die Erde fielen. So pflügte er den ganzen Acker mit je vieren eine Furche. Darnach ließ er den Acker mit großen Steinen bezeichnen zu einem ewigen Gedächtnis und freiete ihn, so daß ein jeder Übeltäter, wie groß er auch wäre, wenn er darauf käme, daselbst sollte frei sein. Wer die Freiheit brechen würde, der sollte den Hals verloren haben, und den Acker nannte er den Edelacker. Die gedemütigten Ritter führte er wieder mit sich auf die Naumburg, wo sie ihm aufs neue schwören und huldigen mußten. Der Landgraf wurde nun im ganzen Lande sehr gefürchtet, und wo die, welche am Pfluge gezogen hatten, seinen Namen nennen hörten, seufzten sie und schämten sich sehr.

Diese Geschichte erscholl an allen Enden im deutschen Lande. Etliche schalten den Herrn und wurden ihm gram. Manche tadelten die Untreue der Beamten; andere meinten, sie wollten sich eher töten lassen, als in den Pflug spannen. Einige demütigten sich auch gegen ihren Herrn; denen tat er Gutes und hatte sie lieb. Andere dagegen wollten ihren Schimpf gar nicht vergessen, sondern stunden ihm heimlich und öffentlich nach Leib und Leben. Wenn er solche mit Wahrheit hinterkam, ließ er sie henken, enthaupten, ertränken und in den Stöcken sterben. Darum gewann er viele heimliche Neider und Feinde unter ihren Kindern und Freunden und ging deshalb mit seinen Dienern stets in einem eisernen Panzer. Darum hieß man ihn den eisernen Landgrafen. Von einem strengen, unbiegsamen Manne pflegte man seitdem noch lange im Sprichwort zu sagen: »Der ist hart geworden zu Ruhla in der Landgrafenschmiede.«

*

Als Kaiser Friedrich Rotbart von einem Kriegszuge aus Polen heimkehrte, herbergte er mit seinem Schwager Landgraf Ludwig dem Eisernen auf der Neuenburg an der Unstrut. Daselbst blieb er etliche Tage bei seiner Schwester, und sie waren miteinander fröhlich. Nun behagte ihm das Schloß an seinem herrlichen Gebäude und seiner Gelegenheit gar wohl, und er sprach: »Das ist ein rechtes Fürstenschloß, und ich sehe nicht, daß ihm etwas gebreche, denn daß es keine Mauer um sich hat.« Das hörte Landgraf Ludwig und sprach: »Herr, es sollen nimmer zwei Nächte vergehen, und ich will eine so gute und köstliche Mauer um diese Burg lassen machen, daß in Thüringen ihresgleichen nirgends gefunden wird.« Dieser Rede verwunderte sich der Kaiser. – Am andern Tage besandte der Landgraf alle seine Grafen und Mannen, die er um sich erlangen mochte, daß sie in der Nacht zu ihm kämen, wohl gewappnet und aufs beste geschmückt. Und er stellte sie um die Burg, daß einer an dem andern stund, mit ihren gekrönten Helmen und ihre Knechte davor mit ihren Schilden. Des Morgens, als der Kaiser aufgestanden war, führte ihn sein Schwager um die Burg und ließ ihn die Mauer beschauen. Da bekannte der Kaiser, daß er keine köstlichere noch festere Mauer gesehen habe.

*

Der eiserne Landgraf wurde bei seinem Leben von jedermann gefürchtet; er selbst aber hatte vor niemand Furcht. Auch war er um das Heil seiner Seele wenig bekümmert, drückte und schatzte seine Untergebenen hart und brachte viele Besitzungen der Kirchen und Klöster an sich. Wenn ihn nun fromme und ehrbare Männer deshalb tadelten und ihn in der Beichte an die künftige Vergeltung erinnerten, antwortete er: »Bin ich zur Seligkeit bestimmt, so werden keine Sünden mir das Himmelreich entreißen können; bin ich aber verurteilt, so werden auch gute Werke mir den Himmel nicht bringen.«

Und weil er gelehrt war, verhärtete und verstockte er noch mehr und mehrte sein Verderbnis damit, daß er gegen die, welche ihm Vorwürfe machten, das Wort des Psalmisten im Munde führte: »Er gab den Himmel dem Herrn des Himmels, die Erde aber den Söhnen der Menschen.« Sprachen nun gottesfürchtige Männer: »Herr, schonet eurer Seele, höret auf zu sündigen, damit nicht Gottes Gerechtigkeit, durch eure Sünden gereizt, den Sünder in seinen Sünden töte und zuletzt in die Tiefen der Hölle werfe!« so entgegnete er: »Ist mein Todestag gekommen, so werde ich sterben; ich werde ihn weder durch frommes Leben hinausschieben können, noch durch Sündigen zuvorkommen.«

Gott wollte ihn aber nach seiner Barmherzigkeit von so großem Wahn bekehren und zur Erkenntnis führen; darum schlug er ihn mit einer gefährlichen Krankheit. Man rief seinen Arzt, einen rechtschaffenen und auserwählten Mann, der nicht allein in der Kenntnis der Natur, sondern auch in der Theologie mehr als gewöhnlich erfahren war. Zu ihm sprach der Fürst: »Ich bin sehr schwach, wie du siehest; darum wende deine Kunst an, daß ich genesen mag.« Der Arzt antwortete: »Herr, wenn der Tag eures Todes kommt, so wird meine Kunst euch nicht dem Tode entreißen können; wenn ihr aber an dieser Krankheit nicht sterben sollt, so wird meine Arznei überflüssig sein.« Erstaunt über diese Worte sprach der Landgraf: »Wie magst du so reden? Wenn mir die Sorgfalt deiner Behandlung nicht zuteil wird und nicht angewendet die vorgeschriebene Lebensweise, so werde ich von mir selbst und von andern aus Unkenntnis vernachlässigt werden und vor der Zeit sterben können.« Als der Arzt dieses gehört hatte, wurde er heiter und froh und antwortete: »Herr, wenn ihr meint, daß durch die Kraft der Arzneimittel euer Leben verlängert werden könne, warum wollt ihr nicht glauben an die Buße und an die Werke der Gerechtigkeit, welche Heilmittel der Seele sind? Ohne diese stirbt die Seele, und man gelangt nicht zur Gesundheit des künftigen Lebens.« Der Landgraf überdachte den Wert und Ernst dieser Worte, und weil jener gut und verständig geredet hatte, sprach er zum Arzte: »Fortan sollst du der Arzt meiner Seele sein, da mich Gott durch deine Zunge von einem großen Wahn und Irrtum befreit hat.«

*

Als dem eisernen Landgrafen die Zeit seines Todes nahete und er krank auf der Neuenburg zu Bette lag, entbot er zu sich seine Ritterschaft, die ihm widerspenstig gewesen, und sprach zu ihnen: »Ich weiß, daß ich sterben muß und mag dieser Krankheit nicht genesen. Darum so gebiete ich euch, so lieb euch euer Leben ist, daß ihr mich, wenn ich gestorben bin, mit aller Ehrwürdigkeit begrabet und mich auf euern Schultern von hinnen bis gen Reinhardsbrunn traget.« Solches mußten sie ihm geloben bei ihrem Eide und ihrer Treue, denn sie fürchteten ihn mehr als den Teufel. Als er nun starb, leisteten sie ihr Gelübde und trugen ihn auf den Achseln weiter als zehn Meilen Wegs; denn sie befürchteten, daß seine Söhne es an ihnen rächen würden, wenn sie ihr Gelübde nicht hielten. Das Begräbnis aber wurde von dem Erzbischof Weigand in Magdeburg herrlich und schön vollzogen in Gegenwart vieler Bischöfe, Äbte und Prämaten, Fürsten, Grafen und Freiherrn. Und liegt mitten in der Kirche zur linken Hand vor dem Altare des heiligen Kreuzes.

Der Sängerkrieg

Man schrieb nach Christi Geburt 1207 Jahre, da hatte der Landgraf Hermann unter seinem Hofgesinde auf der Wartburg sechs ehrsame, wohlgeborne Männer, hohe Meister im Gesange und in der Dichtkunst, die gegenseitig wider einander dichteten auf höfische Weise. Der eine war genannt Heinrich der tugendsame Schreiber, der andere Walter von der Vogelweide, der dritte Reinhart von Zwetzen, der vierte Wolfram von Eschenbach, der fünfte hieß Bitterolf, der sechste und der geschickteste hieß Heinrich Afterding. Der stritt allein wider die andern alle und pries und lobte den Herzog von Österreich über den edeln Landgrafen Hermann in solcher Weise, daß er in seinem Gedichte den genannten Herzog der klaren Sonne verglich. Dagegen lobten die andern fünfe den hochgebornen, erlauchten Fürsten Landgrafen Hermann und verglichen ihn dem lichten Tage und kamen darüber so ernstlich aneinander, daß sie sich williglich verpflichteten, wer da verliere, den sollte man hängen. Da kam auch herbei der Fememeister und hielt Stränge bereit in seinen Händen. Nun war Haß und Erbitterung so groß unter ihnen, daß die fünfe in falscher Listigkeit auferlegten, daß sie, um die Meisterschaft zu gewinnen und zu verlieren, mit Würfeln spielen wollten. Dabei gewannen die fünfe mit falschen Würfeln Heinrich von Afterdingen die Meisterschaft ab in Gegenwart des Femers. Da nun Afterding sah, wie er ausging, floh er unter den Mantel der edeln Landgräfin, Frau Sophien, um des Schutzes willen, den er da fand, und legte Berufung ein an den Meister Clingesor. Da stimmten auch die andern bei, daß die Partei, zu welcher er stünde, den Sieg habe; über die andern aber sollte man richten mit dem Strange. Und zu dieser Berufung ward ihm ein Jahr Frist gegeben.

Heinrich Afterding zog nun nach Österreich und ward da von dem edeln Herzog, dessen Lob er gepriesen hatte, herrlich empfangen und reich begabt. Insbesondere gab er ihm gute behilfliche Briefe an den Meister Clingesor, der zu der Zeit in Ungarn wohnte zu Siebenbürgen. Er war edel und wohlgeboren und sehr reich; denn er hatte dreitausend Mark jährlich als Zins. Auch war er ein gewandter Philosophus und gelehrter Mann in weltlichen Künsten, besonders wohlerfahren in der Astronomie und schwarzen Kunst. Zu dem kam Afterdingen mit des Herzogs Briefen und unterrichtete ihn in der Sache, warum er zu ihm gekommen wäre. Des gab ihm Meister Clingesor guten Trost; aber er verzog ihm die Zeit, daß er nicht mit ihm ging zur Wartburg bis auf den Abend vor dem bestimmten Tage, an welchem Meister Clingesor das Urteil sprechen sollte. Darüber war Heinrich Afterding nicht wenig besorgt. In dieser Nacht kamen sie beide mit Hilfe der schwarzen Kunst von Ungarn nach Eisenach in eines Bürgers Hof, der Hellegreve hieß.

Ehe aber Meister Clingesor auf die Wartburg zum Landgrafen Hermann ging, saß er eines Abends vor seiner Herberge und hatte fleißig acht auf die Gestirne des Himmels. Da fragten ihn die Leute, welche zugegen waren, ob er nicht etwas Seltsames und Sonderliches merkte an den Gestirnen des Himmels. Er antwortete: »Ihr sollet wissen fürwahr, daß meinem Herrn, dem Könige von Ungarn, eine Tochter geboren wird in dieser Nacht, die wird genannt Elisabeth und wird eines heiligen Lebens sein. Sie soll auch diesem jungen Fürsten, Landgrafen Hermanns Sohne, zur Ehe gegeben werden, und von ihrem löblichen, heiligen Leben soll die ganze Erde, sonderlich aber dieses Land erfreuet und getröstet werden.«

Bald darauf begann Meister Clingesor zu Wartburg auf dem Mushause eifrig mit Wolfram von Eschenbach zu ringen um die Meisterschaft im Dichten und Singen. Er vermochte ihn aber nicht zu überwinden, sondern versprach, einen andern statt seiner zu stellen, der ihm in Weisheit und Geschicklichkeit wohl begegnen sollte, und beschwor den Teufel, daß er in menschlicher Gestalt erschien und an das Tor klopfte. Der Landgraf befahl, ihn einzulassen und gab ihm die Erlaubnis, mit Wolfram zu disputieren. Die erste Rede war auch sein. Er hub nun an, mit List und Geschicklichkeit zu reden von allen den Geschichten, die sich zugetragen hatten vom Anbeginn der Welt bis zur Zeit des neuen Bundes. Dagegen begann Wolfram von Eschenbach lieblich zu reden von der Süßigkeit des göttlichen Wortes, wie es um unserer Seligkeit willen Fleisch geworden, und sonderlich kam er auf das Amt der heiligen Messe und begann, über die Maßen schön und geistlich auszulegen alle Stücke derselben und ihre Feierlichkeit an Meßgewand, Geläute, Gesang und Vorlesung, bis daß er kam an die hohen und kräftigen Worte, die Christus, des ewigen Vaters Weisheit, selbst gesprochen hat, mit denen auch das Brot und der Wein wahrhaftig in Fleisch und Blut verwandelt werden, und daß Christus, wie er einmal sich geopfert hat seinem himmlischen Vater als ein unbeflecktes Opfer an dem Galgen des Kreuzes für aller Welt Sünde, ebenso in der heiligen Messe täglich für einen jeden sündigen Menschen besonders geopfert wird als ein Zeichen seiner unaussprechlichen Liebe, die er zu uns hat. Diese liebliche Rede und hohe Materie mochte der Teufel seiner Bosheit wegen nicht hören, sondern verschwand. Da das Meister Clingesor sah und alle seine List ihm nicht half, ging er mit großen Schanden von dannen. Also ward er von Wolfram von Eschenbach weislich überwunden.

Meister Klingsor weissagt aus den Gestirnen die Geburt der Elisabeth
Holzschnitt aus Dietrich von Thüringen, St. Elisabeth. Erfurt 1520

Noch ließ Meister Clingesor nicht ab, sondern ging anderweit den Teufel an, daß er erfahren möchte an Wolfram, ob er gelehrt wäre oder nicht. Deshalb kam der Teufel eines Nachts zu Wolfram, als er entschlummert war, in das Haus seines Wirts zu Eisenach, der Gottschalk genannt war, und legte ihm gar listige Fragen vor von der Natur der himmlischen Sphären und der Sterne und sieben Planeten; aber Wolfram gab ihm keine Antwort. Da schrie der Teufel mit einem großen Lachen: »Er ist eine Laie, er ist ein Laie!« und schrieb es auch an die Mauer des Gemaches.

Der Landgraf Hermann bat den Meister Clingesor angelegentlich, daß er bei ihm bliebe, und wollte ihm reiche und große Gaben geben; aber er schämte sich sehr, daß er von einem ungelehrten Manne also überwunden worden war und wollte nicht bleiben. Darum zog er wieder heim nach Siebenbürgen.

Die vierjährige Braut

Das hochgeborne Mägdlein Elisabeth, von dem der Meister Clingesor geweissagt hatte, war vier Jahre alt; da sandte Landgraf Hermann eine edle und würdige Botschaft aus in das Land nach Ungarn, zu bringen des Königs Tochter Elisabeth in das Thüringer Land, seinem Sohne zum künftigen Ehegemahl. Bei dieser Botschaft waren Graf Meinhart von Mühlberg und der ehrbare Walter von Vargila und Frau Berta, die Witwe des Ritters Egilolf von Bendeleben. Die zogen dahin mit großem Gefolge und in herrlicher Ausstattung, wie es solcher werten Botschaft und so vornehmen Leuten wohl ziemet. Unterwegs ward ihnen überall große Höflichkeit und Ehre erwiesen von Fürsten und Herrn, Edlen und Prälaten, durch deren Land sie zogen, auf der Hinfahrt und auf der Rückfahrt. So kamen sie zu dem königlichen festen Schlosse, genannt Presburg; da wurden sie ehrlich und fröhlich empfangen. Der edle König von Ungarn, Andreas, der heiligen Elisabeth Vater, war ein gütiger, friedsamer Herr. Seine Wirtin, die Königin, war tugendsam, und bei weiblicher Zucht hatte sie gar einen männlichen, freudigen Mut, daß sie ausrichtete und regierte alle Geschäfte des Königreichs. Darum war sie besorgt, wie sie ihre Tochter reich und königlich hersenden möchte in das Land zu Thüringen. Als sie nun alle Dinge zur Heimfahrt geschickt und die Boten reichlich mit Silber, mit Gold und köstlichen Kleinoden begabt hatte, da übergab sie ihnen ihre Tochter, die liebe heilige Elisabeth, in einer silbernen Wiege mit köstlichen, seidenen Tüchern. Auch sandte sie zugleich mit unzählig viel goldene und silberne Trinkgefäße, wertvolle Kränze und Kronen, viel Schmuck an Ringen und Spangen, mit Edelsteinen wohl durchsetzt, viel Paare Buntwerk und Gewänder von schwerer und leichter Seide und goldgesticktem Tuche, und reiches Bettgewand von purpurner Seiden mit anderem edlen und teuern Hausrate, den niemand zählen mag. Dazu noch besonders tausend Mark an feinem Silber und eine silberne Badewanne, darin das Mägdlein baden sollte. Solch großer und reicher Schatz und so feine Kleinode, als die Königin ihrer Tochter mitgab, sind im Thüringer Land nicht mehr gesehen worden. Und sie rühmte es laut und mit stolzer Freude, daß ihr Kind Elisabeth dem edlen jungen Fürsten von Thüringen, Landgrafen Ludwig, zum Ehegemahl werden sollte. »Saget eurem Herrn«, sprach sie beim Abschied zu den Boten, »daß er sich wohl gehabe und guten Mutes sei und diese kleinen Gaben nicht verschmähen möge. Läßet Gott mich leben, so will ich dieselben noch um vieles reichlich bessern. Das sage ich euch in Wahrheit.« So schieden sie von dannen und kamen mit der Königstochter nach Thüringen. Sie waren viel willkommen und wurden wohl empfangen. Da ward das kleine Jungfräulein dem jungen Fürsten in Kindes Weise zugelegt, eine Bedeutung der zukünftigen Hochzeit, wenn dazu die Zeit gekommen wäre. Und Elisabeth ward in ihrer Jugend mit großem Fleiße erzogen, wie das wohl billig war.

*

Am St.-Kilians-Tage des Jahres 1218 segnete der Bischof in der Pfarrkirche St. Georgen zu Eisenach den Landgrafen Ludwig zum Ritter und gürtete ihm das Schwert um. Und seine Grafen und Mannen aus Thüringen und Hessen, die er zu sich entboten hatte, schlugen ihn da zum Ritter während der Messe, die der Bischof von St. Georgen sang. Darnach ward ein großer Hof gehalten mit Turnier und Stechen, und der Landgraf in seiner neuen Ritterschaft richtete ein großes Fest aus und begabte seine Gäste gar herrlich; nicht anders wollte er seine Ritterschaft empfangen als von Gott und seinen Mannen.

*

Der junge Landgraf Ludwig hatte seine Braut innig lieb; denn Gott selbst hatte ihn mit dieser Liebe erfüllt und sein ganzes Herz der fremden Königstochter zugeneigt. Wenn er sie allein fand, pflegte er recht gütlich mit ihr zu reden und tröstete sie mit seinen süßen, guten

Worten. Auch hatte er die Gewohnheit: Wenn er über Land gewesen war und wieder heimkam, so brachte er ihr irgend ein Kleinod mit und nahm sie freundlich in seine Arme. Mancherlei Rede ging zwar unter den Hofleuten, und viele zweifelten, ob der Landgraf sie zur Ehe nehmen oder sie wieder heimsenden wollte nach Ungarn. Dagegen waren auch biedere Herrn und Grafen, Ritter und Knechte, denen es herzlich leid gewesen wäre, wenn man sie wieder heimgesandt hätte, besonders der Ritter Herr Walter von Vargila, welcher vom Landgrafen Hermann nach Ungarn gesandt worden war und die heilige Elisabeth in das Land geführt hatte. Der ritt einmal auf dem Felde zu dem edlen Landgrafen heran und sprach heimlich also zu ihm: »Gnädiger Herr, ich möchte euch etwas fragen, wollt ihr mich berichten?« »Frage nur getrost!« antwortete ihm der milde Fürst. »Was sich ziemet, will ich dir gern sagen.« Da sprach Herr Walter, der gestrenge Ritter: »Lieber Herr, wollt ihr des Königs Tochter von Ungarn zur Ehe behalten, oder wollt ihr sie wieder heimsenden?« Da zeigte der tugendsame Fürst auf den Inselsberg und sprach: »Siehst du den großen Berg vor uns liegen? Wäre der von rotem Golde und wäre er mein, so wollte ich dessen doch lieber entsagen als meiner lieben Braut Elisabeth. Man sage, was man wolle, so spreche ich, daß sie mir lieb ist und ich auf dieser Erde nichts Lieberes habe.« Da antwortete der Ritter: »Herr, darf ich ihr diese Botschaft bringen?« »Ja«, sprach der Fürst, »das sollst du tun, und bringe ihr dazu ein Wahrzeichen, das ich dir gebe.« Und er zog aus seinem Beutel einen zwiefachen Spiegel, der wohl gefaßt war und auf der einen Seite ein schlichtes, einfaches Glas, auf der andern aber ein Gemälde hatte, die Marter und das Leiden unseres Herrn und Heilands. Den sandte er ihr in rechter treuer Liebe. Als Elisabeth den Spiegel in ihre Hand nahm, lachte sie freundlich und dankte dem trefflichen Ritter.

*

Die heilige Elisabeth war vollkommener Leibesgestalt, hatte braune Gesichtsfarbe und ein schönes Ansehen, war ernst in ihrem Gange und Wandel, züchtig und sittsam, gütig in der Rede, innig im Gebete, über die Maßen barmherzig gegen Arme, friedsam unter dem Hofgesinde, freundlich und herablassend gegen ihre Dienerschaft, tugendsam und voll der göttlichen Liebe. Und Landgraf Ludwig nahm die keusche Jungfrau zur Ehe auf Wartburg.

*

Wenn die heilige Elisabeth eines Kindleins genesen war und dann ihren Kirchgang hielt, kleidete sie sich in ein schlichtes, wollenes Kleid, nahm ihr Kind selber in den Arm und ging unbeschuht und barfuß einen harten steinigen Weg von der Burg herab nach einer fernen Kapelle, wo sie für das Kind eine Wachskerze auf dem Altare opferte. Wenn sie dann wieder nach Hause kam, schenkte sie den Mantel und die Kleidung, die sie auf diesem Gange getragen, armen Leuten.

*

In Thüringen war eine allgemeine Hungersnot und währte schon bis in das dritte Jahr. Auch strafte Gott die Menschen um ihrer Sünde willen mit Krankheit und bösen Seuchen, und großes Wasser ergoß sich, wie es seit vielen Jahren nicht gesehen worden war. In dieser Zeit der Trübsal und Angst war der Landgraf Ludwig nicht in seinem Lande, sondern an des Kaisers Hof in welschen Landen. Unterdes baute die heilige Elisabeth unter der Wartburg ein Spital und nahm achtundzwanzig arme und hilfsbedürftige Menschen darin auf, und wenn einer derselben starb, trat sogleich ein anderer an seine Stelle. Auch ließ sie unter ihrer Aufsicht an hundert Arme täglich Almosen und milde Gaben durch ihre Dienerschaft verteilen. Als nun der Landgraf von seiner Reise wieder heimgekehrt war, da ward die edle Fürstin bei ihm beredet wegen ihrer Unwirtschaftlichkeit und großen Freigebigkeit. Aber der tugendsame Fürst antwortete: »Lasset sie um Gottes Willen nur geben und armen Leuten nach ihrem Gefallen Gutes tun, wenn uns nur die Wartburg und die Neuenburg verbleiben! Ich weiß wohl aus der Heiligen Schrift, daß Gott dem Herrn drei Dinge besonders wohlgefällig sind und auch bei den Menschen gut bestehen: Einträchtigkeit unter Brüdern, Liebe und Treue unter den Nebenmenschen und Mann und Frau, die beide einträchtig sind.«

*

St. Elisabeth kam einst zur Neuenburg, wusch einen Aussätzigen mit Namen Elias in Abwesenheit des Landgrafen und legte ihn in ihr Bett. Wie nun der Landgraf zu Haus kam, nahm ihn seine Mutter bei der Hand, führte ihn zu dem Bette und sprach: »Siehst du den dort liegen? Dein Weib hält mit einem andern zu.« Da hub der Fürst die Decke auf und fand nichts denn ein Kruzifix im Bett liegen. Als er solches sah, fing er an zu weinen, bat Elisabeth um Verzeihung, daß er ihr solches zugetraut, vermahnte sie, auch hinfort armen und kranken Leuten Gutes zu tun.

*

Der Landgraf war in der Stadt Eisenach gewesen und ging wieder zurück nach der Wartburg. Unterwegs sah er die heilige Elisabeth mit einer ihrer liebsten Jungfrauen stehen; beide kamen von der Burg herab mit allerlei Speisen und Nahrungsmitteln fast sehr beladen, die sie in Krügen und Körben unter ihren Mänteln mit sich trugen und den Armen bringen wollten, die ihrer unten im Tale harrten. Der Landgraf hatte das alles wohl bemerkt und sprach, indem er ihnen die Mäntel zugleich zurückschlug: »Lasset sehen, was ihr da traget!« Dabei wurden aber die Speisen alsbald zu Rosen. Die heilige Elisabeth war darüber so heftig erschrocken, daß sie ihrem Gemahl auf seine Frage und Rede nichts zu sagen vermochte. Dem Landgrafen tat der Schrecken, den er seiner lieben Elisabeth verursacht hatte, gar leid, und schon wollte er freundlich und mit guten Worten ihr zusprechen, als ihm auf ihrem Haupte ein Bild des gekreuzigten Heilands als ein Kopfschmuck erschien, den er vorher nie gesehen hatte. Da wollte er die heilige Elisabeth nicht länger aufhalten; er ließ sie ihren Weg gehen und den Armen und Kranken nach ihrem Gefallen Gutes tun und ging weiter nach der Wartburg.

*

Am Tage vor Mariä Himmelfahrt war die Landgräfin Sophie mit ihrer Tochter Agnes und mit Elisabeth nach Eisenach zur Kirche gegangen. Die beiden Fräulein waren köstlich geschmückt und trugen Kronen von Gold und mit köstlichen, edlen Steinen besetzt auf ihrem Haupte. Als sie nun in die Kirche kamen, gingen sie in einen Stuhl gegenüber dem Bilde des gekreuzigten Heilandes. Voll Andacht und Inbrunst tat Elisabeth ihre Krone von dem Haupte und legte sie neben sich auf die Bank und kniete nieder zum Gebete. Darüber erzürnte sich die Frau Landgräfin sehr und begann, sie mit bittern Worten zu schelten. Es sei unziemlich, sagte sie, daß sie ihre Krone ablege und sich geberde wie die gemeinen Leute und sie alle zum Gespött mache vor den Leuten mit ihrem Niederfallen. Elisabeth aber antwortete ruhig und mit Demut, daß sie vor ihrem Herrn und Erlöser, der einst auf Erden für sie die Dornenkrone getragen, keine irdische Krone tragen wolle von Gold und Perlen und Edelsteinen. Ein andermal bat die edle Fürstin ihren Gemahl und sprach: »Gnädiger Herr, wollet ihr mir und meinen Kammerfrauen erlauben, daß wir an Trank und Speise dessen nicht gebrauchen, was geraubt oder armen Leuten wider Gott abgebrochen ist.« Darauf anwortete der milde Fürst: »Ihr habt meine Erlaubnis; ich will es gerne lassen bestellen. Auch ich selbst wollte immer keines geraubten Gutes gebrauchen, fürchtete ich nicht Ärger und müßiges Geschwätz des Hofgesindes. Doch will ich mein Leben anders stellen, läßt Gott mir Zeit dazu.«

*

Zu Eisenach ward einmal eine Hochzeit gefeiert und ein großer Tanz auf der Rolle gehalten, daran viele Jungfrauen und Frauen teilnahmen. Der Landgraf Ludwig war an diesem Tage gerade in dem Landgrafenhofe zu Eisenach und stand, dem Tanze zusehend, an einem Fenster. Da trat zu ihm einer seiner Diener und sprach: »Herr, sehet ihr dort die schöne, junge, säuberliche Frau?« – dabei zeigte er sie ihm – »die will ich euch in euern Arm schicken, wenn ihr das begehrt.« Da antwortete ihm der Landgraf gar zornig und sprach: »Schweig solcher Reden gegen mich und laß mich dergleichen nie wieder von dir hören, sofern du meine Gnade und Freundschaft behalten willst! Denn wäre es auch, daß ich das ohne Sünde und Schande tun könnte, so wollte ich es doch lassen zu Liebe meiner lieben Elisabeth.«

*

Landgraf Ludwig stund einmal des Morgens frühe auf, warf einen Rock über sich und ging auf Wartburg von dem Mushause, notwendige Geschäfte zu befehlen. Da hatte sich der Löwe losgemacht, den man auf dem Schlosse hielt. Und als der Fürst über den Hof ging, begegnete ihm der Löwe. Da winkte ihm der Fürst mit einer Faust und schrie ihn an; da legte sich der Löwe vor seine Füße. Und die seiner pflegten, konnten ihn mit großer Not wieder binden, und sie wurden vom Fürsten heftig bestraft.

*

Anno 1225 hatte ein Edelmann aus Franken dem Kloster Reinhardsbrunn ein Fuder Wein mit sechs Pferden genommen. Als er aber solchen Raub auf des Landgrafen Schreiben nicht wiedergab, überfiel ihn dieser, und mußte sich der Edelmann in seinem Hemde mit gefalteten Händen und mit einem bloßen Schwert, an seine Kehle gesetzt, dem Landgrafen in Gnaden ergeben und von Stund an den Wein mit den sechs Pferden gen Reinhardsbrunn führen.

*

Es war zur Zeit des edelen landgrafen ein kremer, der hatte gar ein armen kram, als pfeiffen, loffel, sprangen. Da fraget ihn der milde furste, als er auf den garmarck kam und die grossen reichen kramer beschaubet hatte, wie er sich von disem armen kram erneren kondte. Do antwort der kramer: Her, wan ich mit friden aus eim lande in das ander zihen mochte, so were mir mein kram gros genug, und wolt mich wol neren. Auch solte mein kram über ein yahr besser sein. Do wardt der furste mit barmhertzigkeit beweget, und sprach: guter freundt, wihe achstu deinen kram! Do antwort er: o her, ich gibe ihn euch umb zehen schilling; und sprach zu dem kramer: du solt in meim geleidt wandern, wo du wilt; darüber soll man dir ein brif geben, und wil dich des schadlos halten dafur; davor soltu mir geloben und halben gewinst geben. Der arme kremer wardt fro und gelobet ihm, trewe zu sein, und nam von dem diner den brif und das gelt, und kam alle yarmarck gegen Eisenach, und brachte alle zeit seim herrn und gesellen fromde kleinodt und weiste ihm sein krom. aber der furste vorgalt ihm die kleinodt mit gelde; der kram der wochs in kurtzen zeitten so gros, das er ihn nicht mehr tragen kundt, kaufte einen esel und treib seinen kram von einer stadt zu der andern. auf eine Zeit treib er seinen esel durch das land zu Francken, und leget allendhalben in stetten sein kram aus. als das ettliche erbar leute in francken sahen, worden sie der sachen eins, und hilten auf den kramer, und nahmen ihm seinen Esel mit dem kram, und trieben ihn auf ein schlos bey wirtzborg. Der kramer weisete ihn sein brif, aber sie rissen ihn endtzwey, und karten sich nicht dran. Do ging der kramer zu seinem herren, dem landgrafen, und klagete ihm, wihe er den kostlichen kram verloren hette. Des lachte der furste, und sprach: liber geselle, hab keinen unmut; du solt nirgend hinzihen, solange mir wider ein kram anrichten. Der furste zog mit grosser gewalt in francken, und brante, vorherte das land bis an wirtzborg; do lis ihn der bischof fragen, warumb er ihm so grossen schaden thet. Darauf antwort der landgraf: ich suche meinen esel! Do solchs der bischof vornam, kam er selbes zu dem landgrafen, und fraget ihn umb dem esel. Do sprach der landgraf: euber menner haben mein diner das sein genomen und ihm seines esels und krams beraubet, von stundt an wart ihm der esel und kram widerbracht. Do zoge der landgraf wider heim in Doringen.

*

Im Jahre 1227 nach Christi Geburt wurde in der ganzen Christenheit eine allgemeine Heerfahrt nach Jerusalem unternommen. Der Kaiser Friedrich und mit ihm viele Erzbischöfe und Bischöfe, Fürsten, Ritter, Knappen und viele andere gute Christenleute nahmen auf Geheiß des

Papstes das Kreuz. Auch der Landgraf Ludwig hatte sich vom Bischof Konrad in Hildesheim damit zeichnen lassen, um für Gott und den Glauben zu streiten wider die Feinde unseres Herrn und Heilandes. Er hielt es aber noch eine Zeitlang verborgen vor den Augen seiner lieben Elisabeth und wollte es nicht offen an seinem Gewande tragen, damit sie nicht erschrecken und sich betrüben möchte über seinen Weggang und baldigen Abschied; denn sie hatte ihn über die Maßen und von ganzem Herzen lieb. Doch auf die Länge konnte es wohl nicht verborgen bleiben. Es geschah eines Abends, daß sie an seinen Gürtel faßte und in sonderlicher Freundschaft etwas suchen wollte in seiner Tasche, ehe er es gewahr wurde. Da fand sie das Kreuz und erschrak so sehr, daß sie ohnmächtig nieder zur Erde sank. Der milde Fürst hub sie auf, tröstete sie mit guten Worten und Ermahnungen aus der Heiligen Schrift und benahm ihr die Betrübnis und den Schrecken; denn sie trug ein Kind unter ihrem Herzen. Dieses Kind hatten beide Eltern Gott darzubringen gelobt und zu einem geistlichen Leben bestimmt. Wenn nämlich ein Knäblein geboren würde, so sollte es in das Kloster nach Rummersdorf getan werden; würde aber ein Mägdlein geboren, so sollte es nach Aldenburg kommen in den Orden der Prämonstratenser und halten die Regeln des heiligen Augustin.

Als nun der edle Landgraf Ludwig sein Land verlassen und ausziehen wollte als Pilger in das ferne, fremde Land, hatte er bei sich beschlossen, die Reise auf eigene Kosten zu unternehmen, damit niemand geschatzt und beschwert werden möchte. Denn er bedachte, daß er seine Herrschaft, sein Land und seine Leute von Gottes Gnade hatte und daß er davon Gott dienen sollte und geistliche Ritterschaft treiben. Nachdem nun alles vorbereitet war, was er zu seiner Reise bedurfte, gebot er allen seinen Leuten, Herren, Grafen, Rittern und Knechten, daß sie zu einem Landtag kommen sollten in die Stadt Creuzburg. Als sie da versammelt waren, redete er zu ihnen und sprach, er sei Willens, eine Heerfahrt zu tun in das Heilige Land, legte ihnen vor, wie es stand in seinen Ländern, und ermahnte sie mit Fleiß, daß sie ihren Leuten und Untertanen in Gerechtigkeit vorstehen und, wo sie könnten und vermöchten, nach Frieden trachten sollten. Darnach hub er an zu reden in der Milde seines Herzens und schloß mit diesen Worten: »Ich will verlassen meine allerliebste Hausfrau und ihre Kinder, die mir durch mein Herz gezogen sind. Ich will aufgeben Freunde und Verwandte und allen Trost dieser Welt und will als ein Pilgrim mich der Heimat begeben und über das Meer ziehen. Bittet alle Gott, ob es sein heiliger Wille ist, daß er gesund mich wieder heimsendet, euch und dem Lande zum Glück und Trost; denn ich befehle mich in seine Gnade mit Land und Leuten.«

Von diesen Worten des edlen Fürsten wurden aller Herzen sehr bestürzt und tief betrübt, und die Herren, Ritter und Knechte und alle Untertanen beklagten mit Tränen diese Heerfahrt. Als sie voneinander geschieden waren, zog er in die Mönchs- und Frauenklöster seiner Lande, empfing den Segen und befahl sich demütig in ihr Gebet. So kam er auch in das würdige Münster nach Reinhardsbrunn mit besonderer Herzlichkeit und Liebe, die er zu demselben trug; denn hier war es ihm besonders wohl und heimisch vor allen andern Klöstern, und empfing auch hier den Segen. Es war zur Zeit der letzten Hora, als er kam. Als diese gesungen war und die Herren aus dem Chore zu dem Weihkessel gingen, wie sie zu tun pflegten, da trat der Fürst zu dem Weihpriester und grüßte jeden besonders freundlich und gütig, beide, die alten und die jungen. Sonderlich nahm er die jüngsten Schulkinder freundlich in seine Arme und küßte ein jedes auf seinen Mund. Als nun die andern Herren diese Güte und Demut des edlen Fürsten sahen und gedachten, wie er es mit dem Kloster und den Leuten darin stets so gut und herzlich gemeint, wie er es geschirmt und geschützt hatte und nun so weit von ihnen in das Heilige Land ziehen wollte, wurden sie alle zu Tränen bewegt und begannen über den Abschied und die Trennung ihres getreuen Herrn und Vormunds zu weinen.

Von Reinhardsbrunn kam der Landgraf in seine Stadt Schmalkalden und fand da seine vertrautesten Freunde, die er dahin beschieden hatte, um mit ihnen noch vertrauliche Unterredung zu pflegen. Zu seinem Bruder, dem Landgrafen Heinrich, sprach er: »Ich habe alles ausgerichtet und bestellt, was not ist zu dem ewigen Heile, und habe nichts vergessen; nur um eins will ich dich bitten. Du weißt, daß unser Vater uns geheißen und geboten hat, daß wir das Schloß Eitersburg, davon das Kloster dabei schon oft Schaden genommen hat, zerstören und zerbrechen sollten. Das ist nicht geschehen. Darum bitte ich dich, mein lieber Bruder, wenn ich weggegangen bin, daß du es von Stund an zerstörst und brichst.« Darnach nahm er von allen, die gegenwärtig waren, mit großer Betrübnis Abschied und gab ihnen seinen Segen. Seinen Brüdern befahl er seine liebe Gemahlin mit ihren Kindern. In großer Liebe küßte er seine Mutter an ihren Mund; vor großem Jammer konnte er nicht zu ihr reden. Eins schloß das andere da in die Arme, und großer Jammer ging durch ihre Herzen. Wen sollte das nicht erbarmen? Es wurden Tränen vergossen viel mehr, als ich jetzt sagen kann. Zuletzt faßte der edle Landgraf einen starken Mut, entwand sich ihnen mit Gewalt und setzte sich auf sein Roß, der milde, friedsame Fürst. Die andern Pilger, seine Begleiter, die mit dem Kreuze gezeichnet waren, standen fertig und bereit, er aber dachte nicht, daß er sein Thüringerland nimmer wiedersehen sollte. Es zog mit ihm ein stattliches Heer von Freien, Rittern und Knechten, und mancher Edelmann aus Thüringen, Sachsen und andern Ländern, und grüßten scheidend alles Volk, das da blieb. Hin zogen sie mit den Glückwünschen des Volkes und lobten Gott mit Herzen und mit Munde. Es geschah im Brachmonat um St.-Johannis-Tag, daß sie sich erhoben. Und ward gehört großes Jammern, Klagen und Weinen von denen, die umkehrten. So war Freude und Betrübnis wunderlich vermischt; denn die einen weinten und rangen ihre Hände, die andern sangen und lobten Gott in Freuden.

*

Auf der Fahrt zum Gelobten Lande erkrankte der Landgraf an einem Fieber, das man den Winter und Sommer nannte und starb zu Otranto am 11. September 1227 im achtundzwanzigsten Jahre seines Lebens. Aus seiner Sterbestunde wird folgendes erzählt: Nachdem der allermildeste Fürst erkannt hatte, daß er mit dem Leben nicht würde wieder aufkommen von seinem Lager, ließ er den ehrwürdigen Patriarchen von Jerusalem zu sich rufen und empfing von ihm mit inniger Andacht und vollem Christenglauben das Sakrament der heiligen Ölung und darauf den Leichnam unsers Herrn in Gegenwart und unter dem Beistande des Bischofs vom heiligen Kreuze. Als nun der Tod herantrat an das Lager des frommen Landgrafen und er in seinem Gebete der Gnaden und Freuden der ewigen Seligkeit begehrte, sah er, daß das Gemach, darin er lag, voll schneeweißer Tauben war, die von allen Seiten sein Bett umflogen. »Seht ihr nicht«, sprach er zu denen, die zugegen waren, »die große Menge dieser schneeweißen Tauben?« Man meinte, es trüge ihn, und er rede ein wenig irre; nach einer kurzen Pause sprach er wieder: »Ich muß und will von hinnen fliegen mit diesen schneeweißen Tauben.« Nachdem er diese Worte geredet hatte, entschlief er alsbald sanft und ruhig, und seine Seele ging zu Gott. Diese Tauben sah ein Priester, einer von den Kapellanen des Landgrafen, nach Aufgang der Sonne fliegen, und in großer Verwunderung folgte er denselben mit seinen Augen, bis sie seinen Blicken entschwunden waren. Er merkte ein großes Wunder: der Heilige Geist, der in einer weißen Taube über unserm Herrn

Christo erschien, da er im Jordan getauft ward, hatte gesandt die Engel in weißer Tauben Gestalt, damit sie die edle Seele des unschuldigen Herrn gegen den Orient führten, zur Sonne der Gerechtigkeit und zu des ewigen Lichtes Klarheit.

*

Als die Grafen und Herren, die mit dem tugendsamen Landgrafen aus dem Lande gezogen waren, von ihrer Kreuzfahrt wieder nach Otranto zurückkamen, wo der Leichnam ihres Herrn einstweilen begraben war, bereiteten sie denselben, um ihn nach seinem Begehr und Befehl mit sich in sein Land zu bringen. Das Fleisch ward von dem Gebeine gesotten und in einem Tuche in die Erde begraben in christlicher und ehrbarer Weise; die Gebeine aber, die weiß und reinlich waren gleich dem frisch gefallenen Schnee, legte man in einen Schrein, überdeckte ihn mit einem Tuche und heftete darauf ein silbernes Kreuz, mit Edelsteinen besetzt, wie es einem christlichen Fürsten und seinen getreuen, gläubigen Dienern gerecht und ziemlich war. So führte man ihn in die Heimat. In einer jeden Stadt, wo die Herren des Nachts herbergten, setzten sie die Totenlade in die Kirche, begingen den Leichnam des Abends mit der Vigilie und des Morgens, ehe man weiter zog, mit der Messe, ließen auch in jedem Kloster oder Stifte, wo der Leichnam des Nachts blieb, um seiner Seele willen ein gutes seidenes Tuch und taten unterwegs auf ihrem Zuge nach der Stadt Bamberg hin manch schönes Opfer. Als nun der Bischof in Bamberg von ihrer Ankunft hörte, ließ er sogleich die liebe heilige Elisabeth von ihrem Schlosse Bottenstein nach der Stadt kommen, daß sie ihrem Herrn entgegengehen möchte, dessen Gebeine man brachte. Auch bestellte er vornehme Herren und Edelleute, welche derselben warten und bei ihr bleiben sollten. Als nun die Zeit kam, ging der Bischof selber mit seinen Domherren unter dem Geleite der ganzen Pfaffheit dem Zuge entgegen, dazu noch viele andere Leute aus der Stadt, Männer und Frauen, mit Gesang und unter dem Geläute der Glocken. Man brachte den Schrein in die Kirche, wo er die Nacht unter stetem Gottesdienste blieb. Am andern Morgen hielt man noch eine Frühmesse; dann zog man weiter, und der Bischof ließ die fromme Elisabeth mit ihrem Herrn nach Reinhardsbrunn in Thüringen führen.

Gar bald kam die Botschaft von ihrer Ankunft zum Landgrafen Heinrich, dem Bruder des Verstorbenen, und auch zu andern vornehmen Leuten. Sie machten sich auf und gingen nach Reinhardsbrunn zum Begräbnis des tugendsamen Landgrafen. Dahin kam auch viel anderes Volk, Edle und Unedle, Männer und Frauen, Pfaffen und Laien, und große Klage und Betrübnis war unter denselben. Als man den Leichnam in das Kloster brachte, da geschah ein überaus herrliches Begräbnis: groß Gebet und viele Messen wurden gehalten, reiche Opfer und Almosen gegeben. Die Herren nahmen die Lade mit den Gebeinen und setzten sie in einen Steinsarg und begruben ihn bei seinen Vorfahren. Auch seine Mutter, die Landgräfin Frau Sophie, war gegenwärtig und fast alle Grafen, Herren und ehrbaren Leute von Thüringen, um des tugendsamen Fürsten, auch um der Herren und Freunde willen, die wieder heimgekommen waren.

*

Dem Landgrafen Heinrich aber gaben die Ratgeber einen untugendlichen Rat, der wider Gott und Recht, wider Zucht und Ehre war. Weil sein Bruder, so rieten sie, einen Sohn hinterlassen hätte, auf den das Land gestorben wäre, so sollte er Wartburg und Eisenach nun selber einnehmen und für sich behalten, dazu auch die besten Schlösser im Lande, die heilige Elisabeth aber mit ihren Kindern, weil sie noch jung wären, von der Wartburg weisen. So behielte er die Besitzungen, und sollte selbst freien und Kinder gewinnen, auf die er das Land forterbte. Also wurde die heilige Elisabeth mit ihren Kindern unbarmherzig von der Wartburg gewiesen. Dazu hatte der Landgraf den Leuten in Eisenach sagen lassen, daß man ihm nicht Gefallen und Liebe täte, wenn man Elisabeth mit ihren Kindern aufnähme und herbergte. So kam es, daß sie niemand in sein Haus nahm und sie in ein gemeines Schenkhaus ging, worin sie den Tag über mit ihren Kindern verweilte. Des Nachts aber wollte der Mann sie nicht austreiben, und so blieb sie fröhlich und geduldig darin. Des Morgens in der Frühe ging sie mit ihren Kindern in die Barfüßerkirche und bat, daß man sang den Lobgesang Te deum laudamus.

So ging die liebe, heilige Elisabeth, die arme Leute oft geherberget und gespeist hatte, in Eisenach umher, bat um Herberge und hatte Mangel an Speise und Trank. Und als sie wohl in drei oder vier Herbergen gewesen und in keiner lange geblieben war, erbarmte sich ihrer ein Priester und wagte den Zorn des Landgrafen Heinrich, nahm sie in seine Wohnung, hatte Mitleid mit ihr und tat ihr Gutes, soviel er vermochte. Die heilige Frau versetzte Pfänder, um sich zu nähren, und spann und arbeitete, was sie konnte. In dieser Zeit geschah es auch, daß die gottselige Frau über die hohen Schrittsteine gehen wollte, die damals in einer langen Reihe wegen des tiefen Kotes gesetzt waren, und in der Mitte des Wegs ein altes Weib ihr begegnete, eine Bettlerin, der sie oft Almosen gegeben hatte. Die stieß die unglückliche Fürstin, die ihr nicht ausweichen konnte, in den tiefen Kot, daß sie alle ihre Kleider waschen mußte. Auch das ertrug sie in Geduld und dankte Gott mit lächelndem Munde, daß sie um seinetwillen vor allen Leuten wäre verschmähet worden.

*

Unter den Grafen und Herren war niemand so geschickt im Reden als Herr Rudolf von Vargila, der Schenk. Den baten die Herren insgesamt, daß er ihrer aller Worte bei dem Landgrafen Heinrich und seinem Bruder führen möchte, und das tat er. Sie gingen zu dem Fürsten, umringten ihn, und der Schenk hub also an: »Herr, alle meine Freunde und eure Mannen, die hier gegenwärtig sind, haben mich gebeten, mit euch zu reden. Wir haben gehört und vernommen in Franken und auch hier in Thüringen von euch solche Unmilde, daß unser Gemüt erschrocken ist und unser Angesicht von Scham gefärbt, darüber daß an euch solche Unfeinheit, Untugend und Hartherzigkeit erfunden ist. Ei, junger Fürst, was habt ihr getan! Wer hat euch das geraten, daß ihr eures Bruders Weib, die betrübte Witwe, die Tochter eines edlen Königs, die ihr billig getröstet und geehrt haben solltet, ohne Ursache aus euerm Schloß und aus euern Städten gewiesen habt, wie ein übeltätiges schnödes Weib, da doch ihr schöner Leumund aller Orten und Enden dem widerspricht, und habt sie so gar unedel und unfein verstoßen und in eurer Stadt darben und Mangel leiden lassen gleich einer Bettlerin? Und eures Bruders kleine Waisen, die ihr solltet erzogen und in redlicher Vormundschaft gehalten, denen ihr Liebe und Güte solltet bewiesen haben, die habt ihr lästerlich von euch gewiesen! Wo war da eure brüderliche Treue? Solches hat euch euer seliger Bruder, der tugendsame Fürst, nicht gelehrt, der das nicht dem geringsten seiner ehrbaren Mannen getan hätte. Wie mögen wir wohl Treue und Gnade bei euch suchen, dieweil ihr solche Untreue bewiesen habt?«

Alle Grafen, Ritter, Herren und Knechte, die da gegenwärtig standen, verwunderten sich, daß der Schenk so kühnlich mit dem Fürsten redete. Der aber begann heftig zu weinen, daß er lange nichts antworten konnte. Endlich aber sprach er: »Was ich getan habe, das ist mir herzlich leid, und denen, die mir solchen Rat gegeben, mag ich nimmer wieder hold werden, darum daß ich meiner Schwester Elisabeth Huld und Freundschaft wieder erlange. Alles, was sie von mir will, werde ich gerne tun, und ihr sollet Macht haben, das ins Gleiche zu bringen, soweit mir Leib und Gut reichen mag.«

*

Herrlich und ehrbar brachte der Landgraf Heinrich seine Schwägerin Elisabeth mit seiner Mutter wieder nach Eisenach und auf die Wartburg und behielt sie dort in Güte und Liebe bei sich mit ihrer Dienerschaft, soviel sie deren haben wollte, und erbot ihr alle Ehre und Aufmerksamkeit wie seiner Mutter. Dasselbe taten auch seine Mutter und sein Bruder und waren ihr auf alle Weise gefällig und zu Willen. So blieb sie bei ihm wohl ein Jahr, und er hätte sie gern länger bei sich behalten, wäre es ihr nur eben und recht gewesen. Allein sie suchte immer die Einsamkeit, zog sich von den Hofleuten zurück, und je mehr Ehre man ihr bot, um so mehr demütigte und erniedrigte sie sich selber. Sie begehrte auch von dem Landgrafen, daß er ihr eine bequeme Stätte ausersehen möchte, wo sie nicht viel bekannt wäre, ihre Nahrung haben könnte und ihr eigen Gemach. Da ging er mit sich zu Rate und bestimmte Marburg mit seiner ganzen Zugehörung an Dörfern und Zinsen, Gerichten und Renten zu ihrem Leibgedinge; auch gelobte er, ihr fünfhundert Mark zu ihrer Einrichtung zuzusenden. So zog sie aus dem Lande zu Thüringen nach Marburg und nahm das in ihren Besitz. Die Leute dort erwiesen ihr aber so große Ehre, daß sie es nicht ertragen konnte, und sie zog auf ein Dorf.

Mit dem Gelde, das sie aus Thüringen mitgebracht hatte und das ihr zufiel von ihrem Leibgedinge, ließ sie vor der Stadt Marburg ein Spital erbauen und daneben für sich ein kleines, ärmliches Häuschen, in das sie mit ihren beiden Dienerinnen zog. Sie legte auch ein ärmliches Kleid an von grobem und ungefärbtem Tuche, wie es Bauern und arme Leute gebrauchen, und kleidete in dasselbe Tuch ihre Dienerinnen Isentrud und Jutta, und auch denen war solche Kleidung gut genug. Sobald der Bau des Spitals soweit gediehen war, nahm sie kranke, gebrechliche Leute, hub und trug sie, wusch und reinigte sie, und was man kranken und siechen Leuten erweisen soll, das tat sie alles und ließ nichts unterwegen. Der Landgraf Heinrich schickte ihr durch Meister Konrad, ihren geistlichen Pfleger, dem sie vom Papste Gregorius IX. befohlen war, fünfhundert Mark Landeswährung, wie er ihr bei ihrem Weggange und Abschiede in Eisenach gelobt hatte. Dieses Geld ward an den Spital gelegt, und reiche Almosen wurden davon den armen Leuten verabreicht. Ihr Vater, der König von Ungarn, hatte von ihrem ärmlichen Leben gehört, und er sendete zu ihr einen Grafen, mit Namen Panyas, daß er sie zu ihm heim bringen sollte. Als der ihr ärmliches Leben sah, weinte er und bat sie inständigst, daß sie mit ihm zu ihrem Vater nach Ungarn ziehen möchte. Das wollte sie aber nicht tun und sprach, ihr genüge solches Leben wohl.

*

Als die Heilige ihr Ende herannahen sah und schon zwölf Tage krank gelegen hatte, hörte ihre Magd einen süßen Gesang und sprach: »Ach liebe Frau, wie so schön habt ihr gesungen!« Da antwortete jene: »Hast du auch etwas gehört? Ich sage dir, es hat zwischen mir und der Wand ein schöner Vogel gesessen und also süß gesungen, daß sich meine Seele und mein Herz erfreute. Auch hat er mir geoffenbart, daß ich nun an dem dritten Tage sterben soll.« Es wurden der Heiligen die Sakramente gereicht; danach verfügte sie, alles, was sie habe, solle nach ihrem Tode armen Leuten gegeben werden, und gab danach sänftiglich ihren Geist auf.

*

Landgraf Hermann, der Sohn des Landgrafen Ludwig und der heiligen Elisabeth, starb auf dem Schlosse zu Creuzburg, wo er wohnte, in einem Alter von achtzehn Jahren und, wie man sagte, durch Gift, das ihm eine Edelfrau, Berta von Seebach, gegeben hatte. Etliche Leute gaben die Schuld dem Landgrafen Heinrich, darum weil er hoffte, selber das Land zu gewinnen. Andere sprechen, der Markgraf von Meißen habe die Tat angestiftet, weil Landgraf Heinrich keine Leibeserben hatte und er Erbe zu dem Lande werden wollte. Noch andere aber meinten, es sei aus Haß und Bosheit des genannten Weibes geschehen. Wie es nun damit bestellt ist, das weiß Gott am allerbesten; derselben Frau Berta hat aber niemand etwas darum getan. Der junge Landgraf hatte vor seinem Tode noch bestellt und angeordnet, daß man ihn bei seiner Mutter in Marburg begraben sollte. Als man nun seine Leiche hinwegführte nach Marburg, begegnete ihnen der Landgraf Heinrich von Thüringen, und auf seine Frage, wen sie dahin führten, erhielt er zur Antwort, den Sohn seines Bruders, den Landgrafen Hermann. Sofort gab er den Befehl, man solle ihn nach Reinhardsbrunn bringen; denn er fürchtete, wie man sagte, seine Mutter möchte ihn vom Tode wieder zum Leben erwecken. Man begrub ihn also in Reinhardsbrunn mit großen Ehren. Es geschah aber, daß Frau Berta von Seebach mit vielen andern Edeln und

Vornehmen des Landes bei dem Begräbnis zugegen war, und bei ihrem Eintritt in das Kloster floß allen sichtbarlich Blut aus dem Leichnam des Landgrafen durch die Nase. Als das der Schenk Rudolf von Vargila mit den andern vornehmen Rittern sah, riefen alle unter Tränen und Wehklagen: »Bringet die gottlose Übeltäterin hinweg, die uns unseren Herrn so abscheulich geraubt und getötet hat.« Darauf ward sie von ihren Freunden heimlich hinweggeführt und beiseite gebracht.

Der Erbstreit

Des Gestorbenen Oheim, der schon oft erwähnte Landgraf Heinrich Raspe, genannt der Pfaffenkönig, erbte das Land, starb aber bald als Gegenkönig des Kaisers Friedrich II. Mit ihm erlosch der männliche Stamm der Landgrafen von Thüringen und Hessen, und es erhob sich um das Erbe ein harter Streit zwischen der Herzogin Sophie von Brabant, einer Tochter der heiligen Elisabeth, und dem Markgrafen von Meißen, Heinrich dem Erlauchten. Der sprach das Land an, weil es aus König Heinrichs Munde, dessen Schwestersohn er war, ihm erstorben wäre, und er überfiel das Land mit Heereskraft, nahm Städte und Schlösser und auch die Wartburg ein. Die Herzogin aber ließ sich bedünken, ihr Sohn hätte mehr Fug und Recht zu dem Lande Thüringen und Hessen als der Markgraf von Meißen, und da sie hörte, daß viel gute Leute in Hessen und Thüringen ihrem Sohn wegen seiner Großeltern mehr geneigt waren, kam sie mit demselben nach Hessen und nahm auch einige Städte und Schlösser ein. Bei diesem Handel und Zwiespalt, der nicht so bald und gütlich verglichen und beigelegt werden konnte, wurde zuletzt auch die Landschaft zwieträchtig und uneins, und die Herzogin fürchtete, daß die Städte und Mächtigen des Landes in einem Kriege zu fremden Herren halten möchten. Sie befahl deshalb das Land Thüringen dem Markgrafen zu getreuer Hand, bis von dem künftigen römischen Könige und den andern Fürsten des Reichs erkannt würde, wem das Land gehöre und von Recht gebühre.

Weil aber schon drei Jahre vergangen und noch kein römischer König geworden war, der den Streit über das Erbe in Thüringen und Hessen richten und schlichten konnte, kam die Herzogin von Brabant abermals nach Hessen mit ihrem Sohne Heinrich und machte ihn zu einem Landgrafen in Hessen, den man nun das Kind von Hessen nannte. Sie ließ sich aber daran nicht genügen, sondern kam auch gen Eisenach und hielt da in der Kirche der Predigermönche mit dem

Markgrafen eine Sprache, daß er ihr und ihrem Sohne das Land Thüringen wieder herausgäbe. Sie einigten sich dahin, daß sie ihr Recht stellen wollten an die Edelsten der Ritterschaft in Thüringen. Könnte der Markgraf zwanzig edle und fromme Ritter in Thüringen finden, die mit ihm einen Eid zu Gott und den Heiligen schwören könnten und möchten, daß er mit Fug und Recht Erbe des Thüringer Landes wäre und nicht der junge Herzog von Brabant, so sollte sich ihr Sohn allein zu der Herrschaft in Hessen halten und sich schreiben und bleiben ein Landgraf zu Hessen. Und das sollte der Unterschied sein zwischen den beiden Landgrafen zu Thüringen und Hessen, daß der bunte Löwe in dem Schilde des Landgrafen zu Hessen eine goldene Krone trage, weil seine Elternmutter, die heilige Elisabeth, eines Königs Tochter gewesen wäre.

Als nun der bestimmte Tag kam, zog sie abermals mit ihrem Sohne nach Eisenach und brachte eine Rippe von ihrer Mutter St. Elisabeth mit; darauf sollte der Markgraf sein näheres Recht auf Thüringen beschwören. Man kam in der Katharinenkirche zusammen, und ein bestellter Priester trug die Rippe auf den Altar. Da fragte der Markgraf, von welchem Heiligen das Heiligtum wäre, darauf er schwören sollte. Der Priester antwortete: »Es ist eine Rippe der heiligen Elisabeth.« Der Markgraf lachte und sprach zu seinen Rittern: »Die Herzogin, meine Base, glaubt nicht, daß ich sie aus Thüringen vertreiben werde, weil sie eine Rippe von ihrer Mutter mitgebracht hat.« Und ging alsbald hin und legte seine Finger auf die Rippe, die in ein weißes, reines Tuch gebunden war, und schwur zu Gott und den Heiligen, daß er billiger das Land zu Thüringen ererbte, als der junge Herzog aus Brabant. Alsdann traten auch die andern zwanzig Herrn und Ritter hinzu und schwuren denselben Eid. Da das Frau Sophie sah, schlug sie ihre Hände zusammen und zerriß vor großem Jammer ihre zwei Handschuhe, die sie an ihren Händen trug, in vier Stücke und klagte alle ihre Lebtage Gott und der Welt das große Unrecht, die Untreue und Falschheit des Markgrafen von Meißen. Auch widersprach sie den falschen Eiden und wollte daran nicht Genüge haben, sondern behielt die Stadt Eisenach inne. Darum tat der Markgraf viel Schaden in Hessen, und wiederum geschah viel Schaden aus Hessen nach Thüringen, und es stund übel in dem Lande dieser Fehde halber.

In derselben Zeit geschah es auch, daß die Herzogin einmal nach Eisenach kam und mit den Ihrigen in die Stadt wollte. Aber die Tore waren verschlossen, und man wollte sie zuerst nicht einlassen; denn die Stadt und die Bürger, obwohl ihr zugetan, waren in der Hand und

Markgraf Heinrich von Meißen erobert Eisenach und läßt den Ratsherrn von Velsbach durch eine Wurfmaschine in die Luft schleudern; rechts oben die Wartburg. Federzeichnung von Wigand Gerstenberg um 1500

Gewalt ihrer Widersacher. Da nahm die mutige, streitbare Frau eine Axt in die Hand und hieb damit in St.-Jürgen-Tor, daß man die Wahrzeichen davon zweihundert Jahre in dem Eichenholze gesehen hat. Die Chroniken erzählen auch, daß in jener Zeit ein wohlhabender Bürger in Eisenach gewesen sei, genannt von Welsbach. Der habe gesagt, das Land Thüringen wäre billiger des Kindes von Hessen als des Markgrafen von Meißen; denn dieser Mann wußte die Rechte. Und der Markgraf ließ ihn in eine Blide oder Schleuder legen, die vor der Wartburg stand, und in drei Stunden dreimal von der Wartburg werfen. Zwei Stunden blieb er lebend und sagte gleichwohl, das Land gehöre dem Kinde in Hessen. In der dritten Stunde starb er.

Albrecht der Unartige

Landgraf Albrecht in Thüringen, der Unartige, vergaß aller ehelichen Lieb und Treue an seinem Gemahel, und hing sich an ein ander Weibsbild, Kunne von Eisenberg genannt. Der Landgräfin hätte er gerne mit Gift vergeben, konnte aber nicht dazu kommen; verhieß also einem Eseltreiber, der ihm auf der Wartburg täglich das Küchenholz zuführte, Geld, daß er ihr Nachts den Hals brechen sollte, als ob es der Teufel getan hätte. Als nun die dazu bestimmte Zeit kam, ward dem Eseltreiber bange, und gedachte: Ob ich wohl arm bin, hab ich doch fromme, ehrliche Eltern gehabt. Soll ich nun ein Schalk werden und meine Fürstin töten? Endlich mußte er daran, wurde heimlich in der Landgräfin Kammer geleitet; da fiel er vor dem Bette zu ihren Füßen und sagte: »Gnadet, liebe Fraue!« Sie sprach: »Wer bist du?« Er nannte sich. »Was hast du getan, bist du trunken oder wahnsinnig?« Der Eseltreiber antwortete: »Schweiget und ratet mir! Denn mein Herr hat mir Euch zu töten geheißen. Was fangen wir jetzo an, daß wir beide das Leben behalten!« Da sprach sie: »Geh und heiß meinen Hofmeister zu mir kommen.« Der Hofmeister gab ihr den Rat, sich zur Stunde aufzumachen und von ihren Kindern zu scheiden. Da setzte sich die Landgräfin bei ihrer Söhnlein Bette und weinte; aber der Hofmeister und ihre Frauen drangen in sie zu eilen. Da es nun nicht anders sein konnte, gesegnete sie ihre Kinder, ergriff das älteste, namens Friedrich, und küßte es oftermal. Und aus sehnlichem, mütterlichem Herzen biß sie ihm in einen Backen, daß er davon eine Narbe bekam, die er zeitlebens behalten. Daher ihm auch erwachsen, daß man ihn genennet: Friedrich mit dem gebissenen Backen. Da wollt sie den andern Sohn auch beißen; das wehrte ihr der Hofmeister und sprach: »Wollt ihr die Kinder umbringen?« Sie sprach: »Ich hab ihn gebissen, wann er groß wird, daß er an meinen Jammer und dieses Scheiden gedenkt.«

Also nahm sie ihre Kleinode und ging aufs Ritterhaus, wo sie der Hofmeister mit einer Frauen, einer Magd und dem Eseltreiber an Seilen das Fenster hinabließ. Noch dieselbe Nacht flüchtete sie auf den Krainberg, der dazumal dem Hersfelder Abt gehörte; von da ließ sie der Amtmann geleiten bis nach Fulda. Der Abt empfing sie ehrbarlich und ließ sie sicher geleiten bis gen Frankfurt, wo sie in einem Jungfrauenkloster Herberge nahm, aber schon im folgenden Jahre vor Jammer starb. Sie liegt zu Frankfurt begraben.

*

Danach nahm Albrecht jene Kunne von Eisenberg zur Ehe, und die hatte derweile den Kebssohn Apitz unter ihrem Mantel, auf daß er einen ehrlichen Namen erhalten sollte. Dem gab der Vater Schloß Tenneberg und das Gericht, das dazugehört. Apitz aber hielt mit seinen bösen Genossen übel Haus und raubte das Vieh in den Dörfern, daß ihn einer erstechen wollte mit der Heugabel. Gegen seine echten Söhne, den Markgrafen Friedrich den Gebissenen, den man auch den Freidigen nennt, und den Markgrafen Diezmann, war Albrecht desto ärger und unredlicher; daher hatten sie vielerlei Kämpfe zu führen um ihr Recht mit dem eigenen Vater und dem römischen Könige Adolf von Nassau.

Der Taufritt

Bei einem derselben ward Markgraf Friedrich auf der Wartburg eingeschlossen; denn der Gegenteil hielt die Stadt Eisenach hart besetzt. In dieser Not gebar ihm seine Gemahlin eine junge Tochter. Als sie acht Tage alt war und er nicht länger auf der Burg aushalten konnte, setzte er sich mit Hofgesinde, der Amme und dem Töchterlein selbzwölfe auf Pferde, ritten nachts von der Burg in den Wald, doch nicht so heimlich, daß es nicht die Eisenacher Wächter gewahrt hätten. Sie jagten ihm stracks nach, in der Flucht begann das Kindlein heftig zu schreien und weinen. Da rief Friedrich der Amme zu, die er vor sich herreiten ließ: Was dem Kinde wäre? Sie sollte es schweigen. Die Amme sprach: »Herre, es schweiget nicht, es sauge denn.« Da ließ er den ganzen Zug halten und sagte: »Um dieser Jagd willen soll meine Tochter nichts entbehren, und koste es ganz Thüringerland!« Da hielt er mit dem Kinde und stellte sich mit den Seinen zur Wehre so lange, bis sich die Tochter sattgetrunken hatte. Und es glückte, daß er die Feinde abhielt und ihnen hernach entrann.

*

Im Jahre 1322 nach Christi Geburt ward vierzehn Tage nach Ostern am Sonntage Misericordias domini, an welchem Tage die Prediger ihren Ablaß hatten, ein Spiel zu Eisenach gegeben von den fünf weisen und fünf törichten Jungfrauen, wie es im Evangelium erzählt wird. Wie nun die fünf törichten verdammt wurden, taten sie gar sehr kläglich, und unsere liebe Frau und die Heiligen baten für sie, aber es half ihnen gar nichts. Das war nun etwas zu hart gespielt. Denn Maria und die Heiligen bitten für keinen Sünder, der verdammt ist, und sie wollen nicht anders, als Gott will. Auch will Gott an dem Jüngsten Tage nicht mehr gnädig und barmherzig sein, sondern ein gestrenger Richter. Vorher in dieser Zeit ist er uns gnädig und barmherzig, und wer sich also mit seiner Reue und Buße hier auf Erden oder in dem Fegefeuer versäumet, der muß den Schaden haben. Zu diesem Spiele war auch Landgraf Friedrich der Freidige gekommen und sah und hörte das alles und nahm es sich so zu Herzen, daß er in großem Zorne sprach: »Was ist der Christen Glaube und unsere Hoffnung, wenn es nicht hilft, daß für uns Sünder unsere liebe Frau bittet und alle Heiligen Gottes flehen? Wozu dienen wir ihnen, warum sollen wir sie ehren, wenn wir durch sie nicht Gnade erwerben?« So blieb der Landgraf fünf Tage lang in großem Unmute, und man konnte ihn kaum verständigen, daß dieses erst an dem Jüngsten Tage geschehe und nicht eher. Darauf schlug ihn der Schlag, daß er gelähmt ward an der einen Seite, und die Sprache ihm entfiel, daß man ihn übel verstand. Er lebte nach diesem Zufall wohl noch vierthalb Jahre und starb, nachdem er sein Seelgeräte gesetzt hatte, in einem Alter von fünfundfünfzig Jahren. Man begrub ihn vor Eisenach zu St. Katharinen in der Kapelle des heiligen Johannes.

Vom Ausgang des Mittelalters

Kinderzüge

Anno 1212 kam eine wunderbare Phantasie unter die Kinder. Ein Knabe ging durch die Städte und Dörfer und sang ein Liedlein, dessen Inhalt war, daß ihnen Christus sein heiliges Kreuz, welches damals die Sarazenen mit der Stadt Jerusalem erobert und ihr König Saladinus im Besitz hatte, wieder zustellen wolle. Allen Knaben, die ihn singen hörten, kam eine Unsinnigkeit an, daß sie meinten, sie müßten nach Syrien und das heilige Kreuz zu Jerusalem wieder holen. Machten sich also in großen Haufen auf die Reise, und konnten sie weder gute Worte, Schläge noch Bande abhalten, zogen nach Italien und wollten über das Meer hinüberfahren. Die meisten starben in der Schweiz vor Hunger und Frost; viele verdarben in Italien, weil sich ihrer niemand annahm. Diejenigen, so noch mit auf das Meer genommen worden, sind von dem Ungestüm der Wellen hingerissen und ums Leben kommen. – In Erfurt trug sich fünfundzwanzig Jahre später eine andere wunderbare Begebenheit mit den Kindern zu. Es hatten sich deren über tausend versammelt; die zogen alle zusammen mit Tanzen und Singen durchs Löbertor, über den Steiger und kamen bis nach Arnstadt, woselbst sie die Bürger aufnahmen. Die zu Erfurt wußten nicht, wo ihre Kinder hingekommen waren, bis es die von Arnstadt ihnen berichteten, worauf sie dann dieselben mit Wagen wiederum abholeten. Niemand aber kunnte erfahren, wer sie hinweggeführet hatte.

*

Seinen letzten Reichstag hielt Rudolf von Habsburg in Erfurt. Er kehrte im Peterskloster ein; sein Volk aber lagerte er in der Stadt um den Berg her. Er war ein fröhlicher und meist wohlgelaunter Mann. Nahm eines Tags, als er den Bierrufer nach Gewohnheit und Gebrauch das Bier ausrufen hörte, ein Glas Bier, das man wegen seiner Fettigkeit und Güte den dicken Schlunz nannte, und rief wie der Bierrufer: »Ein gut erfurtisch Bier hat Herr Seifert von Buttstädt aufgetan!« Trotzdem war er hart gegen Räuber und Empörer. Er setzte sich öffentlich zu Gerichte, zitierte den Rat und Gemeine und hörete beide Teile und vertrug sie gütlich; jedoch so, daß man auf dem

Fischmarkte eine Bühne aufschlug und eine Tür auf Rathause machte, dadurch man auf die Bühne heruntergehen kunnte. Da ließ er achte der obersten und vornehmsten Meutmacher enthaupten; die Köpfe wurden viere oben über der Kämmerei und vier gegen den Stözel oder Wölffen über an der Rathausmauer auf eiserne Nägel gestecket, die Körper aber auf demselben Platz begraben. Man sagt, es sollen die Vornehmsten des Rats gewesen sein. Noch andere ließ der Kaiser vierteilen, damit sich die übrigen daran spiegeln und nicht wider ihre Obrigkeit rebellieren möchten. Dergleichen Ständekämpfe waren in Erfurt nicht selten. Das einemal sollen sich die Bürger des Johannes- und des Andreasviertels verschworen haben, nachts zwölf Uhr die Junker zu überfallen und zu ermorden. Schon waren die gewaffneten Scharen in der Nähe der Nikolaikirche versammelt und warteten mit Ungeduld des Glockenschlages; allein sie standen vergebens. Der verabredete Überfall war den Gegnern verraten worden, und sie hatten nicht nur die Uhr angehalten, sondern auch alle Vorsichtsmaßregeln getroffen, dem Angriffe zu begegnen. Zum Andenken daran ließ der Rat die Turmuhr verändern, daß sie nie mehr voll schlug.

*

Adolf von Nassau unternahm zwei Feldzüge gegen Thüringen, da Adel und Städte zu dem Markgrafen Friedrich und seinem Bruder Diezmann hielten. In Gangloff-Sömmern war niemand denn eine alte Frau zurückgeblieben; die haben sie nackend ausgezogen, mit Wagenschmer bestrichen und in Federn, die sie aus einem aufgeschnittenen Bett auf die Erde geschüttet, umgewälzt, danach an einen Strick gebunden und allen frommen Weibern zu Hohn und Spott als ein Wundertier durchs Lager und sonst umher geführet und getrieben, bis sie vor Mattigkeit nicht weiterkommen können, sondern umfallen und liegen bleiben müssen, bis andere gute Leute bei Nacht aus Mitleiden sich ihrer angenommen und sie wieder zurechtgebracht. In Kirchen und Kapellen hat dieses mutwillige Kriegsvolk viel Frevels geübt, dieselben allenthalben aufgebrochen und zerschlagen, was an Zierde, Bechern, Tüchern, Kelchen, Glocken und Monstranzen darinnengewesen. Es war bei Menschengedenken solches Rauben und Plündern nicht erfahren. Und obwohl der Kaiser vorgewendet, man könnte ein solches Kriegsvolk nicht im Sack führen, hat er doch nachher versprochen, besser Regiment zu halten und etlichen, die eine Kirche zu Vippach aufgebrochen, die rechte Hand abhauen lassen.

Judenverfolgung

Im Jahre 1303 ergriffen die Juden zu Weißensee eines Burgmanns Sohn mit Namen Konrad und führten ihn des Abends heimlich in eine Hütte, die beim See in einem Weingarten stand. Sie durchstachen seinen Leib mit Ahlen und Pfriemen und fingen sein Blut in ihren Gefäßen auf. Danach zogen sie ihm seine Kleider wieder an und hängten ihn an seinem eignen Gürtel auf. Die Freunde ließen an allen Enden suchen und wußten nicht, wo er hingekommen war. Als aber der Weingärtner in seine Hütte ging, sah er ihn hängen und sagte es den Eltern und Freunden. Da erhob sich großer Jammer, besonders darüber, daß er sich selbst entleibt habe. Doch als man sein oberstes Kleid abnahm, gewahrte man etwas Blutes, und als er ganz ausgezogen war, sah man den Leichnam voll Wunden. Da ward beim Volke ein großes Laufen, und jedermann konnte sehen, daß kein Blut in seinem Leibe geblieben war. Und man bereitete ihm einen Sarg und bestattete ihn ehrlich zur Erde. Der Landgraf von Thüringen aber ließ alle seine Juden schlagen und fangen, daß ihrer wenig mit dem Leben davonkamen. Bei den großen Verfolgungen (1348–50) sollen sich viele Juden zu ihren Stammesgenossen in Meiningen geflüchtet und mit diesen am Palmsonntag eine Verschwörung gemacht haben: sie wollten in den folgenden Tagen Verstärkungen heranziehen und die Christen am Karfreitag während der Passionspredigt in der Pfarr- und Klosterkirche überfallen, um die Stadt als Stützpunkt zu gewinnen. Da geschah es, daß eine Magd, die sich beim Kirchgang verspätet hatte, in der Synagoge ein Klirren von Waffen vernahm. Sie meldete in der Kirche, was sie vernommen, die Bürger bewehrten sich, stürmten die Synagoge und erschlugen viele Juden. Die Gefangenen wurden vom Bischof von Würzburg, in dessen Pflege die Stadt gehörte, zum Tode verdammt, darunter auch zwei schöne Judenmädchen. Zwei Bürgerssöhne waren ihnen in Liebe zugetan und bereit, sie zu ihren Ehefrauen zu machen, wenn sie sich zum christlichen Glauben bekennen wollten. Allein die Mädchen wiesen solches Verlangen von sich, eilten zum Feuer und starben mit Eltern und Freunden. Auch in Erfurt sollen viele erschlagen worden sein. Die übrigen, weil sie keine Rettung sahen, liefen in etliche Häuser zusammen, steckten sie mit Feuer an und verbrannten sich als verzweifelte Leute mit allem, was sie bei sich hatten. In der Judenschule fand man treffliche Rüstung von Armbrüsten, Spießen und Pfeilen, daß es zu verwundern war, zu was Ende sie solches angeschafft. Trotzdem ward der Kurfürst Gerlacus von Mainz unwillig über solches Treiben und verurteilte die Stadt zu einer Buße von tausend Mark Silbers.

*

Der Bruderkrieg (1450) ist im Osterland bis heute in Erinnerung geblieben. Ein am Badertore in Gera eingehauenes Schwert soll den Stand des vergossenen Blutes angezeigt haben. Ein Hausbesitzer hatte sich im Höhler verborgen und versuchte, nachdem das Gebäude brennend zusammengefallen, sich durch das Kellerloch auf die Straße herauszuarbeiten. Da führte ein böhmischer Soldat, der eben vorüberging, einen so gewaltigen Schwertstreich nach ihm, daß der Bürger mitten durchgehauen wurde und der eine Teil seines Leibes in den Keller zurückfiel, während der andere auf der Straße liegenblieb. Nach der Zerstörung Geras lagerte Herzog Wilhelm mit seiner Kriegsmacht auf dem Heersberge bei Oberröppisch, ihm gegenüber, auf dem Zoitzberge, sein Bruder, der Kurfürst Friedrich. Zu diesem trat einer, der über das Geschütz gestellt war, und erbot sich, dem Herzog mit einer Kugel das Lebenslicht auszublasen und dem Krieg ein Ende zu machen. Der Kurfürst aber hat sich darüber nicht wenig ereifert und dem Kerl ernstlich befohlen, seines Bruders zu verschonen. Als hernach solch brüderliche Treue dem Herzog Wilhelm ist hinterbracht worden, ist es dem durchs Herz gegangen und hat große Ursache gegeben, daß er bald darauf alle Erbitterung gegen den Kurfürsten hat sinken lassen und beide auf einem Hügel zwischen den Kriegsheeren einander umarmten, worüber männiglich gefrohlockt.

*

Im Jahre 1451 war zu Erfurt ein Barfüßermönch, Erbanus Capistranus genannt, der predigte von der Cavate herunter und schalt heftig auf das Spielen und auf den eingerissenen Luxus. Die Predigt hatte die Wirkung, daß eine Menge Spieler ihre Brettspiele, die Jungfrauen ihre Zöpfe, die sie in die Haare geflochten hatten, und die Weiber ihre Wulste haufenweise vor die Cavate trugen und unten an den Stufen verbrannten. Dies geschah am St.-Johannis-Tag.

*

Anno 1453 erhub sich eine Ketzerei in Thüringen, besonders zu Sangerhausen und im Schwarzburger Lande vorm Harz. Es gingen Mann und Frau, Bruder und Schwester zuhauf heimlich in ein Haus, beteten den Teufel in einem Keller an. Der kam in einer Hummel

Gestalt und flohe jedem in Mund. Wer sich gegen der Hummel neigte, dem ward viel Guts. Darnach wurden die Lichter ausgelöscht, da greift jedermann um sich; wen er ergriff, mit dem sündigte er, es wäre Schwester, Mutter oder Tochter. Drüm wurden sie gebrannt überall im Lande, und mancher Ketzer ging gutwillig ins Feuer. Diese Ketzerei offenbarte ein Schmied dem von Schwarzburg, daß er es selbst sahe.

Dom zu Erfurt
Stahlstich von J. v. Rauschfels. Aus: L. Bechstein, Wanderungen durch Thüringen, Leipzig 1838

Die Städte

Erfurt

Burgen, seltener auch Klöster, wurden Ausgang und Mittelpunkt von Siedelungen, und diese erhielten durch Erwerbung des Marktrechts städtische Bedeutung. Von Erfurt, der alten Hauptstadt Thüringens, ist an andern Stellen des Buches noch viel zu lesen. König Merowig soll außer der nach ihm genannten Burg auch das erste Gebäude aufgeführt haben: einen Saal, auf dem nach der Zeit also genannten Petersberge. Sonst sei aber von der Stadt noch nichts errichtet worden außer nur, daß unten am Berge ein Dorf namens Schilderoda gestanden, wo heutigen Tages die Andreaskirche zu sehen. Da nun jedermann geschäftig war, das Land in Arbeit zu bringen, war unter andern ein vornehmer Kriegsmann und Edler, am königlichen Hofe zu Burg-Scheidingen namens Erpo oder Erff, der wählte ihm den Ort bei Schilderoda und baute eine Mühle im Brühl, daher man ihn einen Müller geheißen. Und weil nicht aller Orten durch das Wasser zu reiten oder zu fahren war, ließ er einen Lauft oder Furt durchgraben, an dem Orte, wo jetzt die Furtmühle hinterm großen Collegio ist, damit man auf Schilderoda, wo jetzo St. Andreä und Mauritii Kirche ist, bequem durchgehen könne, die hieß man Erpsfurt.

*

Im Erfurter Dom liegt die Achse des Chors nicht in einer Richtung mit der des Langhauses, sondern bildet einen Winkel. Das wird nicht mit dem Gelände, sondern mit altem Glauben erklärt: Der Heiland soll beim Sterben das Haupt auf die rechte Seite geneigt haben, und darum habe man Chorhaupt und Chorhals gleichfalls nach rechts geneigt. In der Martinskirche ist der gleiche Winkel zu bemerken, und es wird gesagt, daß es in Deutschland noch acht ähnliche Kirchen gäbe. Die große Glocke des Erfurter Doms soll ursprünglich in der Klosterkirche zu Mildenfurth gehangen haben. Man brauchte zur Überführung einen eisernen Wagen. Ein Delinquent hat sie in Erfurt dadurch auf den Turm gebracht, daß er die Steine des Gegengewichts einzeln hinauf und oben in einen Kasten trug. Man schenkte ihm dafür das Leben.

Anno 1249 wurden zwei leichtfertige Vögel in Erfurt einig, nächtlicherweile in die Kirche St. Martini Intra einzubrechen. Sie öffneten den Tabernakel, nahmen daraus das Ciborium, worin neun konsekrierte Hostien lagen und gingen damit fort. Sie schütteten sie auf dem Roßmarkt in eine Pfütze; das Ciborium aber nahmen sie mit nach Eisenach. Nach einer Zeit wurde einer der Diebsgesellen krank, und weil es nun mit ihm zum Sterben kam, schickte er nach einem Geistlichen und offenbarte ihm in der Beichte unter anderm auch diesen Diebstahl. Der Beichtvater absolvierte ihn zwar, weil er in Agonie begriffen war, begab sich aber nach Erfurt und zeigte es an. Nun hatte vorher ein Geistlicher jezuweilen ein Lichtlein bei jener Pfütze gesehen; daher ging Erzbischof Christian II. mit der Chlerisei dahin, erhub das heilige Sakrament, welches noch ganz unverletzt allda lag, und brachte es in die Stiftskirche B. M. V., allwo es beigesetzt wurde. Ulrich Vierling aber baute an dem Ort, wo die konsekrierten Hostien gelegen, eine Kirche, welche noch jetzo steht und zum heiligen Brunn genannt wird.

*

In der Zeit großer Teuerung wandte sich ein sittsames armes Mädchen in Erfurt mit der Bitte um Hilfe an die Jungfrau Maria und fiel, vom heißen Gebetskampf erschöpft, in einen tiefen Schlaf. Und siehe, im Traume erschien ihr Maria und überreichte ihr eine Tasche von seltnem Gewebe; darin fand die Jungfrau, als sie erwachte, drei blanke Goldstücke. Mit einem derselben eilte sie sogleich beglückt zum Bäcker, und nachdem sie selbst mit wenig Brot den Hunger gestillt, spendete sie an andere Elende, soviel sie hatte. Als sie am nächsten Morgen wieder Brot einkaufen wollte, fand sie statt der verbliebenen zwei Goldgulden wieder drei und erschrak heftig. Vermeinte sie doch, sie habe in ihrem gestrigen Freudenrausche das erste Goldstück nicht dem Bäcker gegeben, sondern wieder in ihre Tasche gesteckt. Sogleich ging sie zu ihm; aber er schüttelte den Kopf, hatte er doch das Geld in der Truhe. So erkannte sie das Walten der heiligen Jungfrau und spendete nun in ihrem Dienste alle Morgen Arznei und Speise. Nachdem die Teuerung vorüber war, konnte sie die Sehnsucht nach dem Frieden des Klosters nicht mehr überwinden, nahm deshalb den Schleier und wurde bald ein Vorbild ihrer Schwestern. Sie soll in der kleinen Arche selbst ein Kloster gestiftet haben, das man ihr zu Ehren Magdalenenkloster genannt habe. Darin sei die Tasche mit den drei Goldgulden aufbewahrt worden, bis es von Feindeshand zerstört wurde.

Im Jahre 1224 hat es sich in Erfurt zugetragen, daß zwei Dompfaffen auf St. Martini Abend in einer Collation beieinander gesessen und ein herrlich Bankett von allerlei köstlichen Speisen und Getränken mit ihrer Köchin gehalten haben. Wie sie nun in Fröhlichkeit beieinandersitzen, hat einer derselben zu dem andern gesagt: »Weil wir es dahin gebracht, daß wir also genügliche Zeit haben und täglich mit guten gewürzten Speisen uns ersättigten, so wäre es kein Wunder, wenn die Armen, die nimmer was Gutes zu essen haben, unsern Mist verzehrten.« Darauf hat der andere geantwortet: »Ich hatte gleich Willens, solches auch, wenn Ihr mir nicht zuvorgekommen wäret, gegen Euch zu gedenken.« Während sie so reden, fällt das Gemach, darin sie gesessen, unter ihnen ein, und da ein garstiger Sumpf, darin allerlei Unflat aus den heimlichen Gemächern gelaufen war, darunter gewesen ist, sind sie miteinander in denselben gefallen und versunken, daß man keinen derselben weder tot noch lebendig jemals darin gesehen noch hat finden können. Deswegen hat der Papst von ihren Gütern gestiftet, daß man jährlich auf den Abend St. Martini um acht Uhr an allen Orten eine ganze Stunde lang ihnen zum ewigen Gedächtnis hat läuten müssen, wie denn dieser Brauch an vielen Orten noch vor kurzer Zeit üblich gewesen ist. Weil aber niemand wußte, woher solches Läuten gekommen ist, ist es genannt worden »der Martinsgans Läuten«.

Arnstadt

Auch Arnstadts Gründung wird mit Merowig in Verbindung gebracht und sein Name mit dem Aar, der das Stadtwappen ziert. Als die Liebfrauenkirche erbaut werden sollte, übertrug der Meister die Ausführung des vordern Turms seinem Gesellen. Der will dem Meister Ehre machen und ein rechtes Kunstwerk aufstellen, widmet deshalb seiner Arbeit ganz besondere Liebe und allen erdenklichen Fleiß. Und wunderbar ging ihm das Werk vonstatten. Es war gar nicht zu verkennen, daß der Turm des Gesellen weit schöner und zierlicher emporstieg als der des Meisters, und jedermann, der vorüberging und den Bau betrachtete, lobte und rühmte des Gesellen Kunst und Geschicklichkeit. Das verdroß aber den Meister, er faßte deshalb einen tiefen Groll gegen den Gesellen und gedachte sich an ihm zu rächen. Als nun das Werk fertig war, ruft ihn der Meister zu sich hinauf auf den Turm, als wolle er ihm etwas zeigen, was an der Arbeit noch fehlerhaft sei. Der Geselle steigt ohne Arg die Treppe empor, und mit ihm läuft

Arnstadt
Stahlstich von J. H. Le Keux. Aus: L. Bechstein, Wanderungen durch Thüringen, Leipzig 1838

auch sein Hündlein hinauf. Oben wird ihm die Weisung, zum Schalloche hinauszusehen und den Fehler selber aufzusuchen. Er biegt sich weit hinaus und kann ihn dennoch nicht entdecken; da gibt ihm der tückische Meister einen Stoß, daß er hinunterstürzt und tot zur Erde fällt. Als das treue Hündlein solches sah, sprang es ihm nach und lag tot neben dem toten Herrn. Zum Gedächtnis an die abscheuliche Tat hat man oben am Turme in Stein eine hervorragende Manns- und Hundegestalt angebracht.

Gotha

Gotha ging schweren Zeiten entgegen, als die Acht und Oberacht über Johann Friedrich, den mittlern Herzog zu Sachsen verhängt war. Der Belagerung und dem Fall der Stadt gingen böse Zeichen voraus: Kanzler Brück hat wenige Zeit vorher mit einem Kürbis gespielt, denselben in die Höhe geworfen und wieder gefangen. Da ist es geschehen, daß er ihm in vier Stücken in die Hände gefallen, daraus einige nichts Gutes ominiert haben, welches auch nachgehends der Ausgang gelehrt. Und als man aus der Festung Gotha gegen Morgen mit etlichen groben Stücken nach Sundhausen zu geschossen, so ist ein großes Stück, die Brehme genannt, zersprungen, und seind vom Knallen alle Fenster in des Herzogs Gemach, sonst aber keine andern ausgefallen, welches man für ein bös Omen gehalten. – Als dann bei der Belagerung die Besatzung aufsässig worden, sind ihrer viele im Schloß herumgefahren, schlagen die Schreibstube auf, darinnen sie den Kanzler Brücken finden. Da hebet einer an: »Heraus, heraus!« Er antwortet: »Tut gemach, kommet recht an! Ich bin nicht Grumbach, auch kein Ächter, sondern der Kanzler!« »Schadt nicht«, sagen sie, »den wollen wir auch haben! Heraus, immer heraus!« Und wie er nicht flugs gehen will, laufet ein kleiner Bauersmann herbei, spricht: »Fort, Kanzler, fort!« stößet ihn mit der Büchsen in die Seite, sagend: »Gehe nur fort! Herzog Hans Wilhelm wird dirs schon sagen, was du getan hast!« Nehmen ihn also mit Gewalt heraus und führen ihn aufs Rathaus. Die andern suchen inzwischen weiter und kommen in des Herzogs Schlafkammer. Da wird ihnen von einigen Frauenzimmern ingeheim gezeiget, sie sollten in dem einen Schubbette nachsuchen. Wie dieses herfürgezogen wird, finden sie Grumbachen der Länge nach drinnen liegen, ziehen ihn heraus, schleppen ihn hinunter, schließen mit ihren Haken zusammen und tragen ihn wie die Ratten ihren König in alle Dignität und Herrlichkeit zur Stadt hinunter...

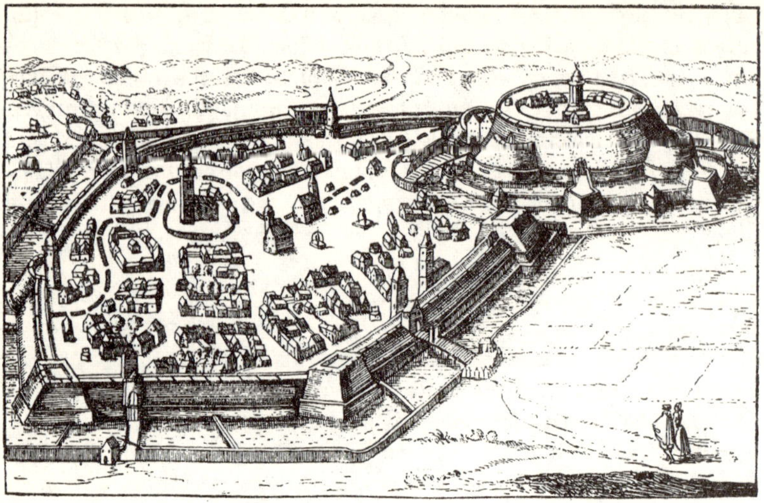

Die Stadt Gotha mit der Veste Grimmenstein 1620
Kupfer von Bertius

Auf dem Markt hat man, wo vorher der Galgen gestanden, eine Brücke oder Fleischbank, um die Gefangenen darauf zu justifizieren, aufgerichtet. Und wurden Grumbach und Brück ausgezogen, angenagelt und lebendig gevierteilt, viele andere mit Schwert und Strang vom Leben zum Tode gebracht. Unter den letzteren war der zauberische Jung und Kristallseher Hänsel Tausendschön von Sundhausen, eines Bauern Sohn, den Grumbachs Schreiber in der Schwarzkunst unterrichtet. Hat weder schreiben noch lesen können und doch lauter englische Erscheinungen vorgebracht, daß man ihn den Engelseher nannte. Das Blutgerüste soll der Nachrichter nach beschehener Abrechnung einem Bauer nach Hausen verkauft haben, der daraus eine Wohnstube gemacht. Muß gewiß weder ekel noch furchtsam gewesen sein.

*

An einem Hause des Jakobsplatzes in Gotha war das Bild eines Mannes in Stein gehauen, der an einige kleine Kinder Brote verteilt. Es wird erzählt, vor langen Jahren habe ein Mann dies Haus besessen, der ein großer Kinderfreund gewesen. Wenn er ausging, habe er immer allerlei Gaben in den Taschen gehabt, mit denen er die Kinder erfreut. Als es in seinem achtzigsten Jahr mit ihm zum Sterben gekommen, hat man zwei Knaben in schneeweißen Kleidchen an seinem Lager sitzen sehen; die haben mit ihm gebetet und ihm die Augen zugedrückt. Und nachdem er begraben war, hat drei Tage lang ein Kind auf seinem Grabe gesessen und das Antlitz verhüllt, als ob es weine. Niemand kannte es und wußte, wem es angehöre.

*

Zu einem außerordentlichen, wenn auch zweifelhaftem Ruf gelangte ein sonst verdienstvoller Professor am Gothaer Gymnasium namens Galletti. Seine unvergleichlichen Kathederblüten wurden in aller Welt verbreitet und mögen, von der Sage lustig vermehrt, an Zahl wohl nahezu das Tausend erreichen. Nur einige, die sich auf örtliche und geschichtliche Dinge der Heimat beziehen, seien mitgeteilt: Gotha liegt an drei Flüssen, der Leine, der Nesse und der Siebleber Chaussee. Es ist säbelförmig gebaut. Von Erfurt ist es nicht viel weiter entfernt als Erfurt von Gotha. Sie kriegten den Grumbach her, rissen ihm das Herz aus dem Leibe, schlugen es ihm um den Kopf und ließen ihn laufen. Sieben Herzöge waren in Thüringen; dazu kommen noch elf alte und drei neue, macht zusammen vierzehn Herzöge.

Mühlhausen

Daß sich die »Mühlhäuser Pflöcke« auf Kriegslist verstanden, soll an anderer Stelle erzählt werden; aber auch ihre Tapferkeit wird von der Sage gerühmt. Im Jahre 1249 haben die benachbarten Fürsten alle Kräfte daran gestreckt, der Stadt Mühlhausen die Freiheit zu benehmen und sie unter ihr Gebiet zu bringen. Und hierzu hielten sie vor ratsam, keine Gewalt, sondern eine Täuschung zu gebrauchen. Demnach richteten sie etliche Wagen zu, als wenn Getreidig geführet würde, auf welchen bewaffnete Soldaten lagen. Die sollten sich des Tors gemächtigen und die Stadt einnehmen. Die Mühlhäuser aber merkten den Betrug, riefen die Ihrigen durch Rührung der Glocke zu den Waffen und fielen die Feinde dergestalt herzhaftig an, daß viele getötet und die übrigen in die Flucht gejaget wurden.

*

Als man die große Glocke in der Kirche Divi Blasii gießen wollte, sollen zwölf Zentner Glockenspeise gemangelt haben, welche der Rat

Mühlhausen, Untermarkt mit Blasiuskirche
Lithographie von E. W. Röbling (1824)

auf sein Verantworten von einem Bürger entnommen, welchem vor zwei Jahren viel solcher Glockenspeise von einem Kaufmann soll zu verwahren anvertraut worden sein. Demnach aber der Kaufmann, welchem solches zugestanden, anhero kommen und solches von seinem Wirte hat wollen bezahlet haben, hat ihn der Wirt der Zahlung halber an E. E. Rat gewiesen. Als sie sich, weil viel Silber in der Materie soll gewesen sein, welches der Kaufmann hoch geschätzet, nicht haben vertragen können, hat er endlich begehret, daß die Glocke möchte geläutet werden. Da er nun vernommen, daß sie wohl geraten war und einen herrlichen Klang gehabt, hat er solches, weil es zum Gottesdienste angewendet worden, E. E. Rat verehret.

*

Der Rat von Mühlhausen hatte demjenigen eine große Belohnung verheißen, der imstande sei, die Quelle am breiten Holze in die Oberstadt zu leiten. Es war aber im Jahre 1292 ein Mönch aus dem Kloster Reifenstein in den Rabenturm gesetzt und ihm der Prozeß gemacht worden, weil man ihn auf frischer Tat bei einer versuchten Brandstiftung ergriffen hatte. Der sann nach, wie er wohl durch die Quelleitung das verwirkte Leben retten könnte. Aber das Unternehmen schien ihm unausführbar, da der Bach durch eine Hügelkette von der Stadt getrennt war. Und doch ließ es ihm bei Tag und Nacht keine Ruhe. In seiner Herzensangst rief er: »Ich muß frei werden, und sollte ich auch das Heil meiner Seele daransetzen!« Da erdröhnten die Mauern des Kerkerturms, und Satanas stand in leibhaftiger Gestalt vor dem Mönche. »Du hast mich gerufen«, sagte er, »und ich bin gekommen, dir zu helfen.« Mit diesen Worten hielt er ihm mit der einen Hand eine Pergamentrolle und mit der andern ein Stück Papier und eine Feder hin. Der Mönch besann sich nicht lange; er unterschrieb den Pakt mit seinem Blut und nahm die Pergamentrolle in Empfang. Darauf war klar und deutlich verzeichnet, welchen Weg das Wasser erhalten mußte, wenn es in die Stadt gelangen sollte. Sogleich ließ der Mönch dem Rate melden, was er vorhabe, und erhielt Leben und Freiheit zugesichert, wenn er imstande sei, das Werk auszuführen. Mit einer Schar Arbeiter begann er, das neue Bachbett in weiten Schlängelwindungen bis zur Stadt hin abzustecken. Dann wurde es ausgegraben, und ehe das Jahr zu Ende ging, strömte das klare Wasser der Breitsülze zur Oberstadt hinein. Der Mönch aber war von da ab verschwunden, und niemand hat jemals wieder eine Spur von ihm finden können.

Nordhausen

Etliche Historici wollen fürgeben, die Stadt Nordhausen, ein Grenzhaus des Thüringer Landes, wäre von der Franken Könige Merewigio erbauet. Als der Hunnen König Attila oder Etzel Deutschland und im besondern Hessen, Thüringen und Schwaben mit Heeresmacht angefallen und aller Orten gar tyrannisch mit jung und alt hausgehalten, auch alles, was ihm vorkommen, zerstöret, soll ermeldter Frankenkönig diese Stadt insonderheit in acht genommen und solche mit einer Ringmauer und andern Gegenwehren aufs stärkste als möglich befestiget, zur Besatzung etlich Kriegsvolk dahin verordnet. Luther rühmte von ihr, daß er keine am Harz und sonsten dergleichen wüßte, welche sich so bald dem Evangelio unterworfen und so standhaftig ausgehalten. Sie würde dessen vor Gott und der Welt vor andern in jenem Leben Ehre haben.

*

Auf der Hirschbalz zwischen Winterstein und Steinbach waren zwei Schwarzkünstler, ein Steinbacher und ein Wintersteiner, des Nachts beschäftigt, wegen eines Grenzstreites die Steine zu verrücken. Und da sie deshalb arg hintereinanderkamen, so gesellte sich der Teufel zu ihnen. Nachdem der Steinbacher den Wintersteiner besiegt hat, haut er auch den Teufel dergestalt, daß die Funken bis zu den Gipfeln der Bäume stieben und der ganze Wald nach Schwefel stinkt. In seiner Angst flüchtet sich der arme Urian in eine hohle Buche. Das aber merkt der Steinbacher alsbald und vermauert sie. Jahrelang muß der Teufel in seinem Verliese stecken, und unter der Zeit passiert nichts Ungeheuerliches auf Erden. Es wandern auch keine armen Seelen der Hölle zu. Und die darin sind, denken: »Was sollen wir allein hier stecken? Wohlan, wir ziehen in den Himmel!« Nach geraumer Frist kommt der Schlag in den Teil des Waldes, in welchem die vermauerte Buche steht. Und als sie gefällt wird, entfährt der Teufel dem Versteck und saust wieder in die Hölle. Erstaunt blickt er sich in dem leeren Raume um; denn nur Mutter und Großmutter sitzen darin. Da gibt ihm diese den guten Rat: »Geh nach Nordhausen und brenne Branntwein!« Und so geschahs. Seitdem sind die Straßen mit Fuhrleuten übersäet, die solches Teufelszeug fahren, und die Bauern trinken das Teufelszeug, werden toll und voll und verschreiben ihre armen Seelen dem Teufel tausendweis. Und die Hölle wurde wieder voll und mußte durch einen neuen Anbau erweitert werden.

Sondershausen

Dem Bau der Kirche zum heiligen Kreuz in Sondershausen ging dieses Zeichen voraus: Ein Schäfer namens Kirchberg hütete die Schafe am Frauenberge. Er wollte sich von einem Hankelbusch einen Stock abhauen; da erblickte er ein grünes Kreuzchen. Anfänglich entsetzte er sich darüber; endlich aber hieb er den Stock doch ab. Da fing das Holz an zu bluten. Er zeigte es der Obrigkeit an, welche die Geistlichkeit zu Rate zog und von ihr den Aufschluß erhielt; man solle das Kreuz in Gold fassen und ihm zu Ehren eine Kirche bauen. Das geschah. Zum Andenken aber ward nicht nur das in Gold gefaßte Kreuz, sondern auch ein Stück von der Barte, mit der es abgehauen worden, als Reliquie in der Kirche aufbewahrt.

Naumburg

Als Jesus den Schmerzensweg nach Golgatha ging, stand die heilige Veronika vor der Haustüre und reichte dem Heiland voll Mitleid ein Tuch, damit er sein von Schweiß und Blut triefendes Gesicht abwi-

Dom zu Naumburg
Stahlstich von E. Patten. Aus: L. Bechstein, Wanderungen durch Thüringen, Leipzig 1838

sche. Beim Zusammenfalten bemerkte sie, daß sich des Erlösers Züge darauf abgedrückt hatten. Seit jener Zeit war das Tuch wundertätig: Wenn es ein Kranker recht andächtig betrachtete, so wurde er gesund. Der Papst verehrte es der Naumburger Domkirche, und es wurde in der Marienkapelle aufbewahrt, bis es bei dem großen Brande 1532 zugrunde ging.

*

Auch findet man am Dom zwei Personen ausgehauen, von welchen die eine weint, die andere aber lacht. Das sollen zwei Verlobte sein. Der Bräutigam war mit fröhlichem Mute in fremde Länder verreist und hatte sich durch kein Bitten, Warnen und Flehen seiner Braut davon abhalten lassen. Über solches Verhalten herzlich betrübt, begab sie sich ins Kloster, ließ den Dom bauen und verlachte hernachmals den heimgekehrten, herzlich betrübten Bräutigam mit gleicher Beständigkeit.

*

Der Naumburger Dom hatte bis vor dreißig Jahren nur drei Türme, von denen einen der Meister, den andern der Geselle und den dritten der Lehrling gebaut haben soll. Der trug in der öffentlichen Begutachtung den Sieg davon, und die neidvolle Tat, die vom Meister der Arnstädter Liebfrauenkirche berichtet wurde, wiederholte sich auch hier. Der Stein, auf dem der Lehrling nach dem Sturze sein Leben aushauchte, soll mitsamt den Blutspuren noch vor fünfundsiebzig Jahren zu sehen gewesen und dann beim Bau verwendet worden sein.

*

Auch eine Sage, die an die Mühlhäuser Rebhühner erinnert (mitgeteilt unter den Geschichten von Luther), sei hier noch angeführt: In Naumburg wurde viel davon geredet, ob wohl die Lehre Luthers Eingang finden und der Dom in evangelische Hände übergehen werde. Der damalige Bischof Julius von Pflug, obwohl ein weiser Herr, wollte durchaus nicht daran glauben, und als ein Domherr Zweifel äußerte, soll er entgegnet haben: »Eher werden meine Affen miteinander Schach spielen, als daß der Dom evangelisch wird!« Seine Meinung wurde zuschanden, und zur Erinnerung an den Vorgang wurden die Schach spielenden Affen als steinern Bildwerk an einem Pfeiler im Chor angebracht.

*

Die Rudelsburg und Burg Saaleck
Stahlstich von L. Hoffmeister. Aus: L. Bechstein, Wanderungen durch Thüringen, Leipzig 1838

Bischof Johannes I. von Naumburg führte ein sehr ausschweifendes Leben, kümmerte sich wenig um sein Bistum, schlemmte, schwärmte und buhlte und drängte seine Untertanen gar hart. Im Jahre 1350 am Johanni-, seinem Namenstage, veranstaltete er auf dem Schlosse Saaleck ein großes, prächtiges Bankett, wozu er eine Rotte Gaukler aus Nürnberg und allerhand kostbare Leckerbissen aus Leipzig und Braunschweig hatte kommen lassen. Eine Unzahl von Gästen war geladen und erschienen. Abends nach der Tafel, als der Ball beginnen sollte, ergriff Johannes zwei Edelfrauen, die Gattin des Herrn von Berbisdorf und die des Edlen von Madel, um den Ball zu eröffnen; als er aber den rechten Fuß erheben wollte, fiel er zu Boden und war tot. Sein Leichnam wurde in der Schloßkapelle zu Saaleck beerdigt; im Volke aber verbreitete sich der Glaube, der Böse habe ihn zur Strafe seines sündigen Lebens geholt.

*

Die Bürger von Naumburg hatten es gewagt, dem wilden Hussitenführer Prokopius zu trotzen. Als aber nach manchem abgeschlagenen Sturm der Hunger sich immer fühlbarer machte, beschlossen sie, eine Gesandtschaft an ihn zu schicken. Die gelobte, die Stadt solle ihm übergeben werden, wenn er gnädig und mild mit ihr verfahren wolle. Doch er schwur, durch den langen Widerstand wütend gemacht, keinen Stein auf dem andern zu lassen und selbst des Säuglings nicht zu schonen. Nun zog die Bürgerschaft hinaus und bat fußfällig um Gnade; die Geistlichkeit beschwor ihn im Namen Jesu, die Stadt nicht zu verderben – aber vergebens. Da griffen die Einwohner zum letzten Mittel: sie zogen den Kindern weiße, mit schwarzen Bändern besetzte Kleider an, und unter Führung eines Viertelsmeisters mit Namen Wolf zogen sie paarweise zur Stadt hinaus, zweihundertdreiundachtzig Knaben und dreihunderteinundzwanzig Mädchen. Zweihundert Bürgerbüchsenschützen mußten vor dem Jakobstore bei den Feldern am Schießanger halten und die Kinder vorbeilassen, damit sie desto beherzter gingen. Man hatte ihnen eingeprägt, sobald sie ins Lager kämen, zu weinen, die Hände gen Himmel zu heben, niederzufallen und »Gnade, Gnade!« zu schreien. Sollten aber die Feinde grausam sein, so möchten sie willig ihre Hälslein aufmachen und hinhalten. Sie gelangten zum Lagerplatz und wurden von den Offizieren zum Zelte des Prokopius geführt. Der wußte anfangs nicht, was das alles bedeuten solle. Als aber die Kinder jämmerlich zu schreien und zu weinen anfingen, auf die Knie fielen und »Gnade, Gnade!« riefen, sah er die Umstehenden und danach die Kinder nacheinander an, befahl ihnen, still zu sein und aufzustehen. Nun beratschlagte er sich mit den übrigen Befehlshabern eine halbe Stunde lang und versicherte danach den Kleinen, daß ihnen kein Leid widerfahren solle. Ließ auch die im Lager befindlichen böhmischen Musikanten kommen und zum Tanz aufspielen. Da die Kinder aber, immer noch voll Furcht, nicht tanzen wollten, so brachte man auf seine Weisung Kirschen, Birnen und Schoten herbei, wodurch sie endlich beherzter wurden. Er selbst ließ für sich und die andern Befehlshaber Sessel herbeitragen und setzte sich mitten unter die Kinder, welche nun gar fröhlich um ihn herumsprangen. Abends um sieben Uhr befahl er ihnen, stille heimwärts zu ziehen und am Tor zu sagen: die Stadt hätte Gnade, er wolle ihr kein Huhn nehmen, und morgen werde kein Hussit mehr zu sehen sein. Er hat Wort gehalten. Um drei Uhr in der Frühe des andern Tags war das Heer abgezogen und die Stadt befreit.

Und zu Ehren des Mirakel
Ist alljährlich ein Spektakel.
Kennt ihr nicht das Kirschenfest,
Wo mans Geld in Zelten läßt?
Freiheit und Viktoria!

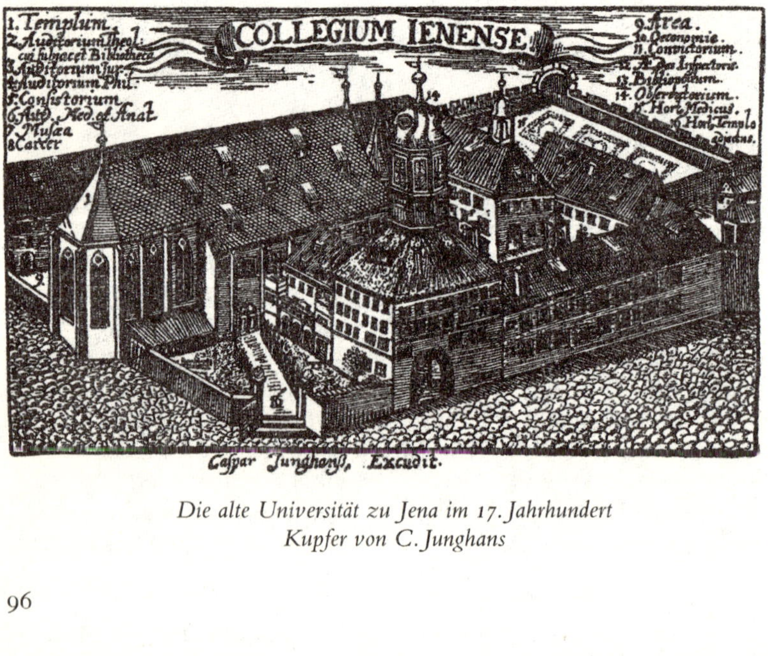

Die alte Universität zu Jena im 17. Jahrhundert
Kupfer von C. Junghans

Jena

Als dem Kurfürsten Herrn Johann Friedrich nach dem damaligen großen Ungewitter, so über die Ernestinische Linie anno 1547 hereinfiel, die kurfürstliche Stadt und Universität Wittenberg genommen wurde, bat er Ihre Kaiserliche Majestät untertänigst um Privilegia zu einer andern und daß die mit seinen großen Kosten zusammengebrachten Bücher von Wittenberg nach Thüringen gebracht werden möchten.

*

Der Fechtmeister Wilhelm Kreußler hatte das Fechten bei den Marksbrüdern in Frankfurt erlernt. Er wurde, seit 1620 privilegierter Fechtmeister in Jena, der Gründer der deutschen Stoßfechtkunst, die auch im Auslande zu großem Ansehen gelangte. Zwei Kavaliers, die in Jena lange studiert und davon der eine als Präsident in Weimar gestorben, haben sich zu Anfang dieses Seculi (1700) zwei Jahre als Passagiers in Paris aufgehalten und ihres Fechtens wegen große Ehre eingelegt. Wie denn zu ihrer Zeit niemand in Paris zum Fechtmeister erwählt wurde, er habe denn mit diesen Herren gefochten und ihren Beifall verdient. Des alten Kreußler Enkel Johann Wilhelm ging als Schulmeister verkleidet auf den Pagenfechtboden zu Dresden und überwand zuerst die Pagen und dann den Fechtmeister. August der Starke vernahm von dem Schulmeister, der alle Klingen fliegen lasse, und trat mit ihm an, rief aber zuletzt: »Schwarzer Kerl, du bist Kreußler aus Jena oder der Teufel!« Worauf Kreußler antwortete: »Der erste in Person, Ihro Majestät zu dienen!« Sein Sohn, ein gleiches Fechtgenie, konnte den Trieb nicht unterdrücken, sich unbekannt mit seinem Vater zu messen. Stellte sich daher eines Abends, als wenn er frühzeitig zu Bett gehen wolle, schlich sich aber mit Hut, Mantel und Degen auf die Straße und rief mit verstellter Stimme: »Heraus, alter Kreußler, wenn du Herz hast! Hier ist einer, ders mit dir aufnimmt!« Der Vater focht mit ihm, rief aber schon nach ein paar Gängen: »Alle Teufel, so ficht nur ein Kreußler! Heinz, unverschämter Junge, willst du zu Bette!«

*

In Wöllnitz sollte ein Duell ausgefochten werden. Die Mensur ward abgemessen, der Paukapparat herbeigeholt, und die beiden Gegner wurden von ihren Sekundanten zum Kampfe vorbereitet. Da kam der

Wirt aus dem Hause geeilt und winkte Einhalt. Der gefürchtetste aller Pedelle, Kahle mit Namen, hatte sich unbemerkt an den Garten herangeschlichen und war, um das Duell abzupassen, in eine große Biertonne gekrochen, die mit ausgeschlagenem Boden zum Auspichen an der Straße lag. Der augenblicklichen Bestürzung folgt eine schnelle Beratschlagung, dann schleicht ein langer Sekundant an das Faß, kehrt es mit starker Hand um und hält es fest. Die andern eilen herzu und packen Steine und naheliegendes Scheitholz darauf. So konnte der gefangene Pedell die Rufe der Sekundanten und das Klirren der Schläger wohl hören, aber ein Ausblick aus seinem Gehäus war nicht wohl möglich. Erst als der Verwundete genäht und bepflastert, die Blutspur entfernt und das Paukzeug dem Wirt übergeben war, wurde er befreit und mit dem Jubelruf: »Diogenes!« begrüßt, als er sich aus dem Fasse ans Licht der Welt hervorarbeitete. Den Namen Diogenes hat er behalten, und wo er sich blicken ließ, um seinen unheimlichen Durst zu stillen – auf dem Burgkeller wie in der Rose, in Ziegenhain wie in Lichtenhain – überall tönte ihm der Ruf »Diogenes!« entgegen. Das hat ihm sein Pedellenleben schrecklich verbittert, und da er nirgends mehr eine ruhige Kneipstätte fand, soll er sich aus lauter Verzweiflung das Saufen ganz abgewöhnt haben.

*

Die Jenaer Wächter hießen schon im 17. Jahrhundert Philister. Der Name, der dann für alle nichtakademischen Bürger gebraucht wurde, soll aus einer Leichenrede entstanden sein; denn als ein Student im Streite mit Bewohnern der Johannisvorstadt erschlagen worden war, sprach der Generalsuperintendent Götze beim Begräbnis über den Text aus dem Buch der Richter: »Philister über dir, Simson!« – Dem Studenten im zweiten Semester wurden einige Haare hinter dem Ohre mit einem Fidibus abgebrannt, damit er von nun ab ein Brandfuchs im Kampfe gegen die Philister werde, gleich wie Simson gegen deren Gärten und Weinberge dreihundert Füchse ausgesendet, von denen je zwei einen Brand zwischen ihren Schwänzen trugen.

*

In der Mitte des 17. Jahrhunderts fing der Jenaer Professor Werner Rolfink zuerst das Anatomieren an. Dem Volke ward er dadurch so verhaßt, daß man ihn auf der Straße mit Steinen warf. Das Anatomieren nannte der gemeine Mann nur Rolfinken, und die Missetäter baten um die Gnade, nach ihrer Hinrichtung nicht gerolfinkt zu werden.

Residenzschloß zu Weimar
Lithographie von C. Heyn

Weimar

Weimar als eine der ältesten Siedelungen Thüringens hat einen ehrwürdigen Namen, dessen Sinn sich dem allgemeinen Verständnis nicht mehr verrät. Die Sage hat ihn mannigfach gedeutet. In der zweiten Hälfte findet sie das Wort Mark oder Markt; im ersten Teil aber den Wein, die Wenden, die Weide oder das Zeitwort weihen. Demnach erklärt sie Weimar als Weinmarkt, wendische Mark, geweihte Mark oder Weihmarkt und Weidemark. Auch von einem Weinmeier soll der Ort gegründet worden sein. An vielen Häusern der Stadt und Umgebung sind die Buchstaben *V. D. M. I. AE* zu lesen, und das wird so erklärt: Kurfürst Friedrich der Weise wollte eine neue Münze schlagen lassen und bat Herrn Georg Spalatin, ihm etliche schöne runde Sprüche aufzuschreiben. Unter ihnen gefiel ihm das Bibelwort *Verbum domini manet in aeternum* (Das Wort des Herrn bleibet in Ewigkeit) ganz besonders, und so ließ ers nicht nur auf die Münze prägen, sondern es wurde zum Wahlspruch für ihn und seine Nachfolger.

*

Vom Grabmal Johann Friedrichs des Großmütigen und seiner Gemahlin ist schon in anderem Zusammenhang erzählt worden. Sein lebensgroßes Bild, von Lukas Cranach d. J. auf eine Holztafel gemalt (jetzt im Schloßmuseum), befand sich früher einmal im Fürstenstande der Schloßkapelle. Da ist es während der Predigt an Pauli Bekehrungstage (25. Januar) 1695 mit heftigem Knall von unten bis oben zersprungen. Herzog Wilhelm Ernst, der dem Gottesdienst beiwohnte, untersuchte persönlich die Beschädigung und fand, daß der Riß von der rechten Schulter bis hinunter an den Fuß ging, aber das Kurschwert in Johann Friedrichs linker Hand unversehrt gelassen hatte. Das Ereignis verursachte Aufsehen und Bedenken; man erblickte in ihm ein Vorzeichen drohender Gefahr für den evangelischen Glauben des Hauses Sachsen, wie denn auch Prinz Christian August von Sachsen-Zeitz noch in demselben Jahre und Kurfürst Friedrich August der Starke von Sachsen 1697 zum Katholizismus übertraten.

*

Unter den Söhnen des Herzogs Johann war einer, Johann Friedrich VI., der nach des Vaters Tode der Mutter Dorothea viel Kummer machte. Da sie sich mitsamt ihren übrigen Kindern durch sein Betragen zurückgestoßen fühlte, wurde er von steigendem Groll erfüllt. Einmal hat er sogar mit einer Pistole nach Bernhard, dem Liebling der Mutter, geschossen; durch einen Ofenschirm mit einem Kugelloche und ein Ölbild, darstellend einen Prinzen mit einer Pistole, soll die Sage beglaubigt worden sein. Später beschäftigte er sich viel mit magischen Künsten, hat auch im Webicht mit dem bösen Feind in Gestalt einer alten Frau verhandelt und in der Eichleite, da wo heute Belvedere steht, sich dem Teufel mit seinem Blute verschrieben. Wegen seiner freigeistigen Äußerungen geriet er vollends so in Verruf, daß man ihn wie einen Verbrecher in härteste Haft legte. Da hörte die Wache vor der Tür seiner eisenvergitterten Zelle im zweiten Stockwerke des Kornhauses den Gefangenen eines Nachts wie mit einer anwesenden Person sprechen; dann war es, als ob er die Wände hinauflaufe. Schließlich geschah ein schwerer Fall, und dann blieb alles still. Als man öffnete, lag der Prinz tot auf dem Boden, und Blut floß ihm aus Mund und Nase. Manche erzählen, der Teufel habe ihn geholt; nur seine Handschuhe und ein Stück seiner Degenkoppel habe man im Hofe gefunden. Andere sagen, die Leiche sei insgeheim im Kornhause bestattet worden. Ein nageldurchbohrter Schädel, den man ausgegraben, sei der des Prinzen. Sein umgehender Geist spielt in der Sage vom löschpapiernen Prinzchen noch heute eine Rolle. Da die Träger des Namens Johann Friedrich im Ernestinischen Hause immer von schwerem Unglück heimgesucht worden waren, ist die Namenverbindung seitdem nie wieder einem Prinzen gegeben worden.

Altenburg

Als einmal der deutsche Kaiser Friedrich der Rotbart in Altenburg gewesen ist, hat er gesehen, daß die Stadt nur wenig Türme gehabt. Hätte gern ein paar gebaut, fand aber keinen Baumeister und Steinmetzen, einen rechten Plan zu machen. Da fiel ihm ein, daß sein roter Bart mit einer längeren und etwas kürzeren Spitze wohl geeignet sei, daß man zwei Türme danach errichte. Und so geschah es. Unten wurden sie durch einen Zwischenbau verbunden; oben ragten sie, aus roten Ziegeln gefügt, beide heraus, der rechte etwas länger als der linke, gerade wie die Bartspitzen. Und sind heute noch ein Wahrzeichen mit Namen die Roten Spitzen.

*

In der Bibliothek des Altenburger Gymnasiums stand das Gerippe eines Jünglings; davon erzählt man diese Geschichte: Schon in alten Zeiten waren die Schüler am letzten Sonnabend vor den Hundstagsferien besonders froh und wußten nicht, was sie vor Lustigkeit anfangen sollten. Als es dem alten Rektor zu arg wurde, ließ er im Zorne einen ins Karzer stecken. Das soll damals unter den Kreuzgewölben der Brüderkirche gewesen sein. Der Famulus schloß ihn ein, zog danach eilig der Heimat zu, und der Schulrektor hatte gelehrte Dinge im Kopf, daß der arme Junge ganz vergessen wurde. Nun warteten daheim die Eltern mit Ungeduld und Besorgnis auf ihren Sohn, und da er immer nicht kam, schrieb der Vater an den Hauswirt nach Altenburg. Der lief mit dem Brief zum Rektor, und nun fiel dem alten Herrn mit Schrecken ein, was geschehen war. Als man eiligst hinlief und das Karzer öffnete, lag der unglückliche Jüngling an der Tür und war verhungert. Da erhob sich ein großer Jammer, und zum bleibenden Gedächtnis an den schrecklichen Vorfall ist das Gerippe in die Bibliothek der Schule gekommen.

*

Der Hofadvokat und Notarius Hempel war in den zwanziger Jahren in Altenburg eine so bekannte Persönlichkeit, daß die Redensart: Das hat gewiß der Hempel gemacht! im ganzen Land sprichwörtlich wurde. Auch die Erfindung des Skatspiels brachte man mit seinem Namen in Verbindung; denn die Sage erzählt: Als Gymnasiast reiste Hempel mit einigen Mitschülern oftmals von Altenburg nach Kitscher, einem Dorfe bei Borna. Da sollen sie im Pfarrhaus beim Pastor Dinter eingekehrt sein und sich ab und zu auch durch ein unschuldiges Solospielchen vergnügt haben. Einstmals aber wurde Hempel die Sache zu langweilig, und er rief, die Karten weglegend: »Das Spiel ist zu einfach; ich werde es verbessern, daß es was zu raten gibt!« Nach einigem Nachdenken griff er wieder nach den Karten, legte zwei vom Spiel auf den Tisch, verteilte die übrigen dreißig an die Spieler, und der Skat war erfunden. Er verdrängte die Kartenspiele des Altenburger Landes: Süßemilch, Grobhanns, Einundzwanzig, Häufeln, Tippen, Solo, Schafskopf, und die Leute ergaben sich ihm mit Leidenschaft. Gewisse Dörfer und Wirtshäuser waren durch Spielsucht in Verruf; ja man sagt, daß die Altenburger Bauern um Laubtaler nach der Elle – vierzehn Stück auf die Elle – gespielt haben.

Saalfeld

Zu Saalfeld, mitten im Fluß, steht eine Kirche, zu welcher man durch eine Treppe von der nahe gelegenen Brücke eingeht, worin aber nicht mehr gepredigt wird. An dieser Kirche ist als Beiwappen oder Zeichen der Stadt in Stein ausgehauen eine gekreuzigte Nonne, vor welcher ein Mann mit einer Geige kniet, der neben sich einen Pantoffel liegen hat. Davon wird folgendes erzählt: Die Nonne war eine Königstochter und lebte zu Saalfeld in einem Kloster. Wegen ihrer großen Schönheit verliebte sich ein König in sie und wollte nicht nachlassen, bis sie ihn zum Gemahl nehme. Sie blieb ihrem Gelübde treu und weigerte sich beständig; als er aber immer von neuem in sie drang und sie sich seiner nicht mehr zu erwehren wußte, bat sie endlich Gott, daß er zu ihrer Rettung die Schönheit des Leibes von ihr nähme und ihr Ungestaltheit verliehe. Gott erhörte die Bitte, und von Stund an wuchs ihr ein langer häßlicher Bart. Als der König das sah, geriet er in Wut und ließ sie ans Kreuz schlagen. Aber sie starb nicht gleich, sondern mußte in unbeschreiblichen Schmerzen etliche Tage am Kreuz schmachten. Da kam in dieser Zeit aus sonderlichem Mitleiden ein Spielmann, der ihr die Schmerzen lindern und die Todesnot versüßen wollte. Der hub an und spielte auf seiner Geige, so gut er vermochte, und als er nicht mehr stehen konnte vor Müdigkeit, da kniete er nieder und ließ seine

Die Stadt Saalfeld um 1650
Kupfer von M. Merian

tröstliche Musik ohn Unterlaß erschallen. Der heiligen Jungfrau aber gefiel das so gut, daß sie ihm zum Lohn und Angedenken einen köstlichen, mit Gold und Edelstein gestickten Pantoffel von dem einen Fuß herabfallen ließ.

Koburg

Des Wappens von Koburg ist schon in anderem Zusammenhang gedacht worden. Von den steinernen Brunnenlöwen auf dem Markte erzählt die Sage: Einst lag ein reicher Geizhals in Todesnöten, und es wandelte ihn eine Großmut an, all sein Geld und Gut dem Waisenhause zu vermachen; dafür sollten alle Waisenkinder um ihn weinen und an seinem Sarge beten. Als der Abt des Barfüßerklosters von diesem Vorhaben hörte, eilte er zu dem Sterbenden, dachte aber unterwegs bei sich: Was will der Mann den Waisen all sein Geld und Gut schenken? Könnten wir das nicht besser brauchen? Aber dafür wurde er von Gott gestraft: die Brunnenlöwen begannen plötzlich zu brüllen, sprangen von ihren Gestellen herunter, zerrissen den Abt und verschlangen ihn mitsamt der Monstranz. Dann waren sie Steine wie zuvor und wurden wieder in den Brunnen eingemauert.

Auf der Veste Koburg ist ein Bild, das einen Ritter mit einem ungewöhnlich langen Bart darstellt. Es soll Andreas Eberhard Rauber sein, ein Hofkriegsrat Kaiser Maximilians II. Sein Bart war so lang, daß er im Winde wie ein Fähnlein wehte. Da er sich gleichzeitig mit einem spanischen Ritter um die Hand der Helena Scharrfegin, einer natürlichen Tochter des Kaisers Maximilian bewarb, so bestimmte dieser, daß der die Braut heimführen solle, der den andern in einen Sack stecke. Rauber blieb Sieger und gewann die Jungfrau. – In einem Zwinger der Veste wurden früher zwei Bären gehalten. Die entwichen eines Tags und erschienen im Bankettsaal, wo sich die Herrschaften eben zu Tisch gesetzt hatten. Es entstand ein allgemeines Entsetzen; nur eine Dame von wunderbarer Schönheit verlor die Geistesgegenwart nicht. Sie reichte den Bären eine Schüssel mit Obst und Zuckerwerk, und durch diese Süßigkeiten, die den Tieren vorzüglich mundeten, wurden sie so lange beruhigt, bis der Bärenknecht herbeikam, um sie zurück in den Zwinger zu führen. Rechts vom Eingang in den großen Waffensaal ist ein Gemälde, das den seltsamen Vorfall darstellt.

*

In Creuzburg kamen 1355 eine solche Menge Störche zusammen, daß alle Häuser, Türme, Kirchen und Stadtmauern besetzt waren. Am nächsten Morgen, als man gerade zur Messe läutete, flogen sie auf eine große Wiese, traten in verschiedene Haufen zusammen, als ob sie Gericht hielten; auch gingen einzelne von einer Partei zur anderen, wie wenn sie Antwort bringen oder bekommen sollten. Als die Störche nachher wieder davongeflogen waren, fand man drei tote zurückgelassen, die des Ehebruchs sich schuldig gemacht hatten.

Größe der Städte

Nach dem Glauben an die gute alte Zeit waren viele Städte weit größer und volkreicher als heutzutage. Lützendorf und Oberweimar sollen ehemals Vorstädte von Weimar gewesen sein, und der nunmehr verschüttete Ketten- oder Goldbrunnen hat der Sage nach auf dem ehemaligen Marktplatze im Mittelpunkkte der Stadt gelegen. Weida soll bis Wünschendorf, Liebsdorf und Gräfenbrück gereicht haben, und wie groß einst Berga a. E. gewesen ist, zeigte sich beim Bau des Galgens. Da man keines der Gewerken benachteiligen wollte, versammelten sich ihrer so viele, daß jeder nur einen Schlag zu tun brauchte.

Viele Sagen erzählen von strengem, auch sonderlichem Gericht der Städte. In Mühlhausen soll ein Kasten an drehbarem Schwengel am Ufer gehangen haben. Die Weindrossel oder der Felddieb mußten hineinkriechen; dann wurde er von den wohllöblichen Stadtknechten über das Wasser gedreht, und wenn alsdann die Herren Semner Befehl gaben, so zogen die Stadtknechte den Riegel auf, und der Dieb plumpste ins Wasser. Man setzte ihm eine Leiter an, damit die Lustbarkeit wiederholt werden konnte, zweimal oder dreimal, je nachdem er viel oder wenig gestohlen hatte. Ähnlich in Tann. Da ließ man unsittliche Frauenzimmer in einem Korb von der Altane des Gerichtslokals hinunter in den Gaak, einen kleinen Weiher. Wilddiebe behandelte man besonders schonungslos. In Erfurt wurde einer auf einen wilden Hirsch gebunden. Der soll bis nach Vacha gelaufen und dort unter dem zerrissenen Leichnam zusammengebrochen sein.

Am 12. März 1470 (dem ersten Montag in der Fasten) erstach Klaus Antonius, Bürger zu Buttstädt, einen andern dasigen Bürger namens Heinze Kirchner beim Zechen. Der Täter wurde alsbald in Verwahrung genommen und ihm noch am selbigen Abend, nachdem der Rat zu Buttstädt über ihn drei Halsgerichte nacheinander gehalten hatte, bei Strohwischen durch des Entleibten ältesten Verwandten namens Hans Kirchner der Kopf abgeschlagen. Als Herzog Wilhelm zu Sachsen als damaliger Landesfürst diese geschwinde Exekution erfuhr, forderte er den Rat zu Buttstädt nach Roßla, wo er sich damals aufhielt, und vernahm daselbst die erschienenen Abgeordneten. Da diese sich auf einen Begnadigungsbrief beriefen, den Landgraf Friedrich der Jüngere von Thüringen dem Rate erteilt habe, erwiderte der Herzog: »Ihr Herren von Buttstädt, ziehet hin mit eurem Berichte! Gott behüte mich vor eurem Gerichte!«

Um das Jahr 1388 entführte ein Reiter, der in Remda bei dem Grafen zu Gleichen diente, eine Jungfer aus dem gräflichen Frauenzimmer, setzte sie hinter sich aufs Pferd und kam mit ihr abends um zehn Uhr vor das Löbertor zu Erfurt. Weil er aber nicht eingelassen wurde, ritt er vors Siechenhaus und ward allda aufgenommen. Das Pferd band er an einen Zaun und ging mit seiner Liebsten in die Stube. Die Siechen, als sie sahen, daß das Mädchen schön war, erwürgten den Reiter, schändeten die Jungfer zu Tode und scharrten beide ein. Es jagten aber etliche von Remda des folgenden Morgens dem Reiter nach, kamen nach Erfurt und fragten am Tore nach beiden. Der Torwächter antwortete: es wäre wohl einer gekommen, aber allzu spät und daher nicht eingelassen worden. Hierauf ritten sie vors Siechenhaus und fragten gleichfalls nach, wurden aber abgewiesen. Indem fing das Pferd, das noch am Zaune angebunden war, vor Hunger an zu schreien. Nun drangen die Reiter ins Haus und ließen keinen heraus, schickten auch alsobald an den Magistrat, der einige abordnete, so die Siechen examinieren mußten, wobei die böse Tat entdeckt wurde. Darauf ließ der Rat den erschlagenen Reiter nebst seiner Liebsten bei St. Thomä begraben, das Siechenhaus aber mit Holz belegen und es nebst den Siechen, die an der gottlosen Tat schuldig waren, mit Feuer verbrennen.

Dorfleben

Entstehung von Dörfern

Auch die Entstehung von Dörfern wird durch die Sage mitunter in graue Vorzeit gerückt. Das Dorf Gangloff-Sömmern soll seinen Namen durch die Kirche erhalten haben, die in des heiligen Gangloffs Ehre gebauet und genennet ist. Der ist gewesen ein Ritter aus Burgund und des Königs in Frankreich Pipini Hauptmann. Er hat seinem Weibe, die mit einem geistlichen Manne Ehebruch getrieben hatte, einen Stein aus einem kalten Born zu langen befohlen, und als sie sich vermessen, daß, wenn sie eine Ehebrecherin wäre, Gott ein Zeichen an ihrer Hand im Wasser tun sollte, ist ihr die Hand darinnen verbrannt als in einem Feuer. Darauf hat sich St. Gangloff von ihr scheiden lassen. Und weil der Ehebruch also klar an den Tag kommen, haben ihn das ehebrecherische Weib und der Ehebrecher ermordet.

*

Flurteile werden oft auf Schenkungen zurückgeführt. Als die Pest in das Schloß des Ritters von Gravenhain eingefallen war, verwehrten ihm die Weisbacher den Zutritt zu ihrer Kirche. In Oberelsbach fand er nicht allein die nachgesuchte Erlaubnis, sondern ein besonderes Entgegenkommen: die Gemeinde wartete mit dem Ausläuten immer so lange, bis der Ritter in die Nähe des Ortes gelangt war. Aus Dankbarkeit stiftete er ihr einen schönen Wald, der Mühlgraben genannt. – Für die Brotteroder Kirmes war eine Fahne von Bedeutung, die an diesen Tagen vom Kirchturm flatterte. Sie soll das Geschenk eines Kaisers sein, Karls des Großen, Rudolfs von Habsburg oder Karls V. – daher die Funn von Karles quintes – und dem Orte zugleich auch die Gemeindewaldung und andere Gerechtsame eingebracht haben. Solange die Fahne sichtbar war, konnte kein Verbrecher verurteilt oder gefänglich eingezogen werden; die Fischerei und jede Art Handel war allen erlaubt. Als einst von Gegnern der Versuch gemacht wurde, die Fahne zu rauben, sollen namentlich die Weiber tapfern Widerstand geleistet und die Angreifer zu schimpflicher Flucht gezwungen haben.

*

Anders in Heubach, einem Dorf bei Eisfeld, das im Gegensatz zu mancher Nachbargemeinde eine ausgedehnte Ortsflur mit wertvollen Waldgrundstücken besitzt: Der Herr des Landes lag einmal in harter Fehde und gab das Gefecht bereits verloren. Da fiel ein Haufen von vierzig Heubacher Männern dem Feind unbemerkt in den Rücken und zwang ihn zur Flucht. Am Abend ließ der Fürst die Tapfern vor sich kommen, dankte ihnen und stellte ihnen frei, sich eine Gnade zu erbitten. »Hoher Herr«, sprach der Schulze, »unsere Vorfahren haben ihr Dorf mitten im Wald gebaut, haben Stämme gerodet, Wiesen und Felder geschaffen und brauchten niemand um Brenn- und Bauholz zu fragen. Heut teilen sich Adlige und Klöster in den Wald; ja vielleicht macht man uns noch unsere angebauten Länder streitig. Drum bitten wir, der Herr wolle uns eine festbegrenzte Ortsflur geben und verbriefen, die unserer Gemeinde verbleibt als erbliches Gut.« Der Fürst sagte die Erfüllung der Bitte zu; nur über die Bestimmung der Grenzen machte er sich noch Gedanken. Als die Krieger aber beim Mahle saßen, kam ein Ritter darauf zu sprechen, wie beschwerlich doch so ein Harnisch sei, meinte, die Bauern in ihren Leinenkitteln hätten bequemer fechten. Da lachte der Schulze: »Wenn unser Dorf soviel Land bekäme, als ich, wie ein Ritter gerüstet und gewappnet, ohne zu ruhen umschreiten kann, so wollt ich wohl zufrieden sein!« – »Es gilt!« sagte der Fürst. »Ist die Fehde zu Ende, dann magst du den Umlauf machen.« So begann der Schulze am gegebenen Tag im Bibergrunde seinen Gang, schritt mühsam dem Wasser nach, bog in den Fehrenbach ein, stieg den Berg hinauf und auf der Höhe fort, dann durch ein Seitenteil wieder der Stelle zu, von der er ausgegangen war. Sechs Stunden war er unterwegs. Die wunden Füße brannten ihm wie Feuer; der Panzer engte ihn ein, daß ihm der Atem verging. Aber er hielt sich aufrecht, immer einen Fuß langsam vor den andern setzend. Schon ging es wieder in den Bibergrund hinein, da dunkelte es vor seinen Augen. Noch einmal raffte er sich auf. Doch als er den Talgrund erreicht hatte, war seine Kraft zu Ende. Er stürzte lang hin, faßte aber den Pfahl, von dem er ausgegangen war, mit beiden Händen. Seine Genossen öffneten ihm den Helm, lüfteten den Panzer – er konnte ihre Lob- und Trostworte nicht mehr hören; denn er hatte die Ortsflur mit dem Leben bezahlt.

*

Hartnäckige Verteidigung alter Gewohnheiten und Überlieferungen ist den Thüringer Bauern nicht fremd. Auch an Gewalttätigkeiten fehlt es nicht, wie aus andern Stellen des Buches zu ersehen ist. »Moi behaipten onser Raagt, on wann daar Kopf söll ronger gieha!« sagen die Vogteier, das sind die Leute aus Oberdorla, Niederdorla und Langula am Hainich. In der Volkserinnerung lebt manches Zeugnis ihrer Hartnäckigkeit. Als im Jahre 1785 zum Besten der Dörfer eine verbesserte Forstordnung durchgeführt werden sollte, da zogen die Vogteier mit Äxten, Dreschflegeln und Mistgabeln hinter der Kommission her. Und kaum ist die Meßrute angelegt, so springt ein altes Weib, Regina Willig aus Langula, herbei, zieht ein Beil unter der Schürze vor und schreit dem Forstbeamten zu: »Wenn du die Hand noch einmal an die Meßrute legst, verdammter Hund, so haue ich dir die Knochen vom Leibe!« Auch bei den andern zeigt sich gewalttätige Erregung, weshalb es die Kommission für angebracht hält, zunächst der Behörde Meldung zu machen. Und wirklich haben die Vogteier noch viele Jahre die alte, für sie nachteilige Forstordnung siegreich behauptet.

*

Sitte und Brauch wurden in den Dörfern besonders bewacht. Zu Endschütz soll ein alter schöner Gemeindestab mit der Jahreszahl 1680 gewesen sein. Wenn ihn der gewesene Heimbürge am Dreikönigsfest seinem Nachfolger übergab, mußten alle Nachbarn ihren Finger an das Gemeindeszepter legen und sprechen: »Ich wünsche dir Segen, daß du dein Amt mögest gesund vollbringen. Und was die andern Gemeindeglieder tun, das will ich auch tun.« Am Walpurgistag wurde Flurumzug gehalten. Bei einer alten Pappel am neuen Teiche blieb der Heimbürge stehen; die andern legten ihre Stöcke weg und nahmen die Mützen ab. Und dann wurde über ihre Grenzstreitigkeiten Gericht gesprochen. Weder Frone noch anderer Dienst durfte an diesen beiden Tagen von der Herrschaft verlangt werden.

*

Oft kehrt in der Sage der Eingriff der göttlichen Macht bei ungerechten Verurteilungen wieder. So kommt das Stabwunder, das in der Legende vom hl. Christoph berichtet wird, in Thüringen nicht nur in der Geschichte Tannhäusers vor. In Leutersdorf war es ein armer Junge namens Hans Schau, der, der Hexerei verdächtig, eingezogen und durch die Folter zum Geständnis gezwungen wurde. Wonach das Urteil des Jenaer Schöppenstuhls, daß er brennen solle, nicht lange auf sich warten ließ. So führte man ihn aus Untermaßfeld über die

Werrabrücke, die Hexentreppe hinauf und den Hexensteig hinan. Unterwegs begegnete der traurige Zug einem Bauern, der Pfähle einschlug, um Bäume daran zu pflanzen. Bei einem derselben blieb der Jüngling stehen und rief dem Volke zu: »Leute, ich bin so unschuldig wie dieser Pfahl; Gott wird ein Zeichen an ihm tun!« Und als Richter und Zuschauer, nachdem das Urteil vollzogen, an der nämlichen Stelle wieder vorbeikamen, da sahen sie es mit Grausen: der Pfahl hatte grüne Blätter getrieben und war eingewurzelt, daß eine mächtige Buche aus ihm wurde, die einzige am ganzen Hexenberg. In ähnlicher Weise bezeugte Gott dem des Diebstahls verdächtigen jungen Menschen von Arnshaugk bei Neustadt seine Unschuld. In die Marterkammer gebracht und dem Tode nahe, rief er: »So wahr ich den Himmel über mir sehe, so wahr bin ich schuldlos!« Als sie hinaufblickten, war wirklich ein ansehnliches Loch in dem festen Dach entstanden, hat sich auch nie wieder schließen lassen, so oft man es mit Ziegeln, Schindeln und Schiefer versucht.

Kirchen, Glocken und Bildwerke

Die Gemeinde von Riethnordhausen hatte beschlossen, eine Kirche im Dorfe zu bauen. Man begann, den Grund auszuheben und die Steine anzufahren, mußte aber mit Staunen gewahren, daß während der Nacht alles Baumaterial auf den Kirschberg geschafft worden war. Und als sich dies mehrmals wiederholte, erkannte man Gottes Willen und setzte die Kirche auf den Berg, von dem man sie so weit und breit sieht, daß sie scherzweise die Laterne Thüringens genannt wird. Die alte St.-Johannis-Kirche zu Altenberge, der Sage nach von Bonifatius gestiftet, mußte wegen Baufälligkeit abgetragen werden, und da das Hinaufschaffen der Täuflinge und Toten bei Winterszeit schwer und gefährlich war, gedachte man den Neubau an den Fuß des Berges zu setzen. Aber alles, was man abbrach und zu Tale schaffte, wurde andern Tags wieder an der Kirche in seiner alten Ordnung gefunden, also daß man davon abstand, ihren Ort zu verändern. Umgekehrt wollte die Kirche von Allendorf bei Königssee nicht, wie die Mehrzahl der Gemeinde entschieden hatte, auf den heiligen Berg; die Baumstämme wurden allnächtlich durch ein Wunder wieder ins Tal geschafft, ein Zeichen, daß der Himmel für die Minderheit war.

Als die Kirche zu Urnshausen fertig gebaut war, sollte sie auch noch durch Bilder ausgeschmückt werden. Man gewann einen geschickten Meister, und der gelobte, das ganze Alte und Neue Testament,

Himmel und Erde, Engel und Teufel darzustellen. Wie aber die Urnshäuser während der Arbeit immer noch mehr verlangten und den ohnehin fleißigen Meister mit harten Worten drängten, ward er zuletzt ganz trübsinnig. Da kamen die Teufel, die er in gar abschreckender Gestalt gemalt hatte, zur Nachtzeit zu ihm und peinigten ihn. Das vermochte der arme Mann zuletzt nicht mehr auszuhalten; er sprang aus dem Bett und ertränkte sich, von den höllischen Geistern gehetzt, in einer tiefen Stelle der nahen Felda.

Als die Urspringer protestantisch geworden waren, kauften ihnen die Oberelsbacher ihr wundertätiges Muttergottesbild ab. Dieses aber schien mit dem Handel nicht einverstanden zu sein; denn sooft es auch die Oberelsbacher nach ihrer Kirche abholten, so oft stand es am andern Morgen an seinem alten Platz, und so blieb es, bis es von den Flammen verzehrt wurde. Eine ähnliche Sage wird von der Glocke erzählt, die der Herzog Ernst August von Weimar vom Großromstedter Kirchturm auf den Schloßturm überführen ließ, da ihn ihr Ton so wundersam ergriffen hatte. An ihrem neuen Ort fing sie gleich dem Geisterglöcklein von selbst zu klingen an, daß Angst und Unruhe über die Bürger kam. Und sooft man sie bei feierlichen Gelegenheiten läuten wollte, verunglückte der, der sie zum Anschlag brachte. So blieb dem Fürsten nichts anderes übrig, als sie wieder in ihre Heimat bringen zu lassen.

*

Die fernseherischen Gaben der Westfalen gehen den Thüringern ab, doch fehlen die Propheten nicht. In Rohr war einer, der sagte den Kroateneinfall ins Henneberger Land mit allen Einzelheiten voraus. Die Regierung in Meiningen zwang ihn, sein Handwerk einzustellen, mußte aber nachher zusehen, wie alles eintraf, was er vorausgesagt hatte. In Schwarzhausen bei Winterstein lebte ein wahrsagender Korbflechter, Hans Schill. Der verkündete, daß der Glockenturm zu Waltershausen mitten im Winter durch einen Blitzstrahl eingeäschert werde, wußte auch, wenn er mit Körben zu Markte ging, ob er ein gutes oder schlechtes Geschäft mache, und richtet sich danach ein. Die Stunde seines Todes kannte er lange vorher.

Der Pfarrer Wolfgang Beyerlein hat am 18. Januar 1669 in Pillingsdorf bei einem Bauer namens Hans Öhler einem Taufessen beigewohnt, als ein stummer Bettler in die Stube kommen, einen Teller genommen und drauf geschrieben: O Mensch, bedenke, was du tust! Gedenke, daß du sterben mußt! Hat danach dem Pfarrer den Teller über den Tisch gereichet, welcher denn den Teller umgewandt und auf die andere Seite geschrieben: Ich weiß wohl, daß ich sterben muß; die Zeit aber ist mir unbewußt. Solchen Teller hat er dem Stummen wiedergegeben, welcher sogleich dazu geschrieben: den 26. Martii. An diesem Tage, so wird erzählt, habe sich der Herr Pfarrer gar wohlauf befunden. Da er sich aber gegen zehn Uhr vormittags ein wenig auf die Bank geleget, sei er sofort plötzlich entschlafen.

*

Von wilden Tieren hatten die Leute viel zu leiden. Noch 1557 gab es in den Bergwäldern Wildpferde; Bären und Wölfe waren bis ins achtzehnte Jahrhundert Standwild. Anno 1400 haben sich unzählige Wölfe in Thüringen, sonderlich in dem Wangenheimischen Gebiet, sehen lassen. Sie liefen in die Häuser und holten kleine Kinder vor den Augen der Eltern, die ihnen nicht wehren konnten. Dergleichen Wölfe sind auch Anno 1555 und 1681 um Kranichfeld herum den Mägden nachgelaufen, sie geherzt und gedruckt, aber keinen Schaden getan.

*

Die Sage weiß manches von großer Not, zumal nach den Kriegen. In Ruttersdorf sollen die Leute so arm gewesen sein, daß sie allesamt keine Schuhe hatten und sich deshalb scheuten, zum heiligen Abendmahl zu gehen. Da aber ihre Seelen nach der himmlischen Speise hungerten, legten sie endlich zusammen, heller- und pfennigweis. Davon ließen sie sich ein Paar Gemeindeschuhe machen, verwahrten sie in der Kirche und gingen nun nacheinander zum Tisch des Herrn.

Bergbau

Walenkunde

Über Ohrdruf gegen Mittag ist ein Berg, heißt der Goldberg, und hat vorzeiten das Gericht darauf gestanden. Dort sind, fünf Lachter von der Gerichtsstätte zur Linken, Goldkörner wie Stecknadelkuppen gefunden worden. Zwei Lachter in die Tiefe trifft man an derselben Stelle einen roten Kies an, halb kupfer- und halb silberhaltig, eine Schicht drei Ellen dicht, zwei Ellen breit und dreihundert Lachter von Morgen nach Abend dem Gericht gegenüber fortstreichend; davon gibt der Zentner fünfundzwanzig Pfund Erz, nämlich dreizehn Pfund Silber und zwölf Pfund Kupfer, und vier Zentner des wilden Erzes geben einen Zentner reines gediegenes gemischtes Erz. – An der Tambacher Leube findet man in einer Kluft gediegene ungarische Goldkörner, der Zentner dreißig Pfund, und gediegenes Silber, davon der Zentner Erzes siebzig Pfund ergibt. Nicht weit von dieser Kluft ist ein Silbergehege; da ist ein Klumpen Silber gesehen worden wie ein Kachelofen groß. – Über Asbach, im Grunde nach Helmers zu, sind zwei Felsen gegeneinander, da gehe zwischen hin, frage nach dem Sprengberge, da liegt ein Brunnen mit starkem Ausfluß, von diesem ab lasse die bloße Haide zur Linken, und gehe den Rudolfshain hinan, da stößest du auf die große Buche, daran Sonne und Mond geschnitten, da findest du in einem Steinfels ein ziemlich Loch, da gehe hinein, darin findest du einen ziemlich viereckigen Raum als ein Stüblein, darin suche mit Fleiß, so findest du ein anderes Loch, das ist gar wohl verlegt, da lasse dich auch hinein, so kommst du auf zwei Quellen, die führen gar edlen Goldsand. Der Berg heißt der Silberberg. Der dies aufgeschrieben, hat groß Gut herausgebracht und heimgelangt.

*

Eine Granitkuppe bei Glasbach im Schwarzatal, in der sich ein alter Stollen befindet, heißt die güldene Kirche. Ein Kind aus Obstfelderschmiede ist hineingeraten und erst viele, viele Jahre später wieder herausgekommen. Da ists bestätigt worden, daß in dieser Kirche alles von Gold ist.

*

Am Löge oberhalb Steinbach ging ein goldner Hirsch, der plötzlich erschien und ebenso verschwand. Viele Leute haben ihn gesehen. Er zeigt eine starke Goldader an. Die Herren Trier ließen dort einschlagen, aber die aufgetane Grube wieder zum Erliegen kommen, weil die Ausbeute sich nicht bald zeigte. Damals ließ sich der Hirsch alle Abende sehen und lief ängstlich hin und her. Hätten die Herren Trier nur noch eine kleine Strecke gegraben, so würden sie die Goldader gefunden und unermeßliche Schätze ausgebeutet haben.

*

Eine ganze Reihe von Thüringer Waldorten wie Cabarz, Winterstein, Brotterode, Steinbach und Ruhla wird auf Bergleute zurückgeführt, die vom Harze her eingewandert seien. In der Ruhl sind ihnen Hammerschmiede und Messerschmiede – zuerst zwei aus Ungarn – gefolgt, bis zuletzt die Pfeifenmacher obenan standen. In der Gegend von Reichmannsdorf sollen hundertzweiundzwanzig Gold- und Silbergruben gewesen sein, und einen Goldklumpen habe man gefunden, viertausend Gulden wert. Die Leute gingen in goldnen Gewändern, schoben mit goldnen Kugeln nach goldnen Kegeln, und als ein Herzog von Sachsen das Bergwerk besuchte, konnte er sich auf einen goldnen Stuhl setzen.

*

In Benshausen wollte ein Bergmann am Sonntag zum heiligen Abendmahl gehen und beichtete deshalb den Tag zuvor. Nun war es Gebrauch, nach Beichte und Absolution keinerlei Werktagsgeschäfte zu verrichten. Aber der Bergmann war arm und konnte den geringen Lohn nicht wohl einbüßen, dachte wohl auch, der liebe Gott werde dem redlichen Fleiß nicht abhold sein. So ging er wieder vor Ort an sein Tagewerk, um zu schaffen bis zum Feierabend. Doch kaum war er hinab, so verschüttete sich die Grube, und zwar in solcher Weise, daß niemand wußte, wo sie zutage gegangen war. – Hundert Jahre danach wurde auf demselben Grundstück gemutet und eingeschlagen. Da stießen die Knappen in der Teufe auf alte verfallene Stollen, und in einem derselben sahen sie einen Bergmann sitzen, der zu schlafen schien. Sie entsetzten sich, glaubten einen Berggeist zu sehen, im Berghabit und mit langem, eisgrauem Barte. Doch merkten sie, daß der Schlafende kein Geist war; denn er erwachte allmählich und sagte wie aus einem Traum: »Hat es schon zusammengeschlagen? Ich habe nächten gebeichtet und will nun zum Abendmahl gehen.« Die Knappen antworteten ihm: »Heut wird kein Abendmahl gehalten; heut ist kein Sonntag und kein Kirchgang.« Sie halfen aber dem Alten aus der Grube und führten ihn, weil er darauf bestand, nach der Kirche. Derweilen lief einer und holte den Pfarrer. Der reichte dem alten zitternden und todbleichen Mann das Mahl der Versöhnung, und wie ers empfangen hatte, sank er lautlos in sich zusammen; seine Kleider zerfielen, und sein Leib ward ein Häuflein Asche.

*

Auch in der Nähe von Wilhelmsdorf war sonst ansehnlicher Bergbau. Grube reihte sich an Grube, und viele Bergleute gewannen daraus ihren Unterhalt. Unter ihnen war einer, dessen Mutter an der Gicht darniederlag. Er pflegte sie in aller Treue und wich nicht von ihrer Seite, wenn er des Dienstes ledig war. Eines Morgens will er nach der Grube; da sagt die Mutter: »Hast du Zeit, so trag mich in den Garten, hinaus in die liebe Sonne, daß ich noch einmal die Blumen sehe und den blauen Gotteshimmel.« Der junge Bergmann besinnt sich nicht lange, nimmt die Kranke auf den Arm, trägt sie hinaus und bettet sie, so gut er kann. Versäumt sich aber darüber ein wenig und kommt zu spät zur Arbeit, weshalb er vom Steiger zornig zur Rede gestellt wird. Der Bergmann spricht es freimütig aus: er meine keinen Vorwurf zu verdienen, da er doch Kindespflicht geübt habe. Der Widerspruch aber steigert den Zorn des herrischen Mannes, und sinnlos vor Wut stößt er den Knappen hinunter in den Schacht. Traurig bringen die Gefährten die zerschmetterte Leiche herauf; da tritt plötzlich die kranke Mutter in den Kreis, schaut auf ihren toten Sohn und dann auf den Schacht, erfaßt eine in der Nähe liegende Bürste und schleudert sie hinein. Dabei ruft sie die Worte:

»Huhu, Teufe du,
Schleuß dich zu!
Soviel Haare,
Soviel Jahre.
So von oben, so von unten,
Alle Zeit und alle Stunden
Hart gebunden,
Fest gebunden.
Schleuß dich zu,
Teufe du!«

An der Leiche ihres Sohnes sank sie danach tot zusammen. Der Fluch aber erfüllte sich: Gewässer traten ein und füllten die Gruben, daß die Wassernixe darin wohnen und am Rand ihre Wäsche bleichen konnte. Die war weiß und rot gerändelt.

*

Goldwäscher in Thüringen
Holzschnitt aus: G. Agricola, Bergwerkbuch. Frankfurt 1580

In den Thüringer Bächen und Flüssen wurde mancher gediegene Fund gemacht. Die Goldkörnchen der Elster waren von verschiedener Farbe und Gestalt. Manche sahen rot aus wie rostiges Eisen, andere dunkelrot, beinahe schwarzglänzend; sie waren rundlich wie winzige Erbsen oder Bohnen, oft ganz spröde. Auch die Göltzsch führte in ihrem Sande Gold. Allein im kleinen Schwarzburger Land sollen sieben goldhaltige Wässer gewesen sein, voran die Schwarza. Einmal hat man im Magen einer Gans, die auf dem Wasser geschwommen, ein ziemlich Stücklein Gold gefunden, ein andermal beim Bau eines Wehres eine Goldstufe etliche Dukaten schwer.

*

Bei Heilingen sah ein Hütejunge, wie sich die Erde auftat und ein weißer Schaum gleich Reif sich um die Öffnung legte. Er traute sich nicht hineinzugreifen, rührte aber mit einem Stöckchen drin herum. Am Abend, als ers dem Schafmeister erzählt und das Stöckchen zeigt, ist blankes Silber daran. Solch ein Silberbrunnen war auch bei Eisenach, nicht weit von der Höhle der verfluchten Jungfer. Ein armer Bürger und Leineweber in Eisenach kommt einmal zu dieser Quelle und findet da einen Klumpen Silber. Er trägt ihn zu einem Schlosser vor dem Nikolaiturme, Rauchmaul geheißen, der ihm fünfzig Taler dafür gibt, dabei aber die Bedingung macht, daß er ihm den Ort zeige, wo er den Schatz gefunden. Darauf ist der Schlosser allein hingegangen und hat auch einen Klumpen Silber gefunden. Wie aber der Leinweber wieder hinkommt, um etwas Weiteres zu holen, hat er wahrgenommen, daß die verfluchte Jungfer mit ihrem seidenen Wams den Brunnen verstopft hat.

*

In der Elster, dem Wasser, so in Meyßen mit der Pleis in die Saale fleußet, sonderlich an dem Orte, da das jetzige Voigtland mit Meißen grenzet, oder vielmehr im Oberland des Osterlandes findet man Schneckenhäuser und Muscheln, darinnen Perlen sein. Darunter sind, wie der Magister Meyer schreibt, einige so groß als eine ziemliche Musquetenkugel und so helle als mit himmelblauer Farbe glänzende Milch gewesen. Im grünen Gewölbe zu Dresden bewahrt man zwei Halsketten von Elsterperlen und indischen Perlen, und man sagt, daß sie selbst Kenner nicht zu unterscheiden vermögen.

Die größten Nutznießer des unterirdischen Reichtums sind die Venezianer. Der Zaubermittel kundig, wissen sie Art und Lagerung der Schätze, kennen den Wert jeglichen Gesteins. Die allgemein verbreitete Geschichte von dem Stein, mehr wert als die Kuh, nach der er geworfen war, kommt natürlich auch in Thüringen in mancherlei Abwandlungen vor, wie überhaupt Venezianersagen außerordentlich verbreitet sind, im Hinblick auf die zahlreichen goldhaltigen Wässer, Erzadern und Höhlen kein Wunder. Die Welschen trieben zum Schein einen Handel mit Tinte, riefen sie in den Straßen aus und erkundeten Erzlager und Schätze. Beim Gold- oder Hollaborn oberhalb Bairoda kamen ihnen die Bauern zuvor. Darüber ergrimmten die Venezianer und versetzten die Quelle, so daß sie keine Goldkörner mehr ausführte. Die sammelten sich vielmehr im Innern des Borns und fielen den Walen später doch noch in die Hände. – Aus den Silberlöchern im Struther Forst (nordöstlich Schmalkalden) mit ihren Höhlen und schauerlichen Abgründen holten sie durch geheime Kunst Säcke voll Silbererz. – Im Öchsen dagegen mußten sie umkehren, obgleich sie bereits bis zu den mächtigen Goldstangen vorgedrungen waren, die da wie Mühlradswellen lagerten. Die Berggeister ließen nämlich die inneren Gewässer gegen sie los, daß sie fliehen mußten.

*

Ein alter Mann aus Ilmenau namens Escher führte zwei Venezianer an die alte Mauer der Reinsburg, wo sie prüfend die Wünschelrute schlugen und dabei hin und her maßen. Endlich deuteten sie auf die gegenüber liegende Wand des Reinsbergs, die sich steil über dem Dorfe Reinsfeld erhebt. Dahin wanderten sie eiligst, mit allerlei Instrumenten versehen, begleitet von ihrem Führer. Endlich hatten sie das Kreuz erreicht, und abermals begann ihr geheimnisvolles Messen. Sie befahlen ihrem Führer stehenzubleiben, und verloren sich in dem dichten Dornengestrüpp. Dort schlugen sie ein und fanden auch nach kurzer Arbeit den verborgenen Gang. Nun zündeten sie Fackeln an und verschwanden in der Tiefe vor den Augen des Führers, der stundenlang vergeblich auf ihre Rückkehr wartete. Endlich gewahrte er auf der gegenüber liegenden Reinsburg zwei Männer, die schwer beladen von dannen zogen.

*

Einem Steinbacher hat sein Urgroßvater diese Geschichte erzählt: »Es war eine warme, stille Nacht, als wir vor der Höhle droben am Inselsberg anlangten. Ich war der erste, prallte aber vor dem miserablen Untier zurück, das uns den Eingang verwehren wollte. Doch die Venezianer wußten sofort Rat: auf ihren Befehl mußte das Vieh zurück in das Loch; nun zwängten sich die beiden Welschen durch und zuletzt ich. Anfangs gings sehr gezwang zu; dann konnten wir bequem aufrecht gehen. Durch die eigentliche Höhle rauschte ein breites und starkes Wasser, über das wir hinüber mußten; denn drüben war, wie mir die Welschen sagten, der Goldsand zu finden, den wir suchten. Aber gerade an der Stelle, wo das andere Ufer allenfalls noch mit einem mächtigen Satz zu erreichen gewesen wäre, lag ein scheußlicher Wurm. Der hatte sich wie ein Knäuel zusammengerollt und spie Feuer und Flammen aus seinem Rachen. Mir war gerade nicht wohl zumute; doch die Welschen wußten auch hier Rat. Ehe ich michs versah, sprang einer der Teufelskerle dem Wurm mit einem Satz auf den breiten Schädel, und im Nu löste sich der Knäuel auf, die Schlange schlug den Schwanz über das Wasser, und die Venezianer spazierten darauf wie auf der schönsten Brücke hinüber. Mich aber brachten sie nicht dazu, sie mochten winken, soviel sie wollten. Als sie ihre Säcke mit goldgelber Erde gefüllt hatten, machten wir, daß wir wieder ins Freie kamen. Mich kriegten sie nie wieder mit hinein.«

*

Ähnlich wie dem Straßenfuhrmann vom Wald, der als junger Bursche einem Venezianer an der Laucha als Führer und Gehilfe gedient hatte, ging es einem aus Liebschwitz an der Elster. Denn auch in der dortigen Gegend, an der Wipse und am Geröllsbache, haben sich die Venediger aufgehalten, um im Sande und Schlamme dieser Bäche nach Gold zu suchen. Die Nacht brachten sie dann in Ställen und Scheunen des Dorfes Liebschwitz zu, wo sie den Leuten wohlbekannt waren. Da kam nun auch einmal ein Liebschwitzer umgekehrt nach Venedig. Er diente nämlich unter der sächsischen Reiterei, die in einem Kriege auch dorthin gezogen war. Wie nun die Eskadron auf dem Markte angekommen ist, hört sich unser Liebschwitzer plötzlich mit »Töffel!« angerufen. Den vornehmen Herrn aber, der vor ihm stand, kannte er nicht, so sehr er auch sein Gedächtnis anstrengen mochte. Da sprach jener in geläufigem Deutsch: »Ich bin ja Joseph, der so lange bei deinem Vater loschiert hat!« und nun freilich hat ihn auch Töffel wiedererkannt. Der Venezianer führte den Soldaten, der bei ihm

Quartier nehmen mußte, in einen wahrhaft königlichen Palast und sprach: »Alles dies ist von euch; ihr kennt es nur nicht, was wir aus euren Bächen heimschleppen!« Bei der Abreise wurde Töffel reich beschenkt; soviel sich aber hernach auch andere Mühe gegeben haben, der Wipsengegend gleichfalls Schätze abzugewinnen, immer hat sich nur taubes Gestein ergeben.

*

Bei einem Schneidemüller im Hammergrund, der sich von Ilmenau nach dem Mordfleck hinaufzieht, kehrte alljährlich einer der Walen ein, bis er eines Tags für immer Urlaub nahm. Er schrieb den Leuten seinen Namen auf und sagte: wenn der Schneidemüller oder sein Sohn einmal in Unglück kämen, wolle er ihnen gern helfen. Die beiden lächelten und dachten bei sich, es werde ja so schlimm nicht kommen, daß sie sich brauchten um Hilfe nach Welschland zu wenden. Darüber gingen Jahre hin; der Müller starb, und der Sohn wollte sich mit einem armen, aber braven Mädchen verheiraten. Da brannte die Mühle ab, und der junge Mann kam in große Not; denn die, denen er schuldig war, wollten bezahlt sein, und die, welche ihm schuldig waren, leugneten und weigerten sich, weil die Bücher und Papiere mit verbrannt waren. So konnte der arme junge Mann nicht mehr an das Heiraten denken, auch keine neue Mühle erbauen, war doch niemand, der ihm helfen und Geld vorstrecken wollte. Da dachte er an den Venezianer, und obgleich dessen Name nicht mehr vorhanden war, machte er sich doch auf gut Glück auf den Weg und kam nach langer, langer Wanderung auch richtig in Venedig an. Dort mußte er aber lange suchen, wußte er ja nicht einmal, ob jener auch wirklich in der Inselstadt wohnte, da man alle fremden Berg- und Kristallgläser Venezianer zu nennen pflegte. Doch fand sich endlich ein Herr, der seine Klage anhörte. Er führte ihn zu einem stattlichen Hause und durch weite Zimmer hindurch zu einem alten Herrn, dem er einige Worte italienisch zuflüsterte. Sogleich brach der Alte in einen Ruf der Freude aus, und siehe, es war kein anderer als jener Mann, der von dem thüringischen Golde reich geworden war. Er behielt den jungen Schneidemüller mehrere Wochen bei sich, sprach ihm Mut und Trost ein und beschenkte ihn vor der Rückkehr gar reichlich. Gab ihm auch einen Ring mit einem köstlich geschliffenen Stein, der aus Thüringen stammte. Nun zog jener heim, baute die Mühle wieder auf, heiratete, ward glücklich und erzählte jedem vom Reichtum des Venezianers.

*

Unweit einer Brettmühle bei Greiz hat einer der Walen in einer Höhle gehaust. Ihren Eingang gewahrte man recht gut von ferne, doch nie in der Nähe, und in ihrem Innern vernahm man häufig starkes Pochen und Hämmern. Einst zur Mittagszeit sah der Sohn des Brettmüllers den Venezianer in arg zerlumpten Kleidern vor dem Felsen stehen, und der Junge war keck genug, nach dem Fremdling zu werfen. Einer der Steine traf ihn unglücklicherweise ins Auge und verletzte es schwer. Im selben Augenblicke stürzte der junge Brettmüller besinnungslos und betäubt zu Boden. Als er wieder zu sich kam, siehe, da war er in Venedig. Aus dem Palaste, vor dem er gerade stand, schaute ein vornehmer einäugiger Mann, rief den Knaben auf sein Zimmer und fragte ihn, wo er her sei. Sprach der Knabe: »Aus der Brettmühle bei Greiz.« Fragte der fremde Mann weiter: »Wie kommst du nach Venedig?« Offen gestand der Knabe den Hergang. Als nun der feine Herr versicherte, er selber sei der Mann, der die Höhle bei der Brettmühle bewohnt, so wollte es der Junge durchaus nicht glauben. Da ging der Herr in ein Nebenzimmer, legte die Prunkkleider ab und zog die Lumpen wieder an, darin ihn der Knabe zuvor erblickt hatte. Als er in diesem Aufzuge hereintrat, erkannte ihn der Müllerjunge und bat flehentlich um Verzeihung wegen des schweren Leides, das er ihm so unbesonnen und freventlich zugefügt. Der Venezianer verzieh ihm auch, und der Knabe ward ebenso schnell, wie er nach Venedig gekommen, wieder in seine Heimat zurückgebracht.

*

Bei Salzungen, Suhl, Frankenhausen gaben die ergiebigen Salzquellen Veranlassung zur Ansiedlung. Von Sulza heißt es, daß um das Jahr 1000 da, wo jetzt die Stadt ist, lauter Salzsiederwohnungen und Kothen gestanden hätten. Die Thüringer Salzquellen waren in der Vorzeit blutig umstritten, galten sie doch als kostbarer Besitz. Plaue soll durch einen Solbrunnen zu solcher Wohlhabenheit gekommen sein, daß alles in Samt und Seide ging. Ein Siedeknecht aber verstopfte die Quelle aus Rache und versetzte sie mit Zauberei. Auch von vielen köstlichen Heilwässern weiß die Sage. Im Jahr 1688, am 12. Juni, pflügte Hans Peter Luck von Möhra auf dem Acker seines Vaters, als er unvermutet eine starke Quelle zutage gehen sah. Das Wasser war molkig, hatte einen seltsamen Geschmack und färbte die Erde umher mit einem gelblichen Schlamme. Es erwies sich als solch vortreffliches Heilmittel, daß viele Leute herbeieilten und für ihre Gebresten Genesung fanden. Die Feldbirnbäume in der Nähe hingen voll Krücken, die von den geheilten Lahmen aus Dankbarkeit zurückgelassen worden waren. Als die Gemeinde solches Wunder sah, erwachte in ihr der Eigennutz. Man beschloß, ein Häuschen über den segensreichen Born zu setzen und einen Opferstock daneben, um das gewonnene Geld dann unter sich zu verteilen. Darob aber zürnten die gütigen Berggeister, die dem Orte solchen Segen gespendet hatten, und riefen den Sprudel zurück.

Luther und die Reformation

Prophezeiung auf Luther

Der Thüringer Chronist sagt: Es sind, die Wahrheit zu schreiben, die meisten Zeremonien im Papsttum ein natürliches Conterfait des alten Heidentums, welche von Bonifatio bis auf Lutherum allhier geblieben. So konnte dieser die Axt an die römischen Götzen legen wie jener an die deutschen. Johannes Hilten in Eisenach, ein frommer und gelehrter Barfüßerbruder, besaß die Kraft der Weissagung, und die Zeit bestätigte seine Aussagen: das Barfüßerkloster in Eisenach wurde zur Stätte eines Lustgartens, das in Weimar zum Zeughaus, das in Magdeburg eine Schule, das in Wittenberg ein Kornhaus. Weil er auch gegen die kirchlichen Mißbräuche mit kühnen Worten stritt, setzte man ihn in die unreinlichste und schrecklichste Haftzelle des Klosters gefangen. Und als er, von den Kerkerqualen erkrankt, den Guardian um Milderung seiner Haft bat, so wurde er abgewiesen. Da soll er sterbend gesprochen haben: »In fünfzehn Jahren wird sich ein Held erheben, der euch Mönche hart anfassen wird, den ihr nicht fesseln und binden werdet!«

Die Weissagung wurde von einem erfüllt, der zur selbigen Zeit vor den Türen Eisenachs um Brot sang. Als er danach in Erfurt studierte, ging er – im Heuert 1503 – mit seinem Freunde Alexius nach Stotternheim. In der Nähe des Dorfes wurden sie von einem schweren Gewitter überrascht, und ein Blitz streckte den Freund an seiner Seite nieder. In solcher Seelennot soll Luther gerufen haben: »Sankt Anna, hilf mir! Ein Mönch will ich werden!«

*

Eines Tages wurde Luther schwer krank; da hat ihn ein alter Priester gläubig getröstet: »Mein Baccalaurie, seid getrost! Ihr werdet dieses Lagers nit sterben; unser lieber Gott wird noch einen großen Mann aus Euch machen, der viel Leute wieder trösten wird! Denn wen Gott lieb hat und daraus er etwas Seliges ziehen will, dem leget er zeitlich das heilige Kreuz auf, in welcher Kreuzschul geduldige Leute viel lernen.«
Nachdem Luther die todesmutige Fahrt nach Worms hinter sich hatte, wurde er zwischen Altenstein und Liebenstein aufgehoben. Die

starke Buche, unter der es geschah, hieß danach die Lutherbuche und der Quell dicht dabei der Lutherbrunnen. Ein Holzhauer erzählte: Die Ritter haben den Doktor Luther erst noch weit im Gebirge in der Unschirr herumgeführt, daß er zuletzt todmüde war und auf den Gedanken kam, dies alles geschehe nur, um ihn irrezuleiten und auszuplündern. Er sprach deshalb zu den Vermummten, wenn sie ihn plündern oder gar morden wollten, so sollten sie es hier tun, er gehe keinen Schritt weiter. Dabei habe er so zornig und heftig auf einen der im Waldgrund eingebetteten Steine gestampft, daß man den Tritt, Lutherfuß benannt, bis auf den heutigen Tag sehen könne.

*

Auf der Wartburg störte ihn in seiner frommen und gelehrten Arbeit oft ein unheimliches Gepolter und Rumpeln. Zu Nacht rasaunte es auch in einem Sack Nüsse, den man ihm geschenkt hatte, so daß er meinte, der Teufel wolle ihn irren. Kehrte ihm aber den Rücken zu und rief unverzagt: »Bist dus, so sei es!« Da Luther ohne Unterlaß über der Bibel saß, so ärgerte sich der Teufel ganz besonders, schnurrte ihm als eine große Brummfliege um den Kopf und machte ein widerwärtiges Geplärr, worauf der Gottesmann zornig das Tintenfaß ergriff und nach dem Widersacher warf. Auf einem Ausritt gesellte sich Luther zu einem Trupp reisiger Reiter. Als die am Sibyllentürmchen bei Erfurt zum Einzug in die Stadt rüsteten, gab er seinem Pferd die Sporen, rufend: »Lebt wohl, ihr Herren, ich bin der Doktor Luther!« In der Hohen Lilie zu Erfurt kehrte er ein. Während der Mahlzeit fragte er seine Tischnachbarn nach der neuen Lehre und erhielt nicht eben erwünschte Auskunft. Da fing er an, hitzig zu disputieren. Der Knecht erschrak, weil er fürchtete, Luther möchte sich verraten; nahm ihn also bei Seite, brachte ihn aufs Pferd und wieder zum Tor hinaus.

*

In jenen Tagen saßen einmal zu Mühlhausen zwei Prälaten beim Mahl. Als die Zungen vom Wein gelöst waren, kamen sie auf Luthers Sache zu reden und verhandelten besonders über die Frage, ob die neue Lehre auch in Mühlhausen einziehen werde. Und wie sie so ungeduldig auf die nächste Schüssel warteten, zürnte der eine: »So wenig die drei Rebhühner davonfliegen, die man in der Küche eben am Spieße dreht, so wenig wird diese Ketzerei hier in unserer guten Stadt zur Macht gelangen!« Aber siehe, kaum war das hochfahrende Wort gesprochen, da kam von der Küche her ein Flattern und Schnurren wie von aufgescheuchten Rebhühnern. Sie flogen durchs offene Fenster, rasteten auf einem Strebepfeiler der nahen Marienkirche und wurden da zum steinernen Wahrzeichen für alle Zeit.

*

Herzog Wilhelm von Weimar ließ die dortige Stadtkirche protestantisch weihen. Und da die Mönche in Eile ausziehen mußten, so konnten sie die großen Schätze, die darin verborgen waren, nicht mitnehmen. Sie gruben deshalb von ihrem Kloster einen Gang nach der Kirche und räumten in einer Nacht alles Wertvolle heraus. Wegen dieser Tat mußten sie nach ihrem Tode alljährlich vor der Christmette in der Kirche erscheinen und in Gepränge in Prozession so lange in der Kirche umherziehen, bis der Kirchner die Lichter anzündete. Alsdann verschwanden sie wieder, einer nach dem andern. Vor ihrer Vertreibung waren sie gar hart und unduldsam. So wird erzählt, Johann Voit (Voigt), gestorben als Professor der Theologie zu Wittenberg, sei vordem ein Franziskanermönch in Weimar gewesen. Und nachdem er von sich merken lassen, daß er der evangelischen Lehre beipflichte, habe er viel Haß und Verfolgung von seinen Klosterbrüdern ausstehen, auch sogar beim Essen auf der Erden herumkriechen, die Brosamen zusammenlesen, den Mönchen die Füße küssen und sich selber peitschen müssen.

*

Nach dem Fürstentag von Schmalkalden trat der Reformator schwer erkrankt die Heimreise an. Weil er großen Durst empfand, stieg er, wie das Volk erzählt, bei einem Brünnlein aus, um sich zu erquicken. Und der kühle Trunk tat ihm so wohl, daß er sich alsbald erleichtert fühlte und mit guter Hoffnung auf Wiedergenesung in das nahe gelegene Tambach einfuhr. In der Stube, in der er übernachtete, schrieb er voll Dankbarkeit mit Kohle in lateinischer Sprache an die Wand: Tambach ist mein Phanuel, hier offenbarte sich mir der Herr.

*

Unter Luthers Anhang tat sich Eberhard von der Tann durch besonderen Eifer hervor. Auf einer Reise zum Kaiser erhielt er Botschaft, die Gegner hätten den lutherischen Geistlichen verjagt und wieder einen katholischen eingesetzt. Ritter Eberhard besann sich nicht lange, sondern kehrte sogleich nach Tann zurück. Da er hörte, daß der Priester gerade Messe lese, erschien er unerwartet in der Kirche, und der Pfaff in seiner Todesangst stieg eiligst durch das nahe Fenster hinaus. Zum Wahrzeichen, daß mit ihm der Katholizismus auf ewige Zeiten aus der Kirche gefahren sei, ließ Eberhard von der Tann das Fenster vermauern. – Durch ein Wunderzeichen wurde ein Salzunger Goldschmied im protestantischen Glauben gefestigt. Er hieß Daniel Vogel und hatte ein Weib aus Fulda. Als er nun zu verschiedenen Malen daselbst gewesen und die Papisten von ihrem Glauben gerühmt, daß er der älteste und der rechte sei, wurde der Goldschmied ganz dubiös, zumal sie ihm versprachen, sie wollten ihn, wenn er sich zu ihrer Religion bequeme, zu einem vornehmen Manne machen. Als er nun einmal in der Apostelgeschichte gelesen und den lieben Gott mit Tränen gebeten, er wolle ihm doch den rechten Glauben zeigen, da fielen zwei Blutstropfen auf die Bibel. Dies Zeichen nahm er für eine göttliche Offenbarung, dankte Gott dafür und sagte, er wolle nun beständig beim lutherischen Glauben bleiben.

*

Mancherlei Erinnerungszeichen aus den Tagen der Reformation werden in Thüringen gezeigt. So Tetzels Ablaßkasten in Leutra und in Rödersdorf, Luthers Bettstelle auf Schloß Bastheim und eine Lutherkanzel in Neuendorf bei Schleiz. Die Luthergasse in Weimar trägt nach der Volksmeinung ihren Namen deshalb, weil Luther immer hindurchgegangen sei, wenn er von seiner Wohnung im Vorwerk nach der Stadtkirche gewollt habe. Eine seltsame Erscheinung soll sich zu wiederholten Malen am Lutherbildnis der Kirche zu Oberroßla gezeigt haben: Während der Frühpredigt (am 16. November 1651), in der der Geistliche vom Greuel der Verwüstung redete und auch zwei Stellen aus Luthers Schriften heranzog, wurden einige Zuhörer gewahr, »daß das Bildnis Lutheri auf dem Angesichte voller Schweißtropfen stund, welche an Größe und Farbe den Tränen nicht ungleich waren; inmaßen denn drei große Tropfen vom Haupte über das in Händen habende offene Buch, in welchem aus dem ersten Kapitel Johannis geschrieben stehet: Im Anfang war das Wort usw. herunterflossen und einen deutlichen Strich über den Pfarrock des Bildnisses machten. Nach vollendetem Gottesdienst wurde vom Pfarrherrn nebst dem Schuldiener und den Altarmännern eine genaue Untersuchung angestellt; allein es befand sich, daß der Staub, auf welchen die Tropfen gefallen waren, unten noch ganz trocken auf dem Gemälde lag. Und ob auch schon etliche der Umstehenden die Tropfen abwischten, soweit sie reichen konnten, so traten doch statt derselben wieder andere in starker Menge hervor, bis es nachmittags wiederum zu trocknen anfing.«

Der Bauernkrieg

Im Bauernkrieg hatten die Aufständigen Lager und Wagenburg auf einem Berg nahe bei Frankenhausen geschlagen, der noch davon der Schlachtberg heißet; aber mit Geschütz und anderen Wehren waren sie übel versehen und mehrenteils gar schlechte, unversuchte Kriegsleute, darum auch die Fürsten zu einem Mitleiden beweget wurden, daß sie zu ihnen schickten und begehrten, sie sollten nur die Hauptführer des Lärmes, die sie bei sich hätten, überantworten und die Wehre von sich legen, so wollte man sie frei und sicher wieder heimziehen lassen und ihnen verzeihen. Aber Münzer fürchtete der Haut, trat in den Ring, tat eine lange Rede zu den Bauern, in welcher er ihnen widerriet, in der Fürsten Vorschlag zu willigen, und sie vielmehr zum Streit vermahnete und beherzt machen wollte; sagte, sie sollten sich vor der Feinde Geschütz nicht fürchten, er wolle alle Kugeln mit seinen Ärmeln auffangen. Sonderlich macht er ihm sehr zu Nutzen in seiner Rede, daß gleich damals ein Regenbogen am Himmel stand und sie auch einen Regenbogen im Fähnlein führeten. Auf der andern Seite war zwar der Landgraf zu Hessen der jüngste unter den Fürsten, ein Herr von einundzwanzig Jahren; er zeigte sich aber da, als wollte ein Kriegsmann aus ihm werden, reitet um den Haufen, tät gleich sein erstes Schulrecht, machte die Schlachtordnung, ermahnte die Kriegsleute mit einer tapfern und männlichen Rede, zeigete auch an, wie gar kein Fug und Recht die Bauern hätten, wider sie zu streiten, und daß derowegen kein Sieg bei ihnen sein werde. Es hatten die Fürsten Graf Wolfen von Stolberg, Graf Bothen (Bodos) Sohn, samt noch einem Jungen vom Adel, Matern von Gehofen, welcher ein einziger Sohn war, zu den Bauern geschickt. Da haben die unsinnigen Leute den Grafen in die Eisen geschlossen und den Edelmann wider aller Völker Recht durch die Spieße gejaget. Dieses machte, daß das Kriegsvolk viel begierlicher ward, das junge, adlige Blut zu rächen. Nach geschehener Vermahnung des Landgrafen griff man die Bauern an und läßt das Geschütz unter sie gehen. Von dem Krachen und ungewöhnlichen Wesen und daß die Kugeln also um sie herumfliegen, wurden die Armen sogar verzagt und erschlagen, daß sie weder fliehen noch sich wehren können, singen immerhin: Nun bitten wir den Heiligen Geist, und wartet der mehrer Teil Hilfe vom Himmel, wie sie Münzer vertröstet hatte. Wie nun das Geschütz abgegangen und man in die Wagenburg drang, auch hin und wieder viel erstochen wurden, da nahmen erst die Bauern die Flucht den Berg hinab nach Frankenhausen zu. Etliche flohen auf die andere Seite des Berges und wehrten sich im Grunde eine Weile wider etliche Reiter, brachten auch ein oder zwei um. Denn weil die Bauern flohen, jagten ihnen die Reiter, wo ein jeder seine Gelegenheit sah, hin und wieder nach und kamen also aus der Ordnung, daß ihrer etliche von den Bauern erschlagen wurden, so sich wendeten, dadurch sie mehr ergrimmt, den Bauern viel härter zusetzten, derer den Tag an dem Orte aufs wenigste fünftausend oder, wie andere setzen, siebentausend erschlagen wurden. Dies ist geschehen den 15. Mai, Montags nach Cantate.

Unter den im Hennebergischen gefangenen Bauern waren zwei aus dem Dorfe Sülzfeld. Wie nun der erste nach der Richtstätte geführt wurde, begann er jämmerlich zu weinen. Und da dies dem Richter auffiel, so fragte er ihn nach der Ursache seines feigen Benehmens. »Ich weine nicht um mein Leben, das ich lassen soll«, sagte der Sülzfelder, »ich weine aber über die Schlösser und Häuser meiner hohen Herrschaft und weiß nicht, was aus ihnen werden soll, da sie künftighin keiner wieder mit so vortrefflichen Ziegeln versehen kann, wie ich sie zu jeder Zeit geliefert habe.« Als der Richter das vernahm, begnadigte er den Ziegelbrenner. Der zweite, der nun an die Reihe kam, begann auf dem Wege herzlich zu lachen. Nach dem Grunde seiner Heiterkeit befragt, antwortete er keck: »Es lächert mich arg, daß mir der Kopf abgeschlagen werden soll; weiß ich doch nicht, wo ich hernach meinen Hut hinsetzen kann.« Über diese Äußerung wurde der Richter so gut gelaunt, daß er auch ihm Gnade angedeihen ließ.

Nachdem der Aufstand niedergeschlagen war, wurden aufrührerische Bauern und Bürger in Erfurt mit folgenden Pritschreimen verspottet:

Da ich im Mainzschen Hof zu Erfurt saß
Und von dem guten fetten Ochsen aß
Und trunk aus dem zwölffudrigen Faß,
Daselbst die Zech zehn Gülden was –
Nun gut Gesell, besinn dich künftig baß,
Ihr lieben Bauren, wie gefällt euch das!

Wiedertäufer

Anno 1528 ward einer zu Erfurt, der stolze Nicol genannt, gevierteilet. Er hatte sich nebst seinem Weibe und Kindern von den Rottengeistern und Schwärmern anders taufen lassen, welche dergleichen Wiedertaufe hin und wieder verrichteten. Sie hatten eine gewisse Losung, und wer diese nicht wußte, den schlugen sie tot und nahmen ihm das Seinige. Dieses war die Losung: Ist der Rock dein? Sprach er: Ja, so stachen sie ihn tot; sprach er aber: Er ist unser, so war er mit im Bunde und blieb am Leben. Er hatte bei der Tortur bekannt, wie er die Stadt habe anstecken und unter dem Brande seinen Bundesgenossen die Tore eröffnen wollen, darum ward er auch gevierteilet.

Karl V.

Als Johann Friedrich der Großmütige in der Schlacht bei Mühlberg (1547) gefangen und vor Karl V. geführt wurde, gestattete ihm dieser kaum ein Wort, sondern ließ ihn mit harten Reden an, soll ihm auch prophezeit haben, die Hunde würden dereinst sein Grab besudeln. Um solcher Schändung zu entgehen, habe Johann Friedrich angeordnet, daß sein und seiner Gemahlin Sibylla Grabmal über den Fußboden erhöht und mit einem Gitter eingehegt werde, wie es noch jetzt in der Stadtkirche von Weimar zu sehen ist.

*

Päpstliche Mordbrenner haben sich, wie erzählt wird, im Webicht bei Weimar aufgehalten, und einer derselben, der es für ein verdienstliches Werk ansehen mochte, in dem protestantisch gewordenen Lande zu sengen und zu brennen, wurde ergriffen. Auch weiß die Sage von einem Anschlag der Spanier auf die Stadt Weimar. Indem sie aber in Anmarsch sind, wird gewöhnlichermaßen früh um zwei Uhr das Wächterglöcklein geläutet. Die Feinde meinen nicht anders, als daß ihr Vorhaben verraten sei und das Läuten die Bürgerschaft ins Gewehr bringen solle. Haben also die Flucht genommen und die Stadt in Frieden gelassen.

*

In der schwedischen Schanze im Holze bei Trockenborn sollen im Jahre 1547 Spanier vom Heere Herzog Albas gelegen haben. Zwei von ihnen drangen in das benachbarte Schloß des Kurfürsten Johann

Friedrich ein, richteten allerlei Unheil an, vergriffen sich auch an einem jungen Weibe. Aber deren Mann kam ihr zu Hilfe und erschlug den einen; der andere entkam, in der Schanze verkündend, was geschehen. Da brachen die Spanier wütend ins Schloß, ermordeten, wen sie fanden, und brannten die Gebäude nieder. Sie sind nie wiederaufgebaut worden; doch nicht weit davon, an der Stelle, wo der unglückliche Kurfürst nach seiner Gefangenschaft die Seinen wiedersah, erstand ein neues Schloß, Zur fröhlichen Wiederkunft genannt.

Rudolstadt
Lithographie von C. W. Arldt. Aus: Die malerischen Ufer der Saale, Dresden 1848

*

Die verwitwete Gräfin Katharina von Schwarzburg, eine geborne Fürstin von Henneberg, wirkte bei Karl V. einen Sauve-Garde-Brief aus, daß ihre Untertanen von der durchziehenden spanischen Armee nichts zu leiden haben sollten. Dagegen verband sie sich, Brot, Bier und andere Lebensmittel gegen billige Bezahlung aus Rudolstadt an die Saalbrücke schaffen zu lassen, um die spanischen Truppen, die dort übersetzen würden, zu versorgen. Zugleich wurde den Einwohnern der Ortschaften, durch welche der Zug ging, vergönnt, ihre besten Habseligkeiten auf das Rudolstädter Schloß zu flüchten. Mittlerweile näherte sich der spanische General, von Herzog Heinrich von Braunschweig und dessen Söhnen begleitet, der Stadt und bat sich durch einen Boten, den er voranschickte, bei der Gräfin von Schwarzburg auf ein Morgenbrot zu Gaste. Eine so bescheidene Bitte, an der Spitze eines Kriegsheers getan, konnte nicht wohl abgeschlagen werden. Man würde geben, was das Haus vermöchte, war die Antwort; Seine Exzellenz möchten kommen und vorliebnehmen. Zugleich unterließ man nicht, der Sauve-Garde noch einmal zu gedenken und dem spanischen General die gewissenhafteste Beobachtung derselben ans Herz zu legen. Ein freundlicher Empfang und eine gut besetzte Tafel erwarten den Herzog auf dem Schlosse. Er muß gestehen, daß die thüringischen Damen eine sehr gute Küche führen und auf die Ehre des Gastrechts halten. Noch hat man sich kaum niedergesetzt, als ein Eilbote die Gräfin aus dem Saal ruft. Es wird ihr gemeldet, daß in einigen Dörfern unterwegs die spanischen Soldaten Gewalt gebraucht und den Bauern das Vieh weggetrieben hätten. Aufs äußerste über diese Wortbrüchigkeit entrüstet, doch von ihrer Geistesgegenwart nicht verlassen, befiehlt sie ihrer ganzen Dienerschaft, sich in aller Geschwindigkeit und Stille zu bewaffnen und die Schloßpforten wohl zu verriegeln; sie selbst begibt sich wieder nach dem Saale, wo die Fürsten noch bei Tische sitzen. Hier klagt sie ihnen in den beweglichsten Ausdrücken, was ihr eben hinterbracht worden und wie schlecht man das gegebene Kaiserwort gehalten. Man erwidert ihr mit Lachen, daß dies nun einmal Kriegsgebrauch sei und daß bei einem Durchmarsch von Soldaten dergleichen kleine Unfälle nicht zu verhüten stünden. »Das wollen wir doch sehen«, antwortete sie aufgebracht. »Meinen armen Untertanen muß das Ihrige wieder werden oder, bei Gott!« – indem sie drohend ihre Stimme anstrengte, »Fürstenblut für Ochsenblut!« Mit dieser bündigen Erklärung verließ sie das Zimmer, das in wenigen Augenblicken von Bewaffneten erfüllt war, die sich, das Schwert in der Hand, doch mit vieler Ehrerbietigkeit, hinter die Stühle der Fürsten pflanzten und das Frühstück bedienten. Beim Eintritt dieser kampflustigen Schar veränderte Herzog Alba die Farbe; stumm und betreten sah man einander an. Heinrich von Braunschweig faßte sich zuerst und brach in ein lautes Gelächter aus. Er ergriff den vernünftigen Ausweg, den ganzen Vorgang ins Lustige zu kehren. Auch brachte er es bei Herzog Alba wirklich dahin, daß er auf der Stelle einen Befehl an die Armee ausfertigte, das geraubte Vieh den Eigentümern ohne Verzug wieder auszuliefern. Sobald die Gräfin von Schwarzburg der Zurückgabe gewiß war, bedankte sie sich aufs schönste bei ihren Gästen, die sehr höflich von ihr Abschied nahmen.

Aus den letzten drei Jahrhunderten

Dreißigjähriger Krieg

Der Dreißigjährige Krieg hat Thüringen besonders getroffen. Aufgegrabene Sporen, Hufeisen, Reste von Spießen und Degen, auch die unzähligen Wüstungen werden vom Volk hauptsächlich mit ihm in Verbindung gebracht. Bei Dobia will man in einem Buschholz sogar Kohlenlager aus dem Dreißigjährigen Krieg gefunden haben. Sie sollen von einem hohen Verhau herrühren, der vom Feind erstürmt und verbrannt wurde. Schwedenschanzen gibt es in großer Zahl, ebenso Kroatengräben. Von dem bei Zickra erzählen die einen, daß dort zwei Kompanien verschanzt waren, die andern: ein Spion sei von den Kroaten an den Schwanz eines Pferdes gebunden und zu Tode geschleift worden.

*

Die Bewohner von Wasungen flüchteten sich auf den Stauerschlag, wurden aber von Isolani mit Hilfe von Hunden aufgefunden und gehetzt. Von der andern Seite her war der Wald in Brand gesteckt; so mußten die armen Leute jämmerlich umkommen. Aus Schweina flüchteten sie sich in den Teufelsgraben, ein mit Schlingpflanzen verstricktes, fast undurchdringliches Gehölz. Eine Frau aber verspätete sich, da sie noch ein ganzes Gebäcke Brot aus dem Ofen holen und in Sicherheit bringen wollte. Sie fiel den Kroaten in die Hände; die mißhandelten sie auf das schrecklichste, schnitten ihr zuletzt die Brüste ab, gossen ihr Mistjauche ein und tanzten ihr auf dem Leibe herum. Den Kroateneinfall in Suhl hat der dortige Archidiakonus Magister Wagner in Versen beschrieben. Davon eine Probe:

Ein Schäffter, so ein dapffer Mann, Heinrich Hänsel thet er heissen,
zu todt sich mußte quelen lan, weil er ohn Geldt gewesen,
ganz fadenbloß man ihn überm Fewer versenget hat, gantz ungehewr,
noch mehr thet man ihn pressen.
An seinem Leib, als man gesagt, man schmertzlich ihn thet schlitzen,
wie man sonsten die Schmeer Läib pflegt zu stechen und zu ritzen,
mit Sägen denn die Händ und Füß, weggeschnitten sind, o Plagen böß!
Todes Schweiß er drob must schwitzen.

In Marksuhl kam zu den Kriegsnöten auch noch der Hunger. Ihm erlagen im Januar 1638 Nicol Ziegler und im März die Ehefrau des Cyriax Jung im Zeughaus. Anna, die Tochter des Joh. Schrön, die in der Not ausgegangen war, wurde vor Hunger und Entbehrung so matt und kraftlos, daß sie in ihre Wohnung vor dem Untertor kriechen mußte. Dort angekommen, blieb sie tot auf der Türschwelle liegen. Niemand war da, der sie begraben konnte. Hungrige Hunde fielen über ihren Leichnam und ließen nichts als das Skelett und den Schädel übrig.

Die Geisterschlacht

Donge, hingern Allestein, bamm me nach Wallfisch zu geht, da heißt mes de Krowattegrähbe[1]. Da hunn in Drissigjaihrige Kriek, bus de Kaiserliche u de Schwede miht enanner fürhatte, kaiserliche Velker gelehn, die hat me de Krowatte geheiße. Die hatte doirt öhr Lager uffgeschluihn u hunn sich au verschahnzt gehatt, bih me noch hüttigstaihs[2] geseh kuhn. Da sein au Schwede in die Gehnet gekomme, die hunn de Krowatte ungegriffe u hunn en doirt e Schlaicht gelievvert; da sein viell Mensche denn geblebbe, die lein doirt begrahbe. U alle sübbe Jaihr, un den Tahk, bu die Schlaicht fürgefalle ihs, banns den Awwed[3] elf schläht, da wache die Saldahte, die doirt begrahbe lein, widder uff, u de Tambuir fange uhn ze trommeln, u de Trompetter nahme de Trompette u fange uhn ze blahse, u de Rütter[4] setze sich off öhr Rüttergüll, u de Muschketier nahme öhr Flinte u öhr Spiß odder bas se dazemahl gehatt hunn. U da stellen se sich in Schlaichtordning enanner genüber u marschiere off enanner lohs u schisse u haue u steche offenanner, bis eis[5] schläht; da verseinken so widder all miht enanner in Erbohde, de Rüttergüll u de Rütter, de Muschketier u de Tambuir u de Trompetter. U dernach leihn se widder rauhig u friedlich nahet enanner in Erbohde, bis nach sübbe Jaihrn um den Tahk de Naicht widder elf schläht. – Die Geisterschlacht wird sich nach dem Glauben der Leute so lange fortsetzen, bis sich die verwünschten Keller des Ringelsteins auftun und Päpstliche und Lutherische gemeinsam das Abendmahl mit Ringelsteiner Wein genießen.

*

1 Kroatengräber. 2 heutiges Tags. 3 Abend. 4 Reiter. 5 eins.

Die Bewohner von Wünschendorf vergrößerten eine versteckte Höhle im Elstertal und brachten die letzten Reste ihrer Habe hinein. Als sich einmal bei Schnee Kriegsvölker nahten, eilten die Leute auch wieder in ihr Versteck. Da entdeckten die Soldaten die Fußspuren, gingen ihnen nach, raubten das versteckte Gut und zündeten das Dorf an. Die von Mosen flohen in die dichten Wälder des Fuchstals. All ihr Hornvieh hatten die Soldaten geraubt; nur ein einziges Kalb war noch vorhanden. Das hörte auf den Ruf, folgte den Fliehenden und erhielt dadurch sein Leben. Allerorten wurden Wachen ausgestellt. Die Mosener hatten ihren Posten auf einer Höhe, die noch heute Wachhügel heißt, und die Großdraxdorfer auf einer mächtigen Birke, die unter dem Namen Wachtbaum bekannt geblieben ist. Als ein Sturm sie niederbrach, pflanzte man an den gleichen Ort zur Erinnerung eine Eiche.

*

Bevor Saalfeld im Dreißigjährigen Kriege heimgesucht wurde, vernahmen die Stadtwachen vier Wochen lang in stillen Nächten ein Traben wie von ganzen Schwadronen, und die Frauen, die auf dem äußersten Turm des obern Tores wohnten, haben öfters zur Nachtzeit feurige Kugeln gesehen, die gegen die Stadt walzten, doch erloschen, ehe sie ganz heran waren. Ein Glöckchen, das in Walldorf außen am Turme hing, hatte keinen Klöppel und konnte deshalb nicht geläutet werden. Als sich aber im Dreißigjährigen Kriege die Kroaten dem Orte näherten, fing es von selbst an zu klingen, so daß die Gemeinde Zeit gewann, das Leben zu retten. Wenn danach auch Schule und Kirche von den Feinden niedergebrannt wurde, der Turm mit dem Kroatenglöckchen blieb stehen. Meiningen ist 1645 vom bayrischen Oberst Sporck scharf berannt worden. Da ist es geschehen, daß ein Engel in der Gestalt eines weißen Mannes der hart bedrängten Stadt zu Hilfe gekommen. Als das die Belagerer gewahrten und sogar wahrnahmen, wie eine in die Stadt geworfene Granate wieder zurück in ihre Reihen flog und diesen großen Schaden zufügte, da hoben sie die Belagerung auf und zogen in großer Eile ab.

Ein Bergmann aus Schweina hatte sich in der Zeit, als die Kroaten in der Gegend hausten, mit seiner Familie hinauf in das Gebirge geflüchtet und in einem der Schächte auf dem Neufang versteckt. Da geschah es denn, daß sich jeden Tag und zwar regelmäßig zu einer bestimmten Zeit eine Schlange bei den Leuten einstellte und sich so zutraulich zeigte, daß diese ihr jedesmal Brotkrumen und etwas Milch von ihrer im Walde verborgenen Kuh verabreichten. Sie hatten sich bald so an das Tier gewöhnt, daß es ihnen eines Tages auffiel, als es ausblieb, und da der Bergmann hierin eine schlimme Vorbedeutung erblickte, verließ er den Schacht und zog über den Rennsteig, um sich nach einem neuen Versteck umzutun. Und wirklich kam kurz nach seinem Abzug ein Haufen Kroaten, dem ein schlechter Geselle aus Schweina als Führer diente, um die Bergmannsfamilie aufzuheben. Doch als sie das Nest leer fanden, glaubten sie sich von dem Schweinaer hintergangen und stürzten ihn Hals über Kopf in die Grube, die danach den Namen Schlangenschacht erhielt.

Alte Malereien und Schnitzereien aus katholischer Zeit wurden einigen Orten zum Heil, so Heinrichs und Themar. In Frauenbreitungen fehlte es den Kroaten an Stallungen; deshalb machte einer den Grafen Isolani auf die dortige Kirche aufmerksam. Wenn man den Ketzern die Stände herausrisse, sagte er, so könne noch eine gute Anzahl Pferde untergebracht werden. Der Graf machte sich auf, in eigener Person den Befehl zur Ausräumung zu erteilen. Als er aber in die Kirche tritt und an den Feldern der Emporstände die vielen wundersamen Bilder aus dem Alten und Neuen Testament eine gute Weile betrachtet hat, da überkommt den grausamen Mann ein solches Bangen, daß er nicht nur von dem frevelhaften Beginnen abstand, sondern auch den strengen Befehl gab, Kirche und Dorf zu schonen.

*

Von der ursprünglichen Zucht im schwedischen Heere weiß die Sage von der Hangeiche zu berichten: Ein Fähnlein Schweden rastete in Reichenbach auf der Heide und zechte wacker. Als am anderen Tage das heilige Abendmahl im Dorfe ausgeteilt werden sollte, fand sich, daß der goldene Kelch gestohlen war, und der Verdacht fiel alsbald auf die fremden Krieger. Der Schultheiß eilte dem Fähnlein nach, holt es auf der mittleren Heide ein und klagte den Verlust. Der Hauptmann erzürnte sich über die Beschuldigung und schwur: habe einer seiner Leute den Kelch, so solle er auf der Stelle hängen, ohne Schwurgericht und Anwaltskniffe; sei aber die Beschuldigung erlogen, so müsse der Schulze dran glauben. Im Gepäck eines ruhig schlafenden Soldaten fand sich der Kelch. Ein anderer hatte ihn geraubt und nun dem Kameraden heimlich zugeschoben. Alle Beteuerung half dem armen Menschen nichts, und zuletzt konnte er nur noch den Himmel um ein Zeichen seiner Unschuld anrufen: Da er unschuldig sterbe, solle kein Eichbaum mehr grünen und aufkommen in diesem Walde. Kaltblütig knüpfte der Dieb des Kelches selber seinen Kameraden auf. Aber kaum war der Schulze mit dem wiedergewonnenen Kleinod hinweg, so erfaßte die Reue den Dieb und Mörder. Er blieb zurück, schnitt den unschuldig Gehängten ab, begrub ihn und erhängte sich an derselben Stelle. Der Wald aber starb ab und trug keine Eichen mehr.

*

Als Gustav Adolf in Erfurt eingezogen war, nahm er in der Lilie Quartier, wo auch Luther einst gerastet hatte. Eines Abends kommt er unvermutet in den benachbarten Gasthof Zum Propheten, um nach einem dort stehenden Lieblingspferde zu sehen. Er findet weder auf dem Hausflur noch im Vorraum einen seiner Diener, hört jedoch in einem Gemach ein Gemurmel und geht durch viele festlich gekleidete junge Männer. Auf einem Tisch sieht er eine offene Lade, die bei seiner Annäherung rasch zugeschlagen wird. Darüber verwundert, fragt der König, was es bedeute. Man antwortet ihm: Die Gesellen der Riemer-Innung sprechen einen Lehrling zum Gesellen. Der Lade aber, wenn sie offenstehe, dürfe sich nur derjenige nähern, der in die Handwerksbräuche eingeweiht sei. Der Altgeselle, ein beherzter junger Mann, beschreibt dann dem König etliche dieser Bräuche und trinkt ihm schließlich den mit Wein gefüllten Willkomm der Innung zu. Lächelnd nimmt ihn der leutselige Herr mit den Worten: »Nun bin ich auch ein Riemergesell!« »Ja«, antwortet der andere, »doch bitten wir, Herr König, daß Ihr Euch wie gebräuchlich, durch ein Geschenk lösen wollt!« Gustav Adolf schickte hierauf zwei Dukaten, und seine Diener brachten mit der Riemer-Innung eine fröhliche Nacht zu. – Der Tod des Königs zeigte sich in merkwürdigen Erscheinungen an, wie in Stockholm so auch in Erfurt. Hier geschah es, daß die schwedische Königin in der Nacht, die der Schlacht von Lützen voranging, in solche Angst und Aufregung geriet, daß sie nicht zu schlafen vermochte. Da entstand plötzlich ein großes Gepolter; die Kammerfrau, die im Nebenzimmer lag, stürzte herein, und beide sahen, daß die Krone aus der von zwei Löwen gehaltenen Wappenschnitzerei herabgefallen war und durch das Gemach rollte – ein betrübliches Vorzeichen kommenden Unglücks.

*

Als endlich der Frieden kam, sollen sich in der Gegend von Schmeheim Schweden und Kaiserliche gegenübergestanden haben. Und jedes Heer sandte einen Trompeter an das andere ab, ihm die

Friedensbotschaft mitzuteilen. Beide begegneten sich bei einer Eiche, stiegen alsbald selbander hinauf in das grüne Gelaub und bliesen den lieben Frieden in alle Welt hinein. Seitdem ist jener Baum die Trompetereiche geheißen.

*

Der Aufbau geschah unter viel Not und Kümmernis. Als nach dem großen Kriege die wilden Kriegsvölker wieder abgezogen waren, da kroch einer in dem niedergebrannten Dorfe Engelsberg aus seinem Versteck hervor und schaute sich ängstlich um. Dann ging er talwärts, um zu sehen, ob er nicht Menschen begegne. In der Nähe von Klings traf er in einem dichten Dorngehecke auf eine durch Hunger und Krankheit abgezehrte Frau. Er teilte seinen Rest von Lebensmitteln mit ihr und pflegte sie, so gut er konnte; dann wanderten sie weiter. In einem niedergebrannten Dorfe, dem jetzigen Empfertshausen, fanden sie ein ziemlich wohlerhaltenes, aber verlassenes Haus und beschlossen, sich hier niederzulassen. Im halbzerstörten Stalle war ein abgemagert Pferd und einiges Getreide, so daß sie etwas Feld bestellen konnten. Nach und nach sammelten sich noch einige Heimatlose um sie. Sie bauten das Dorf wieder auf und nannten es anfangs Einpferdshausen und späterhin Empfertshausen. Bis auf den heutigen Tag sollen noch einige Nachkommen des erwähnten Paares vorhanden sein, die sich durch besondere Gesichtsblässe, weißliche Haare und ins Rote spielende Augen vor den andern auszeichnen, da nach einer alten Sage die Engelsberger Kakerlaken waren.

Der Siebenjährige Krieg

Im Siebenjährigen Krieg lag ein Fähndrich mit einem Häuflein kaiserlicher Reiter in Salzungen; der war ein gar arges Großmaul und wußte sich gewaltig viel auf seinen ungewöhnlich langen Leib. Aus seinem Quartier oder aus der Schenke guckte er nie anders, als durch das obere Schiebfenster auf die Straße. Diesem Prahlhansen ward eines Tages gemeldet, daß sich preußische Jäger im Feldagrunde gezeigt hätten. Er ließ sogleich aufsitzen, fluchte und wetterte und rühmte sich, noch vor Nacht sämtliche Preußen wie einen Haufen gekoppelter Hunde nach der Stadt zu treiben – oder der Teufel solle ihn bei lebendigem Leibe holen. Und so sprengte er denn über Langenfeld nach Urnshausen zu, hatte aber kaum den Bergrücken erreicht, so knackten rechts und links im dichten Gehölz die Hähne der feindlichen

Gewehre, und der Fähndrich stürzte, durchs Herz getroffen, mit einem gräßlichen Fluche vom hohen Gaul. Als seine Reiter solches gewahrten, machten sie kehrt und suchten ihr Heil in der Flucht. Ein unscheinbarer Leichenstein mit einigen halbverwitterten Buchstaben, nur wenige Schritte vom alten Weg nach Urnshausen, bezeichnet die Stelle, wo der Fähndrich fiel und begraben wurde.

Nach der Schlacht von Roßbach strömten Teile der Reichs- und französischen Armee auf Erfurt zu. Totenkopf-Husaren hatten sich, der Verfolgung müde, gegen Abend auf einer Wiese gelagert, um am Feuer ihr Abendbrot zu kochen. Da plumpst etwas von einem der nahen Bäume – ein französischer Tambour, der demütig um Pardon bittet. Die Husaren, die in ihm nur den wehrlosen Menschen sehen, tun ihm nichts zuleide, lassen ihn mit ans Feuer setzen und teilen brüderlich mit ihm. Nicht lange danach plumpst es wieder und wieder: ein Gemeiner und ein Offizier mit dem Ludwigskreuz im Knopfloch. Der nähert sich mit ausgezeichneten Komplimenten der schmausenden Gesellschaft. Die Husaren fragen ihn, ob noch mehrere seiner Leute da oben säßen. »O Messieurs«, versetzt er treuherzig, »schüttel sick nur an der Bäum – mein ganzer Kompagnie sitz drauf!«

Die Franzosenzeit

Als die Franzosen 1806 über den Frankenwald nach Saalfeld und Jena zogen, kam die eine Heeressäule durch Judenbach. Da desertierte ein junger Soldat, ein Kaufmann und einziger Sohn reicher Bauersleute aus Bayern. Aber ein alter Spinnradmacher und gewesener Sergeant zu Neuhaus bei Sonneberg machte ihn dingfest und lieferte ihn den Franzosen aus. Das mag selbst diesen ein Abscheu gewesen sein; denn ein Beamter gab dem Verräter die dreißig Gulden Fanggeld mit den Worten: »Da hast du deinen Lohn, Bluthund!« Der Deserteur wurde seiner Truppe nachgeführt und nach Kriegsende erschossen. Bald danach kamen seine unglücklichen Eltern an den Grabhügel, und man sagt, sie hätten ihren Sohn mit den Händen wieder ausgraben wollen. Der Judas aber ging hin und erschoß sich an einer Schloßlinde zu Neuhaus. Die Kugel drang ihm durch den Kopf und in den Baum, daß man bis auf den heutigen Tag ihre Spur erkennen will.

*

Vor dem Gefecht bei Saalfeld erschien dem Prinzen Louis Ferdinand die weiße Frau. Der Generaladjutant von Nostitz hinterließ darüber folgende Aufzeichnungen: ... In diesem Augenblicke schlug die Schloßuhr Mitternacht. Mit dem zwölften Schlag geschah eine sonderbare Veränderung mit der Person des Prinzen. Sein schönes Gesicht erbleichte seltsam, seine über die Tasten des Klaviers gleitenden Finger wurden steif, wie gekrampft; er fährt mit der Hand über die Augen, wendet sich zu mir, der diesem Zwischenfall mit Befremden zusah, und mit einer raschen Bewegung eine Kerze ergreifend, stürzt er auf die Tür zu und verschwindet ... Sie führte auf einen langen Korridor, der als Ausgang nur eine Seitentür hatte, die in den Schloßhof hinausging. Da sah ich den Prinzen, der, die flackernde Kerze in der Hand haltend, mit ruckweisen Schritten einer in einen Schleier von auffallender Weise gehüllten menschlichen Gestalt folgte. Dieses phantastische Wesen entfernte sich, ohne furchtvolle Hast zu zeigen; am gegenüberliegenden äußersten Ende der Galerie angekommen, verschwand die Erscheinung. Es gab, das wußte ich, keine Tür an dieser Seite. Dieses geheimnisvolle Verschwinden setzte mich in Erstaunen. Der Prinz aber warf die Kerze auf die Erde und begann zu untersuchen, ob eine geheimnisvolle Tür an dieser Stelle angebracht sei. Er ließ seine Hände über die Mauer gleiten, schlug dagegen, um sich zu versichern, ob der Schlag nicht die Existenz eines dieser geheimnisvollen Ausgänge verriete, die in alten Schlössern so häufig sind, aber nichts ... nichts! Da näherte ich mich, um ihm bei seiner Untersuchung zu helfen. Bei meinem Anblick zitterte er: »Nostitz. Hast du gesehen?« – »Ja«, antwortete ich mit der größten Kaltblütigkeit, »ich habe eine ganz in Weiß gekleidete Frau gesehen, die Eure Hoheit ...!« Er ließ mir nicht Zeit zu beenden. »Es ist also kein Traum! Ja, ich habe sie gesehen ... es ist die weiße Frau!«

*

Beim Anzug der Franzosen war der Wirt Kaspar T. in Veitsberg zurückgeblieben. Sein Silbergeld hatte er in zwei Schöpftöpfe und sein Gold in eine Schweinsblase getan und im Schuppen unter dem Gänsestall vergraben. Um die Feinde zu täuschen, scharrte er danach ein Loch in den Düngerhaufen und legte einen leeren Topf daneben. Die französischen Soldaten aber erkannten die List, glaubten nicht, daß das Geld bereits gestohlen sei und forderten ihn auf, es herbeizuschaffen. Da ers nicht tat, stießen sie ihn mit den Kolben, und als er auch dadurch nicht gefügig wurde, schlug einer der Räuber noch kräftiger zu. Da sank der arme Mann zu Boden und starb, ohne das Bewußtsein wiedererlangt zu haben. So blieb der Schatz verloren und soll erst nach siebzig Jahren bei einem Umbau wieder an den Tag gekommen sein.

*

Neben dem Leid weiß die Sage auch komische Vorfälle zu berichten. Wie 1806 in der Nacht nach der Schlacht bei Sallfeld franzeessche Marodeure dorch Rudolstadt kamen, da hannse dn alten Schuster Spillig rausgepocht un hann von n verlangt, ar solle n met änner Latarne nab nach Jane leichte. Spillig, dar gar nech verstand, wassen se ägentlich von n wollten, barmte gottsjammerlich; aber sei Nachbar Zeitschel, dar ä paar Worte verstand, der sahte fer n: »Ja, August, da hölfts weiter nischt! Brenn nur deine Latarne an, on mach dich met n offn Wag nach Hasel zu. Suwie daß dich aber äner von dan Karlen was fraht, da spröchste äfach allemal of Franzeessch fersche: Koschonfrangsäh! Paß ämal off, da warn se gleich heeflich on tun dir nischt!« Nune ging de Fuhre ab. – Dn annern Morgen, wie Zeitschel nach Spilligen frahte, da lähte der mit änn Tuche om Kopf im Bette on erzeehlte nune: »He, denk dr nur, Karl, ech ha dein Rat genau befolgt, aber die Karle hann mich allemal verdroschen. Da ha ich bein zwäten Flutsgraben de Latarne ausgeläscht on ben dan Ludern äfach dorchgebrennt. Ech glaabe, wenn ech das bößchen Franzeessch nech gekönnt hätte, da hätten se mich tutgeschlahn!«

*

Man erzählt, Napoleon I. sei während seines Aufenthalts in Erfurt auf seinem Schimmel die breiten Domstufen hinauf- und heruntergeritten. Beim Durchmarsch von zwei glänzenden französischen Karabinier-Regimentern am 23. März 1812 soll ein Mann namens Kaufhold vor seinem Haus an der langen Brücke gestanden und mit erhobenen Händen gerufen haben: »Könnte ich euch doch von den Pferden reißen, damit euch der weiße Löwe nicht alle erwürgte!« Erst nachdem die große Armee in Rußland zugrunde gegangen war, wurde der Sinn der Weissagung offenbar. Nach der Schlacht bei Leipzig versuchte Napoleon, seines Heeres Trümmer in Erfurt zu sammeln, und besichtigte zu diesem Zwecke die Zitadelle Petersberg Da zeigte er ein neues Reiterstück, indem er auf dem Steinrande der Bastion, wo sie am höchsten ist, neben dem Abgrund hinritt. Man sagt, er habe es getan, um hinabzustürzen, ohne den Anschein des Selbstmordes zu erwecken. Doch sein gutes Pferd vereitelte das Vorhaben.

Die Pest und andere Landplagen

Himmelszeichen

Teuerung, Krieg, Pestilenz, Wassers- und Feuersnot und andere Schrecken wurden oft durch seltsame Vorzeichen angekündigt. Anno 1532 wurde zu Eisenach am Himmel bei hellem Tage ein Baum gesehen, welcher alt, dürr und umgefallen sich präsentierte; darauf sah man einen geharnischten Reiter, der einen grünen Baum, jedoch mit abgehauenen Ästen führte; nach ihm folgte ein Jagdhund und nach diesem, in einer lichten Wolke, ein groß schwarz Kreuz. Am 7. Juni 1680 sahen viele Leute von Großmölsen, während sie wegen der Pestgefahr an den Grenzen Wache hielten, bei großem Gewitter einen alten Mann nebst zwei Knaben in einem Schifflein wohl eine Viertelstunde am Himmel stehen. Es war Anno 1734 am 12. August abends zehn Uhr, als in Zeitz ein Mann an des Leinwebers Köhler Fenster vor dem Wassertore anklopfte und sagte: »Ihr Menschen, seht doch die feurigen Strahlen und Zeichen am Himmel! Ach betet, denn Gottes Zorngericht wird bald hereinbrechen!« Nach diesen Worten kniete er auf eine kleine Erhöhung dem Hause gegenüber nieder, und nachdem er eine ganze Stunde lang gebetet, verschwand er plötzlich. Am Himmelfahrtstage 1636 sahen verschiedene Einwohner von Nohra beim Heimgehen aus dem Nachmittagsgottesdienst über dem Pfarrhaus nach dem Ettersberge zu drei weiße Kreuze am Himmel, die teils verkehrt untereinander, teils nebeneinander standen und sich in der Richtung von Erfurt nach Weimar zu bewegten. In der folgenden Nacht erblickten andere Bewohner des Dorfes am Himmel gegen Weimar hin mehrere Totenbahren.

*

In dem gleichen Ort geschah es eine Woche später, daß sich der kleinste Teich von früh acht Uhr bis nachmittags fünf Uhr blutrot färbte. Mit einigen Unterbrechungen wiederholte sich die Erscheinung wochenlang, nur daß die blutige Färbung allmählich etwas eher aufhörte und zuletzt schon in den Mittagsstunden verblich. Mehrmaliges Ablassen und Ausfegen des Teichleins blieb ohne Wirkung; die Blutfarbe kehrte immer wieder. Der Herzog von Weimar kam selbst nach Nohra und besah sich das Wunder. Der Rat von Erfurt ließ etliche Gläser der Flüssigkeit holen, und man konnte damit schreiben wie mit roter Tinte. Man erblickte in den Erscheinungen Anzeichen drohender Gefahren durch Krieg und Seuchen. Auch aus Erfurt und Weimar wird von dergleichen Blutquellen berichtet. Anno 1191 sind Raben und andere Vögel mit glühenden Kohlen, so sie in ihren Schnäbeln geführt, geflogen und haben damit Häuser und Ställe angezündet.

*

Weniger unheilverkündend als wunderbar war es, wenn es 1571 um Weißenfels herum klaren Leinwand- und Futterbarchent bei 23456 Ellen geregnet hat. Gegen solche Geschehnisse vermag die Sage von dem Getreide, das 1550 über Weimar herabregnete und, gemahlen und verbacken, an Geschmack dem besten Brote gleichkam, und selbst das Wunder von Suhl kaum noch aufzukommen: Im Jahre 1238, am 5. Maien, war ein großes Ungewitter auf dem Walde über dem Flecken Suhl, und es ereignete sich dabei, daß große Stücke fetten Fleisches, an zehn bis zwölf Pfund schwer, mit dem Regen vom Himmel fielen, welche von Vögeln und Hunden begierig gefressen wurden. Was übrig blieb, ist gegen Abend durch die Sonnenhitze gleich wie Eis geschmolzen. Am 21. Sonntag nach Trinitatis (22. November) 1682 soll in Berka während der Frühpredigt die Werra plötzlich ausgesetzt haben, so daß man Aale, Lachse, Karpfen, Hechte und Forellen mit Händen in Menge fangen konnte. Das gleiche gewahrte man bis hinauf nach Heringen und hinunter bis Gerstungen, während weiter flußauf- und abwärts das Wasser in vollem Lauf befunden ward.

*

Bei Lauterbach (bei Eisenach) und Bischofroda sind Quellen, die das Jahr vorher, ehe es teuer wird, pflegen zu entspringen. Der Spring in Mühlberg gefriert bei der strengsten Kälte nicht und nimmt mit den Tagen des Jahres regelmäßig zu und ab; auch geht die Sage, daß er immer gestockt habe, wenn dem Ort ein Unglück bevorgestanden. Wenn der Wehborn in Möhra überläuft, wird teure Zeit; ähnlich ists mit der nahen Königskutte.

*

Auch die Lage der schwimmenden Insel im Hautsee wurde auf die Zukunft gedeutet. Je nachdem sie auf das eine oder andere Ufer

Wunderbarer Getreideregen in Weimar und Auerstädt 1550
Holzschnitt von Stefan Hammer zu einem fliegenden Blatt

hintrieb, erwartete man Krieg und Teuerung oder Frieden und gute Zeit. Das weiße Taubenpaar, das in der einstigen Kapelle bei Weißbach (unweit Rudolstadt) nistete, flog unter ängstlichem Geschrei davon, wenn ein Krieg in Deutschland ausbrach, und kehrte erst beim Friedensschluß mit grünen Zweigen in den Schnäbeln zurück. In der Kirche zu Möbisburg orgelte es oft um Mitternacht; wer es hörte, mußte bald sterben.

Entstehung der Pest

Pestilenzzeichen, Peststeine, Pestecken der Friedhöfe, Sondersiechenhäuser mit dem Pastor pestilentiarius erinnerten bis in die neue Zeit an die furchtbare Seuche. Über ihre Entstehung gingen die seltsamsten Meinungen um. Anno 1346 war ein gewaltiges Erdbeben durch ganz Thüringen; dabei sollen so böse Dünste aus der Erde gestiegen sein, daß eine gewaltige Pest entstand. Bei Mittelschmalkalden hat sie ein Bauer ausgeackert. Als er sah, daß sich seine Ochsen sofort auf die Knie niederwarfen, und die Köpfe laut brüllend auf den Boden drückten, da wußte er, was es geschlagen hatte. Er tat hinter seinem Pfluge geschwind ein gleiches und ließ die Pestwolke über sich hinziehen. Sie ging hinunter nach Mittelschmalkalden, und wer etwas von ihr einatmete, wurde kohlschwarz am ganzen Leibe. Ins Osterland ist sie der Sage nach durch einen Grafen von Cospoth gekommen. Der war im Morgenland an der Seuche gestorben und dann von seinen Begleitern in purem Unverstand nach Schleiz, seinem Heimatort, gebracht worden. Als aber, wie es die Sitte verlangte, vor der Beerdigung der Sargdeckel noch einmal gehoben wurde, da zog die Pest als ein blaues Räuchlein heraus, erfaßte die Schüler und Leidtragenden und danach auch die übrige Bürgerschaft. Das steinerne Bild des Grafen steht noch heute in der Bergkirche bei Schleiz und wird vom Volke nicht anders als Pestmann genannt.

*

Nach Gera sollen die Pest drei Männer gebracht haben, die aus Rohpeters Haus gekommen seien; darin wurde sie später auch wieder vermauert. Alte glaubwürdige Bürger der Stadt erzählten, daß am Anfang des 17. Jahrhunderts zwei Kerle in einer Stuben beisammengesessen, darin etliche Personen an der Pest daniedergelegen und gestorben. Da sehen sie von ungefähr in einem Winkel der Stube einen blauen Dunst wie einen Nebel gar sachte aufsteigen, welchem sie mit Verwunderung zusehen und vermerken, daß er sich allmählich in eine Glunze an der Wand hineinverschlichen. Darauf ist einer zugelaufen und hat aus Kurzweil einen Pflock in das Loch geschlagen, nach der Zeit aber nicht wieder daran gedacht, bis nach etlichen Jahren, da man von keiner Seuche mehr gewußt, dieser Mensch in ebenderselben Stuben sich wieder befindet und von ohngefähr gewahr wird, daß der Pflock, den er vor etlichen Jahren in die Wand geschlagen, noch an seinem Orte stecke. Dadurch ist er bewogen worden, indem er nichts Böses vermutet, aus Scherz gegen die Anwesenden zu sagen: »Siehe da, vor etlichen Jahren habe ich einen Vogel darin versperrt; ich muß sehen, ob er noch darinnen stecke«, und ziehet darauf den Pflock aus der Wand. Da denn von Stund an der vorbesagte giftige Dunst aus dem Loch wieder hervorgezogen und alsbald nicht allein etliche Personen im Hause, sondern auch von neuem wieder die ganze Stadt angesteckt hat, und zwar viel schrecklicher als zuvor.

Eine alte Frau aus Möhra erzählte: Als der Krawatetürk abgezogen war, kehrte die Pest in Möhra ein und hauste schrecklich; es starben täglich über ein Dutzend Menschen. Wie erzählt wurde, half die Leichenfrau noch dazu: die legte nämlich den Toten warmes Brot auf die Mäuler und kochte dann den Kranken Suppen davon, und das trieb sie so lange, bis das Dorf fast ausgestorben war. Endlich merkt es ein Kranker und bittet sie, als sie ihm die Suppe reichen will, ihm erst noch einen Trunk Bier zu holen. Mittlerweile vertauscht er die Suppe, so daß sich die Alte selbst vom Brote hilft, als letzte, die an der Pest gestorben.

In Weida wurde 1612 der Totengräber auf einer Harden (Schleife) zum Richtplatz geführt und dann lebendig verbrannt, weil auch er böse Künste gebraucht, um das Sterben zu erhöhen. In Pößneck glaubte man, dem Georg Schilling sei zu gleichem Zweck ein Zaubermittel ins Grab gelegt worden; man grub ihn deshalb aus, die Pest aber wütete schrecklicher denn zuvor. Die Toten begrub man häufig, wie sie von der Pest auf dem Felde überrascht worden waren: mit der Sichel in der Hand. Solche Leichen mit Zahnsicheln soll man auf dem Gottesacker von Seifersdorf bei Weida ausgegraben haben.

*

Viele Ortschaften starben ganz aus. In Zadelsdorf traf der Totengräber, der von Zeulenroda herüberkam, nur noch eine alte Jungfer lebend an. Um sich einen Weg zu ersparen, packte er sie und wollte sie gleich mitbegraben. Aber sie wehrte sich, flüchtete in das nahe Bockhölzchen und blieb von der Pest verschont. Durch strenge Absperrung suchte man dem Schwarzen Tod zu wehren. Auf einer Wiese bei Buttstädt steht ein steinerner Trog, der den Namen Peststein führt. Er soll im Jahre 1683 aufgestellt worden sein, damit die Landleute Geld und Bestellzettel hineinlegen konnten, wenn sie etwas aus dem abgesperrten Städtchen haben wollten. Die Straße, die über den Wald nach Zella und weiter hinein nach Franken führte, war in der Pestzeit bei hoher Strafe verboten. Gleichwohl wagten es zwei Fuhrleute, sie zu befahren und den Durchgang mit List zu gewinnen. Als sie aber von den Wächtern entdeckt wurden, ließen sie ihr Geschirr im Stich und suchten das Weite. Man besah die Fracht, fand auf dem Wagen zwei tote Männer, die an der gefürchteten Krankheit gestorben waren, und hielt dafür, daß es die Herren der Geschirre gewesen, die von den Knechten in die Heimat gebracht werden sollten. Darauf wurden die toten Männer an Ort und Stelle begraben und Schiff und Geschirr verbrannt. Einige sagen sogar, man habe die entflohenen Fuhrleute eingeholt und zur Strafe lebendig verbrannt. Zum Andenken aber nannte man den Bezirk die toten Männer, stellte auch zwei Steine auf, davon der eine die Worte trug: Leben wir, so leben wir dem Herrn; sterben wir, so sterben wir dem Herrn.

*

Es kamen Abwehrmittel zur Anwendung wie noch heute in den Ländern an der untern Donau und im Balkan. In Sangerhausen hob nach dem Ableben einer vornehmen Matrone ein geschwindes Sterben an, das sich von Woche zu Woche steigerte. Und es entstand ein allgemein Gerede im Volke, das wäre der schmätzende Tod, herrührend von jener Matrone, die im Grabe schmätze und um sich fresse. Und so lange solches Schmätzen dauere, so lange mehre sich das Sterben. Deshalb begehrten viele, man solle das Grab auftun, der Toten Schleier und Grabtücher entreißen und ihr mit einem Grabscheit den Hals abstoßen, welche Mittel man anderwärts mit Nutzen gebraucht habe.

In Erfurt hielt man gegen die Seuche ein Seelenbad: Es stunden drei Würztröge vor der Badestuben hinter dem Berge beim Juristen-Collegio, die wurden voll Wein gegossen und Semmeln darein gepflocket. Wann nun das Seelenbad sollte angehen, so kam der Bierrufer hinterm Berge hervorgegangen auf den Markt und rief: »Ein Seelenbad, ein gutes Bad haben unsere Domherren allererst aufgetan, hinter unser lieben Frauen Berge. Wer baden will, soll gar nichts geben.« Da kam dann das Volk zu Hunderten und Tausenden mit ihren Gefäßen, und die Geistlichen hatten eine Kelle, da fast ein Nößel dreinging; also gaben sie einem jeden eine Kelle voll in sein Gefäß. Ins Vogtland soll von Norden her ein Rabe gekommen sein und gerufen haben: »Freßt nur recht Rapuntica, sinsten kommt kä Mensch derva!« Der schwarze Vogel, der sich auf den First des Sondersiechenhauses zwischen Salzungen und Allendorf setzte, rief: »Trinkt Baldrian und Bibernell, sonst sterbt ihr schnell!«

*

Die letztgenannten Mittel wurden in Salzungen gebraucht. Danach sahen die Nachtwächter in der Geisterstunde einen umheimlichen Vorgang: Das Tor des Gasthofs Zum goldnen Ochsen öffnete sich weit, und ein langer Leichenzug kam daraus hervor. Er bewegte sich langsam über den Marktplatz, die Ratsgasse hinauf, durch das Obertor, das von unsichtbarer Hand aufgerissen wurde, dann die Straße hinunter und zog auf Husen zu. Ihm folgte der Schwarze Tod, in einen dunklen Mantel verhüllt, hoch zu Roß, und mit dem gespenstischen Zug war auch die Pest aus der Stadt verschwunden. Auch aus Herpf wich sie nach dem Gebrauch der genannten Mittel. Und zwar zog sie als blaues Wölkchen hinter einem der Leiterwagen her, mit dem man die Toten hinwegschaffte. Auf dem Friedhof fuhr sie in eine Mauerritze und wurde dann sorgfältig verpflöckt, worauf im Orte kein Mensch mehr starb. – Das letzte Opfer in Motzlar soll ein arbeitswütiger Bauer gewesen sein. Während alle aus dem Dorfe das Fest der hl. Maria zum Schnee in Schleid feierten, blieb er spöttisch zurück und begann im Felde zu ackern. Das aber ward ihm zum Verderben. Als die anderen wiederkamen, hörten sie ihn jammern und rufen: »Ach, hätt ich doch das Fest auch mitgemacht!« Und ehe noch seine Angehörigen ins Haus traten, lag er schon am Boden, schwarz am ganzen Leib. Ähnliche Erfahrungen machte man in Nordheim v. d. Rhön. Dort hatte man dem heiligen Sebastian, wenn er dem Ort aus der Not helfe, eine Kapelle gelobt. Doch da nach dem Beginn des Baus die Seuche erlosch, meinten die Leute, der Heilige sei auch mit ihrem guten Willen zufrieden, und ersparten sich weitere Kosten. Das ließ sich der aber nicht bieten; die Pest zog von neuem ein und brachte die Nordheimer zu der Einsicht, daß es zweckmäßig sei, ihr Gelübde zu halten. So entstand die St.-Sebastians-Kapelle, die noch heute, durch eine alte Linde überschattet, von ihrer Höhe über das Streutal blickt.

Hungersnot

Um das Jahr 850 war eine große Teuerung in ganz Deutschland. In dieser betrübten Zeit wollte ein Mann mit seiner Frau und seinem kleinen Sohne aus dem Fuldischen, und zwar aus dem Grabfeld, nach Thüringen wandern und sehen, ob er sich dort des Hungers erwehren könnte. Als sie nun in einen Wald kamen, sprach der Mann zu seiner Frau: »Ist es nicht besser, daß wir unsern Sohn schlachten, als daß wir alle Hungers sterben?« Die Mutter wollte es zwar nicht zugeben und ihm die grausame Tat ausreden; als aber der Hunger gar zu sehr drückte, riß er das Kind aus den Mutterarmen und wollte es schlachten. Damit aber die Mutter den Jammer nicht ansehen, noch des Kindes Geschrei hören möchte, ging er ein wenig abseits. Indem er aber das Schwert zieht, wird er zweier Wölfe gewahr, die eine Hindin zerreißen; alsbald läuft er hinzu, verscheucht die Wölfe und bringt das Wildbret der Mutter. Wie diese von fern das blutige Fleisch, aber ihr Söhnlein nicht so bald gewahr wurde, erschrak sie dermaßen, daß sie in eine Ohnmacht fiel. Er aber ging zu ihr, richtete sie auf, tröstete sie und erzählte, wie Gott das Kind so wunderbar vom Tode errettet und ihnen Fleisch zu essen beschert habe. Diese Begebenheit haben sie nachher vielen Leuten in Thüringen erzählt.

*

Anno 1271 und 72 war eine solche Teuerung in Erfurt, daß ein Malter Korn vier Mark Silbers (28 fl.) galt. Für einen Schilling Brot konnte man sich nicht einmal sattessen oder nur den Hunger stillen. Die Leute buken Hasel-Zäpflein und Knotten, leckten den Staub in den Mühlen von der Erde auf, worauf ein großes Sterben erfolgte unter dem Vieh, welches die Armen ohne Brot aßen. In der Stadt starben sechsunddreißig Schock Menschen. Zur Teuerung des Jahres 1315 hatten die vorhergehenden Kriege viel geholfen, da man allenthalben die Äcker nicht bestellet hat. Sonderlich um Erfurt sind ihrer viele sieben Jahr nicht bearbeitet und bebauet worden. Und da in Dörfern und Städten alles aufgezehrt worden, mußten viel Leute verschmachten und Hungers sterben. Die hat man hin und wieder an den Straßen liegend und mit dem Tode ringend gefunden, so daß die von Erfurt Karren halten mußten, darauf man solche Toten geladen und gen Schmidstedt geführet, wo sonderliche Gruben dazu bereitet gewesen.

*

Während der großen Teuerung des Jahres 1597 entstand unter dem hungernden Volke ein Gerücht, es finde sich zwischen Kelbra und Auleben in einem Berge schön helles und lauteres Mehl. Darauf war ein großes Laufen auf den Straßen, und wollte ein jeder solches Mehl holen und verbacken. Aber die meisten sind elendiglich gestorben, wenn sie davon genossen. In solchen Nöten wurden der Sage nach oft wertvolle Liegenschaften um einige Nahrungsmittel hingegeben. Grundstücksnamen wie die Mehlteuer, die Vorbacken, die Buttermilchswiese deuten auf den Gegenwert hin. Bei Endschütz soll ein ganzer Berg – man nennt ihn seitdem den Kuchenberg – zur Zeit einer Hungersnot für drei Stück Kuchen an einen anderen Besitzer gekommen sein. Und die Fichtelburg, eine weitläufige Wüstung bei Großkundorf, wurde mit ihren Feldern, Wiesen und Wäldern für ein hausbacken Brot hingegeben.

*

Ein Eisenacher Bäcker benutzte die Not und bereicherte sich durch Wucher. Danach aber kam die Reue über ihn; er verlangte, daß man ihn nach seinem Tode an der westlichen Tür der St.-Georgen-Kirche bestatte, und so wurde sein Grab, wie er gewünscht, von den Kirchgängern mit Füßen getreten. Doch auch ein frommes Gegenstück kennt die Sage, die Geschichte vom frommen Wolfhart zu Reinhardsbrunn, die bei den Klostersagen schon erzählt wurde.

Vor dem Waldtor in Waltershausen, am Fuße des Strömelberges, war eine schöne Quelle, die die Stadt mit Wasser versah. Eines Tages aber begann sie sich so stark und furchtbar zu ergießen, daß das Städtlein ernstlich bedroht wurde. Das Wasser stürzte das Waldtor ein und drang schon in die ersten Stockwerke der Häuser. In solcher Not verschrieb der Stadtrat einen Pfaffen, der ging hinan zum Berg, stopfte die Quelle mit einem Ärmel zu und versprach sie. Darauf hörte das Wasser auf zu fließen, und der Ort, wo sie vordem sprang, bekam von da an den Namen Samtärmel oder der Mönchsärmel. Wie das wilde Wasser in der Stadt sich verlaufen hatte, fand man eine Menge Karpfen und andere Fische auf Zäunen und niedern Bäumen. Deshalb nahm die Stadt zum Gedächtnis solcher Überschwemmung einen Karpfen und drei Bäume in ihr Wappenschild. War aber vorher Wasserüberfluß gewesen, so trat nun Wassermangel ein; denn der Ärmel ließ kein Tröpflein mehr aus der Quelle heraus. Deshalb hat die Stadtgemeinde der Dorfgemeinde zu Wahlwinkel ihren Bach abgehandelt und nach der Stadt geleitet, und wurde dafür ein Stück Tannengehölz gegeben, das noch heute die Wahlwinkler Gemein heißt. Unter den zahlreichen Überschwemmungen ist besonders die von 1613 in der Erinnerung des Volkes geblieben. Man nannte sie Thüringer Sündflut, da man in ihr ein göttliches Strafgericht erblickte und aus den Buchstaben des Wortes IVDICIVM (Gericht) das Jahr ihrer Entstehung herauslesen konnte.

*

Des Rats Böttcher Hieronymus Mose in Weimar, dessen Haus bald um sieben Uhr durch einen harten Donnerschlag zerschmettert, ist zuallererst mit dem hintern Teil des Hauses in Schloßgraben gefallen und zugrunde gesunken, eben zu der Zeit, da er am Fieber gelegen. Im Wasser überschlägt er sich und fähret mit dem Holzwerke, daran er sich gehalten, wieder empor. Da fällt ihm erst sein Bürschlein, sein Weib, das Kind, sein Vetter und seine Magd entgegen; die kommt unters Tafelwerk der Stuben und bleibt. Das Kind verfället mit dem Kopfe und mit einem Beinlein, wird aber losgemacht. Sein Vetter verfället mit einem Arm und bleibet stecken. Ihn selbsten hat das Holz vom eingefallenen Hause am Leibe, sonderlich aber am Kopfe so zerschlagen, daß ihm das Blut zu Maul, Nasen und Ohren herausgeschossen. Noch kommt er mit seinem Weibe und Kinde in seiner

Nachbarin, der Hüttern Haus, hüllen sich in grobe Tücher, darauf gewaschen Korn aufn Boden gebreitet gewesen. Da blieben sie so lange, bis das andere und viel größere Wasser kömmet; da schwimmen sie wieder in der Kammer herum, und muß der kranke und übel zerschlagene Mann mit dem Kopf eine starke Bohlen, mit Leimen beschlagen, abheben, daß er auf den obern Boden kommt, nimmt von der Mutter das Kind, so sie in einem Bettuche an Hals gebunden, und zieht das Weib auf ihr eigen Angeben bei den Haaren hernacher. Als aber das grausame Wasser ihnen auch dieses Orts nachgestiegen und ein Stück nach dem andern am Hause eingefallen, findet er eine Klopfkeule, damit man den Flachs bleuet, schlägt durch die Wand und ergreift in des andern Nachbarn Haus (daraus aber die Leute gewichen) einen Bettstollen; des werden sie froh, kriechen hinüber, finden ein gut gemacht Bette und beschließen, allda zu bleiben, sind auch alle drei beim Leben erhalten worden.

*

Als das Söhnlein des Mellinger Hirten das Wasser so plötzlich kommen siehet und sich besorget, es werde auch mit fortmüssen, fragte es die Mutter und spricht: »Mutter, kommen wir denn auch in Himmel, wenn wir ersaufen?« Die Mutter antwortet: »Ja, wenn wir im wahren Glauben an Jesum Christum bis an unser Ende verharren, so fahren wir von Mund auf gen Himmel, und schadet uns das Wasser an unser Seligkeit gar nichts.« »Ei«, sagte der Knabe, »so will ich gerne ersaufen! Gute Nacht, lieber Vater, liebe Mutter!« Schwimmet also davon und endet mit seinen drei Brüdern das Leben im Wasser.

Windsbraut

Eine schwere Prüfung mußte das Dorf Rockhausen den 5. Juli 1582 erdulden. Ob man wohl diese schreckliche Strafe nicht darf ein Erdbeben nennen, so muß es ein greulicher Sturmwind, Gewitter, Windes- und Teufelsbraut oder Wirbel genennet werden, darein sich die bösen Geister bekleiden und unter diesen Larven nach Gottes Verhängnis Leuten, Viehe und Gebäuden schaden. Mit dem Schultheißen und dem Schösser von Arnstadt, der gerade zu Rockhausen gewesen und die Waidschillinge eingebracht hat, sind etliche auf ein Schüttehäuschen gestiegen, und die Windsbräute fallen ins Dorf, prasseln und fallen die Gebäu; hierauf eilen sie sämtlich nach der Treppen, fallen herab auf ihre Angesichter, das Haus fällt über ihnen herein. Nachdem sie im Kuhstalle liegen, hat ein Balken den Schultheißen troffen, mit Namen Stephan Ritter. Item es ist auch mit Holze verfallen Just Herstadt. Es hätte der Teufel hie gerne als ein Mordgeist Pfarrherrn, Schösser, Schultheißen und etliche fromme Männer wie Hiobs Kinder über einen Haufen erschlagen. Es hat sich der Schösser, welcher am verfallenen Gebäu etwa behangen, müssen loßschneiden, ist in Leibes Gefahr gewesen. Der Pfarrherr, nachdem er sich unter dem verfallenen Gebäu losgewirket, gedenket an Weib und Kinderlein, wie es denen gehen möchte, eilet nach Hause, da ihn unterwegs der Wind dreimal mit Gewalt niedergeworfen. Es sind auch die Häuser hinter ihm eingefallen, item es hat ihn eine Böhne mit einer Fach Schindeln an die Schienen troffen und ihm die lederne Hosen zurissen, als wäre es zuschnitten, und etwas verletzet. Es ist ein solcher Jammer und Elend gewesen, daß die Leute nicht anders gemeinet, es komme Gottes Gerichte, des Herrn Tag. Die Leute, so im Sturmwinde nach dem Dorfe gelaufen, sind hinter die Wände gefallen, als wären sie tot. Etliche berichten, es hätte in der Windesbraut gelautet, als gingen Pfeifen, Pauken und allerlei Instrumente durcheinander, und man hörete tanzen. Es ist ein solches Krachen, Platzen und Pochen gewesen, als wollte Himmel und Erden zu Trümmern gehen und über einen Haufen fallen. Es sind nun in einer Viertelstunde fast alle Gebäu über einen Haufen gefallen und zurissen, nämlich ohne Schopfen und Koben 119 Wohnhäuser, Schütte- und Kornhäuser und Scheunen.

Feuersnot

Im Jahre 1472, am 19. Juni, wurde die Stadt Erfurt von einem furchtbaren Brande heimgesucht, und niemand wußte, aus welchen Ursachen das Unheil gekommen. Viele glaubten, die Flammen wären als ein Strafgericht Gottes aus der Erde geschlagen. Andere maßen die Schuld der Geistlichkeit bei, die zur Strafe für die Ermordung eines Priesters den Gottesdienst niedergelegt hatte. Noch andere dachten an der Stadt Feinde, und bald gewahrte man einen verdächtig aussehenden, verkommenen Mönch, der durch das Löbertor das Weite suchte. Man eilte ihm nach und sah ihn auf der Höhe des alten Steigers, wie er dasaß und sich an dem gewaltigen Flammenmeer weidete. Bei Annäherung der Leute entfloh er, wurde aber gefangengenommen und zur Stadt gebracht, wo er später seiner geistlichen Würde entkleidet und dem Feuertode überliefert wurde. Die Hinrichtung erfolgte auf dem Platze, wo man ihn ergriff, und zum immerwährenden Gedächtnis errichtete man daselbst ein Steinkreuz. Daran war in Umrissen ein mit der Kutte bekleideter Geistlicher zu sehen.

*

Dem furchtbaren Brande, der Gera 1780 vernichtete, sollen seltsame Dinge vorangegangen sein: Nordlichter, blutrote Himmelszeichen, Einbrüche und Brände in der Umgegend. Dabei waren fortwährend Gerüchte im Umlauf, das Schwerste stehe noch aus, so daß die Feuerlöschgeräte auf dem Markte beständig bereitstanden und die Bürgerwachen die ganze Nacht die Stadt durchkreuzten. Eines Tages erschienen die Ronneburger mit ihrer Spritze, weil sich drüben das Gerücht verbreitet hatte, es brenne in Gera, und wenige Wochen später kamen die Eisenberger mit Spritze und Mannschaft bis Untermhaus; denn es war Nachricht zu ihnen gekommen, ganz Gera stehe in Flammen, wie es denn kurze Zeit danach auch geschehen.

*

Hans Nebel oder Bohn, in dessen Hause das Feuer auskam, das am 7. August 1581 den größten Teil Arnstadts einäscherte, war seines Handwerks ein Schuster, nahm aber an Gütern plötzlich also zu, daß sich jedermann verwunderte, weil seine Eltern von geringem Vermögen gewesen. Er ward durch Gunst wider der Vornehmsten im Rate willen zum Bürgermeister erwählt und wohnte am Markt in einer ziemlichen Behausung, die nicht sonderlich gebaut war. Da hat er eine alte Dachrinne mit siedendem Pech wollen gießen, und darüber sind Haus und Hof, weil es denselben Tag überaus heiß gewesen, angegangen, und die drei besten Teile der Stadt verbrannt. Es ist sich hoch zu verwundern, daß mitten im gräflichen Vorwerk ein Taubenhaus, unter welchem etlich dürres Kochholz gelegen, samt einem alten Wagen, welcher sich dabei gefunden, unversehrt ist blieben, ob schon alles herum ist verbrannt an Scheunen, Ställen, Stroh und Früchten. Graf Albrecht von Schwarzburg, welcher hernach solchen Brandschaden besehen, hat zu etlichen von Adel gesagt: »Ich mag mich wohl wundern, wie es doch zugehet, daß manch gewaltig steinern Haus in Arnstadt verbrannt, aber dieses Taubenhaus nicht vom Feuer versehrt worden ist.« Hierauf soll einer von Adel gesagt haben: »Gnädiger Herr, ich weiß die Ursache. In diesem Taubenhaus haben gewohnet eitel einfältige Tauben, welche nicht gewuchert, noch einander betrogen; in der Stadt aber haben gewohnet große Wucherer und Leuteschinder, damit haben auch ihre großen Gebäu zergehen müssen.«

Zigeuner und Räuber

In dem jare 1432 quomen wunderliche gestalte lewte keyn Errforte die nante man die Zegan, die zogin mit weiben unde kyndern durch die lant unde die waren swarz alsso die Moren, die denn vormals ym lande ouch mer gewest waren. Nach Meiningen sind die ersten Zigeuner am 8. Hornung 1435 gekommen und elf Tage dageblieben. Sie kamen von Leuten ganz seltsam vor, weil sie so schwarz und häßlich aussahen. Auf dem Hafenmarkt (Topfmarkt) tanzten sie, indem einer dem andern auf den Schultern saß, und machten wunderliche Gebärden. Die Ratsherren sahen vom Rathaus zu und verehrten ihnen anderhalb Eimer Wein, Fleisch und Brot. Aber der Pfarrer namens Berthold eiferte gegen sie und ruhte nicht, bis sie mit Gewalt aus der Stadt getrieben wurden. Seitdem sind sie in Thüringen oft gesehen worden, so auf einem Weg bei Georgenthal, der noch heute nach ihnen benannt ist; auf ihm kamen und gingen sie, und kein Mensch wußte woher und wohin. Sie waren nicht nur der Wahrsagerei und Traumdeuterei, sondern auch anderer geheimer Künste kundig, konnten Läuse anhexen, sich unsichtbar und kugelfest machen, auch feien und bannen. Die Besitzerin des Leumnitzer Gutes, eine Frau von Freiesleben, vermochte, als sie in den Wochen lag, des Nachts kein Auge zuzutun; denn die Frösche im nahen Schloßteiche machten einen wahren Höllenlärm. Da gerade eine Zigeunerfrau durchs Dorf strich, trug man ihr, halb im Scherze auf, sie möge die Quaker zur Ruhe bringen. Wie sie es angefangen, hat kein Mensch erfahren; doch Tatsache ists, daß danach kein Frosch sich wieder hören ließ. Des Schmelzofens bei Haueisen sollen sich die Zigeuner zum Goldschmelzen bedient haben, während das ergiebige Bergwerk bei Blankenstein a. d. Saale von einer Zigeunerin verflucht wurde, so daß man von da an nur noch auf taubes Gestein stieß. Ganz besondere Macht war ihnen über das Feuer gegeben. Nach Steinbach kam im Spätherbst eine Bande und bat, man möge sie doch in einer Scheune übernachten lassen. Aber nur ein gutmütiges Bäuerlein, das all klei Reschen (das alte kleine Andreschen) geheißen, erbarmte sich ihrer und machte ihnen die Scheune auf. Wie sie aber eine Weile darin sind, entsteht ein Tumult und Geschrei: die Ziehühner hätten Feuer angelegt. Und wirklich, als Reschen in die Scheune kommt – daß Gott erbarm, schlägt da eine

Flamme bis hinauf, wo das ganze Stroh der Ernte lag. Ob das etwa der Dank für seine Gutherzigkeit wäre, daß sie ihm sein Anwesen überm Kopf ansteckten, zürnte er. Aber die alte Zigeunermutter: »Nix Scheun, nix Haus, nix Dorf ansteck. Wir Gewalt hab über das Feuer.« Dann kauderwelscht sie etwas, zweie klettern die Leiter hinauf, behend wie Katzen, werfen ein paar Schütten herunter, stecken sie an die Gabel und halten sie mitten hinein in die Flammen. Nun dachte mein Reschen nicht anders, als daß sie die Scheune mit Fleiß anbrennen wollten, beruhigte sich aber wieder, als er merkte, wie nicht ein einzig Hälmchen versengt ward. Worauf die Zigeunermutter wieder anfing: die Leute sollten nur ruhig nach Hause gehen; solange Zigeuner im Dorf wären, könne kein Brand auskommen. Und wirklich brannte das Zigeunerfeuer die ganze Nacht, ohne nur irgendeinen Schaden anzurichten. Und als die Bande am Morgen aufbrach, kam die Alte zum kleinen Reschen in die Stube, bedankte sich und sagte: solange ihm Haus und Scheuer ständen, könnten sie nimmermehr abbrennen und wäre gleich das ganze Dorf im Feuer. Das sei der Dank, weil er sich ihrer in dem wilden Wetter erbarmt. Die Zusage war keine Ruhmredigkeit, denn als Steinbach von Brandunglück heimgesucht wurde, war Reschens Häuslein gefeit und überdauerte manches stolze Gebäude. Bei dem Brande, der, wie schon berichtet, Gera in einen Schutthaufen verwandelte, blieb das Schreibersche Haus mitten im Flammenmeer ohne Beschädigung. Man sagt, es seien einige Wochen zuvor Zigeuner in der Stadt gewesen, und nur der alte Schreiber habe sie aufgenommen. Dafür sei ihm vom Hauptmann ein weißes Stäbchen mit der Weisung eingehändigt worden, es im obersten Raume seines Hauses aufzubewahren; dann werde dieses bei dem großen Unglück, das der Stadt bevorstehe, bewahrt.

*

Aber die Zigeuner wurden in Thüringen zur Landplage. In den Wäldern um Bobeck soll sie ein alter Jäger bis auf drei ausgerottet haben, und auch die wollte er noch erlegen. Er schoß also von einer Eiche herab den ersten und auf der Flucht den zweiten; ehe aber der dritte überwältigt war, hieb er dem Jäger die Hand ab, weshalb das Grundstück, wo es geschah, die Handeiche genannt wurde. Auch bei Frankenheim a. d. Rhön zupften und rupften sie die Leute unmenschlich und drohten mit dem roten Hahn, wenn man ihnen nicht zu Willen war. Endlich ermannten sich die Bauern, machten mit der ganzen Jägerei eine Streife und kreisten den Hauptmann in der alten Landwehr ein. Der aber kam auf seinem Pferdchen aus dem Versteck auf die Hut, lachte, schoß sein Gewehr auf die Bauern ab, klopfte sich auf den Hintern und ritt unversehrt zurück, denn er war kugelfest. Zum Glück hatte einer der Jäger einen guten Gedanken: schnitt sich einen silbernen Knopf vom Wams, klopfte ihn zusammen und lud ihn in die Büchse. Als nun der Zigeuner wieder erschien und die Leute verhöhnte, nahm ihn der Jäger aufs Korn, und nun stürzte der Kerl, durchs Herz getroffen, von seinem Rößlein. Sie haben ihn an Ort und Stelle begraben, und einen Pfahl, den Zigeunerstock, zur Warnung für die Bande, in die Erde getrieben. Doch nicht immer kamen die Verfolger so glücklich davon. In den Wäldern am Schneekopf fing ein Jäger etliche Zigeuner, darunter ein junges Kind. Dieses erwischt, indem er sie abführen will, ein Gewehr, das mit einer gläsernen Kugel geladen war, und schießt ihn durch den Hals in den Kopf. Ähnlich in der Nähe von Herpf. Da hatte ein Landjäger namens Wahnis eine Bande Zigeuner mit Beihilfe einiger Ausschösser aufgehoben, um sie nach Maßfeld in Haft zu bringen. Unterwegs bat der Zigeunerhäuptling den Wahnis, einen kleinen, angeblich ermüdeten Knaben der Bande hinter sich aufs Pferd zu nehmen. Und der gutmütige Landjäger willfahrte der Bitte. Doch kaum hatten sie den Wald erreicht, so rief der Zigeuner dem Knaben zu: »Johann, blos mir eins!« Worauf der Kleine unbemerkt eine Pistole aus der Tasche zog und sie auf seinen Vormann abschoß, so daß dieser an einer Buche tot vom Pferde stürzte. Im nämlichen Augenblick blitzte in der Faust eines jeden der Bande ein blankes Messer. Die Ausschösser wurden überfallen und konnten, aus vielen Wunden blutend, kaum ihr Dorf erreichen. An jener Buche aber, die man zum Andenken an den Ermordeten die Wahniser Buche nennt, ist es seit jener Zeit nicht geheuer.

*

Wie die Sage fast alle Burgen mit ritterbürtigen Schnapphähnen bevölkert, so belebt sie die dichten Wälder, Felsklüfte, einsamen Mühlen und Weiler mit Räubern geringeren Geblüts. In einer Höhle am Hellerstein wohnte der gefürchtete Henning. Einst hatte er ein Mädchen aus Helbra geraubt und zu seinem Dienste gezwungen. Am Himmelfahrtsfeste gestattete er ihr, ein Stündchen nach Hause zu gehen und ihre Eltern und Geschwister zu besuchen. Doch mußte sie ihm vorher schwören, daß sie wiederkommen und keinem Menschen sagen wolle, wo sie gewesen. Als dann beim Abschied die Eltern und

Brüder in sie drangen und forschten, wohin sie gehe, da hat sie weinend geschwiegen und ihren Eid gehalten, aber Erbsen in ihrer Schürze mitgenommen und einzeln auf dem Wege verstreut. Diesen Spuren und Zeichen sind die Brüder und andere mannhafte Burschen des Dorfes nachgegangen, haben die Höhle in der Felswand erstiegen, den Räuber erschlagen, die Schwester befreit und fröhlich nach Hause geführt.

*

Am Kyffhäuser hauste mit vierundzwanzig Spießgesellen ein ähnlicher Buschklepper, Loth mit Namen. Als man seiner endlich habhaft wurde, setzte man ihn zu Sondershausen in einen eisernen Kerker. Einem alten Wärter, der ihn gut hielt, sagte er: »Geh auf die Rothenburg, und stell dich unter den mittelsten Lindenbaum, da wird dir ein Maßholder in die Augen fallen. Darunter grab nach, so findest du ein Loch und darin meinen verborgenen Schatz.« Nach Loths Hinrichtung gedachte der Alte der geheimen Offenbarung, war aber so unklug, einen Pächter aus Kelbra ins Vertrauen zu ziehen. Der lachte über seine Leichtgläubigkeit, malte ihm auch die Gefahr der Schatzgräberei gar schrecklich aus und schenkte ihm, um sein Vertrauen vollends zu gewinnen, einen Taler. Grub dann selbst heimlich unter dem Maßholder und fand neunundneunzigtausend Taler, ungerechnet das Gold und das Geschmeide.

*

In den Vorbergen der Rhön war es der Räuber Paulus, der die Menschen so in Furcht versetzte, daß sie nicht einmal seinen Namen auszusprechen wagten, weil er überall erschien, wo er genannt wurde. Er konnte die Leute festmachen, die er mit seiner Bande berauben wollte, und ließ er sich einmal fangen, so war sicher darauf zu rechnen, daß er am andern Morgen wieder auf und davon war. Auch machte er sich nach Belieben unsichtbar oder verwandelte sich in einen Hund oder in einen schwarzen Hahn. Nur vor zwei Leuten hatte Paulus Respekt. Der eine war der alte Papiermüller bei Weilar und der andere der Hexenmeister Joseph, ein Schlosser von Wiesenthal. Der fing ihn unter Beistand des Gerichts in einer Höhle im Eibengarten über dem Dorfe Glattbach, und Paulus wurde zum Galgen verurteilt. Weil man aber noch immer fürchtete, daß er auf dem Wege zur Richtstätte entspringen möchte, so wurde zum Transport des Räubers ein besonderer Kasten gebaut, aus dem Kopf, Hände und Füße so herausragten, daß sie von außen nochmals geschlossen werden konnten. Als Paulus endlich auf die Leiter gebracht war, bat er um die Gnade, Gottes Erdboden noch einmal betreten zu dürfen, wurde aber abgewiesen. Warum er diese Bitte äußerte, ist aus der Sage vom Pölsmichel, einem andern berüchtigten Räuber, erkenntlich. Solange der nämlich auf fester Erde stand, war er unüberwindlich; hob man ihn dagegen in die Höhe, so verlor er seine Kraft, und man konnte ihn leicht bezwingen. Ein Mann aus Schmalenbuche namens Uri, der mit Michel in der Spechtsbrunner Schenke in Streit geriet, fing es klug an: er band ihn, nachdem er ihn in die Höhe gehoben hatte, mit Stricken fest auf ein Brett und schaffte ihn in solcher Lage nach Gräfenthal, wo er hingerichtet wurde.

*

Vom Ende des Eindäumigen, einem Räuber aus der Ulstergegend, wollen alte Leute in Tann Folgendes gehört haben: Vor seiner Hinrichtung auf dem Unsbach, einem Rasenplatz in der Nähe der Stadt, bat der Verbrecher noch um die Gnade, seiner alten Mutter ein Lebewohl sagen zu dürfen. Die Bitte wurde ihm gewährt. Hierauf tat er, als habe er seiner Mutter noch etwas leise mitzuteilen, biß aber die alte Frau dabei so arg in die Wange, daß sie laut aufschrie. Alle Anwesenden waren über diese scheußliche Tat aufgebracht. Doch der Eindäumige sagte: »Seht, Mutter, hättet Ihr mich damals, als ich als Kind das kleine Messer gestohlen hatte, nicht gelobt, sondern gehörig geprügelt, so brauchte ich jetzt diesen schweren Gang nicht zu tun!«

*

Zum Schluß eine Räubersage, die in ihren Grundzügen auch andern Teilen Deutschlands bekannt ist: In der Spinnstube zu Schwarza wurde die Frage erhoben, ob wohl eines der Mädchen so stark und furchtlos sei, auf den Kirchhof zu gehen und zum Zeichen, daß es geschehen, einen Totenkranz mitzubringen. Alle schauderten bei solchen Gedanken; doch eine wagte den unheimlichen Gang. Als sie an die Gottesackerkirche kam, gewahrte sie am Tor ein angebundenes Pferd und in den Fenstern ungewissen Lichtschein. Sie schlich sich zur angelehnten Tür und sah in der Kirche einen Mann, der gerade dabei war, geraubte Kostbarkeiten in eine seidene Altardecke zu packen. Dann trug er das Bündel heraus und schnürte es auf sein Pferd. Als er danach nochmals in die Kirche ging, das Licht zu löschen, huschte die Dirne hinter ihrem Versteck hervor, band das Pferd los, schwang sich darauf und trieb es zum Dorfe hinein. Der Räuber hörte den Hufschlag und stutzte nicht lange, sondern jagte der Flüchtenden mit gezogenem Schwerte nach. Im gleichen Augenblick, als sie, die Tür hinter sich zuschlagend, in den Hof ritt, tat er einen wilden Streich, hieb aber nur in das Holz, daß das Wahrzeichen lange zu sehen war. Die Mädchen in der Spinnstube empfingen ihre Genossin mit Staunen und vernahmen mit Herzklopfen das Abenteuer. In dem geöffneten Bündel fand sich allerlei kostbares Kirchengut; das wurde andern Tags redlich zurückgegeben. Nur eine purpurrote Decke, deren Herkunft nicht zu ermitteln war, behielt das Mädchen für sich und ließ sich daraus ein schönes Mieder machen. Darin tanzte sie beim nächsten Kirchweihfeste, daß sich viele Blicke auf sie lenkten. Auch ein feiner, stattlicher Herr bat sie um einen Reigen. Als sie aber beglückt an seiner Seite dahinflog, zog er einen Dolch heraus, stach sie durchs Herz und verschwand. Das war der Räuber, dem sie seine Beute abgenommen hatte.

Male und Wahrzeichen

Vor jedem alten Gemäuer im Wald, vor verwachsenen Brunnen und verwitterten Malzeichen ist die Einbildungskraft des Volkes zum Klingen gekommen. Und wenn an dem Stein ein übermoostes Bildwerk oder eine unleserliche Inschrift zu sehen ist, so war die dichtende Bemühung um so reger. Kein Wunder also, daß um all jene Male und Wahrzeichen die Sage spinnt, unbekümmert um die Meinung der Gelehrten. Der angeblichen Opfersteine wurde schon an anderer Stelle gedacht. Ebenso häufig sind die aus Stein gehauenen oder aus dem Rasen gestochenen Kreuze. Die bei Frankenheim a. d. Rhön und zwischen Schwarzbach und Wahns erinnern nach dem Volksglauben an erschossene Offiziere; bei Berga a. E. soll es ein Schimmelreiter gewesen sein, der von der Besatzung der alten Burg Trifels tödlich getroffen wurde und seitdem bei seinem Kreuze spukt. Manchmal gelten sie auch Verunglückten, so bei Klosterlausnitz zwei Nonnen, die der Sage nach vom Blitz erschlagen wurden, und bei Rohr einem Bauern, den der zurückrollende Wagen zermalmte. In derselben Gegend soll auch der Hirschwirt von Meiningen unerwartet verschieden sein. Auf dem Rückweg von Rohr begriffen, hört er ein langes Läuten, fragt etliche Weibsleute, was es bedeute, und bekommt die Antwort, es sei Grabgeläut. »Ei, das is ja schü«, entgegnete er, »bann ich dehemm schterr, werd net gelütt und net getütt. Möcht ag ze Ruhr begrabe wär!« Nur etwa hundert Schritt war er hinweg; da brach er tot zusammen und wurde, wie ers gewünscht, in Rohr mit Sang und Klang beerdigt. Am Ort seines Todes aber stachen hütende Schäfer ein Grabkreuz aus dem Rasen von der Form, wie sie in Thüringen vielfach üblich: unten ein Block, der in die Erde kommte, und über dem Kreuz ein Wetterdächlein.

*

Das Steinkreuz nahe am Morgarten bei Wanderleben gemahnt an den Abschluß einer Eifersuchtstragödie im Pistolenduell. Christian Friedrich v. Bose, der bevorzugte Liebhaber, fand seinen Tod (9. März 1717), und seine Braut soll ihm jenen Grabstein errichtet haben. Bei Wichtshausen fielen sogar beide Rivalen, zwei Jägerburschen, im Zweikampf. Das Zeichen desselben, den Schwertstein, hat der lange

Hans aus Benshausen zum Hausbau verwenden wollen; doch entstand ein schrecklich Rumoren, daß er ihn wieder hat an Ort und Stelle schaffen müssen. Die Leute wissen sogar Fälle, in denen das weibliche Geschlecht aus Eifersucht zum Zweikampf griff. In Dankmarshausen machten sich zwei Bauernmädchen mit den Sicheln unschädlich, und zwei Pfarrersköchinnen aus Melrichstadt griffen in ihrer eifersüchtigen Wut sogar zu ihren großen Schlüsselbunden und bekämpften sich mit ihnen, bis sie beide ihren Geist aufgaben. Ein steinernes Kreuzlein, darein die Waffe des Zweikampfes gehauen war, erzählte den Leuten, wenn sie nach Hendungen gingen, noch lange von der Liebeshitze der beiden Jungfrauen.

*

Die meisten Kreuze werden von der Sage auf Mord und Totschlag gedeutet. Am Eisermannstein im Thüringertal soll ein Fuhrmann gleichen Namens umgebracht worden sein. Nächtliches Pferdegetrappel, Peitschenknallen, Klingeln von Kumten sowie sein lautes Hoi! Hoi! galten als Anzeichen, daß er die Ruhe im Grabe nicht finden könne. Bei Herpf war es das schönste und tugendsamste Mädchen des Ortes, das im Dreißigjährigen Krieg von einem Hauptmann der böhmischen Reiter getötet wurde, da es sich gegen seinen sündhaften Angriff wehrte. Ihr Liebster, der Maurer Memmler, bereitete ihr eigenhändig Grab und Denkstein (Jungfernstein). Der Stein mit der Zimmermannsaxt bei Weitersroda unweit Hildburghausen erzählt von zwei Zimmerleuten, von denen sich der eine selbst richtete, nachdem er den andern erschlagen. Und die drei Kreuze bei Pflanzwirbach, auf denen man eine Semmel, ein Rad und einen Hammer gewahrte, wurden drei Handwerksburschen, einem Bäcker, einem Wagner und einem Schmied, die auf der Kirmse erschlagen worden waren, zum Andenken errichtet.

*

Unvermittelt umherliegende Steine und Felsen werden von der Sage auf Rechnung der Riesen und Teufel gesetzt, doch auch als Unschuldszeugnisse, Mittel zur Sühnung und Beweise besonderen Opfermutes angesprochen. Den auf dem Frauenbreitunger Markt liegenden großen schwärzlichen Stein soll ein Leinweber, um sich von schwerem Verdacht zu reinigen, in seiner Schürze vom Felde hereingetragen haben. Den Hexenstein bei Malmerz hat aus gleichem Grund eine Frau von Oberlind herausgeschleppt; ein wenig Pulver, von ihm abgeschabt, gilt als äußerst wirksam gegen Verhexung. Bei Frankenheim a. d. Rhön ist ein riesenhafter Räuber namens Bengel nach langer Hetzjagd vom Kriegsvolk endlich eingekreist worden, und vor lauter Wut hat er seinen Schuh in beide Seiten einer Steinplatte eingestampft.

*

Vom Weiber-Wetzstein zu Kaltenwestheim erzählt der Henneberger Chronist: Wann man oben zu dem Dorf hineinreitet, so stehet linker Hand der Straße ein Sandstein wie eine viereckigte Säule gehauen, etwa drei Ellen hoch, welcher vor wenig Jahren neu aufgerichtet worden, weil ein Schalk zu Nachts den vorigen heimlich weggetragen hatte. Und das ist der Wetzstein, an welchem aber niemand zum Schabernack oder Raillerie wetzen darf. Denn wo einer dieses tut und man wird dessen inne, so kömmt von Stund an die ganze Schar der Weiber im Dorfe, denen eine Frau als Oberhaupt kommandieret, die Stein-Schulzin genannt, welche ausdrücklich zu diesem Amte erwählet wird, herbeigelaufen, mit ihrem Gewehr, wie sie es nennen, von Holz gemacht, darunter eine große lange Beißzange, Gabeln und dergleichen militärische Werkzeuge; sie verfolgen nun den Täter so lange, bis sie ihn erhaschen, da er denn mit der Zange angefaßt, zum Wasser geführet und gebadet war, er mag nun wollen oder nicht; wehrt er sich, so bekommt er noch Stöße dazu, und muß doch hernach diese Vexiererei mit einer Geld-Diskretion ablösen. Ihm wird überdies ein Strohkranz aufgesetzt und ein Bund Heu vorgelegt, und mit solchen Possen legitimieren die Weiber ihr vermeintes Privilegium bei mutwillig veranlaßter Gelegenheit, welches der gemeinen Rede nach sie daher erlanget, weil zu der Zeit, da Fürst Heinrich von Henneberg mit seinen Vettern in Unfriede gelebt, diese aber einst das Schloß zu Kaltennordheim belagert, unter anderm auch die Weiber von Kaltenwestheim dasselbige dermaßen wohl defendieret, daß die Feinde unverrichteter Sachen abziehen müssen. Dahero als Fürst Heinrich ihnen eine Gnade zu tun angeboten, sie nichts mehr als dieses seltsame Privilegium verlanget und auch erhalten. Der Brief selbst aber, sagte man, wäre im Dreißigjährigen Krieg verloren worden. Einmal ist gewiß, daß es niemand noch bis dato wagen darf, an dem Stein zu wetzen, will er sich nicht gezwungen sehen, wenn man es gewahr wird, der obbeschriebenen Vexation zu unterwerfen, immaßen denn, wie ich von glaubwürdigen Augenzeugen versichert worden, des höchst sel. Herzogs zu Sachsen-Eisenach Herrn Johann Georgen hochfürstl. Durchl. zu mehrmalen dergleichen Ergötzung mit einem oder anderem von Dero Suite angestellet hat. Nebst dem hat der Wetzstein auch dieses vor sich, daß ihn niemand weder loben noch schelten darf, solange man im Dorf ist; denn wer das tut, der hat ein gleichmäßiges Traktament zu gewarten. Dahero sagt man im Sprichwort: Man muß ihn nur gehen lassen wie den Kaltenwestheimer Wetzstein, das ist weder loben noch schelten. Item sagt man von einem wunderlichen und morosen Menschen, dem es niemand recht machen kann: Bist du doch wie der Wetzstein zu Kaltenwestheim; als welchen man nicht krumm ansehen, viel weniger loben oder schelten darf.

*

An Fehltritte geweihter Leute gemahnen das Mönchsgrab, ein Erdhügel mit Stein bei Friedrichroda, sowie zwei Felsgebilde gegenüber der Wartburg, die man als Mönch und Nonne bezeichnet. Davon hat man schon in alten Zeiten die Sage gehabt, daß ein Mönch und eine Nonne, welche heimliche Liebe zueinander gefühlt, aus ihren Klöstern entwichen, hier zusammengekommen und sich geliebkost haben. Zur Strafe dafür und zur Warnung für andere sind sie an derselben Stelle in Stein verwandelt worden. Von verschiedenen Felsen sollen Reiter abgestürzt sein, so vom Normannstein bei Treffurt, vom Trompeterfelsen bei Rothenstein und vom Schlüsselheinze-Stein, einer senkrechten Porphyrwand bei Veßra.

*

Wie sollten nicht auch Brunnen und Bäume, bei denen Kriegsvolk gelagert, Jungvolk getanzt, Gericht getagt, die Zeugen von Vorgängen gewesen sein, wie sie dem Volkstum gefallen? So weiß die Sage zu erzählen von mancher Tanzbuche und ihrer Lustbarkeit, vom Lieper Heidenbaum, der auf einem beschrienen Platze stand, von der wöllen Eiche, an der man nachts Ohrfeigen erhielt, vom Knoten im Busch am Hauhof bei Immelborn, zur Erinnerung an eine Mordtat immer frisch geknüpft, von der Dreiherrenbuche bei Guntersberge, unter der, ebenso wie an den Dreiherrensteinen, drei Fürsten, jeder in seinem Land, bei Tafel gesessen.

*

Und nun erst die zahllosen, oft rätselhaften, also die Einbildungskraft doppelt anreizenden Holz- und Steinbilder! Da ist kein Architektenscherz, kein auffälliges Kirchen- und Dombild, kein sonderartiger

Grabstein, kein Steinmetzenwerk auf dem Schlußstein von Türen und Toren, aus dem nicht die Sage ihre Geschichten zu gewinnen wüßte. Von den beiden hölzernen Mannesfiguren in der Kirche zu Neustadt a. O. tötet die eine den Lindwurm, und die andere trägt eine Gelte in der Hand. Sie verlieren ihre katholische Bedeutung und werden zu den Brüdern Ernst und Haugk, den Gründern des Geschlechts von Arnshaugk, die sich als Drachen- und Feuerbezwinger ausgezeichnet haben sollen. Das Bildwerk auf dem Buttstädter Ratsbrunnen stellt einen Engel mit einer Waage dar, in deren Schalen ein Kind und der Teufel mit dem Mühlstein sitzen. Die Sage weiß es zu deuten: In der Stadt wohnte einmal ein Ehepaar, das war schon lange verheiratet, aber kinderlos geblieben, und sie wünschten sich doch so sehr ein Kind. Da ließen sie sich endlich vom Teufel verblenden; der versprach ihnen, sie sollten eins haben, wenn es nachher sein Eigen sei. Darauf gingen sie ein, und die Mutter gebar danach einen Knaben. Aber als sie das unschuldige Kind zum erstenmal lächeln sahen, da wards ihnen so wehe ums Herz, und es wurde ihnen immer banger und banger, und sie flehten zu Gott, daß er das Unglück wenden möge. Da sandte ihnen der Herr einen Engel, der gebot dem Teufel, sich auf die eine Schale einer Waage zu setzen, legte das Kind in die andere und sagte, wenn er schwerer sei, so solle ers behalten. Da sank die Schale, in der das Kind saß, tief hinab, und als der Teufel noch einen Mühlstein nahm und mit sich auf die Schale setzte, konnte er doch nicht hinunterkommen. Da ging er zornig von dannen.

*

Die dunkle Symbolik der Wappen reizt zu Deutungen. Der Koburger Mohrenkopf, der schon auf den ältesten Münzen vorkommt, wird also erklärt: Die Leichname der Heiligen Drei Könige wurden auf ihrem Weg von Mailand nach Köln, allwo sie begraben liegen, durch Koburg geführt. Vor dem Steintore, im sogenannten Stetzenbach, haben sie eine Nachtrast gehalten, und zum Andenken hat man den Mohrenkopf Balthasars in das Stadtwappen aufgenommen. Andere dagegen meinen, der Kopf sei kein anderer als der des ehemaligen Stadtpatrons St. Mauritius, dem auch die Hauptkirche gewidmet ist. Und weil dieser ritterliche Heilige aus dem Orient stammte, so habe man ihn mit einem Mohrenkopfe abgebildet.

*

Von dem Mohrenkopf mit verbundenen Augen, der sich im Eisenberger Stadtwappen und Ratssiegel findet, weiß man folgende Sage: Der Graf von Eisenberg hatte sich vom Kreuzzug einen schwarzen Diener mitgebracht, der ihm lange treu und ehrlich aufwartete. Aber dann fiel ein schwerer Verdacht auf ihn: die Gräfin vermißte eine kostbare goldene Kette, und nur der Mohr konnte sie entwendet haben. Er wurde als Dieb verurteilt und zum Richtplatz geführt, obwohl er nochmals mit Tränen seine Unschuld beteuerte. Darüber geriet die Gräfin in Bangen und Zweifel. Sie hörte die Klage des armen Menschen im Ohr und sah im Geiste sein Blut aufspritzen. Um sich Ruhe zu schaffen, griff sie zum Gebetbuch, löste die schweren Spangen desselben – da glänzte zwischen den Blättern die vermißte Kette und fiel ihr zu Füßen. Voll Entsetzen sandte sie die im Schloß anwesenden Diener nach dem Richtplatze, und wirklich gelang es im letzten Augenblick, den Vollzug des ungerechten Spruches aufzuhalten. Der Graf aber setzte als Sühne und dem armen Menschen zu Genugtuung den Mohrenkopf mit den verbundenen Augen in sein Wappen.

*

Das Stadtwappen von Auma zeigt drei Tannenbäume und auf dem mittleren ein Eichhörnchen. Damit soll es folgende Bewandtnis haben: Ehemals war Auma ein bloßes Dorf und ging zu Lehn. Schon in früherer Zeit kauften die Einwohner die Fron, Jagd und Trift und hielten sich nun ihren eigenen Schäfer für ihre Gemeindeherde. Damals soll der jetzige Markt noch mit Holz bestanden gewesen sein, und insbesondere sollen sich dort drei Tannen befunden haben, von welchen sich namentlich die eine durch ihre Stärke und Höhe ausgezeichnet habe. Unter dieser großen Tanne, die in der Mitte der beiden andern stand, hatte nun der Aumaische Schäfer seinen Ruheplatz; dort frühstückte er und hielt seine Mittagsruhe. Später, als Auma eine Stadt wurde, wurden die Bäume ausgerodet, jene drei Tannen aber zum Andenken in das Stadtwappen aufgenommen.

*

Das Rad ist folgendermaßen ins Mainzer und danach ins Erfurter Wappen gekommen: Im Jahre 1009 wurde Willegis, ein frommer und gelehrter Mann, zum Bischof von Mainz gewählt; er war aber von geringer, armer Herkunft und sein Vater ein Wagnersmann gewesen. Des haßten ihn die adligen Thumherren und Stiftsgenossen, nahmen

Kreide und malten ihm verdrießweise Räder an die Wände und Türen seines Schlosses; gedachten ihm damit eine Schmach zu tun. Als der gute Bischof ihren Spott vernahm, da hieß er einen Maler rufen; dem befahl er, mit guter Farbe in alle seine Gemächer weiße Räder in rote Felder zu malen, und ließ dazu setzen einen Reim, der sagte: Willegis, Willegis, denk, woher du kommen sis.

*

In Tiefenort unter dem alten Krainberg steht ein stattliches steinernes Haus. Das soll ein Ritter besessen haben, der Hab und Gut verspielte und zuletzt sogar sein Haus einsetzte. Durch ein Trumpfblatt, die Rotsechs, gewann der Gegner. Drauf nahm er den Namen von Spielhaus an und setzte die glückliche Karte in sein Wappen, so wie es an dem Hause, zierlich in Stein gemeißelt, zu sehen ist. Auch über dem Edelmannsstand in der Kirche war es angebracht: ein ritterlicher Schild mit der Spielkarte, sechs rote Herzen je zu dreien übereinander gestellt in einem der Länge nach geteilten Feld von Schwarz und Silber. Als Helmzier ragt ein Arm empor, der die Karte hält.

*

Zahlreich sind auch die Deutungen, die sich an Bauwerke und Geräte knüpfen: das Sibyllentürmchen in Erfurt, den Jungfernturm in Weida, den Helm und das Schwert am Geraer Rathaus, die Fahne in Tanna, den großen Nagel in der Kirche von Urnshausen. Selbst mit Wegen, Brücken und Flurteilen hat es nach dem Volksglauben oft besondere Bewandtnis. So mit den Neun Äckern bei Eisenberg: Ein feines Mädchen hatte sich mit einem Ehemann vergangen, die war so schön, daß selbst der Nachrichter gerührt wurde. Er wollte sie deshalb nicht den Händen seiner Knechte überlassen, sondern, nachdem er ihr mit einem kunstvollen Streich das Haupt abgeschlagen hatte, bedeckte er den Hals sofort mit einem Rasenstück und führte sie zum Entsetzen des Volks bis nach dem Feuer, in dem ihr Leib verbrannt werden sollte – an neun Äckern vorüber. Sein Genosse von Dreißigacker hat ihn an Kunstfertigkeit noch übertroffen; dem lief ein geköpfter Sünder sogar an dreißig Äckern entlang, ehe er zusammenbrach.

VOLKSGLAUBE

In den Bergen

In den Bergen gibt es viele Geheimnisse, die noch kein Mensch ergründete, geräumige Hallen und Höhlen, rätselhafte Gänge mit schrecklichen und lockenden Liegenschaften, unergründliche Wasserschächte und Wasserblasen, mächtig genug, eine neue Sündflut über Thüringen zu schicken. Im Kochstein bei der Clodramühle hörte man es brodeln und kochen; im Weinkeller des Wolfersdorfer Gutes war ein immerwährendes Pispern, Zwitschern und Rauschen, und am Engelberg, einem Rundwall bei Seisla (unweit Ranis) vernahm einer, wie nachts elf Uhr ein lieblicher Gesang anhob und tönte, bis es dreiviertel zwölf schlug. Da wars, als ob im Berge eine Tür zugeschlagen werde, und alles lag wieder kirchenstill. Die Wasser des Wahlteichs bei Hohenleuben und ebenso des Ratstreichs bei Gera wurden oft brausend und schäumend bis in die Wipfel der höchsten Bäume hinaufgetrieben, ohne daß die Ursache der Erscheinung jemals entdeckt worden wäre.

*

Bei St. Gangloff, da, wo vor langen Zeiten das Schloß gestanden hat, klingt der Boden wie hohl. Auch das Innere des Lochbergs bei Langenorla ist ganz voller Höhlen; darin hört man nachts den Hahn krähen, immer neunmal und das dreimal hintereinander. Am ehemaligen Raubschloß Wüstenfriedrich stieß man beim Steinebrechen auf Kellergewölbe und Schlüfte, die man mit den längsten Stangen nicht ermessen konnte. Noch unheimlicher war die Höhle gegenüber von Schloß Hain bei Gera. Soll doch ein hineingeworfener Stein eine volle Viertelstunde gebraucht haben, ehe man ihn unten aufschlagen hörte.

*

Der Brunnen auf der Arnsburg war so tief, daß es weniger Zeit erforderte, durch einen Esel Wasser aus dem Tal auf den Berg zu schaffen, als es mit dem Eimer emporzuwinden. Einem Diener auf dem Schlosse zu Elsterberg fiel es ein, eine Ente in den Brunnen zu werfen, die er mit einem roten Halsband gezeichnet hatte. Und siehe, andern Tags sah man sie unten auf der Elster umherschwimmen.

*

Die Berge sind die großen Brunnenhäuser der Welt; ganz naheliegend war es also, wenn das Volk in ihnen mächtige Wasserbehälter und Seen vermutete. So im Sperrhügel, Schneekopf, Arzberg bei Steinbach-Hallenberg, Beyersberg und anderen. Oft hörte mans brausen und rollen, wenn man das Ohr daran legte, und in Erfurt, Arnstadt und Würzburg, ja in der ganzen Welt sollen Messen gelesen worden sein, damit die Berge nicht zerbrächen und die anliegenden Gebiete mit einer Sündflut überschütteten. Die Urspringer wurden vom Heppberg oft so erschreckt, daß sie das Mähen und Pflügen im Stich ließen und davonliefen. Gleichwohl versäumten sie es etliche Jahre, die übliche Messe auf dem Kreuzberg lesen zu lassen. Aber das bekam ihnen schlecht; das Lärmen hob so grausig an, daß sie noch in selbiger Nacht einen Boten mit Geld, auch für die rückständigen Messen, auf den Kreuzberg schickten. Zum andern Morgen sahen sie zu ihrem Schrecken am Hohenroth, einer Fortsetzung des Heppberges, einen tiefen Erdfall. Man nannte ihn Donnergrube. Der Frauenberg bei Sondershausen ist innen ganz hohl, und in dem hohlen Berge ist ein großer See. Über den See ist ein blauer Himmel ausgespannt, an dem viele Sterne glänzen und sich gar herrlich in dem klaren Wasser widerspiegeln. Auf der ruhigen Wasserfläche rudert aber seit Anbeginn der Welt in ewigen Kreisen ein silberweißer Schwan, der in seinem Schnabel einen goldenen Ring hält. Wenn der Schwan diesen Ring einmal fallen läßt, dann geht die Erde unter, und das Ende der Welt ist da.

*

Gänge, zum Teil von Mönchen und Rittern gegraben, gingen oft stundenweit unter der Erde hin; besonders im Osterland muß das ganze Gelände unterwühlt gewesen sein, so zahllos sind die Angaben der Sage über solche unterirdischen Wege und Stege. Ein beherzter Mann kroch einst in eine der Höhlen am Stein, einer Felswand des Haseltals, konnte den Eingang nicht wiederfinden und tappte weiter und weiter. Zuletzt ist er in einem Keller zu Schwarza herausgekommen, eine Stunde vom Eingang entfernt. Die alte Rike von Urnshausen erzählte: »Da wo unsere Straße auf die alte Chaussee stößt, ein klein wenig nach Dermbach zu, soll vor alters eine Kirche gestanden haben. Dort war ich einstmals mit noch etlichen Kameraden gerade zur Mittagsstunde, als ich auf einmal ein großes Loch – es war wie ein Kellereingang – vor mir sah. Im ersten Augenblick dachte ich an nichts Unrechtes und ging fünf oder sechs Trittsteine hinunter. Da aber fiel mirs brühheiß bei, daß ich das Werk im Leben noch nicht gesehen hatte, und kannte doch den Acker wie meine eigene Tasche. Ich wurde stutzig, und weil es mir zu gruseln anfing, machte ich, daß ich wieder hinauf zu meinen Kameraden kam. Ich erzählte ihnen, was mir begegnet; wir hielten Rat, gingen zurück, aber da war auch keine Spur mehr von dem Loche oder wie ichs nennen soll. Nun erst ärgerte ich mich, daß ich so ein Furchthase gewesen war.«

*

Bei dem Verwalter auf dem Klostergute zu Sittichenbach arbeitete zu Anfang des 17. Jahrhunderts ein Kürschner. Er erzählte, sein Großvater wäre ein Maurer gewesen und hätte den Mönchen im dortigen Kloster mit noch einem Gesellen einen Eid schwören und länger denn ein ganzes Jahr hindurch heimliche Gewölbe bauen und ausmauern müssen. Jeden Sonnabend hätten ihnen die Mönche stattliche Belohnung gegeben; endlich aber wären beide Maurer verloren worden, und hätte man niemals erfahren können, wo sie hingekommen wären. Von Posterstein bis zum Mönchssteige und bis zur roten Mühle ist der Boden weithin untergraben, und niemand noch hat das Ende erreicht. Ein Schloßverwalter führte zuweilen Gäste hinab. Sie kamen dann mit ihrer Laterne durch Reihen schön tapezierter Zimmer, in denen runde Tische standen. Alle waren gar herrlich eingerichtet, und jedes lag ein paar Stufen tiefer als das vorhergehende. Um zehn Uhr hat der Verwalter die Gesellschaft jedesmal wieder hinaufgeführt; denn er sagte, daß hernach das Treiben der unterirdischen Bewohner beginne und bei längerem Verweilen Gefahr sei.

*

In gewissen Nächten wurde in der alten Höhlenburg bei Buchfart unweit Weimar ein wunderliches Getöse vernommen, und helle Flammen schlugen aus den fensterartigen Öffnungen. Als etliche Männer in die unterirdischen Gänge eindrangen, die vom ehemaligen Kloster zu Cronschwitz ausgehen, wurden sie von Totengerippen geschreckt, daß sie eilends zurückkehrten. Ein Schneider, der über den Drachenberg bei Meiningen ging, stieß an der Stelle, wo einst das Ordenshaus gestanden haben soll, auf eine Bergspalte. Er trat neugierig näher und sah zu seinem Schrecken an einem mächtigen Tische zwölf Ordensritter, in ihre weißen Mäntel mit den roten Kreuzen gehüllt, in schlafender Stellung sitzen. In seiner Angst rief der Bursche: »Gelobt sei Jesus Christ!« und im Augenblick erhoben sich die zwölf und sprachen alle zusammen: »In Ewigkeit, Amen! – Auf diesen Gruß haben wir nun über fünfhundert Jahre gewartet.« Und ehe es sich der Handwerksbursche versah, war alles wieder vor seinen Augen verschwunden. Der Schäfer, der von einem schönen Fräulein durch Gänge, Säle und Hallen voll blitzender Wehr und Waffen in den Singerberg geleitet wurde, traf auf schlafende Ritter, deren Bärte durch die Tafel gewachsen waren. Einer erhebt sein bleiches Gesicht und fragt: »Sieht man die weißen und schwarzen Vögel noch am Berg?« »Man sieht sie noch«, antwortete zaghaft der Schäfer, und der Ritter seufzt: »So ist die Stunde noch nicht gekommen!« und entschlummert wieder. Danach gehen die beiden durch Ställe voll wohlgerüsteter Pferde, angeschirrt mit Sattel und Zeug, doch alle schlafend, und durch ungeheuere Gewölbe voll aufgeschichteter Fässer. Als sie über sandige Erdhaufen schreiten, bedeutet das Fräulein den Schäfer, sich davon zu nehmen. Er aber denkt: Was soll mir der Kies? Doch die Führerin füllt ihm die Tasche und verschwindet. Eine Tür schlägt krachend zu, und der Hirt steht dicht bei seiner Herde, mit ungeahntem Reichtum begnadet. Im großen Hermannsberg gehts weniger verschlafen zu. In ihn ward ein Ritter gebannt, weil er um großer Schätze willen zwölf Seelen geopfert haben soll. Mit seinen Wappnern verführt er oft ein entsetzliches Geschrei; auch belustigen sie sich hin und wieder außerhalb des Berges mit Kegelspiel. Ähnlich am Körnberg bei Steinbach-Hallenberg, wo der alte Hirte von der Struth den Kegeljungen machen sollte. Er dachte: Dies Amt taugt besser für deinen Jungen als für dich. Doch war alles verschwunden, als er ihn herbeigeholt hatte. Die sechs grauen Männer im Gamsenberg spielten an einer Tafel mit eisernen Kartenblättern, sprachen aber kein Wort. So sah sie ein Schafknecht namens Winter aus Crossen, der von zwei weißen Fräulein in den Berg geführt worden war. Ein Schatz stand nebenan, und es wurde ihm bedeutet, davon zu nehmen. »Greife tief!« rief eine Stimme. Doch die Fräulein rieten, fein bescheiden zu sein. So nahm er nur eine Lampe und einen Löffel, die sich danach als von purem Gold erwiesen.

*

Schier zahllos wie keine andere Erscheinung in der Thüringer Sage, dazu in den mannigfachsten Gestalten und Beziehungen, tritt die der weißen Frau oder Jungfer auf. Meist gibt sie sich freundlich und holdselig; doch mitunter ist ihr Gesicht auch ernst und streng oder gar wie Spinnweben. Aus der Klippe bei Trusen kam in heiligen Nächten eine weiße Jungfer hervor und klengte auf der dem Felsen gegenüberliegenden Wiese auf einem weißen Tuche goldne Knotten, indem sie dieselben mit einem Rechen hin- und herarbeitete. Sie stand dabei in einem wunderbar hellen Lichte, als ob trotz der Nacht die schönsten Sonnenstrahlen auf sie und das Tuch fielen. Zwei Bauern bedeutete sie, sich Knotten zu nehmen, und der eine, der sie bewahrt hatte, fand daheim statt ihrer blanke Goldstücke. – Die weiße Jungfer bei Brotterode zeigte sich erst alle sieben Jahre. Mit aufgelösten Haaren und einem roten Gürtel um das weiße Gewand kam sie bis nahe an den Ort, begleitet von einem weißen Hündlein, das eine Schelle am Halse trug. Leute, die ihr begegneten, hörten, wie sie leise die Worte sprach: »Ein Knäblein von sieben Jahren mit schneeweißen Haaren, das kann mich erlösen!«

*

Das schöne Fräulein am Amtskellerbrunnen bei Hausen trieb Kurzweil mit den Mädchen, wenn sie sich einen frischen Trunk für die Rollstunde holten. Der einen, die obenso arm war als brav, warf sie ein Geschenk in die Schürze. Und als das Mädchen zurück in die Rollstunde kam, warens viele hundert Taler. Nun wollten alle zum Brunnen, und damit keine zu kurz komme, zogen sie um die Reihenfolge Strohhalme. Nach deren Länge sollten sie gehen, jeden Abend eine, die mit dem kürzesten Halme zuletzt; aber das Fräulein zeigte sich nicht wieder. Erst als nach vierzehn Tagen die Schulzentochter zum Brunnen kam, war sie wieder zur Stelle, winkte, die Schürze auszubreiten und warf eine schwere Schachtel hinein. Die wurde in der Lichtstube mit großer Begierde geöffnet, und lag ein bildschönes neugebornes Kind darin. Die Ortsgemeinde hat sich seiner angenommen und es aufgezogen.

*

Eine junge Bauersfrau ging einmal, ihr kleines Kind im Korbe mit sich tragend, mit der alten Kartenschlägerin, der Annelies, in den Scherzer, wie die Wiese unter der Wallenburg bei Herges benannt wird, als die weiße Frau von der Burg herabkam und fragte, was sie in dem Korbe trage. Da antwortete die Annelies: »Kleine Kinder. Wenn Ihr Lebensmittel für sie habt, so bringe ich sie Euch hinauf!« Das war die weiße Jungfer zufrieden und stieg wieder zur Burg hinan. Die Weiber aber blieben stehen, und als die Jungfer ihnen zuwinkte, machten sie, daß sie davonkamen.

*

Eine arme Mutter aus Steinbach ging einst im strengen Winter mit ihrem Kinde nach der Walper ins Leseholz. Da erschien die Weißverschleierte dem Mädchen, nahm es freundlich an der Hand und führte es in einen wunderschönen Garten voll köstlicher Blumen und Beeren und verhieß ihm beim Scheiden, es wieder mit sich zu nehmen. Als nun das Kind mit der Mutter nach Hause kam, erkrankte es heftig, und als die Mutter weinte, sprach das Mädchen: »Da kommt die weiße Jungfer, siehst du sie nicht, Mütterchen? Sie nimmt mich mit in ihren Garten zu den schönen Blumen und Beeren.« Und die Mutter jammerte um ihr totes Kind.

*

Oft klirrt der weißen Frau das Schlüsselbund am Gürtel; dann ist sie Schatz- und Weinhüterin; oft sucht sie auch Erlösung und seufzt traurig, wenn sich die Leute vor ihrer schreckhaften Verwandlung fürchten und das Weite suchen. Ein alter Schweinaer Förster wollte auf sie schießen, da er glaubte, sie sei eine, die ihm im Mondschein seine Apfelbäume bestehlen wolle. Aber seine Frau riß ihn zurück, und das war ein Glück; denn wer auf die weiße Jungfer schießt, den trifft die Kugel ins eigne Herz. Nicht selten kommt sie auch in die Häuser oder wird in den Kellern gesehen. Auf manchen Gütern geht sie sogar durch die Ställe, das Vieh fütternd und melkend. An der Wannerecke (Spukecke) des Beyer brüllt an bestimmten Tagen, wenn die Sonne untergeht, eine weiße Kuh. Dann kommt die weiße Jungfer mit Schemel und Eimer, setzt sich hin und melkt. Ist der Eimer gefüllt, so geht sie wieder den Berg hinan; die weiße Kuh aber, noch etliche Male brüllend, verschwindet in den dunkeln Laubgängen. Hinter dem Gerberstein tanzt die weiße Frau mit dem fallenden Laub, das ist in der Zeit, wo Altweibersommer und andere Herbstgespinste den Wald durchziehen. Mitunter wird auch von zwei oder gar drei weißen Frauen erzählt, so bei Oberelsbach. Da ging einmal ein junges braves Mädchen mutterseelenallein hinauf auf den Gangolfsberg in die Haselnüsse. Als sie die Kuppe, wo einst das alte Kloster gestanden, erreicht hatte, gewahrte sie auf einmal drei weißverschleierte Frauengestalten, die auf einem ausgebreiteten schneeweißen Tuche Leinknotten keinten. Das Mädchen schaute den dreien eine Weile zu und bewunderte die prächtige goldgelbe Farbe der Knotten. Auf einmal winkte ihr eine der Jungfern, näher zu treten und zuzulangen. Darüber lacht das Mädchen und ruft in ihrer Einfalt: »Dere hamm mie a dahemm, mihe, als ihr hätt.« Aber kaum waren die Worte heraus, so verschwanden Jungfern und Knotten. Und als das Mädchen totenbleich mit ihren Haselnüssen in Oberelsbach anlangte und die Geschichte erzählte, da wurde sie von ihren Leuten noch recht ausgescholten, daß sie dummerweise ihr Glück verscherzt habe. – Bei Tann verwandelten sich die drei weißen Frauen in drei schneeweiße Gänse. Ein uralter Mann namens Nix will es gesehen haben. Die Gänse liefen bald links, bald rechts am Wege vor ihm her und waren dann plötzlich verschwunden.

Das wilde Heer

In den Bergen wohnen die Toten nicht bloß einzeln wie die weißen Jungfern; es sind da ihrer, wie z. B. im Drachenberg b. Meiningen, oft viele beisammen, und so zeigen sich auch nicht bloß einzelne außerhalb ihres Berges. Dabei wirkt noch ein andrer Glaube mit: neben jenem, daß die Toten unter der Erde und in Bergen fortleben, steht ebenso alt und ursprünglich der andere: sie fahren, zu einem ganzen Heer geschart, ruhelos im Winde. Noch heute nimmt einfältiger Glaube an, daß der Sturm aus den Bergen komme, und so ists erklärlich, daß die Abgeschiedenen zuzeiten im wilden Heer aus den Bergen ausfahren. Das wütige Heer, das aus dem Hörselberge hervorgeht, braust über den großen Wartberg, wo es eine Felsenburg und eine Höhle hat, zum Felstrümmerschloß auf den Gerberstein und über die große Hirschbalzwiese bis in den Flußberg. Von den Fuldaer Höhen her kommt es über den hohen Rain und geht in die Donnergrube, einen mit Wasser gefüllten Erdfall zwischen Wiesenthal und Kaltenlengsfeld. Auch im Osterland hatte es immer einen bestimmten Strich, z. B. aus dem Elstertal die Kamnitz hinauf bis Mosen, dann durch den Lippoldschen Hof daselbst und über den Schüsselberg wieder hinunter nach Wünschendorf und Cronschwitz. Seltsames berichtet der Salzunger Chronist: Im Jahre 1518 ist das wütende Heer auf den Mühlberg gezogen, und ist auch von ihm der Spittelsberg angesteckt worden, welchen die Schützen löschen mußten. Auch ist es oft in den hohlen Berg, auf den Bleß und sonst in den Waldungen gestreift, um die Handwerksleute und die Fuhrleute, so auf die Märkte zogen, zu geleiten.

*

Wenn das wilde Heer auszog, vernahm man deutlich die Jagdschreie: Hede, hede! Hafte, hafte! (Pölzig), Purrhe! He! (Gangloff), Hoho! Hoho! (Hirschbach). Dazu bellten die Hunde, wenn sie mit dem Rufe: Wutsch! Wutsch! gehetzt wurden. Aus allen Dörfern nahm sie der wilde Jäger mit. Die Ketten seien ihnen von selbst vom Halse gefallen, erzählt man. Ja in Wolfersdorf sprang einer, der in der Stube eingesperrt war, durch die Fensterscheibe. Ganz abgehetzt, schweißtriefend, bestaubt und schmutzig kamen sie erst am Morgen wieder. Die von Wünschendorf lagen dann halb verreckt vor ihrer Hütte, und jedem wurde ein Stück Fleisch in den Hof geworfen.

*

An der Spitze des wütenden Heeres zieht oft der wilde Jäger; in manchen Sagen erscheint er auch allein, nur von seinen Hunden begleitet. Als der wilde Jäger das letztemal auf dem Hain bei Weida jagte, verführte seine Meute einen Höllenlärm. Auf dem Rasenmarkt stand eine Menge Furchtsamer und Neugieriger Kopf an Kopf, und es waren die Stimmen der einzelnen Hunde deutlich zu unterscheiden. Zog der wilde Jäger durch die Wälder bei Kleindraxdorf, so verbreitete sich jedesmal beim Aufblitz der Gewehre eine so große Helligkeit, daß man einen Pfennig am Boden hätte sehen können. Mit einem Sturmwind, der die stärksten Bäume zur Erde bog, verlor sich die Erscheinung. Kein vernünftiger Mensch geht zu Fastnacht in die großen Zeitzer Wälder bei Nickelsdorf; denn an diesem Tage jagt der wilde Jäger. Da waren nun doch einmal eine Anzahl Holzhauer ins Dorteldickicht und in den Töpfergraben gegangen und hatten gespottet, als ihnen ein bejahrter Mann zu baldiger Heimkehr riet. Wie sie nun eben noch darüber reden, stoßen sich einige an und deuten seitwärts. Der da kam, war niemand anders als der, von dem sie geredet. Er sah etwas vermoost aus, trug nach damaliger Jägerart einen hohen Bonapartshut mit einem Pinsel darauf und eine grüne Pole als Kleidung; vor sich her aber trieb er mit dem Rufe: Wutsch, wutsch! ein ganzes Rudel junger kläffender Hunde. Quer durchs Holz ist er kaum auf zehn Schritt an den Holzleuten, die vor Angst kein Wort sagten, vorübergekommen, hat keinem einen guten Tag oder Abend geboten und ist dann jählings vor ihren Augen im Walde verschwunden gewesen. »Mein seliger Ellervater«, erzählte der Schäfer von Deicheroda, »hatte einmal den Pferch droben in der Nähe des Dietrichsberges aufgeschlagen, da kam das wüteninge Heer vom Geisaer Wald her und zog an ihm vorüber. Es waren ihrer zweiundvierzig, fast alle zu Fuß, voran ein stolzer Jagdkavalier mit Schlapphut und hohen Reiterstiefeln. Nach diesem kamen noch einige vornehme Herren; dann wurden sie immer geringer, Männer und Weibsbilder. Einige ritten auch auf Ziegenböcken und Kickelhähnen; auch waren welche dabei, die in einer Metze mitrutschten, andern war der Leib aufgeschlitzt, und die schleppten ihre Gedärme hinter sich drein.« Nach einem solchen Umzuge aber hat es jedesmal gesegnete Jahre gegeben. Ein armer Schusterjunge aus Willmars, der dem Knieriemen des Meisters entlaufen war, schlich sich nach der Stockheimer Warte, kletterte an einer alten Tanne bis in ein Fensterloch und gedachte, allda sein Ende zu erwarten. Um Mitternacht hört er auf einmal den Wind gar schauerlich heulen. Bald mischen sich noch andere Töne in den Sturm, und als er zur Erde niederblickt, sieht er, wie alles trippelt und trappelt. Es sah aus wie eine Flucht, aber genau konnte er nichts unterscheiden. Kaum war das vorüber, so kam es wie ein Trupp großer Hunde herangezogen; danach folgte ein wilder Jäger auf einem Schimmel, nach diesem wieder ein Haufen zu Pferd, Männer und Weiber, alles bunt durcheinander. Sie sangen aber eine gar liebliche Melodie. Hinter ihnen war noch eine Schar lediger Pferde; darauf schloß der Zug wieder mit einem Trupp großer Hunde mit langen, buschigen Schwänzen.

*

Daß das Totenheer mit lieblicher Musik daherzieht, wußte man vielerorts. Ein Stedtlinger stand eines Abends im sogenannten Fichtig auf dem Schnepfenstrich. Da hörte er von der Wüstung Öttenhausen her in der Luft einen so herrlichen Gesang, wie er ihn in seinem Leben noch nicht vernommen hatte. Trotzdem wurde ihm bang; er nahm das Gewehr und machte sich auf den Heimweg. Dabei begegneten ihm zwei Männer von Willmars; auch sie hatten den Gesang gehört. Die meinten: »Das ist für uns nichts Neues; es ist das wüsele Heer, das kommt immer von dorther und zieht dann über den Heftenhof nach dem alten Hutsberger Schlosse. Auch von der Geba ist das wüteninge Heer oft mit herrlichem Gesang in den Werragrund gezogen. Aber trotzdem taten die Menschen gut, ihm auszuweichen; denn jeder im Zuge trug ein Beil im Gürtel und haute dem, der sich ihm entgegenstellte, das Kreuz entzwei.

*

Einer aus Motzlar hatte sich in der Zeit geirrt, dachte, es sei gegen Morgen und fuhr bei hellem Mondschein auf den Acker. Als er eine Weile gepflügt hat, hört er den tollen Jäger, wirft sich hin und betet ein Vaterunser. Doch kaum ist der Spuk vorüber, da kommt ein greulicher Kerl mit einem langen und einem kurzen Bein und geht mit dem langen oben am Raine hin, mit dem kurzen aber unten in der Furche. Fragte: »Heda, Bauer, kann ich die hintersten, die vorüber sind, noch einholen oder nicht?« Der Bauer hatte genug gesehen und gehört, sagte kein Wort und machte, daß er mit seinem Vieh nach

Hause kam. Als er ins Dorf zurückkam, schlug die Glocke gerade erst Mitternacht.

*

Im Elstertal hat der Nachtjäger Netze gestellt, und da ein Hammermeister um die Geisterstunde von Berga heimging, sah er sie so dicht vor sich, daß er sie hätte erlangen können. Voll Schrecken verkroch er sich in der Kluft, die man die alte Kanzel nennt, bis die Bergaer Uhr Mitternacht schlug. Da schwiegen die groben und klaren Hundestimmen in der Ferne, und er kam unangefochten heim.

*

Gefährlich ists auch, sich an des Nachtjägers kleinen Hunden zu vergreifen. Der Knecht aus der obern Mühle in Langendembach sprach eines Tags: »Dem Berndietrich hänge ich heute nacht eins an.« Der Müller warnte: mit großen Herren sei nicht gut Kirschen essen; aber unser Knecht kann den Fürwitz nicht lassen, und als der Zug durch den Mühlhof geht, fängt er eines der Hündchen. Das schreit laut, Berndietrich kommt ihm zu Hilfe. Nun läßts jener fahren und flüchtet ins Müllerstübchen; aber ein Stück Luder fliegt durchs Fenster hinterdrein. Am andern Morgen hats der Knecht ins Wasser getragen; doch er ist kaum zurück, so liegts wieder da. Nun gräbt ers ein – auch das ist umsonst. Zuletzt gibt ein wandernder Müllerbursch den Rat, er möge ein wenig von dem Aas essen und seis nur eine Erbse groß. Das hat er getan, und das Fleisch ist weggeblieben. Ein ander Mittel half dem Knecht aus Wernsdorf bei Berga, der dem wilden Jäger im Übermut zugerufen hatte: »Du, schieß mir auch ein Stück Wild!« Um das Luder, das ihm darauf zugeworfen wurde, wieder loszuwerden, bat er auf Rat seines Beichtvaters bei der nächsten Jagd um Salz zum Braten. Da der wilde Jäger den Wunsch nicht erfüllen konnte, mußte er das Fleisch wieder nehmen. Ein Kötzenflicker aus Förtha, der im Beisein des Pfarrers das Pferdeviertel zurückgab, erhielt eine Ohrfeige, an der er starb, und ein Säufer aus dem gleichen Ort vergaß bei der Rückkehr das Vaterunser und wurde durch die Lüfte hinweggeführt.

*

Auch einer Bauersfrau aus Reitzengeschwenda riet man, ein bißchen von dem Wildbret zu essen, und schmecke es, wie es wolle. Ihr ging es anders wie jenem Mühlknappen: sie mußte des wilden Jägers Frau werden und ihn bei Nacht auf allen seinen Zügen begleiten, an die fünf Jahre lang. In Wasungen, in einem Hause, darin drei Türen aufeinanderstoßen, hielt sonst in der Neujahrsnacht das wütende Heer mit Sang und Klang seinen Durchzug, und deutlich vernahm man dabei die Worte: »Umgürt mich und schürz mich, daß ich auch danach komm!« Es waren lauter krüppelige Gestalten, die darauf über die Werra hinüber ihre unbekannten Bahnen verfolgten. Einmal schnitt einer aus dem Heere in jenem Hause einen Laib Brot an, der, soviel auch davon gegessen wurde, die sieben Jahre anhielt, bis das Heer seinen Durchzug aufs neue begann. Ein Mädchen, das von einem Stübchen aus der Nachbarschaft das Heer vorüberziehen sah, foppte es mit den Worten: »Umgürt mich und schürz mich, daß ich auch danach komm!« Und im Nu waren zwei der häßlichen Krüppel an seiner Seite, schürzten und umgürteten es, nahmen es in ihre Mitte, und nie hat man wieder etwas von dem Mädchen gehört.

*

Ein Hammerschmied aus Unterschönau war in der Adventszeit gegen Mitternacht in seinen Pantoffeln aus dem Hause gegangen, die Schütze zu stellen. Da kam das wilde Heer gestürmt, packte den Mann und riß ihn mit sich fort über Berg und Tal. Als am andern Morgen die junge Frau ihren Mann suchte, fand sie nichts als die alten Schlappen am Grundwasser neben der Schütze. Sie wollte sie aufheben und mit ins Haus nehmen; sie waren aber so fest an den Boden gebannt, daß es weder ihr, noch ihren Nachbarsleuten möglich war, sie loszureißen. Und so blieben sie stehen. Sieben Jahre später hörte man in Unterschönau wieder um Mitternacht einen gräßlichen Lärm durch das Dorf ziehen, und gleich darauf pochte es an der Tür des Hammerwerks. Die Frau machte auf, und vor ihr stand ihr totgeglaubter Mann in seinen alten Schlappen. Das wütenige Heer hatte ihn an derselben Stelle wieder abgesetzt. Aber er konnte die Kost nicht mehr vertragen, und außerdem hatte seine Frau während seiner langen Abwesenheit einen anderen geheiratet; so starb er bald nach seiner Heimkehr. Wo der Hammerschmied in den sieben Jahren gewesen, hat niemand von ihm erfahren können.

*

Der Wind treibt die Regenwolken zuhauf, macht auch den Himmel wieder frei; von ihm ist das Glück des Ackerbauers abhängig. Danach scheint es erklärlich, wenn durch den Zug des im Winde ziehenden

Totenheeres und Dämons Speise und Trank gesegnet wurde, daß die Fülle mitunter kein Ende hatte. Bei Kaltenlengsfeld nahm man die Spuren des wilden Heeres auf dem Flachsfeld wahr; sie zeichneten sich durch besonders fette Streifen aus, die sich über den ganzen Acker erstreckten.

*

Bei Schwarza ging der treue Eckart dem wilden Heere voraus und warnte die Leute, aus dem Wege zu weichen, daß ihnen kein Leid widerfahre. Ein paar Bauernknaben hatten gerade Bier in der Schenke geholt, das sie nach Hause tragen wollten, als der Zug erschien. Die Gespenster nahmen aber die ganze breite Straße ein, da wichen die Jungen mit ihren Raunen abseits in eine Ecke. Bald nahten sich unterschiedene Weiber aus der Rotte, nahmen die Kannen und tranken. Die Knaben schwiegen stille, obwohl sie bangten, mit leeren Krügen nach Hause zu kommen. Da trat der treue Eckart herbei und sagte: »Das riet euch Gott, daß ihr kein Wörtchen gesprochen habt; sonst wären euch eure Hälse umgedreht worden! Gehet nun flugs heim, und sagt keinem Menschen von der Geschichte, so werden eure Kannen immer voll Bier sein und wird ihnen nie gebrechen.« Das taten die Knaben, und es war so: die Kannen wurden nicht leer. Doch nur drei Tage nahmen sie das Wort in acht; dann konnten sie es nicht länger bergen, sondern erzählten aus Vorwitz ihren Eltern den Verlauf der Sache. Da war es aus, und die Krüglein versiegten.

*

Ähnliches hat ein alter Dermbacher Förster berichtet: »Es ist lange her, daß mein seliger Pate in Glattbach diente. Damals kam es oft vor, daß sich die Bauern bis zum hellen Morgen beim Kartenspiel verlustierten und ihre Knechte herunter nach Dermbach schickten, um ihnen das Bier zuzutragen. Als nun mein Pate auf dem Heimweg droben an der neuen Wiese anlangte, fühlte er ein Bedürfnis, setzte den Krug nieder und ging beiseite. Da hörte er auf einmal ein arges Brausen und Spektakulieren, das sich aber, je näher es kam, desto mehr in einen gar lieblichen Gesang verwandelte. Es war das wüteninge Heer, lauter kleine krüppelhafte Gestalten; die zogen über die Wiese, und der erste griff nach dem Krug, trank und gab ihm dem zweiten, und so trank der ganze Zug. Mein Pate dachte: Das geht gut, da kannst du nur gleich wieder umkehren! Der Krug aber war noch so voll wie zuvor. Wie er nun nach Hause kam, setzte er ihn auf den Tisch, und die

Bauern soffen sich toll und voll. Am andern Abend gings gerade so. Am dritten aber fiel es den Bauern doch auf, daß der Knecht nicht weg gewesen und auch nicht mitgetrunken hatte. Sie holten ihn aus dem Stall und törgten so lange an ihm, bis er beichtete, und von Stund an wars mit dem Zauber vorüber.

*

Auch der alte Gläser Lorenze Hannes wußte davon zu sagen: »Auf dem Lengers (Hof Lenders) oberhalb Öchsen war einstmals eine arme Magd an einem Kreuzweg mit Mistbreiten beschäftigt. Da zog das wilde Heer, das jedesmal aus zweiundvierzig Köpfen besteht, an ihr vorüber nach der Sachsenburg. Als die Magd sah, daß die letzte im Zuge ihre Gedärme nachschleifte, überkam sie ein Erbarmen. Nahm ihren Misthaken und warf ihn über das Gespenst weg. Da rief es ihr zu: »Das wird dir Gott lohnen, halte aber reinen Mund!« Sieben Jahre später, die Magd war längst verheiratet, ist sie beim Brotsäuern und steht mit dem warmen Wasser in der Küchentür. Da kommt das wüteninge Heer wieder nach Lenders und zieht durch ihr Haus, in welchem gerade drei aufeinanderstoßende Türen offenstanden. Als die letzte des Zuges an ihr vorüberhuscht, taucht sie den Finger in das Säuerwasser und fährt dann den übrigen nach. Unbesorgt benutzt die Frau das Wasser und gewahrt danach mit Freude, daß das gebackene Brot, soviel auch Laibe aus dem Keller geholt wurden, nie alle werden wollte. Das aber fiel den andern auf; die Frau mußte beichten, und mit dem Segen im Keller wars vorbei.

*

Bisweilen erscheint die Totenschar in einem Wagen, und solche Geisterkutschen sind manchmal von schlimmer Vorbedeutung für den, dem sie sich zeigen. Ein alter angesehener Bürger von Salzungen ging zu seiner Erholung jeden Tag bis vor das nahe Dorf Leimbach spazieren. Als er einmal mittags zwischen elf und zwölf Uhr in die Nähe von Husen kam, sah er, wie sich hier plötzlich das alte Brettertor weit auftat und eine große, mit schwarzen Pferden bespannte gläserne Kutsche heraus- und ihm entgegenfuhr. Der alte Mann trat beiseite, schüttelte über das seltsame Ereignis bedenklich den Kopf und dachte: Nun, das mag der liebe Gott wissen, wie die auf dem schlechten Pflaster in der Stadt ganz bleiben will! Inzwischen war die Kutsche näher gekommen, so daß er die darin Sitzenden erkennen konnte: lauter längst Verstorbene. Entsetzt sah er dem Fuhrwerke nach. An dem zwischen dem Friedhof und der Stadt gelegenen Husenbrückchen machte die Kutsche kehrt, fuhr wieder an dem Alten vorüber und dahin, von wo sie gekommen. Als er seine Wohnung erreichte, teilte er seiner Frau den Vorfall mit, blieb am andern Morgen im Bette liegen und war am dritten Tag eine Leiche.

*

Der Tischler Schlichting wollte nach Eisenach wandern, und sah unter der Brandenburg eine Kutsche langsam vor sich her rollen. Da kannst du ein Stück Wegs mitfahren, denkt er, und hockt hinten auf. Doch kaum haben sie den tiefen Burggraben zwischen dem alten Schlosse und den Göringer Steinen erreicht, den man jetzt die Fegmühle heißt, so bekommt der Tischler einen argen Schneller, davon er auf den Boden geschleudert wird. Jetzt gewahrt er zu seinem Schrecken, daß sowohl dem Kutscher wie den Pferden die Köpfe fehlen und daß er auf der Geisterkutsche gesessen hat. Die aber rollte schneller und immer schneller, gerade zur Werra hinein und verschwand am Göringer Stein.

*

Arme Leute aus Pahren wollten einmal beim Pinnesteich ein bißchen Holz stehlen. Wie sie ziemlich fertig sind, kommt auf einmal mit Knacken und Prasseln ein Wagen durch den Wald gefahren, bespannt mit vier Pferden. In der Angst werfen alle ihre Bündel weg und laufen nach Hause. Wie sie aber früh die Stelle wieder aufsuchen, war im tiefen Schnee von Roß und Wagen keine Spur zu entdecken, ja im dichtesten Gestrüpp ist auch nicht ein Ästchen geknickt gewesen.

*

Während in diesen letzten Sagen die Totenschar ohne Führer erscheint, erinnern andere Sagen an diesen, den alten Toten- und Wind-Dämon allein, so z. B. die von dem Schimmelreiter, der mit grauem Bart und fliegenden Haaren, nur mit einem langen Hemd bekleidet, auf der Schnibige, einer Wiese zwischen Ranis und Wöhlsdorf, umreitet. Ein Rest urtümlichen Glaubens an ihn (oder Wodan selbst) lebte wohl auch noch in folgenden Bräuchen fort: In einem Waldrevier zwischen Burkersdorf und der Hohenreuth wurde an einer bestimmten Fichte ein Pferdekopf angenagelt, der als Wegweiser diente. Wenn er vom Wind heruntergeworfen oder sonstwie abhanden gekommen war, mußte vom Scharfrichter in Weida ein neuer geliefert werden. Andere sagen, er habe am Kreuzweg auf einem Pfahl gestanden und dem ganzen Waldteil den Namen Pferdekopf gegeben. Weit öfter aber ist die alte Gestalt in den neueren Volkserinnerungen kaum noch zu erkennen. In Hohenleuben war ein Lunziger Edelmann, der von Karrstedt, begraben. Er hatte bei Belgrad gegen die Türken gefochten und ein gar wildes Leben geführt. An gewissen Sonntagen wurde für ihn gebetet und gesungen, und unterblieb das einmal, so hat er sich alsbald in der Kirche sehen lassen. Oft ritt er auf weißem Streitroß den Weg nach Lunzig zu, zum Schlosse hinein und bis zur Kirche, wo er im Zwielicht dem Pfarrer erschienen ist. Ein Junge war einmal aus Übermut auf die Kanzel gestiegen und hatte gerufen: »Karrstedt, komm!« Da erdröhnte das Gebäude schrecklich über die Weiberstühle hin; den Knaben aber fand man bewußtlos auf dem Gottesacker.

Der Kyffhäuser und die Rothenburg
Stahlstich aus Meyers »Universum« (1852)

Im Kyffhäuser

Schon lange bevor Barbarossa in den Kyffhäuser einzog, ja lange bevor es deutsche Kaiser gab, mag dieser Berg gleich andern in Thüringen ein Sitz der Toten gewesen sein; auch die neuere Sage erzählt noch gelegentlich von Begegnungen mit solchen namenlosen Bewohnern des Berges, also ohne daß ein Kaiser Friedrich dabei vorkäme. Und eine Überlieferung, die erst im vorigen Jahrhundert aus dem Volksmunde aufgezeichnet wurde, die aber doch wohl alten Ursprungs sein mag, weiß noch von einem anderen, älteren Kaiser, der im Kyffhäuser wohnte, Otto dem Roten, in dessen Gestalt schon dem Mittelalter Erinnerungen an Otto I., den Großen, und seinen Sohn Otto II. zusammenflossen.

*

Kaiser Otto mit dem roten Barte geriet mit den Geistlichen in Streit, und da machten ihm die Reichsgeschäfte bald keine Sorgen mehr. Man sagte dem Volke, er sei plötzlich gestorben, und veranstaltete ein feierliches Begräbnis; doch der Kaiser lag nicht im Sarge, sondern schmachtete in einem Gefängnis. Und als er nach vielen Jahren starb, fand sein Geist keine Ruhe im Grabe, sondern irrte lange umher, bis er sich den Kyffhäuser zur Wohnstatt erkor. Einst verlor ein Schäfer am Johannisabend seine Herde, die er auf dem Kyffhäuser gehütet hatte. Er lief durch das Gebüsch und hohe Gras, sie zu suchen, und dabei streifte er, ohne es zu wissen, mit den Füßen die Wunderblume ab, die nur in der Johannisnacht blüht, und sie blieb in seiner Schuhschnalle hängen. Wer diese Blume an sich trägt, der kann die Geister sehen. Und wie es nun im Tale elf schlug, war der Schäfer gerade dicht unter dem Gipfel des Berges, und er sah, wie er sich auftat und der Kaiser Otto mit vielen Rittern herausstieg. Sie waren gar stattlich anzuschauen und begannen, auf dem Berge Kegel zu schieben, und als sie eine Weile geschoben hatten, schmaräkelten sie. Der Schäfer blieb verwundert stehen und schaute zu. Da schlug es zwölf, und sie stiegen in den Berg zurück, und der Berg schloß sich wieder. Der Schäfer nahm zum Wahrzeichen den König der Kegel und steckte ihn in seine Hirtentasche. Dann ging er nach seinen Schafen, fand sie auch bald und erzählte am Morgen den andern Hirten, was er in der Nacht gesehen hatte. Die aber lachten ihn aus; da holte er den Kegel aus der Tasche, und wie er ihn ansah, war er ganz von Gold. – Nachdem der Kaiser Otto wohl hundert Jahre in dem Berge gehaust hatte, ging er zur Ruh ins Grab, und an seine Stelle zog der Kaiser Friedrich in den Kyffhäuser, der noch dort wohnt. Nach andern aber soll der Kaiser Otto aus dem Kyffhäuser in das Quedlinburger Schloß gezogen sein und noch jetzt in den tiefen Kellern desselben sitzen. Die Magd des Küsters in Quedlinburg wurde einst von einem Geiste hinabgeführt und sah den Kaiser, der ganz von Golde war und sich nicht regte. Nach einer alten Wahrsagung soll das Quedlinburger Schloß einst abbrennen; dann wird man den Kaiser unter den Trümmern finden und das Schloß mit dem Golde, in das sein Leib sich verwandelt hat, neu und schöner aufbauen. Sein Geist aber wird dann Ruhe finden.

*

Der Kaiser, auf dessen Wiederkehr dann das Volk im ausgehenden Mittelalter seit dem 13. Jahrhundert hoffte und wartete, ist zunächst Friedrich II. gewesen, der letzte große Hohenstaufe, der letzte auch von den deutschen Königen des 13. Jahrhunderts, der zum Kaiser gekrönt worden war. Ihn meint der thüringische Chronist Johann Rothe, wenn er erzählt: Von Kaiser Friedrich dem Ketzer erhub sich eine Ketzerei, die noch heimlich unter den Christen ist, die gänzlich glauben, daß derselbe noch lebe und lebend bleiben solle bis an den Jüngsten Tag und daß kein rechter Kaiser nach ihm worden sei oder werden solle. Er wandere zu Kyffhausen in Thüringen auf dem wüsten Schlosse und auch auf andern wüsten Burgen, die zu dem Reiche gehören, und rede mit den Leuten und lasse sich zu Zeiten sehen. Diese Büberei bringet der Teufel zuwege, damit er die Ketzer und etliche einfältige Christenleute verleite. Man meinet wohl, daß vor dem Jüngsten Tage ein mächtiger Kaiser der Christenheit werden solle, Frieden zu machen unter den Fürsten. Derselbe werde eine Meerfahrt tun und das Heilige Grab gewinnen und werde Friedrich genannt werden, weil er Frieden machet, auch wenn er nicht so getauft ist.

Ebenso bezieht sich noch folgende Sage auf ihn, zu finden in einem alten Druck, darin es heißt: die einen meinen, Kaiser Friedrich gehe im Schlosse zu Kaiserslautern um oder sitze in einem Fels nicht weit davon; andere wieder sagen, daß ein Berg bei Frankenhausen, darin er seine Wohnung habe und da vielmals gesehen worden sei. Einst hütete ein Schafhirt seine Herde bei dem Berge, und weil er auch gehört, daß Kaiser Friedrich in dem Berg wohnte, hat er auf der Sackpfeife gepfiffen, und da er nun gemeinet, er habe es hofgerecht gemacht, überlaut gerufen: »Kaiser Friedrich, das sei dir geschenkt!« Da soll sich Kaiser Friedrich herfür getan, sich dem Schäfer geoffenbart, mit ihm geredet und gesprochen haben: »Gott grüße dich, Männlein! Wem hast du hofieret?« Hat das Hirtlein gesprochen: »Ich hab Kaiser Friedrichen hofieret.« Spricht der Kaiser weiter: »Hast du das getan, so komm mit mir, er soll dir darum lohnen.« Hat der Hirt gesagt: »Ich darf nicht weit von den Schafen gehen.« Kaiser Friedrich aber hat geantwortet: »Folge mir nach, den Schafen soll kein Schade geschehen.« Der Schafhirt folget ihm; da hat Kaiser Friedrich ihn bei der Hand genommen und nicht weit von den Schafen zu einem Loch hinein in den Berg geführt. Da sind sie zu einer eisernen Tür gekommen, die alsbald von selber aufsprang. Da ist ein schöner, großer Saal gewesen; darinnen waren viel Herren und viel tapfere Diener, die ihm Ehre erzeigten. Danach hat ihm der Kaiser auch freundlich Ehre erwiesen und ihn gefragt, was er für einen Lohn begehre, daß er ihm gepfiffen habe? Da hat das Männlein gesagt: »Nichts.« Hat der Kaiser gesagt: »Geh hin, nimm an meinem güldenen Handfaß den einen Fuß zum Lohn!« Das hat das Männlein getan, und wie ihm der Kaiser befohlen, ist er den andern Tag gen

Frankenhausen gegangen, hat das Gold probieren lassen, verkauft und gesagt, er hätte das Gold vom Kaiser Friedrich. Und als er von dannen geschieden, habe ihm Kaiser Friedrich viel seltsamer Waffen, Harnisch, Schwerter und Bücher sehen lassen und zu ihm gesagt: er solle den Leuten sagen, daß er mit diesen Waffen das Heilige Grab gewinnen werde, und habe hierauf den Hirten wiederum hinausgeleiten lassen.

*

Aber schon vorher geht in anderen Überlieferungen die Gestalt Friedrichs II. in die des Barbarossa über, so in der Historie von dem Kaiser Friedrich mit dem roten Bart vom Jahre 1519, wo es am Schluß heißt: Und zuletzt ist er verloren worden, so daß niemand weiß, wo er hingekommen oder begraben ist. Die Bauern und die Schwarzkünstler sagen, er sei noch lebendig in einem hohlen Berg. Er solle noch einmal wiederkommen und die Geistlichen strafen und seinen Schild an den dürren Baum hängen, welches Baumes noch alle Sultane fleißig hüten lassen. Das ist wahr, daß Hüter dazu gestiftet sind – welcher Kaiser aber seinen Schild daran hängen soll, das weiß Gott.

*

Bei Johann Prätorius, der noch 1666 von Friedrich II. sprach, finden wir anderthalb Jahrzehnte später die Sage vom Barbarossa, die dann andere weitererzählen: Von dem Kyffhäuser wissen die Leute in der Umgegend gar vielerlei zu erzählen. Die gemeinste Sage ist, daß wie Kaiser Carolus Magnus zu Nürnberg auf der Burg sich in einen sehr tiefen Brunnen verwünscht habe, so wohne Kaiser Friedrich, der Rotbart zubenannt, mit seinem Hofgesinde in dem Kyffhäuser. Er sitze darin auf einer Bank an einem Steintische, halte den Kopf in der Hand und ruhe oder schlafe; dabei nicke er aber stets mit dem Kopfe und zwinkere mit den Augen, als ob er nicht recht schliefe oder bald wieder erwachen wolle. Sein roter Bart sei ihm durch den Tisch hindurch bis auf die Füße gewachsen. Auch stehen die Leute in dem Gedanken, daß er vor dem Jüngsten Tage wieder aufwachen und sein verlassenes Kaisertum aufs neue antreten und wieder bestätigen werde.

*

Einmals pfiff ein Schäfer ein Liedchen, das gefiel dem Kaiser so wohl, daß er den Schäfer durch einen Zwerg zu sich hineinführen ließ. Da stand der Kaiser auf und fragte: »Fliegen die Raben noch um den Berg?« Und als der Schäfer bejahte, rief der Kaiser: »Nun muß ich noch hundert Jahre länger schlafen.«

*

Unten im Berg ists herrlich, und alles strahlt von Gold und Edelstein, und obs auch eine unterirdische Höhle ist, so ists doch hell drin wie am sonnigsten Tage; die prächtigsten Bäume und Sträucher stehen da, und mitten durch dies Paradies fließt ein Bach. Wenn man aus dem eine Hand voll Schlamm nimmt, so wird er sogleich pures Gold. Hier jagt nun ein Reiter zu Pferde fortwährend auf und ab; andere aber sagen, er sitze auf einem Hahn und möge wohl der Böse selber sein, der alles dies verzaubert habe.

Die Burg Kyffhäuser ist in allem gar wunderbar, und es blüht da sogar in der Johannisnacht der Zinnoberstein. Zwischen elf und zwölf ist er alsdann zu pflücken. Es sind auch zwei Glocken im Kyffhäuser. Und beim Kaiser sitzt ein Vogel, der schwebt in einem Ringe und zeigt ihm alles an, besonders wenn Besuch zu ihm gekommen ist.

*

In einem Dorfe unter dem Kyffhäuser war einst das junge Volk in der Spinnstube beisammen. Zuletzt setzten die Mädchen die Räder in die Ecke, ein Pfänderspiel zu beginnen. Einer von ihnen war man im ganzen Dorfe gram und suchte ihr bei jeder Gelegenheit eins anzuhängen. So auch diesmal. Die Burschen hatten untereinander verabredet, daß der, welcher die Pfänder eingesammelt hatte, beim Auslösen ein Zeichen geben solle, wenn ein Pfand jenes Mädchens an der Reihe war. Dann ersannen sie allerlei schnurrige Aufgaben für sie, und zuletzt sollte sie sogar aufs Kyffhäuser Schloß gehen, dem Kaiser Friedrich drei Haare aus dem Barte rupfen und mit herunterbringen. Weil nun das Mädchen der ganzen Gesellschaft zeigen wollte, daß sie Herz im Leibe habe, trat sie, ohne sich zu weigern, ihren Gang an und brachte richtig nach einer Stunde die gewünschten Haare. Deren brennend rote Farbe und große Länge bewiesen sattsam, daß sie wirklich aus des Kaisers Barte waren. Das Mädchen hatte den Kaiser gesehen und gesprochen, hatte aus einem großen goldenen Becher, den ihr ein Zwerg gebracht, auf seine und der Frau Kaiserin Gesundheit getrunken und zuletzt auch vom Kaiser die Erlaubnis erhalten, ihm drei Haare aus seinem langen, durch den Tisch gewachsenen Bart zu rupfen. Dazu ward ihr die Weisung, daß sie dieselben ja nicht weggeben, sondern heilig aufbewahren solle. Das tat sie auch, verschloß sie, sorgfältig in ein großes Papier gewickelt, in ihre Wäschelade, wo sie wohl ein ganzes Jahr gelegen haben mochten, ohne daß sie wieder daran gedacht hätte. Eines Tages aber, als sie in ihrer Wäsche kramt, kommen sie ihr doch wieder in den Sinn. Sie nimmt das Papier, vermag es aber kaum aus der Lade zu heben; denn die drei Haare hatten sich in drei Goldstangen verwandelt, jede im Durchmesser von anderthalb Zoll.

*

Ein armer, guter und immer lustiger Mann in Tilleda richtete einmal Kindstaufe aus; es war schon die achte. Den Gevattern mußte er nach Sitte und Brauch einen Schmaus geben. Der Landwein, den er seinen Gästen vorsetzte, war aber bald ausgetrunken, und man begehrte mehr. »Geh«, sagte daher der lustige Kindtaufsvater zu seiner ältesten Tochter, einem hübschen Mädchen von sechzehn Jahren, »geh und hole uns Wein aus dem Keller.« »Aus welchem Keller?« fragte das Mädchen. »Je nun«, gab er scherzend zur Antwort, »aus dem großen Weinkeller der alten Ritter auf dem Kyffhäuser.« Das Mädchen geht in seiner Einfalt mit einem kleinen Eimer den Berg hinan. Da findet sie den verfallenen Eingang eines großen Kellers, und dabei sitzt eine bejahrte Schaffnerin in ganz ungewöhnlicher Tracht, mit einem großen Schlüsselbunde an der Seite. Die fragt freundlich: »Gewiß willst du Wein holen aus dem Ritterkeller?« »Ja«, antwortet schüchtern das Mädchen, »aber Geld habe ich nicht.« Doch die Schaffnerin spricht: »Komm nur mit, du sollst umsonst Wein haben und bessern, als dein Vater je gekostet hat.« Beide gingen nun durch einen halb verschütteten Gang und kamen in einen großen geräumigen Keller. Da lagen auf beiden Seiten viele Stückfässer. Die Schaffnerin nahm den kleinen Eimer, zapfte ihn voll Weines und sagte zu dem Mädchen: »Bringe ihn deinem Vater, und sooft ein Fest in euerm Hause ist, kannst du wiederkommen. Aber sage keinem Menschen außer deinem Vater, woher du ihn hast. Auch dürft ihr ihn nicht verkaufen; umsonst bekommt ihr ihn, umsonst sollt ihr ihn geben.« Das Mädchen brachte den Wein nach Hause. Er schmeckte den Gästen vortrefflich, aber niemand wußte, woher er kam. Und sooft nachmals ein Fest im Hause war, ging das Mädchen mit dem kleinen Eimer auf den Kyffhäuser und holte Wein. Die Nachbarn und Freunde wunderten sich zwar nicht wenig, woher der arme Mann immer den herrlichen Trunk bezog; doch dabei bliebs. Da dachte ein Schenkwirt: solchen

Wein könntest du zehnfach verdünnen und doch noch teuer verkaufen. Schlich deshalb dem Mädchen heimlich nach und sah sie nach einiger Zeit mit dem gefüllten Eimer aus dem Kellereingang kommen. Schon am nächsten Abend schob er auf einem Karren seine größte leere Tonne den Berg hinauf. Doch als er an Ort und Stelle angekommen war, wurde es plötzlich finster um ihn her; der Wind fing an zu heulen und warf ihn mitsamt der Tonne von einer Mauer zur andern, hinein in eine Gruft. Die Uhr von Tilleda schlägt zwölf, da erwacht er aus seiner Betäubung. Ein Mönch tritt zu ihm, trägt ihn eine hohe Treppe hinan, schließt die Tür auf, legt ihn hin und drückt ihm etwas Geld in die Hand. Mühsam schleppt sich der Mann nach seinem Hause; doch nach drei Tagen war er tot. Das Geld des Mönchs reichte gerade zu seiner Beerdigung

*

In einem Dorfe am Kyffhäuser hatte ein Bauer ein sehr dreistes Dienstmädchen, namens Johanne. Es holte Osterwasser aus dem Kyffhäuserbrunnen um elf Uhr. Sie goß es in eine Gilte und holte eine zweite und dann eine dritte Tracht; denn die Stunde von elf bis zwölf war immer noch nicht um. Jede Tracht goß sie in ein besonderes Gefäß. Nach dem Einfüllen der dritten Tracht riefs: »Aber nun komm nicht wieder!« Als sie das Wasser am anderen Tage mit ihrem Herrn besah, war die dritte Tracht Wein.

*

Ein Sauhirt ließ die Herde in den Mittagsstunden durch seinen Jungen am Kyffhäuser hüten. Aber jedesmal verschwand eine Sau von der Herde zu Mittag. Wenn der Sauhirt zurückkam, bedrohte er den Knaben deshalb. Der band eines Tages in seiner Angst der Sau den Anfang eines Zwirnknäuels um, das er in der Hand hielt. Nachher wickelte er das Knäuel wieder auf und ging ihr nach. So kam er an ein Loch, das in den Berg führte, und kroch hinein. Da sah er Rappen stehen in langer Reihe an der Krippe. Unter der Krippe fraß seine Sau den herabfallenden Hafer auf. Da trat auch das Burgfräulein zu ihm, tröstete ihn über die Sau, führte ihn an einen Tisch und trug ihm Speisen auf. Er setzte sich nieder und aß. Als er aufstand und wieder aus dem Berge kam, war die ganze Herde verschwunden. Er stieg nach Tilleda herunter, aber alles kam ihm fremd vor. Er fragte nach seinem Meister, dem Sauhirten, doch niemand wußte etwas von ihm. Die Kinder aber umringten ihn und lachten ihn aus. Da merkte er erst, daß er einen langen schneeweißen Bart hatte. Er war ein Greis geworden, und im Kirchenbuche stand, daß gerade vor einhundert Jahren der Saubube am Kyffhäuser verschwunden sei. Weil ihn nun niemand mehr kannte, so wäre er gern zu den Schätzen des Kyffhäusers zurückgekehrt. Aber er fand den Eingang nicht wieder, weil er nicht die Jacke dort hatte liegenlassen, wie er hätte tun sollen.

Ein anderer Sauhirt, der ähnliches im Kyffhäuser erlebt hatte, fragte den Pfarrer hernach, ob des Amtsmanns alte Sau noch lebte. Der Pfarrer sagte, davon wüßte er nichts. Da fragte der Pfarrer nach seinem Namen, aber es war keine Familie des Namens mehr am Orte. Er schlug das Kirchenbuch nach, darin fand er, daß der Schweinehirt dreihundertachtzig Jahre im Berge geschlafen hatte. Er sagte ihm das; als aber der Hirt es hörte, erschrak er, fiel um und war tot.

*

Peter Klaus, der Ziegenhirt aus Sittendorf, geriet, als er einer Ziege in ein Loch des Berges folgte, in einen ummauerten Hof, darin zwölf schweigende Ritter Kegel spielten, erhielt auch köstlichen Wein kredenzt und fiel in Schlaf. Nach seiner Rückkehr ins Dorf vernahm er, daß er zwanzig Jahre im Berge gewesen war.

*

Zwei arme Brautleute aus Tilleda hatten die Hochzeit angesetzt und Gäste geladen, aber nicht daran gedacht, daß nur ein Topf, eine Schüssel und zwei Teller im Hause waren. Da sagte der Schwieger halb im Scherz und halb im Ernst: »Ei, geht auf den Kyffhäuser, vielleicht borgt uns die Prinzessin, was wir brauchen!« Das Brautpaar macht sich wirklich auf, trifft auch an der Bergöffnung die Prinzessin, und die vernimmt nun lächelnd, was sie wollen. Sie heißt ihnen zu folgen, bewirtet sie gar freundlich mit Essen und Trinken und packt ihnen zuletzt einen Tischkorb voll Teller, Schüsseln und Löffel, Messer und Gabeln. Hierauf bedanken sich beide, versprechen, nach der Hochzeit alles unversehrt zurückzugeben, dazu auch etwas Reisbrei und Hochzeitskuchen als Erkenntlichkeit. Frohen Herzens eilten sie nun zurück nach Tilleda, so schwer auch der zugedeckte Tischkorb war. Aber wie wurde ihnen zumute, als sie ein ganz anderes Dorf vor sich sahen! An der Stelle, wo des Vaters Häuschen gestanden hatte, war ein großer Ackerhof; kein Nachbarhaus kannten sie wieder, keinen Garten, keinen Baum. Lauter unbekannte Menschen in fremder Tracht kamen herzu und betrachteten sie mit Verwunderung.

Auch der Prediger war darunter; dem ging die Braut entgegen, klagte, daß sie wie verraten und verkauft wären unter den unbekannten Leuten, und erzählte, wie sie auf den Kyffhäuser gegangen seien, um sich von der Prinzessin einiges Geschirr zur Hochzeit zu holen. Der Pfarrer nahm die beiden mit in sein Haus, schlug im Kirchenbuche nach und fand, daß sie gerade zweihundert Jahre im Berg gewesen waren.

*

Musikanten kamen einmal von einer Hochzeit und gingen über den Kyffhäuser nach Hause. Unter ihnen war so ein Toller, der sagt: »Hört, ihr Gesellen, haben wir soviel gespielt, so wollen wir auch noch dem alten Kaiser Friedrich eine Nachtmusik machen!« Zwar weigern sich etliche, da sie müde sind; doch er redet ihnen so lustig zu, daß sie zuletzt allesamt anstimmen. Als sie fertig sind, tritt eine Mamsell aus dem Erfurter Tor, die bringt ihnen schönen Dank vom alten Kaiser und verehrt jedem zum Andenken einen Pferdekopf. Den gucken sie voll Staunen an, schelten, als die Mamsell hinweg ist, daß sie sich des schnöden Lohnes halber aufgehalten haben, und werfen ihre Pferdeköpfe von sich. Der Tolle aber, lustig wie immer, behält den seinen und ruft: »Ists nichts weiter, so gibts doch daheim einen Spaß mit meiner Alten!« Und richtig, er legt ihr ihn heimlich unter das Kopfkissen und sagt, als sie am andern Morgen erwacht: »Guck mal hin, was ich dir Schönes mitgebracht hab. Das hat mir der alte Rotbart verehrt!« Da hebt sie das Kissen, erschrickt aber nicht, wie er erwartet hat; denn sie zieht einen mächtigen Goldklumpen hervor, so schwer, daß ihn keiner hat heben können.

*

In Sondershausen lebte vor Zeiten ein rascher, gesunder Mann, Gutbier genannt, von dem es auf einmal hieß, er sei mit einem andern fortgegangen und habe Frau und Kinder daheim sitzen lassen. Nach acht Tagen kam er zurück, aber sah ganz alt aus und abgerissen, daß man ihn kaum kannte. Er war vorher munter und lustig gewesen, hatte frohe Gesellschaft gesucht und sie aufgeheitert; nun war er still und düster, vermied die Leute, hatte ein erdfahles Ansehen und soll es mit ins Grab genommen haben. Drei Tage später kam auch der andere Bürger namens Dick, der mit Gutbier fortgegangen war, auf einer Karre, in Stroh gepackt und tödlich krank wieder an. Von beiden ging im Ort die Sage, sie hätten Kaiser Friedrich gesprochen und widrige

Zufälle auf dem Kyffhäuser gehabt, in einer Himmelfahrtsnacht, als sie Schätze heben wollten. Man konnte aber nicht eigentlich erfahren, was ihnen begegnet war.

*

Gelegentlich findet einer, der von ungefähr oder mit Vorsatz in den Berg kommt, an Stelle des Kaisers Friedrich auch eine andere Gestalt: Ein Tischlergesell aus Nordhausen namens Thiele ist einmal in die Fremde gegangen, und wie er an den Kyffhäuser kommt, ist er gerade offen. Das geschieht aber nur alle sieben Jahre, und da denkt er denn: willst einmal hineingehen. Als er nun in den Berg kommt, sieht er dort den Markgraf Hans sitzen, dem der Bart über den Tisch hinüber und die Nägel durch denselben hindurch gewachsen sind. Rings herum an den Wänden liegen große Weinfässer; an denen sind die Bände und das Holz bereits abgefault, der Wein hat sich aber seine eigene Schale gebildet und ist blutrot. Vor dem Markgrafen Hans stand ein Weinglas, in dem hatte er noch einen kleinen Rest gelassen; da nahm der Gesell das Glas und trank es aus, wurde aber sogleich so schläfrig, daß er einnickte, und als er erwachte, hatte er sieben Jahre im Berge geschlafen.

Die »Mamsell« oder Ausgeberin oder Prinzessin, die in manchen Sagen in der unterirdischen Hofhaltung des Kaisers erscheint, hat verschiedentlich auch einen Namen bekommen, öfters heißt sie Prinzessin Utchen; gelegentlich ist auch von der Frau Hulle die Rede; Kinder, die auf den Kyffhäuser gingen, sahen sie da sitzen und spinnen, und einen großen Berg Flachsknotten hatte sie neben sich liegen.

*

Eine Zeitlang war am Kyffhäuser beständiger Regen; dagegen oben am Berge fand ein Schäfer immer das schönste Wetter. Ja die Sonne hat so warm geschienen, daß Frau Hulle aus dem Berg gekommen ist und einen Haufen Flachsknotten ausgebreitet hat, um sie zu trocknen. Als der Schäfer aber des Abends eingetrieben, ist er unten am Berg wieder ins Regenwetter gekommen und so noch viele Tage. Da hat er den Leuten das seltsame Geschehen erzählt; doch haben sie ihm nicht geglaubt und gesagt, er solle doch zum Beweis ein paar Hände voll Flachsknotten mitbringen. Das hat er versprochen, und wie er auf den Berg kommt, ist alles wie an den früheren Tagen gewesen. So hat er Frau Hulle angegangen, sie möge ihm doch erlauben, daß er ein paar

Hände voll trockener Flachsknotten mitnehme, damit er die Leute überzeuge, was hier für Wetter sei. Da sagt sie, das wolle sie gern erlauben, er solle nur zugreifen und sich alle Taschen vollstecken. Das hat er denn auch getan, und als er nach Hause gekommen ist, sind die Flachsknotten lauteres Gold gewesen.

*

Die alte Frau Holle, von der hernach noch mehr erzählt werden soll, ist in der späteren Kyffhäuser-Sage kaum noch zu erkennen. Königin Holle, so heißt es da, war eine reiche Königswitwe und wurde freventlich ermordet. Da fand ihr Geist keine Ruh im Grabe und schwärmte lange umher, bis sie hörte, der Kaiser Friedrich habe im Kyffhäuser eine Freistatt gefunden. Und da sie sich aus ihrer Zeit erinnerte, daß man ihn immer als einen so gerechten und gütigen Herrn gepriesen hatte, ging sie zu ihm in den Berg, und dort führt sie ihm nun die Wirtschaft und sorgt für alles, was er und die vielen hundert Ritter und Knappen bedürfen, die mit ihm um den großen steinernen Tisch sitzen.

*

Zur Zeit Napoleons I. kam ein französischer Marschall nach Nordhausen, und als er die Trümmer der Kyffhäuserburg sah und hörte, daß sie ein verwünschtes Schloß sei, auf dem es bei Nacht niemand Ruhe lasse, rief er im Übermut: »So will ich die nächste Nacht droben schlafen!« Er hörte auf keine Warnung, sondern ließ sein Feldbett auf dem Kyffhäuser aufschlagen. Und als es Mitternacht war, sandte der Kaiser Friedrich die Königin Holle hinauf und ließ dem Marschall sagen, er möge seinen Herrn, den Kaiser Napoleon, warnen, nicht nach Rußland zu ziehen; denn von da werde er nur in Schmach und Not wiederkehren. Er möge dem Kaiser auch verkündigen: wenn er seinen Ruhm lieb habe, solle er Deutschland räumen; denn er, der Kaiser Friedrich, dulde nicht, daß sein Volk den Franzosen untertänig sei. Und wenn der Kaiser Napoleon diese Mahnung nicht höre, werde er in Jammer und Armut untergehn. Der Marschall eilte am folgenden Morgen nach Halle, wo sich Napoleon gerade aufhielt, und sagte ihm, was die Königin melden ließ, und alle Generale und alle Soldaten baten den Kaiser, nicht nach Rußland zu gehen. Doch er, wie er war, lachte sie aus, und das hat er büßen müssen.

Andere Seelenberge, Frau Holle und Perchte

Ein Mann aus Sättelstedt erzählte, daß alle sieben Jahre das wisse wîbge aus dem Hörselberge trete und sich sehen lasse; das ist ja nun nichts anderes als die weiße Jungfer, die einzelne Totenseele, die aus so vielen Bergen hervorkommt. Aber der Sättelstedter fährt dann fort: auch gewaltiges Getöse werde in dem Berge gehört. Einmal sei sein Bruder abends vorbeigeritten und habe den Unfug deutlich vernommen, nämlich durcheinanderhallende Stimmen und Bechergeklirre. Zuweilen zeige sich ein Eingang, der aber bald verschwinde und dann nicht mehr zu finden sei. Andere wieder sagen: man habe vor dem großen Loch des Berges, obwohl man des Abends den Sand ganz gleichgemacht, doch des Morgens allerhand Fußtapfen gesehen von Menschen und Tieren, die aus- und eingegangen.

Im Hörselberg ist der Aufenthalt des wütenden Heeres, wenn es nicht draußen im Lande umherfährt. Zwei Schäferknechte kamen einmal, von einer Kirmse heimkehrend, mit ihren Sackpfeifen um Mitternacht jauchzend am Berge vorüber. Da stehen plötzlich drei Männer vor ihnen, heißen sie mitgehen in den Berg und ihnen darin aufspielen. In ihrer Leichtfertigkeit und Trunkenheit folgen die Schäfer, wenn auch nicht ohne Angst und Furcht, den unbekannten Männern. Dreizehn Tage sind sie im Hörselberg geblieben und danach still nach Hause geschlichen. Haben auch bis an ihr Lebensende aller Fröhlichkeit vergessen.

*

Es sind nun aber nicht nur Tote, die in diesen Berg kommen und in dem wütenden Heer mitziehen; auch Lebende sind darunter, besonders wohl solche, die sich mit geheimen Künsten und Hexenwerk einlassen. So hat in einem hessischen Hexenprozeß um 1630 ein Mann aus Calbach, namens Diel Breule, gestanden, daß er das Jahr viermal, nämlich alle Fronfasten, in den Venusberg führe zu Frau Holt (wovon in dem hessischen Sagenbuch noch mehr zu erzählen sein wird).

In unserem Thüringen werden öfters, und zwar sonderlich um die heiligen Weihnachten und Fastnachten, nicht allein auf dem Felde, sondern auch in den Städten und Dörfern eine ziemliche Menge Gespenster und Teufelsgestalten gesehen, unter welchen sowohl lebendiger als auch gestorbener Leute Gesichter in großer Anzahl oft erkannt werden. Diese Gespenster erscheinen bald zu Pferde als Reiter, bald zu Fuß wie ein Zug Soldaten und streifen hin und wieder. Vor diesem Teufelsheer zieht ein ansehnlicher alter und grauer Mann einher, welchen sie den »getreuen Eckhart« nennen, mit einem Stecken in der Hand, den er hin und her bewegt und das herannahende Volk vermahnet, daß sie möchten etwas aus dem Wege weichen oder abseits treten oder gar nach Hause gehen, damit ihnen nicht durch ihre Kühnheit und Unbesonnenheit ein unnötiges Unglück über den Hals komme. Nach ihm folgt allerhand Teufels-Geschmeiße in großen Scharen und in allerlei Gestalt, gar greulich und abscheulich anzusehen: etlichen sind die Köpfe abgehauen, etliche tragen das Gesicht auf der Brust, andere haben die Hände und Arme verloren, andere hinken auf einem Fuße oder haben die Beine auf die Schultern gelegt und können dennoch geschwinde fortlaufen; wieder andere sind an große Räder gebunden, die sie ohne Unterlaß herumwälzen. Man hört in diesem Zuge Jägergeschrei, Hörnerblasen, Gebell der Hunde und sieht viele Hasen, die aufgejagt werden; es grunzen Schweine darunter, und brüllen Löwen und andere wilde Tiere.

*

Und von dem Hörselberg haben dann auch, wie der alte Pfefferkorn in seiner Thüringischen Chronik 1685 richtig sagt, die Mönche viel gedichtet und unter anderm vorgegeben, es gehöre dieser Berg zur Werkstatt des Fegefeuers, und die Seelen der Gestorbenen würden darin gequält. Auch andere alte Schriftsteller wissen zu erzählen, daß in dem Berge der Teufel haust und zu ihm die Hexen wallfahrten. Zuweilen erschallt jämmerliches Heulen und Schreien her daraus, das die Teufel und armen Seelen ausstoßen. Im Jahre 1398 am hellen Tage erhoben sich bei Eisenach drei große Feuer, brannten eine Zeitlang in der Luft, taten sich zusammen und wieder voneinander, und fuhren endlich alle drei in diesen Berg. Fuhrleute, die ein andermal mit Wein vorbeigefahren kamen, lockte der böse Feind mit einem Gesicht hinein und wies ihnen etliche bekannte Leute, die bereits in der höllischen Flamme saßen.

*

Vor alten Zeiten lebte ein König von England mit seiner Gemahlin namens Reinschwig, die er aus einem geringen Stand, bloß ihrer Tugend willen, zur Königin erhoben. Als nun der König gestorben war, den sie aus der Maßen lieb hatte, wollte sie ihrer Treu an ihm nicht vergessen, sondern gab Almosen und betete für die Erlösung seiner Seele. Da ward gesagt, daß ihr Herr sein Fegfeuer zu Thüringen im Hörselberg hätte; also zog die fromme Königin nach Deutschland und baute sich unten am Berg eine Kapelle, um zu beten, und ringsumher entstand ein Dorf. Da erschienen ihr die bösen Geister, und sie nannte den Ort Satansstedt, woraus man nach und nach Sättelstedt gemacht hat.

Nach einer andern Chronik war es ein König in Schweden, der im Hörselberg büßte, und als die Königin dahin kam, wo der Berg liegt, fragte sie die Leute, ob sie da nichts hörten. Da sagten sie, daß sie zu Zeiten erbärmlich Geschrei da hörten, und darum ward der Berg Hör Seeleberg genannt, den nun die Leute Hörselberg nennen.

Auch im Singerberg bei Stadtilm hört man zu gewissen Zeiten ein grausenhaftes Rumoren der Geister und derer, die in den Berg gebannt sind, gleich, als wenn wilde Gelage darin gehalten würden. Dazu erschallt Hörnerklang, Peitschenknall und lautes Hallo weithin in die Täler. Mancher ist irregeführt worden, bald durch ein voranflackerndes Licht, bald durch Gestalten oder Rufe und Töne. Wer in der Christnacht zum Singerberge aufschaut, sieht droben zwei große und helle Lichter brennen, die die verwünschte Prinzessin zu Ehren der heiligen Nacht anzündet. Wer aber hinaufsteigt, findet die Kerzen niemals, auch nicht die Stelle, wo sie brennen. Am Berge sollen zauberkräftige Kräuter wachsen. Ruten, in der Mitternachtsstunde droben geschnitten, zähmen das Vieh und gewöhnen es schnell zum Gehorsam. Stämpfel in Butterfässern, deren Holz in den zwölf Nächten auf dem Berge geschlagen wurde, mehren die Butter. Vielen ist aber der Versuch, solches Holz zu holen, übel bekommen.

*

Ein Mann aus Möhrenbach hatte auf der Deube Frucht geladen und fuhr nun zurück, um wenigstens bis Cottendorf zu kommen. Aber nicht lange, so wurde es finster; er konnte keinen Weg mehr sehen, kam in die Irre und wußte zuletzt nicht mehr, wo er war. Da erblickt er auf einmal ein großes erleuchtetes Gebäude, fährt drauf zu und klopft am Tor. Ein altes Männlein mit schneeweißem Kopfe öffnet und fragt nach seinem Begehr. Der Fuhrmann erzählt seine Umstände und bittet, man möge ihn mit seinem Geschirr über Nacht beherbergen. »Fahre herein!« sagte das Männlein, geleitete ihn auf einen großen Hof, half ausspannen und füttern und führte ihn in eine hell erleuchtete

Stube. Da gabs Speise und Trank und hernach ein Lager, darauf der Mann eine gute Ruhe hielt. Am Morgen war das Männchen wieder zur Stelle; das Pferd erhielt sein Futter, und für den Möhrenbacher stand ein gutes Frühstück bereit. Als er dann nach seiner Schuldigkeit fragte, sprach das Männlein: »Verirrte beherberge ich umsonst«, half anschirren und öffnete das Tor. Ob die bunten Gackelstern noch auf Erden lebten, erkundigte es sich vor der Abfahrt. Da der Fuhrmann bejahte, seufzte es ein lautes Ach! und verschwand; das Tor aber schlug mit Krachen zu. Den Mann kommt darüber ein Schrecken an, zumal das ganze Gebäude urplötzlich wieder verschwunden ist und der ihm wohlbekannte Singerberg dicht vor ihm liegt. Danach fährt er nach Cottendorf, durch Gräfinau und Angstedt; aber die Dörfer sind seltsam verändert, und als er daheim angelangt, verwehrt man ihm gar die Einfahrt in sein eigen Haus. Da kommt es denn an den Tag, daß es ihm ergangen wie den andern, die in den Seelenbergen gewesen: volle hundert Jahre hat er im Singerberg geschlafen.

*

In der Gegend von Arnstadt, Ilmenau, Königsee heißt es, das wilde Heer lasse sich besonders in der Frau-Hollen-Nacht (am Dreikönigsabend) sehen, und es kann mithin nicht wundernehmen, wenn Frau Holle, die mit ihm fährt, ihren Sitz im Hörselberg erhält. Aber sie wohnt, wie wir gehört haben, auch im Kyffhäuser. Aus dem Holloch bei Kranichfeld kommt sie mit ihrem Heer hervor, und im Schlachtberg bei Frankenhausen sitzt sie und spinnt, und wer sie äfft, muß hinein und mitspinnen.

*

Den Namen Frau Holle hat sie auch im Magdeburgischen und um Naumburg, Weißenfels und Zeitz. Um Wollmirstedt dagegen, sowie um Eisleben (in Amsdorf, Ober- und Unterröblingen, Erdeborn, Helfta, Volkstädt, Helbra) und von da aufwärts nach der Saale zu in Hedersleben, Dederstedt, Schochwitz, Gorsleben wird sie allgemein Frau Wolle, in dem eine halbe Meile von Gorsleben dicht an der Saale gelegenen Zaschwitz aber, in Wettin und Beidersee Frau Rolle genannt.

*

Hält sie um die Weihnachtszeit ihren Umzug, dann legen die Mägde in Thüringen ihren Spinnrocken aufs neue an, umwinden ihn mit vielem

Werg oder Flachs und lassen ihn über Nacht stehen. Sieht Frau Holle im Vorüberziehen dergleichen Rocken, so spricht sie: So manches Haar, so manches gute Jahr. Am Tage der Heiligen Drei Könige aber muß sie wieder umkehren und einziehen in den Hörselberg. Trifft sie dann unterwegs noch Flachs auf dem Rocken an, so lautet ihr Spruch: So manches Haar, so manches böse Jahr. Deshalb reißen abends vorher die Mägde alles von ihren Rocken herunter, was sie bis dahin nicht abgesponnen haben; ja sie brennen sogar die kleinen Flachsfäserchen mit Schleusenlicht sorgfältig ab, damit ja nichts daran bleibe und ihnen kein Übel entstehe, wiewohl die meisten sich befleißigen, alles angelegte Werg vorher im Abspinnen herunterzubringen.

In Buttstädt bei Weimar erzählte ein alter Mann dem Sammler Emil Sommer, es sei in seiner Jugend Sitte gewesen, in den zwölf Nächten in den Garten zu gehen, an allen Obstbäumen zu rütteln und ihnen zuzurufen: »Bäumchen, schlaf nicht, Frau Hulle kommt!«

*

In der Gestalt eines Fruchtbarkeit spendenden Wesens kennt sie auch der Dr. Luther; er spricht von der »Frau mit der Potznasen, die umhängt ihren alten Treudelmarkt, den Stroharns (Strohharnisch) und scharret daher mit ihrer Geigen.« In diesem Aufzug, in Stroh und Lumpen, erscheinen in Sage und Brauch auch sonst die Wachstum fördernden Geister des Pflanzenreichs und Feldbaus, z. B. das Kornweib. Für die »gute Frau« ließ man in Völkershausen, für die »arme Frau« in Tiefenort auf dem Felde ein Halmbüschel stehen; wenn hiermit auch wohl besondere Korngeister in der Art der Roggenmuhme gemeint waren, so ist doch aus dem benachbarten Niedersachsen, aus der Göttinger Gegend, ein ähnlicher Erntebrauch ausdrücklich für Frau Holle bezeugt.

Frau Holle, die man in ganz Thüringen kennt, ist ein kleines buckliges Mütterchen. Sie ist sehr häßlich und spielt den Leuten manchen bösen Streich, besonders wenn sie in den zwölf Nächten spinnen. Sie macht dann, daß die Kühe Blut statt Milch geben, daß das Garn ungleich wird und die Leinwand bald zerreißt. Man fürchtet sie und spricht nur Gutes von ihr: das Böse flüstert man sich leise zu. Und wenn ein verwegener junger Bursch in der Spinnstube über sie spotten will und eine alte Frau dabei sitzt, springt sie wohl auf, hält ihm den Mund zu und murmelt, indem sie ängstlich nach dem Fenster sieht: »Gott segn' uns, wenn sie das gehört hat.«

Während in der ersten Sage vom Umzug der Frau Holle das fleißige Spinnen in den zwölf heiligen Nächten gelobt und belohnt wird, herrscht manchmal ein anderes Gefühl vor, das der Furcht vor dem geheimnisvollen, mächtigen Wesen: die Ruhe der heiligen Nächte, in denen sie gleich andern Dämonen umgeht, darf nicht durch die Spinnarbeit gestört werden. Das glaubte man am linken Saalufer und auch bei Sondershausen: In den zwölf Nächten geht Frau Holle umher und sucht in jedes Haus zu kommen. Sind die Türen verschlossen, geht sie durch die Fenster, selbst durch die Küchenfenster, wenn sie offenstehen. Findet sie die Rocken den Christabend oder den Abend vor dem heiligen Dreikönigstage nicht rein abgesponnen und die Spinnräder noch in der Wohnstube stehen, so sind am Morgen die Spinnrocken zerzauset, die Rockenbänder lose und Häckerling und anderer Unrat in den Flachs der Rocken gemischt. Ein Spinnrad, über dem Frau Holle gewesen ist, geht nicht mehr und »garnt« nicht mehr.

*

Der Frau Holle begegnete bei ihrem Umzuge zur Weihnachtszeit ein Bauer mit einer Axt. Diesen hat sie angeredet, daß er ihr den Wagen verkeilen oder verschlagen sollte. Der Bauer tat, wie ihm geheißen war, und als er die Arbeit getan und den Wagen wieder instandgesetzt hatte, befahl ihm Frau Holle, die Späne aufzuraffen und als Trinkgeld mitzunehmen. Da ihm das aber vergeblich und unnütz vorkam, ließ er sie meistenteils liegen und nahm nur ein Stück oder drei für die Langeweile mit. Als er nach Hause kam, waren dieselben in seiner Tasche zu Dukaten geworden. Nun bedauerte er den Verlust oder die Verscherzung der übrigen Späne, aber zu spät. Denn als er umkehrte, sie zu suchen und zu holen, war nichts mehr zu sehen und alles verschwunden – eine Geschichte, die man in Thüringen an vielen Orten zu erzählen wußte.

*

Im Vogtländischen spricht man schon weniger von der Frau Holle, viel mehr von der Perchte, von der hernach noch zu erzählen sein wird. In Leumnitz, Mörsdorf und anderen Orten wird der Name Holle ebenso gebraucht wie Sauzehl (der Wirbelwind). So scheinen die Leute auch an manchen Orten zu meinen, daß die Werre irgendwie mit dem Wirbelwind zu tun habe; die Werre ist aber nichts anderes als ein Name, der in diesen Gegenden auch für die Holle im Gebrauch war, wahrscheinlich, weil sie den Rocken beschädigte und verwirrte.

Der Dachdecker Z. in Langenberg, der die schwarze Kunst verstand, bot einmal am Werrenabend einem Mann an, im Nu mit ihm nach Dresden zu fahren; der dankt aber dafür, denn es hieß, die Fahrt geschehe im Hinterteile der Werre.

*

Von der Perchte erzählt man nur im Orlagau und daneben noch im Saalfeldischen; ihre eigentliche Heimat scheinen die Lande der bayrischen Mundarten zu sein, von da aus geht die Perchtensage einerseits ins Alemannische, anderseits ins Fränkische hinüber und erreicht in den ebengenannten Bezirken Thüringens den nördlichsten Teil ihres Gebietes; sie ist also im wesentlichen süddeutsch, während Frau Holle Mittel- und Norddeutschland angehört. Die Percht erscheint in Gestalt einer Frau, deren Aussehen aber anscheinend nicht genau beschrieben wird. Bestimmter heißt es einmal in einer Aufzeichnung von 1790 aus dem Saalfeldischen: sie ist ein zottiges Ungeheuer.

*

In dem fruchtbaren Saaletal zwischen Bucha und Wilhelmsdorf hatte Perchta, die Königin der Heimchen, ihren Wohnsitz, und ihre unsichtbare Nähe verbreitete Glück, Gedeihen und Heiterkeit über die ganze Flur. Mit den Heimchen aber waren die Einwohner so befreundet, daß sie sich bei ihren Arbeiten an den Spielen und Neckereien der Kleinen, an ihrem plötzlichen Erscheinen und Verschwinden ohne Furcht und Scheu ergötzten. Wenn der Bauer seinen vollen Erntewagen von steilen Höhen herab nach Hause fuhr, saß oft ein Heimchen, bekränzt mit Ähren, jubelnd auf dem Zugvieh, und sicher und wohlbehalten kam der reiche Segen der Felder in die Scheuer; breiteten die Leute auf ihren Wiesen die Heuschober aus, so geschah es nicht selten, daß ein freundliches Heimchengesicht ihnen daraus entgegenkicherte, und bei der Obsternte fiel mit der reifen Frucht wohl auch ein Heimchen vom Baum herunter und verschwand mit schalkhaftem Gelächter. Auf Perchtas, ihrer Königin, Gebot mußten die Heimchen die Felder und Fluren der Menschen bewässern, während sie selbst unter der Erde mit ihrem Pfluge ackerte und den besten Samen ausstreute, wenn droben die Leute ihre Felder bestellten.

So lebten die Leute dort lange Zeit ein glückliches frohes Leben, später veruneinigten sie sich mit Perchte; das geschah so: Es kam ein Mann aus der Fremde und sagte, man dürfe der Perchte nicht trauen; die Kleinen, über die sie regiere, das seien Menschenkinder, die vor der Taufe gestorben und dadurch Perchta zum Eigentum verfallen wären. Einmal im Jahre, in der Nacht vor dem heiligen Dreikönigsfeste, sei ihr die Macht gegeben, ihre Tücken an den Menschen auszuüben. Da wurden den Menschen die Heimchen unheimlich, man mied sie ängstlich und schloß die Kinder in die Wohnungen ein.

*

Am nächsten Perchtenabend wurde der Fährmann im Dorfe Altar noch spät in der Nacht bestellt, es war um die zwölfte Stunde. Und als er zum Saaleufer kam, sah er eine große hehre Frau, umgeben von weinenden Kindern. Erschrocken dachte der Mann daran, daß Perchtenzeit sei und wollte zurück in seine Wohnung; aber die Frau forderte drohend Überfahrt über den Fluß. Sie trat in das Fahrzeug, die Kleinen folgten und schleppten einen Ackerpflug und eine Menge andern Gerätes zu ihr hinein unter lautem Wehklagen, daß sie die schöne Gegend nun verlassen müßten. Der Schiffer begann die Fahrt, und als Perchte am andern Ufer angelangt war, gebot sie ihm, nochmals zu fahren und die zurückgebliebenen Heimchen vollends herüber zu holen. Auch das geschah. Unterdessen hatte Perchta am Ackerpfluge gezimmert, deutete auf die Späne und sprach zum Fährmann: »Da nimm, das sei der Lohn für deine Mühe!« Mürrisch steckte der Mann drei von den Spänen ein, warf sie zu Hause auf das Fensterbrett und sich selbst geängstigt ins Bett. Am Morgen lagen drei Goldstücke an dem Platze, wohin er die Späne gelegt hatte.

Nach dieser Erzählung gingen im Orlagau zwei verschiedene Überlieferungen von den Heimchen nebeneinander her, die hier zu einer Sage verknüpft sind. Nach der einen sind die Heimchen eine Art elbischer Wesen, gleichen in ihrem ganzen Gebaren dem Zwergenvolk; nach der andern sind sie die Seelen ungetaufter verstorbener Kinder, und Perchte ist die Führerin dieser Seelenschar. Die letztere Sage ist ganz gewiß die ältere; das Geschlecht der Zwerge ist erst hervorgewachsen aus dem unterirdischen Totenreich, wie überhaupt die Elben aus dem Totenvolk; freilich haben sie dann ganz eigene Züge, eigene Gestalt, eigenes Leben gewonnen. Die Erzählung vom Abzug und von der Überfahrt, die überall den Abschluß der Zwergensage bildet, ist aus dieser hier auf die Heimchen übertragen worden; es lag nahe, weil sie ja schon immer unter einer Führerin zogen. Aber nicht ab, sondern umher. Das Alte und Ursprüngliche an der Sage ist also der Umzug der Perchte mit den Heimchen, den frühverstorbenen, noch durch keine heilige Handlung vor Dämonenmacht geschützten Kindern in der Dreikönigsnacht auf Wagen oder Pflug.

*

Einer jungen Frau war das einzige Kind gestorben. Sie weinte über alle Maßen und konnt sich nicht zufrieden geben. Jede Nacht lief sie hinaus auf das Grab und jammerte, daß es die Steine hätte erbarmen mögen. In der Nacht vor dem heiligen Dreikönigsfeste sah sie Percht nicht weit von sich vorüberziehen. Und gewahrte, den andern Kindern hinterdrein, ein kleines mit einem ganz durchnäßten Hemdchen angetan, das in der einen Hand einen Krug mit Wasser trug und, matt geworden, den übrigen nicht folgen konnte. Ängstlich blieb es vor einem Zaune stehen, den Percht überschritt und die andern Kinder überkletterten. In diesem Augenblicke erkannte die Mutter ihr Kind, eilte hinzu und hob es über den Zaun. Während sie es in den Armen hielt, sprach es: »Ach wie warm sind Mutterhände! Aber weine nicht so sehr, du weinst mir meinen Krug sonst gar zu schwer und voll; da sieh, ich habe mir mein ganzes Hemdchen schon damit beschüttet.« Da weint sich die Mutter noch einmal herzlich aus.

*

Zu einer andern Zeit ging in derselben Nacht eine Spinnerin aus der Rockenstube von Neidenberga nach Hause ins Altar. Sie hatte rein abgesponnen und war wohlgemut. Da kam ihr den Berg herauf Percht entgegengeschritten mit dem großen Zuge ihrer Heimchen, alle Kinder von gleicher Art und Größe. Mühsam schob ein Teil der Kleinen an einem schweren Ackerpfluge; ein anderer war mit allerlei Wirtschaftsgerät beladen, alle aber klagten laut, daß sie keine Heimat mehr hätten. Über diesen wunderlichen Zug lachte die Dirne von Herzensgrunde laut auf. Darüber schreckten die Heimchen zusammen, ließen den Pflug los und das Gepäck fallen, und beides rollte den steilen Abhang des Berges hinunter. Zürnend trat Percht vor die leichtfertige Dirne und blies sie an, daß sie auf der Stelle erblindete. Das arme Mädchen irrte die ganze Nacht umher; erst am Morgen gelangte sie mit Hilfe anderer Leute in ihr Dorf. Sie war unglücklich, konnte nicht mehr arbeiten und saß traurig am Wege und bettelte. Als das Jahr verstrichen war und Percht am Abend vor dem Dreikönigsfest wieder in Altar einkehrte, bettelte die Blinde, weil sie niemand erkannte, auch die vorüberziehende hohe Frau an und erzählte wie gewöhnlich die Geschichte ihres Unglücks. »Es ist wahr«, sprach

Percht gütig, »voriges Jahr blies ich hier ein Paar Lichtlein aus, so will ich sie heuer wieder anblasen«, und bei diesen Worten hauchte sie der Magd in die Augen, die alsbald wieder sehend wurden.

*

Ähnliches wie jener Bauer, der Frau Hollens Wagen verkeilen mußte, erlebte der Wagnermeister aus Kolba bei Neustadt a. O. in der Perchtennacht, als er von Oppurg nach Hause ging. Am Ufer der Orla stieß er auf Perchte und mußte ihr den zerbrochenen Pflug zimmern, den die Heimchen klagend umringten. Von den abgefallenen Spänen hatte er nichts mitnehmen wollen; aber es war ihm ein Span in den Schuh gefallen und hatte ihn auf dem Wege gedrückt. Als er nun den Schuh auszog, siehe, da rollte ein blankes Goldstück heraus. Jahr und Tag vergingen; da macht sich ein Geselle, der die Erzählung mit angehört hatte, in der Perchtennacht auf den Weg und wartet an der Orla, da wo sein Meister auf Perchta getroffen war. Bald kommt sie mit ihrem Kinderzuge. »Was suchst du hier um diese Zeit?« rief sie zürnend. Jener zeigt auf sein Beil, stottert etwas von Hilfe und von Spänen aus dem Ackerpfluge, die er gern haben möchte. »Diesmal bin ich mit Werkzeug besser versehen. Du aber nimm hin, was dir für solche Mühe gebührt!« spricht Perchte und haut ihn mit ihrem Beil in die Schulter, daß er zeitlebens einen schiefen Hals behielt.

*

Und wie Frau Holle verlangt auch Percht eine Ehrung durch Feierruhe an ihrem Abende. So war zu Langendembach eine alte Spinnfrau, die im ganzen Winter so fleißig spann, daß sie allen Frauen und Mädchen zum Muster dienen konnte. Selbst am Abend vor dem Dreikönigsfest setzte sie nicht aus, obwohl Sohn und Schnur warnend sagten: »Wenn die Perchte kommt, wird es Euch übel gehen!« »Ei was«, gab sie zur Antwort, »Perchte bringt mir keine Hemden, ich muß sie selbst spinnen.« Nach einer Weile wird das Fenster aufgeschoben, Perchte schaut in die Stube und wirft ihr eine Menge leere Spulen zu mit der ernsten Weisung, sie in einer Stunde vollzuspinnen, sonst werde es ihr schlimm ergehen. In ihrer Angst und Not faßte sich die Spinnerin ein Herz, spann in aller Eile einige Reifen auf die Spulen und warf sie insgesamt in den Bach, der an dem Hause vorüberfloß. Dadurch mag die Perchte versöhnt worden sein; wenigstens erzählt die Sage nichts von einer Bestrafung der alten Spinnfrau.

*

Bei einem ihrer Umzüge fand Percht zu Oppurg eine Spinnstube voll von Rockengästen. Schäkernd erzählte eine Spinnerin von der andern, was sie Lächerlichs aus deren Leben wußte, und laut wurde der Jubel, wenn die Angegriffene sich nicht zu verteidigen vermochte. Hoch erzürnt darüber, reichte Percht nach der Zahl der Spinnerinnen zwölf leere Spindeln oder Spulen durch das Fenster und gebot drohend, sie in Zeit von einer Stunde vollzuspinnen bis zum Rande. Verzweiflung ergreift die vorher so vergnügten Spinnerinnen; denn der Gefürchteten zu entfliehen und den Rocken im Stiche zu lassen, wagte keine; aber auch an die zugewiesene Arbeit zu gehen, fiel ihnen nicht ein, da sie in der vorgeschriebenen Zeit selbst von der geschicktesten Spinnerin nicht geleistet werden konnte. Da springt ein keckes Mädchen auf den Dachboden, holt einen Wickel Werrig und umwickelt die leeren Spulen. Dann überspannen die Mädchen das Werrig ein-, zwei- bis dreimal, so daß sie voll schienen. Als Perchte zurückkam, überreichte man ihr die gefertigte Arbeit, und kopfschüttelnd zog sie damit ab.

*

Wenn Perchte in der ihr gehörigen Nacht vor den Heiligen Drei Königen die Rockenstuben untersucht, dann geht es allen schlimm, die am Tag keine Zemmede gegessen haben; denn denen schneidet sie den Leib auf, nimmt die ungehörige Speise heraus und füllt Wirrbüschel und Steine hinein. Dann näht sie zu – braucht aber statt der Nadel eine Pflugschar und statt des Zwirns eine Röhmkette.

Riesen

Die Sagen Thüringens befassen sich nicht viel mit ihnen. Das Land ist zu sanft, als daß sie sich in ihm sonderlich wohl gefühlt haben könnten. Da fehlen die Hünenbetten Westfalens und der Wesergegend, die Sturmfluten der Küste; da tobt kein Föhn, donnert keine Lawine, die Wildwasser brausen nicht durch zerklüftete Trümmer, und die Felsen steigen nicht in wildem Aufbau empor wie im Hochgebirge. Und wo Natur- und Menschenwerke, seien es abseits liegende Felsstücke, geschichtete Ringwälle, Felstreppen und vorspringende Kanzeln, unerklärliche Kräfte voraussetzen, da werden sie meist dem schwarzen Bruder des Riesen, dem Teufel zugeschrieben, der im Volksbewußtsein viel länger lebendig geblieben ist.

*

Die Vermischung vom Riesen und Teufel ist besonders in einer Sage aus der Gegend von Bischofsheim erkenntlich: Der Schwarzbach, der vom Heidelstein herunterkommt, bildet zur Zeit der Schneeschmelze sowie nach starken Regengüssen einen ansehnlichen Wasserfall, von dem mitunter auch große Basaltbrocken hinab in ein Becken gestürzt werden. In dieser »Teufelsmühle« bleiben sie noch eine Weile in kreisender Bewegung, und viele Leute wollen einen schwarzen Riesen gesehen haben, der an der steilen Wand auf- und abklettert oder mit einer mächtigen Stange den Mahlstein im Becken herumrührt.

*

Von Osten herüber kam einst ein Riese, bedrängt von einem andern, und ließ sich ermüdet mitten in ungeheuren Wäldern auf einem Berge nieder, der nach ihm Gerwigsberg genannt wurde. Verweilte daselbst längere Zeit, errichtete seinen Göttern zwei Altäre und zog dann abwärts zu dem Sameichigt (jetzt Sämig oder Semtig), wo er auf der Hohen Warte (a. d. Saale) von einem Helden des Westens empfangen wurde, mit dem er sich vereinigte.

*

Auch bei Neunhofen war einer, der Riese Tod. Er saß um die Frühjahrszeit auf dem Felsstück, das die Spitze des Totensteins bildet, und plätscherte mit seinen Füßen in der tief unten vorbeifließenden Orla. In der zwölften Stunde kehrte er das Gesicht von Süden gen Westen, schritt über die gegenüberliegende Berghöhe und verschwand in dem großen Garten bei der alten Kapelle zu Grobitz.

*

Schulze Lisebet aus Oberkatz erzählte: »Sie haben sonst hier herum wie drunten im Werragrund viel von unmenschlich großen Leuten erzählt. Die hätten drüben auf dem Dolmar und hier auf der Geba gewohnt und eine so starke Sprache gehabt, daß sie sich von einem Berge zum andern haben zurufen können. So wären die Weiber der Unmenschen gar fleißige Spinnerinnen gewesen. Das Garn hätten sie dann in der Werra ausgewaschen, dabei mit dem einen Bein hüben, mit dem andern drüben gestanden und einen solchen Heidenspektakel in dem Wasser gemacht, daß selbst die Fische mit herausgespritzt wären.

*

Ein Riese mähte einst Gras auf einer Lichtung des Ettersberges; ein anderer stand auf der nördlichen Höhe von Buttelstedt. Der rief jenem zu: »Meine Sense ist stumpf geworden, wirf doch einmal deinen Wetzstein herüber!« Jener erfüllte den Wunsch und warf seinem Nachbar den Stein hinüber. Dieser Wetzstein ist noch heute fünfhundert Schritt von Buttelstedt an dem Wege in einem uralten, verwitterten, spitzzulaufenden Steinhaufen auf einem Postamente zu sehen.

*

Die beiden Riesen von Eisfeld, die auf den Bergen der Burg Grub und der Burg Schaumberg gestanden haben sollen, warfen sich gegenseitig ihre schweren Hämmer, auch Streitäxte und große goldene Kugeln zu, oder sie bespritzten sich mit Wasser, das sie in Stundenweite durch die Luft schleuderten.

*

Ein Knabe aus Dittersdorf, der mit seinem Vater Besenreiser schnitt, tat einen Blick in eine Riesenhalle, darin alles Gerät aus gediegenem Gold gefertigt war, der Goldbröcklein gar nicht zu gedenken, die den Boden wie Kies bedeckten. In der Halle begann eine Kegelbahn und führte über das ganze Schwarzatal hinüber bis zum Böhlscheiber Berg. Die war aus blankem Stahl geschmiedet, und goldne Türmchen standen als Kegel am Ende. Die Riesen aber ließen ihre goldenen Kugeln gleich Monden auf der spiegelblanken Bahn hinausrollen.

*

In derselben Gegend, auf der Hünkuppe, wohnte eine Hünin mit ihrer Tochter. Die Tochter fand auf dem Gemeindeberge einen feldpflügenden Bauer, tat ihn mit Pflug und Ochsen in ihre Schürze und trug ihrer Mutter den kleinen Kerl mit seinen Kätzchen hin. Zornig befahl die Mutter, Mann, Tier und Pflug augenblicklich wieder an Ort und Stelle zu bringen. »Sie gehören zu einem Volke«, sagte sie, »das den Hünen großen Schaden zufügen kann.« Bald darauf verließen beide die Gegend.

*

Ein Dittersdorfer Mann, der die Hünkuppe durchstreifte, um Jochweiden zu suchen, erblickte plötzlich eine Riesin, die auf einem großen Felsblocke saß und ihr Kind auf dem Schoße wiegte. »Da, setz dich her«, sagte die Riesin zu ihm, »und warte mein Kind! Unterdeß will ich dir eine Weide suchen, die so lange hält, daß du sie nicht überlebst.« Der Bauer hatte, das große Kleine scheu anblickend, eine Zeitlang seiner gewartet, als der Säugling so heftig zu schreien anfing, daß sich der Mann vor Grausen eiligst davon machte. Als er sich endlich umblickte, da er sich sicher glaubte, sah er die Riesin mit einer goldenen Rute in der Hand auf seinen Fersen folgen. Je mehr er rannte, desto größere Schritte machte das Hünenweib. Schon setzt er den einen Fuß in sein Tor, da trifft ihn ein Schlag der goldenen Rute, und halbtot sinkt er nieder. Die Rute war ein ausgewachsener Birkenstamm von Gold, und hätte er standgehalten, so wäre dieser ihm zuteil geworden.

*

Am Strande der Saale, besonders aber in der Nähe von Jena, lebte ein wilder und böser Riese. Auf den Bergen hielt er seine Mahlzeit, und auf dem Landgrafenberg heißt noch ein Stück der Löffel, weil er da seinen Löffel fallen ließ. Er war auch gegen seine Mutter gottlos, und wenn sie ihm Vorwürfe über sein wüstes Leben machte, so schalt er sie und schmähte und ging nur noch ärger mit den Menschen um, die er Zwerge hieß. Einmal, als sie ihn wieder ermahnte, ward er so wütend, daß er mit den Fäusten nach ihr schlug. Aber bei diesem Greuel verfinsterte sich der Tag zu schwarzer Nacht; ein Sturm zog daher, und der Donner krachte so fürchterlich, daß der Riese niederstürzte. Alsbald fielen die Berge über ihn her und bedeckten ihn; aber zur Strafe wuchs der kleine Finger ihm aus dem Grabe heraus. Dieser Finger ist ein langer schmaler Turm auf dem Hausberg, den man jetzt den Fuchsturm heißt.

*

Zwischen Ziegenrück und Gössitz umspült die Saale in weitem Bogen einen Felsen, der das Flußbett hoch überragt und vom Volke Riesenstein genannt wird. Dort wohnte ein Riese mit seinem Weib, und ihnen gegenüber auf dem Drachenstein hauste ein furchtbarer Drache, der sich Menschen und Vieh zum Fraß holte. Der Riese zog mehr als einmal zum Kampfe gegen ihn aus, vermochte aber nichts auszurichten; denn sooft er daran war, das Untier zu überwältigen, erhob es sich auf seinen breiten Flügeln in die Luft. Wenn Riese und Drache miteinander kämpften, so dampften die Felsenhöhen, und der Grund erbebte. Nun hatte der Riese von seinem Weibe einen einzigen Sohn; den raubte der Drache, als er ihn unbehütet fand, führte ihn dahin, und die Eltern hörten mit Schrecken das Wehegeschrei ihres Kindes über sich in den Lüften. Da packte der Riese ergrimmt einen Stein und schleuderte ihn mit gewaltiger Kraft nach dem Drachen, traf ihn auch und sah ihn mitsamt dem Kind in die Saale stürzen. Ein Fels, den er im Sturze berührte, zerbarst und begrub ihn und das Riesenkind. Der Wurfstein blieb an der Stromkrümme am Ufer liegen; darauf trat der Riese so heftig vor Schmerz und Zorn, daß sein Fuß sich einprägte. Der Saalefischer aber hat von je die verrufene Stelle gemieden.

Zwerge, Berggeister, Kobolde

Namen und Sitze

Die Bezeichnungen für die kleinen Leute sind in Thüringen außerordentlich verschieden: Wichtel, Gupel, Erdmännchen, Heimchen, Zwerge, Quergel oder Querliche, Zinselmännchen, Böhlersmännchen, Schlätzlä und Hütchen – ohne daß mit den abweichenden Benennungen eine scharfe Gliederung in unterschiedliche Gruppen gegeben wäre; ebensowenig ist eine klare Grenzlinie für die Zwerge gegen Moosleute, Kobolde und Berggeister zu ziehen. Als besondere Wohnsitze werden genannt der Scherbeda (einer der Waldhügel bei Förtha), das nunmehr abgebrochene Geysosche Schloß zu Roßdorf, die Bernshäuser Kutte, das Zinselloch bei Meschenbach, die Zwerglöcher bei Gera, die Burg bei Weida, die Kammerlöcher bei Angelroda, das Querlichloch bei Garsitz, das Jonastal bei Arnstadt. Über das Aussehen der Zwerge sind sich die Sagen nicht einig. Bald erscheinen sie mehr als menschliche Verkleinerungen, bald auch krüppelig, greulich, höckerig, mit runzligem Kopf und schwapplichem Kropf. Die Männchen, die man in Roßdorf sah, trugen kleine Dreimaster, rote Röckchen, kurze weite Hosen, lange Strümpfe und Schuhe mit gewaltig hohen Absätzen, die Weibchen dagegen kleine zweiteilige Schnepphauben und weiße Röckchen.

*

Ganz anders wieder waren die, die ein Bernshäuser Bauer beobachtete: kleine schwarze Männchen, die an der Ostseite der Kutte spielten. Indem er näher trat, um sie genauer zu betrachten, sprangen sie Hals über Kopf in den tiefen Wasserkessel. Und als ein andermal ein Kreiser mit seinem Jungen an der nämlichen Stelle vorüberging, da sprach der Kleine: »Vater, guck dort! Sind denn die Schlotfeger schon wieder da!« Der Kreiser aber, der die am Rande der Kutte spielenden kleinen schwarzen Männchen schon längst kannte, faßte die Hand seines Kindes und zog so rasch als möglich mit ihm vorüber.

*

Ein Meschenbacher Bauer traf auf seinem Erbsenacker einen ganzen Haufen Zinselchen. Sie machten sich sehr lustig, sprangen und hüpften durcheinander über die Furchen und verspeisten viele Schoten. Das ärgerte den Bauer. Er haschte nach ihnen, konnte aber ihrer keines erwischen; nur das Mützchen von einem ergriff er und hielt es fest. Da stellt sich das Zinslein überaus kläglich und bat flehentlich um das Mützchen, da es ohne selbiges nicht nach Hause kommen dürfe. Es wollte dem Bauer auch zum Lohne seiner Güte eine Wünschelrute auf den Acker stecken; mit deren Hilfe könnte er einen großen Schatz finden. Darauf gab der Bauer das Mützchen zurück, er wußte nicht, daß er den besten Schatz in Händen gehabt hatte; denn wer ein Zwergenmützchen oder Nebelkäpplein besitzt, kann sich jederzeit unsichtbar machen. Das Zwerglein nahm rasch sein Mützchen, setzte es auf und war augenblicklich dem Auge des Bauern entrückt. Und als er auf seinen Acker kam, steckte nicht *eine* Rute darauf, sondern alles war voll Ruten. Da suche einer die richtige heraus!

*

Der Schäfer von Kupfersuhl trieb einmal dort oben, nicht weit vom Wackenhof auf der Trift an den alten Schächten vorbei. Da kommt aus einem der Löcher in der Nähe des Teiches auf einmal ein kleiner Wichtel herausgehüpft, dreht sich auf dem Absatz herum und ruft in das Loch hinein: »Werft mir einmal mein schwarz Käppchen heraus!« Und plautz, kam eins geflogen. Der Wichtel setzte es auf – fort war er. Da dachte der Schäfer: Hm, willst es auch einmal probieren! Trat vor das Loch und rief: »Werft mir einmal mein schwarz Käppchen heraus!« Und plautz, hatte er auch eins. Der Schäfer setzt es ebenfalls auf, und sogleich sah er den Wichtel wieder vor sich stehen. Die beiden machten nun Freundschaft, und der Schäfer versprach, mit dem Kleinen zu ziehen. Der gab ihm zuvor noch allerlei guten Rat: Es werde alles gutgehen, wenn er sich unterwegs nur vor Speisen hüten wolle, in denen Kümmel sei. Der Schäfer versprachs, und fort gings durch die Lüfte. Als sie gegen Mittag hungrig auf einen Pachtershof kommen, setzen sie sich ungesehen zu den Leuten an den Tisch und lassen sichs herrlich schmecken. Auf einmal kommt aber Zwiebelbrühe mit Kümmel. Der Wichtel legt den Löffel beiseite; unser Schäfer dagegen vergißt sich richtig, und kaum hat er etwas zu sich genommen, so wird ihn die ganze Tischgesellschaft gewahr, und der verblüffte Pachter nahm ihn gehörig ins Gebet. Er mußte beichten, woher er sei und wie er so plötzlich unter sie gekommen, und war zuletzt froh, daß er den weiten Rückweg mit heiler Haut antreten durfte.

*

Bei Kupfersuhl spielt noch ein ander Stück. »Mein Vater selig«, sagte der Christian vom Wackenhof, »hats genug mal erzählt, wie's vordessen hierum von Wichteln gewiebelt und gewabelt hat; wer sie nur so hat sehen können. Bei uns hier auf dem Wackenhof hatten sie sich auch eingenistet und waren den Knechten und Mägden gar behilflich bei der Arbeit. Hunde und Pferde dagegen mochten sie nicht leiden und übten an ihnen allen Schabernack aus. Nun hatte – ich glaub, es war mein Ellervater – der hatte einen Schimmel im Stalle. Den durfte er kämmen und striegeln, wie er wollte – am andern Morgen war er wieder so struppig und widerhaarig wie zuvor, und Mähne und Schwanz waren jedesmal in so miserable Zöpfe geflochten, daß sie kaum wieder auseinandergekluppert werden konnten. Und das hatten nur die Wichtel getan.« – Noch ärgerlicher wars auf dem Gerstunger Schloß. Die eingestellten Pferde waren im Stalle nicht zu halten, wenn man sie auch an doppelte Ketten legte. Sie rissen alles entzwei, schäumten, wüteten und tobten so lange, bis sie hinausgebracht wurden.

*

Viele Sagen wissen vom Diebsgelüst des kleinen Volkes, andere von ihrer Tücke und Rachsucht. Auf einer Hochzeit in Pennewitz waren auch Querliche. Da man sie geneckt hatte, sprangen sie auf den Schüsselrand, tanzten darauf herum und versalzten die gute Kümmelbrühe.

*

Ein Knecht ackerte bei den Eisengruben, einer Bergwand zwischen Wilhelmsdorf und Dobian. Da hörte er ganz in der Nähe, obwohl es niemand sah, ein leises Gerede verschiedener Stimmen, und als er recht aufmerksam hinhorchte, vernahm er folgendes Gespräch:

»Na, Trude, flugs den Kehrbesen her!«
»Geduld, was eilt es euch denn sehr?«
»Will backen.«
»Back heut ebenso,
Im Ofen brennts schon lichterloh.«
»Nun gar, was backt ihr denn für Kuchen?«
»Vorbacken.«
»Und ich Käsekuchen.«

»Ei, habt ihr ausgebacken«, rief laut und vorlaut der Knecht, »so bringt mir auch ein Stück von euerm Vorbacken und von euerm

Käsekuchen!« Bald darauf legt sich der Knecht zur Mittagsruhe nieder, und als er erwacht und weiterackern will, liegen zwei große Kuchenstücke, das eine Vorbacken, das andere Käsekuchen, auf seinem Ackerpfluge. Ihm graut vor der unheimlichen Mahlzeit, und er wirft den Kuchen vom Pfluge herunter, doch sofort liegen beide Stücke wieder darauf. Seine Angst und sein Grauen wächst, und zuletzt schleudert er den Kuchen so weit von sich, als er nur vermag. Nun bleibt zwar die verschmähte Gabe weg, und der Knecht eilt nach Hause – erkrankt aber und stirbt.

*

Daß das kleine Volk unter der Erde sich nicht bloß auf Brot- und Kuchenbacken verstand, sondern von ihm das Gedeihen des Brotkorns, wie der Feldfrüchte überhaupt abhing, geht aus Erntegebräuchen hervor. Man ließ eine Arvel Halme – nur Hafer war ausgeschlossen – auf dem Felde stehen, band sie unter den Ähren mit Feldblumen zu einem Strauß oder einer Puppe zusammen, bildete den Halmbusch wohl auch zu einer menschlichen Figur aus, die man den Alten, Waldmann, Feldmann, *Wichtelmann* nannte. Noch vor hundert Jahren sammelten sich die Leute um ihn, reichten sich die Hände und umtanzten ihn. Vor dem Beginn der Lustbarkeit aber zog der Vorschnitter seinen Hut und sprach einen frommen Spruch. In Möhra kam einst ein hachiger Bauer hinzu, brummte: »Wozu die Dummheiten?« schnitt den Strauß auf und warf die Ähren auf das nächste Geleg. Aber das mußte er büßen. Als er im nächsten Jahre wieder Korn bestellt hatte, kamen die Wichtel und klupperten in einer Nacht alle Saatkörner aus dem Boden. Ein anderer Geizhals dachte: Gehts beim Hafer ohne Feldmann, so gehts auch beim Korn! und handelte wie jener. Er hatte die nächste Aussaat kaum gemacht, so kamen gegen Abend die Kraken (Krähen) und fraßen sie weg. Der »Alte« wird jene Ährenpuppe auch in anderen deutschen Gegenden, z. B. in Mecklenburg, genannt; er ist der Korngeist, der sich bei der Ernte in die letzten stehengebliebenen Halme zurückzieht. Der Name Feldmann bedarf mithin keiner Erklärung, und auch die Bezeichnung Waldmann kann nicht befremden. Da sich nämlich in den Bäumen das Pflanzenleben am mächtigsten entfaltet, so mochte der Geist des Waldes wohl Kraft haben, auch über das Gedeihen der Saaten zu gebieten. Und wenn jener Halmbusch zuletzt noch Wichtelmann genannt wird, heißt das, daß auch er mit dem Feldersegen in Verbindung gebracht wurde.

*

In Meura stand sonst eine alte Linde, unter der die Feuerleitern aufgehoben wurden. Unter dieser Linde wohnten Querliche, welche den Leuten bei ihrer Arbeit gern halfen. Hatte jemand viel Flachs, den er nicht selbst ausspinnen konnte, so legte er ihn abends auf eine der Feuerleitern, und am Morgen fand er ihn fertig gesponnen wieder. Zum Lohn für diese Hilfe legte man ein Geldstück hin; war es zuviel, so ließen die Querliche den Überschuß liegen. Als aber jemand gar zu wenig Lohn hingelegt hatte, wurden sie darüber erzürnt und sind für immer von dort weggezogen.

*

Ein Bauernmädchen aus Bodelwitz hatte seine liebe Not mit einem grauen Männchen. Das bat und trieb, sie solle mit ihm gehen; doch sie wies alle Anträge ab, des Aufsehens wegen, das eine solche Liebschaft bei den Leuten machen werde. Da beruhigte das Männchen: Ihn sähe kein Mensch mit leiblichen Augen als allein das Mädchen. Da alles Drängen und Treiben nichts helfen wollte, wies er auf eine schöne goldgelbe Blume, die vor dem Mädchen aufgewachsen war, und verlangte, es solle sie abzupfen. Das tat sie aber nicht. Das nächste Mal bot ihr der Kleine wieder eine wunderherrliche Blume, die war blau, aber das Mädchen wollte sie auch diesmal nicht und blieb dabei. Endlich war es eine kohlschwarze Blume, die vor ihr stand. So etwas hatte sie noch nicht gesehen. Sie zupfte sie ab, steckte sie ans Mieder – und in drei Tagen war sie tot.

*

Nachts um elf ist in die Mildenfurther Gesindestube zur Magd, die auf der Ofenbank lag, ein kleines graues Männchen gekommen mit langen Haaren und einem kleinen dreieckigen Hut auf dem Kopfe. Er betastete sie und kam bald darauf mit noch zwei ganz gleichen Männchen wieder, die aber, weil die Magd unterdessen aufgestanden und auf den Tisch gestiegen war, das Lager leer fanden und darüber sehr bös wurden, und zwar auf den, der sie geholt hatte. Der deutete zwar auf den Fleck, wo sie gelegen, und sprach: »Da lag sie, da saß sie, einen dicken Pumpars hatte sie« – umsonst! die anderen beiden fielen über ihn her, und die Rammelei hörte nicht eher auf, bis es zwölf Uhr schlug. Da sind sie plötzlich alle drei verschwunden gewesen.

*

Gern vertauschen die Wichtel ihre Wechselbälge gegen Menschenkinder. Das wird ihnen besonders auf dem Felde leicht, wenn die Säuglinge an die Abwand oder in die Furche statt auf die Höhe der Sottel gelegt worden sind; doch auch an andern Stellen gelingt ihnen der Tausch. »Eine Frau aus Willmars«, so erzählt eine andere Frau aus dem gleichen Ort, »ging einst hinauf nach der alten Stockheimer Warte in die Beeren. Da ihr Korb noch nicht voll und ihr kleines Kind eingeschlafen war, so legte sie es vorsichtig in die Nähe des alten Turmes und suchte weiter. Auf einmal hört sie ein jämmerliches Geschrei. Voller Angst stürzt sie nach dem Turm und entdeckt mit Entsetzen, daß ihr das bildschöne Kind gegen einen häßlichen Balg ausgewechselt worden ist. Ihr Jammer war groß, und doch blieb der armen Frau nichts anderes übrig, als den Wechselbalg mit nach Hause zu nehmen und ihn gut zu behandeln, weil man weiß, daß die Zwerge, wenn sie Kinder eintauschen, diese ebenso behandeln, wie ihr Wechselbalg behandelt wird. Der Balg aber blieb bei aller Pflege eine mißgestaltete Person, eine Art Zwerg mit einem dicken Wasserkopf, und lernte nie reden. Er war aber gutmütiger Natur und hörte auf den Namen Kober. Ich habe ihn selbst gar gut gekannt.«

*

Einer Frau aus Kupfersuhl ists einmal so gegangen: Sie hörte von der Seite her, wo sie ihr Kind niedergelegt hatte, ein gar grausames Geschrei, und als sie an den Platz kam, da war das Unglück geschehen. Sie aber resolvierte sich kurz, faßte den unflätigen Dickkopf bei den kleinen Beinen, riß ihn vom Lager und hieb darauf los wie auf altes Eisen. Der Balg krisch lästerlich, sie aber ließ ihn liegen. Kaum jedoch war sie wieder ein Stück davongegangen, als sie ihr eigenes Kind an jener Stelle arg wimmern hörte. Und da lag es richtig wieder an dem alten Platz, war aber ebenso blitzblau durchgeprügelt worden als von ihr der Wechselbalg.

*

Den zwergischen Tücken stehen harmlose, ja freundliche Eigenheiten gegenüber. Eine Nonne aus dem St.-Peters-Kloster in Creuzburg geht eines Tages mit einer anderen am Spatenberge vorüber. Weil sie nun hinter sich ein leises Geräusch vernimmt, schaut sie beim Gehen zurück und erblickt ein kleines altes Männchen mit einem langen Barte, doch freundlichem Blick, schneeweiß im Gesicht und auf dem Haupte; in seiner Rechten führt es ein weißes Stäbchen, auch ist es wohlgekleidet nach Art der Bauern. Das Männlein kommt näher herbei, nimmt gar freundlich sein Hütchen ab und grüßt die Jungfrau. Diese dankt ihm. Darauf fragt das Männlein, wohin sie wolle, und als sie es gesagt hat, spricht es weiter: »Nimm dich wohl in acht, daß du nicht auf Irrwege kommst! Dort sind« – dabei zeigt es mit dem Finger nach einem Hügel – »verschiedene Kreuzwege, die den, der ihrer nicht achtet oder des Wegs unkundig ist, leicht abseits und in die Irre führen können. Doch sei nur guten Muts, ich will dich bis dahin geleiten und dir dann deutlich den Weg zeigen, den du sicher gehen kannst.« Auf diesem Wege hörte Sibylla – so hieß die Nonne – vielerlei über die Wichtelmännchen in jener Gegend, insbesondere, daß sie niemandem etwas zuleide tun. Deshalb pflog sie auch mit dem Männlein längeres Gespräch und Unterhaltung. »Hast du nicht Lust«, fragte sie unter anderem, »die Jungfrauen im Kloster zu besuchen? Wir werden dir Eier, Milch, Butter, Kuchen und anderes der Art vorsetzen.« »Ich werde kommen«, sprach der Kleine, »nur möget ihr mich nicht zum besten haben oder mir sonst Unruhe und Schrecken antun; denn solches hat noch keiner von uns je ungestraft geschehen lassen.« Während dieses Gesprächs kommen sie an den Hügel; da zeigt das Männchen den rechten Weg, grüßt wieder freundlich zum Abschiede, wünscht alles Gute und kehrt zurück in den Spatenberg. Dieses hat Sibylla dem ganzen Konvent erzählt.

*

Ein Schuhmacher trug des Nachts bei Mondschein ein Paar Stiefel nach Oppurg. Als er zur langen Teure kam, einem steilen Felsen am Wege, war oben auf dem Galgenberge ein lustig Getümmel. Eines aber rief ihm herunter: ob er eine Stunde lang Kegel aufstellen wolle? Der Mann machte gute Miene zur Sache und stellte willig auf. Es waren aber lauter winzig kleine Leute, die sich da vergnügten, und ebenso zwergmäßig waren Kegel und Kugeln. Noch war keine Stunde verflossen, als die Gesellschaft zerstob. »Nimm«, sagten sie, »wenn du sie fortbringen kannst, Kegel und Kugeln zum Lohn!« Diese waren nun eben nicht zu schwer; sie fanden alle Platz in seinen Stiefeln. Da kam aber ein großer Hund hinterhergelaufen, nach dem der Schuhmacher in der Angst mit einer der Kugeln warf. Die Bestie fing sie auf mit ihrem feurigen Rachen und lief damit zum Berge zurück, war aber gleich darauf mit vollen Sprüngen wieder bei ihm. Jetzt flog dem Hunde ein Kegel in den Rachen, den er auch zum Berge zurücktrug, um alsbald nur desto rascher zurückzukehren und ein neues Stück zu holen. Dem Flüchtigen waren so, als er endlich Oppurg erreichte, nur drei Stück übrig geblieben, eine Kugel und zwei Kegel; die erstere aber war, bei Lichte besehen, von Silber, die beiden letzteren von Gold.

*

Ebenso wie hier wird man auch in der folgenden Geschichte an manche Sage von Schätzen und Geistern, die sie hüten, erinnert. Eine Magd aus Garsitz ging in den Wald, um Holz zu holen. Der Weg führte sie am Querlichloche vorbei. Als sie hineinsah, glänzt ihr ein goldener Tisch entgegen, worauf viele goldene und silberne Geräte, auch eine goldene Schüssel voll Perlen standen. Daneben war ein goldener Stuhl, auf dem ein schlafender Querlich saß. Ein großer schwarzer Hund mit feurigen Augen und aufgesperrtem Rachen wachte dabei. Das Mädchen erschrak zwar sehr; allein sie besann sich, faßte Mut und ging hinein. Sie nahm sich geschwind goldene Messer und Gabeln vom Tische und sprang eiligst davon. Wie sie nun reich geworden war, hat sie bald einen schönen Mann bekommen.

*

Nicht nur durch neue Kleider wurden die Zwerge verscheucht, wie es in den allerorts bekannten Sagen erzählt wird. Auch Ausplappern, Glockenläuten, Anis und Kümmel, den sie nicht vertragen können, das überlaute Schrillen und Schwirren der Klingen in den Schleifkoten, sowie Spott und unsinniges Tun treiben sie zur Auswanderung. In einer Schleifmühle bei Ruhla half ein Hütchen gar fleißig. Der Meister hatte bemerkt, daß es einen seltsamen Ton auszustoßen pflegte. Den äffte er ein einzig Mal nach, und gleich wars schwapp all zwischen den beiden.

*

Bei Angelroda hatten die Wichtel einen Stollen bis in des Wirtes Felsenkeller gegraben, taten sich an seinem Wein, Kuchen und Bier gütlich, verübten auch sonst mancherlei Neckerei im Dorf. Der geplagte Wirt warf Verdacht auf sein Gesinde, so daß ihm allerlei Verdruß erwuchs. Endlich geriet er auf den klugen Einfall, Asche in den Keller zu streuen, um vielleicht an den Fußtapfen die unsichtbaren Beizapfer zu erkennen. Und siehe, wie er des andern Morgens nachsah, fand er zahllose kleine Spuren wie von Gänsefüßen, die aus einer Felsspalte im tiefsten Hintergrunde des Kellers kamen und sich wieder in diese verloren. Darauf holte der Wirt sich Rat bei einem weisen Manne. Der riet, man solle, wenn man die Nähe der unsichtbaren Zwerge vermute, mit Taxuszweigen nach ihnen schlagen. Jeder Zwerg, der damit getroffen würde, müsse augenblicks sichtbar werden. Auch sei den Zwergen die Form des Kreuzes verhaßt, und wenn man am goldenen Sonntage Eibenbüsche kreuzweise über ihre Wege lege, so beschritten sie letztere nimmermehr wieder. Der Wirt befolgte den Rat, teilte ihn auch anderen mit, und am nächsten Trinitatissonntag stieg die halbe Bevölkerung des Dorfes hinauf in die Kammerlöcher, brach dort Eibenzweige ab und steckte sie kreuzweise an die Ställe, in denen die Zwerge das Vieh beunruhigt, und in die Keller, daraus sie allerlei weggetragen hatten. Das half. Das Zwergenvolk wanderte aus. In der Nacht hörte man vom Kirchenholze herab, durch das Dorf und die jenseitigen kahlen Felsanhöhen hinauf, nach Rippersroda zu, ein langanhaltendes Trippeln und Trappeln, als ziehe ein Heer von vielen Tausend kleiner Leutchen vorüber, und ward ein leises Weinen und Schluchzen dabei vernommen. Niemals sind sie wiedergekommen.

*

In der großen Zwerghöhle bei Stublach an der Elster soll vor Jahren ein Volk von Zwergen unter seinem König Coryllis gelebt haben. Er war sehr weise; man brauchte, um sich in allerlei Not Rats bei ihm zu erholen, nur drei glatte Elsterkiesel rücklings über sich in die Höhle zu werfen und dreimal zu rufen: »Coryllis, erscheine!« dann erschien der König. So blieb es lange Zeit. Die Zwerge aber trugen den Umwohnenden, besonders den Einwohnern der Stadt Gera, viele frischgebakkene Brote fort; auch stahlen sie den Bäckern die Semmeln von den Fenstern weg. Und hatte man dies auch eine Zeitlang willig geschehen lassen, so wurde es, da es ihrer zu viele, endlich doch zur Last, und man fürchtete, darüber am Ende selbst Not leiden zu müssen. Es wurde deshalb Fenchel (Anis, Kümmel) ins Brot gebacken, und alsbald erhob sich unter den Zwergen der Wehruf: »Fenchelbrot, unser Tod!« Sie wurden krank davon und viele starben. – Um die Zeit des Dresdner Friedens (1746) sollen sie in einer mondhellen Nacht, etwa zwölf Uhr, über die Elster gefahren sein. Der Fischer von Langenberg hörte aber nur ein leises Murmeln und ein Hin- und Hergehen und bemerkte, daß sich der Kahn mehr und mehr füllte. Er hatte Mühe, ihn durch die Wogen zu leiten. Als er am andern Ufer angelangt war, sprang eine solche Menge Zwerglein aus dem Kahne, daß er sie nicht zu zählen vermochte. Was der Fischer für seine Mühe bekommen, ist nicht gesagt, jedenfalls aber ist es viel Geld gewesen; denn er hat sich seit der Zeit recht wohl befunden. Am andern Morgen sah man wohl über zwei Stunden weit den Weg, den sie in gerader Linie durch Feld und Wald genommen hatten, und ist auf demselben innerhalb zwanzig Jahren kein Gräslein gewachsen, und hat allda auch das Getreide nicht gedeihen wollen. Seit dieser Zeit sind sie nicht mehr gesehen worden.

Bergmännchen

Bergmännchen ließen sich z. B. bei Brotterode sehen, gleich linker Hand über dem Ort, wo man es Am Erdfall heißt. »Ging man auf sie zu, so huschten sie wie der Wind in die kleinen Felsenlöcher und Spalten; denn sie wollten mit niemand Verkehr haben. Ich selbst habe sie noch gesehen, da ich als Junge einmal ins Leseholz ging. Die Erzmännchen waren kaum einen Schuh hoch, trugen kleine, spitze Hütchen und lederne Schürzchen und arbeiteten gar fleißig mit ihren langstieligen Hämmerchen. Als ich auf sie zuging, huschten sie in die Klüfte und waren verschwunden.« So erzählte der alte Peter von Brotterode. Einst ging ein Bergknappe aus Steinbach auf die Windleite. Als er noch eine Strecke davon war, sah er eine Menge kleiner Bergmännchen an der Winde stehen und eifrig aufwinden, während andere emsig bemüht schienen, Gestein zu zerkleinern. Wie aber der Knappe täppisch näher kam, stürzten sich alle kopfüber hinab in den Schacht; die Winde versank vor seinen Augen, und der ganze Schacht brach zusammen. Darob erschrak der Knappe so heftig, daß er alsbald über die große Hirschbalz in die Ruhl hinabging und sich bei einem Messerschmiede in die Lehre gab. Und wie er ausgelernt hatte, brachte er das Messerschmiedehandwerk in seine Heimat Steinbach hinüber und tat sich dort als erster Meister auf.

*

Zu Glücksbrunn bei Schweina fuhren einige junge Burschen auf dem Neuen Schachte ein. Sie wurden plötzlich einen hellen Schein gewahr und sahen einen Mann gleich einem Bergbeamten die Strecke einherfahren. Der war sehr groß von Person; denn er ging gebückt, und doch strich sein Rücken an dem Firste an. Als er näher kam, merkten sie, daß es ein Berggeist war, in einem Grubenkittel, mit Kniebügeln an den Beinen, einem schwarzen Schiefhut auf dem Kopf, großen, glänzenden Augen und einem Grubenlicht in der Hand. Da wurden die Burschen von Furcht ergriffen, und flugs verließen sie den Schacht und fuhren wieder ans Tageslicht.

Bei Etzdorf in der Nähe von Pößneck war eine Gütelstätte, das ist die Wohnung eines Berggeistes. Sooft die Leute im Dorfe brauen wollten, borgten sie jedesmal von dem Berggeiste die Braupfanne und gaben sie dann mit einer Reihe Semmeln wieder zurück. Ein Schäfer war sein Liebling. Wenn er sich an einen andern Ort vermietete, so brachte ihn der Berggeist in der Nacht unsichtbar wieder nach Etzdorf und übergab ihm zuletzt auch alle seine Schätze. Der Schäfer machte in dortiger Kirche eine Stiftung, nach welcher die Armen des Dorfes alljährlich jeder eine Reihe Semmeln erhielten. Ein Pfarrer wollte sie einmal abschaffen; da wurde aber in der Nacht von unsichtbaren Händen alles in der Kirche ruiniert.

Der Kobold im Ranzen

Der Liebschwitzer Zoitzmüller fand einmal einen Büchsenranzen draußen auf dem Wege liegen, der war sehr schwer. Er nahm ihn mit auf seinen Wagen und schickte, bevor er sich zu Hause mit seiner Frau ans Öffnen machte, den Knecht aus dem Hause. Es war aber kein Geld drinnen, wie er erwartet hatte, sondern zu seinem Schrecken kroch statt dessen ein garstiges graues Männchen heraus; das schlug eine helle Lache auf und fing an, wie toll in der Stube herumzuspringen. Der Unfug, den es dabei anrichtete, war rein nicht auszuhalten. Das Schlimmste aber war, daß es sich durch nichts wieder aus dem Hause schaffen ließ. Da mußte denn endlich von Crimmitzschau her der Scharfrichtersknecht geholt werden, und gleich wie es den sah, ließ es auch schon den Kopf hängen. »Bist du da wieder?« war seine Anrede, und dabei schlug er tüchtig mit seiner Birkengerte drauflos, so lange, bis es wieder in den Ranzen hineinkroch. Da hatte denn der Müller statt des gehofften Gewinnes nichts gehabt als große Unkosten.

*

Die Kobolde sind unberechenbar. Sie plagen die Hausbewohner, treiben allerlei Mutwillen, beunruhigen das Vieh, so daß man ihnen im Frankenwald Stallhasen als Reitpferde hält. Doch werden sie auch mit vielen gutmütigen, ja frommen Zügen bedacht, daß sie freundlich zu schauen sind. Der Kobold ist seiner Natur nach ein Hausgeist und hat als solcher seine regelmäßigen Opfergaben zu beanspruchen. In dem ehemals vor dem Löbdertore in Jena gelegenen Wirtshause Zum gelben Engel soll der gemeinen Sage nach vor Zeiten ein Kobold sich aufgehalten haben, dem alltäglich ein halbes Stübchen Bier samt etwas Fleisch und anderer Kost gegeben, auch alljährlich ein rotes Kleidchen hingelegt werden mußte. Dafür pflegte er die Ställe reinzuhalten, auch der Wirtin gute Nahrung zu bringen. Wenn man aber etwas von der genannten Pflege unterließ, mag er sich gar unruhig und widrig bezeigt haben. Auch die kleinen Leute in der Raudamühle bei Eisenberg verlangten ihren täglich Sold: ein Körbchen mit Obst und ein schön gebräuntes Weißbrot, sowie Kuchen, sooft welcher gebacken wurde. Blieben die Gaben aus, dann konnten die Müllersleute darauf rechnen, daß ihnen die Kobolde einen Schabernack spielten.

Der Kobold auf dem Waltersdorfer Gute war den Knechten gewogen; ja er putzte ihnen wohl die Pferde, wenn sie faul waren. Den Mägden aber zerbrach er die Milchgefäße, zwickte sie, wenn sie sich schlafen legten, und tat ihnen nichts als Schabernack. Klagten sie es den Knechten, war die Antwort immer: »Warum gebt ihr ihm nichts!« Einmal haben drei Knechte in der Gesindestube gesessen und gelesen; denen blickte auf einmal der Kobold über die Schultern in ihre Bücher. Er erschien ihnen als graues Männel mit aschfarbenem Gesicht und auf dem Kopfe mit einem dreieckigen Hütel. Aber wie gesagt: der Kobold ist in seinem Verhalten durchaus nicht stetig und beständig. Oft wird er auch durch Gaben betrübt und vertrieben. Auf dem Schloß in Blankenhain war ein Männchen, das alle Nächte um die zwölfte Stunde die Schafherde austrieb, die dabei gut gedieh. Wenn es zurückkam, hängte es sein altes, graues Röckchen im Stalle auf. Man nahm es ihm weg und hängte ein schönes neues dafür hin. Von da an stellte es seine Arbeit ein und sagte scheidend: »Sie haben mir meinen Rock genommen, ich geh und werde nicht wiederkommen.«

*

Zu Thimmendorf auf dem Gute hatte es ein Futtermännchen. Das wartete zur Nachtzeit eifrig des Viehes und fütterte es so gut, daß weit und breit kein besseres zu sehen war. Der Dienst dort war aber im Verruf; denn dem faulen Gesinde spielte es arge Possen. Die zu spät aufstanden, zwickte es, brannte sie mit Kohle und wendete ihnen die Kleider am Leibe um, so daß hinten saß, was vorn sein sollte. Selbst dem Bauer, der doch durchs Futtermännchen zu Wohlstande kam, graute es, wenns im Zwielicht von ungefähr an ihm vorüberhuschte oder wenn man draußen auf dem Hausflur sein Schlürfen vernahm.

Zuletzt, um es nur loszuwerden, baute er sogar ein neues Haus. Da war aber am Abend vor dem Auszuge unser Männchen am Bach, wusch sein erdfarbenes Röcklein und wisperte als Antwort auf die Frage, was es da mache: »Ich wische, ich wasche mein Röcklein mir aus; denn morgen schon ziehn wir ins neue Haus.« Wirklich blieb alles beim alten, bis einst ein Fremder ins Haus kam, dem die verdrießliche Sache entdeckt ward. Der wußte Rat. Man ließ dem Futtermännchen ein neu Röcklein machen und legte es ihm hin auf den Futterkasten. Da hat es sein neues Kleid genommen und geklagt: »Jetzt hab ich meinen Lohn und muß nun auf und davon.« Schnell kam damit aber auch des Bauern Wohlstand zu Ende.

*

Oft gingen die Kobolde den Schmieden und Schleifmüllern zur Hand. »Unsere Alten«, erzählte ein Steinbacher Schleifer, »hattens freilich besser als wir; denn sie brauchten nicht Tag für Tag am Amboß, Schraubstock oder in der Schleifkote zu stehen; denen halfen nachts die kleinen fleißigen Berggeister arbeiten. Sie sind aber schon lange auf und davon. Der letzte der Kleinen hat noch einem Schleifer in seiner Kote droben im Grunde gar mächtig sekundiert. Dem durfte der Schleifer abends noch so viel Messerklingen hinlegen, am Morgen fand er sie immer so herrlich geschliffen, wie er selbst es nimmermehr vermocht hätte. Da verplapperte er aber einmal das Geheimnis, und von Stund an machte der Kleine Feierabend in der Schleifkote, und seit jener Zeit hat sich nicht einer jener hilfreichen Geister wieder blicken lassen.

*

In der Blendwiese bei Judenbach stand eine Mühle, von welcher jetzt nur noch der Damm des Teiches übrig ist. Eines Abends kommt ein Bärenführer vorbei und bittet für sich und seinen Bären um Nachtquartier. Der Müller spricht: »Hab nichts dagegen, nur binde den Bären in den leeren Ochsenstand.« Der Bärenführer: »Schon gut! Hat nichts zu sagen! Er hat einen strammen Ring in der Nasen. Wird Euch keinen Streich spielen.« Darauf der Müller: »Doch meinem Knappen könnts übel geraten. Der besorgt mir nachts die Mühle, und ich weiß nicht, frag auch nicht, woher er kommt und wohin er geht. Er ist klein wie ein Zwerg, aber stark wie eine Riese, sonst aber freundlich und gut.« »Es hat ja keine Gefahr!« beruhigt der Bärenführer. »Der Bär wird keinem wehtun, der ihm nicht zu nahe tritt.« – Des andern

Morgens ist der Mann mit seinem Tier zeitig hinweg; der Knappe aber kommt zum Müller: »Was war denn das für eine Katz heut Nacht im Stall? Die kratzte mich gar sehr.« »Es war ein Bär«, sagte der erstaunte Müller. Aber der Kleine: »Eine garstige, garstige Katz wars, die kratzte mich gar sehr. Drum bleib ich bei Euch nimmermehr!« Riefs und fuhr zur Ecke hinaus und den Rodesgrund hinauf, und Mühle und Müller sahen ihn nicht wieder.

*

Als man zu Großkamsdorf in der Nähe von Saalfeld die Kirche bauen wollte, wurde man gewahr, daß sich zu den Arbeitern ein seltsames graues Männchen mit verschrumpftem Gesicht gesellte, das niemand kannte und das gar fleißig am Bau mit half. Besonders sah man es in der Mittagsstunde, wenn die Meister und Gesellen feierten und ruhten; denn es aß und trank und schlief nicht. Niemand wußte, woher es kam und wohin es ging; es war da und verschwand, wenn es ihm gefiel. Die ältern Arbeiter ließen das Männchen gewähren und warnten die jüngern, unerfahrnen, es zu beleidigen. Denn es sei ein Baumännchen, das ihnen treulich helfe und den Bau vor Schaden und Unglück bewahre. Und so war es auch: kein Unfall ereignete sich, und der Bau ging unglaublich schnell vonstatten. Als die Kirche fertig war und eingeweiht wurde, guckte das Baumännchen bald von der Empore, bald vom Orgelchore herab; bald glaubte man es unter der Kanzel zu sehen – doch gleich war es wieder weg, und von der Stunde an, wo der Segen über das neue Gotteshaus gesprochen wurde, war es auf immer verschwunden.

Gestalten des Drachen

Ein dienstbarer Geist, und dem Kobold verwandt, ist der Drache; freilich ist er im heutigen Volksglauben Thüringens zu einer Art Teufel geworden.

In Röpsen saß er in Gestalt eines Eichhorns beim Melken auf der Kuh, und als die Gutsbesitzerin gestorben war, stellte sichs heraus, daß ihr der Drache den Hals umgedreht hatte. In Rüdersdorf zeigte sich ein Rebhuhn, das nie zu erlegen war. Hernach erfuhr man: es war der Drache, der in dieser Gestalt einem Bauern zugetragen hatte. Auch wo dreibeinige Hasen aus- und eingehen, kann man immer damit rechnen, daß der Drache im Haus ist. Gewöhnlich aber zieht der Drache als feuriger Schweif, in Fischgestalt oder in Form einer feurigen Tonne mit einem Schwanz wie ein Besen durch die Luft, fährt in die Essen, um in den Häusern Milch, Butter, Käse, ja sogar Mistjauche abzugeben. Ist er geladen, so ist er dick wie ein Faß; ungeladen erscheint er dürr wie ein Wiesenbaum. Vergießt er unterwegs Milch, so wird kein Vorsichtiger diese Milchstraße überschreiten.

*

In Pölzig ging ein Bauer mit seiner Frau aus der Kirche nach Hause. Wie sie bei einem Gut vorbeikommen, werfen sie zufällig einen Blick durchs Fenster. Und da sieht die Frau, nicht aber der Mann, wie die alte Besitzerin des Hauses mit einer weißen Haube in der Stube sitzt und etwas auf dem Schoße hat. Das hat einen langen Schwanz gehabt und hat sich immer auf- und niedergebogen. Da bleiben denn bald noch mehr Leute stehen; drinnen aber rufts: »'s guckt, 's guckt!« Dann tuts einen Knall, und alles ist verschwunden gewesen.

*

Einer, der mit seiner Frau von Köckritz nach Crimla bei Weida ging, sah den Drachen dahergeflogen kommen. Der trug ein quiekendes Ding durch die Luft. Da ruft der Mann: »Göcke, mein Hänschen, göcke!« und plautz, läßt der Drache ein Schweinchen fallen. Es war unbeschädigt, und die beiden haben es gut nach Hause gebracht. – Eine Frau in Waltersdorf hatte den Drachen. Wenn sie buttern wollte, ging sie auf den Boden, und die Magd, welche horchte, hörte dann fragen: »Was soll ich bringen?« Die Antwort war: »Aus hundert Dörfern von jedem Hause ein Nößel Milch.« Nun ging einmal die Magd hinauf, als die Frau abwesend war, und forderte von jedem Hunde aus hundert Dörfern einen Dreck. Als die Frau heimkehrte, konnte sie vor Hundedreck fast nicht ins Haus kommen.

*

Das große Feuer, das am 24. Mai 1637 einen Teil von Schleiz einäscherte, soll vom Drachen angezündet worden sein. Es waren da nämlich zwei Drachenhäuser, und die Besitzerin des einen hatte die andere bestohlen. Darauf setzte der Drache der Bestohlenen das Haus der Diebin in Brand, und das wurde der Stadt zum Verderben. Man hat nachher die stehengebliebenen Mauern jenes Hauses vollends niedergerissen und die Stätte unbebaut gelassen.

*

Es gab Leute, die dem Drachen gebieten konnten. So ein Jesuit, der am Morgen von Roda weggefahren war. Bei Zwätzen sagte der Kutscher, der Drache käme geflogen. Als er heran war, rief der Jesuit: »Wo kommst du her?« Und der droben: »Von Leipzig. Ich habe vierhundert Taler aus der Bank geholt, die nach Closewitz sollen an N.« Der Jesuit fragt den Kutscher: »Willst du das Geld haben? Es hilft dir aber nur, solange du ledig bist.« Der Kutscher verneinte, und der Jesuit gebot dem Drachen fortzufliegen. – Auch in Gangloff wohnte einer, der ihm befehlen konnte. Als er einmal mit andern die Landstraße hinausgeht und sie über die Sache sprechen, richtig, kommt mein Drache angeflogen, wie ein feuriger Ballen mit langem, funkensprühendem Schweife. Erst wollte keiner von dem Essen etwas wissen, das der Hexenmeister ihm abzunehmen gedachte. Dann aber, als der Drache auf einem Chausseehaufen niedergekommen war und allerlei Eßwaren zurückgelassen hatte, aß man doch davon und fand alles vortrefflich. Nur die Überreste gaben alsbald einen abscheulichen Gestank von sich. Auch hatte der Hexenmeister empfohlen, nur Wurst und Schinken zu sich zu nehmen, Milch, Brot und Kuchen aber unberührt zu lassen; so werde es keinem etwas schaden.

Holzleute

Wenn irgendwo Anordnung der Thüringer Sagen nach landschaftlichen Gesichtspunkten möglich wäre, so bei diesem Abschnitt. Denn das Gebiet der Holzleute ist auf den von Wenden besonders durchsetzten südöstlichen Teil Thüringens beschränkt. Noch um 1800 sind angeblich Holz-, Berg- und Waldweibel, Holz- und Moosfräuleins und Holzmännel im Thüringer Osterlande gesehen worden; ja ein junger Mann will noch 1830 zwei Holzweibeln in der Schlee bei Greiz begegnet sein. Soviel er in der Dämmerung hat sehen können, hatten beide ganz bemooste Gesichter und trugen Körbe von ungeschälten Weiden auf dem Rücken. Eins davon strickte an einem grünlichen Strumpfe. Schweigend zogen sie aneinander vorüber. Die Saalfelder Sage erzählt: Auf der Heide oder im Holz an dunklen Örtern, auch in unterirdischen Löchern hausen Männlein und Weiblein und liegen auf grünem Moos; auch sind sie um und um mit Moos bekleidet. Die Sache ist so bekannt, daß Handwerker und Drechsler sie nachbilden und feilbieten. Nach andern Angaben sollen die Männel grüne Kleidung mit roten Aufschlägen und schwarze dreckige Hüte getragen haben, und von den Weiblein heißt es: sie ähnelten in ihrer Tracht den oberländischen Bäuerinnen und hatten auch solche gelbbraune Schürzen wie die Landleute bei Schleiz. In ihren versteckten Häuslein wohnten sie friedlich und genügsam. Bei Loitsch herum, besonders im Häsigholz und in der Klinge, schlüpften sie oft über den Weg und riefen mit den feinen Stimmchen: »Hilf! Hilf!« Etwas anders geben sie sich in folgender Sage: Ein Bauer aus Bucha brachte sein Heu in Haufen. Aus dem Buchenholze, das über der Wiese gelegen war, sprang ein junges, munteres Waldweibchen hervor, warf sich auf die Heuschober und zerstörte in seiner Ausgelassenheit des Bauern mühevolle Arbeit. Er bat das Weibchen, solche Streiche zu unterlassen; aber das mutwillige Ding hörte nicht darauf, und als jener drohte, erwiderte es mit Lachen. Da ging aber dem Manne die Geduld zu Ende, und er gab mit seinem Rechenstiele dem kleinen Wildfange einige empfindliche Schläge. Laut auf schrie das geschlagene Waldweibchen, und aus dem Holze hervor sprang sein Männchen und rief zornig: »Schau, schau! Bauer du, was hast du mit meiner Frau?« Der Bauer deutete auf den angerichteten Schaden und erzählte ruhig den Hergang der Sache, wie oft er das mutwillige Weibchen abgemahnt und wie fruchtlos jede Vorstellung geblieben sei; da habe er sich zuletzt nicht anders helfen können. Nach kurzem Bedenken faßte das Waldmännchen sein Weibchen bei der Hand, sprechend: »Wie du getan, nimm hin deinen Lohn! Hätt er dich umsonst geschlan, wärs um ihn geschehn.« Gab ihm auch noch Verweise über seine Unart und führte es in den Wald zurück.

*

Ebenso machten sichs an der Wiesentahl bei Schleiz zwei Männlein zum Vergnügen, die kaum errichteten Heuschober wieder einzureißen, weshalb endlich eine Magd dem einen von ihnen einen tüchtigen Hieb mit dem Rechenstiel versetzte. Jetzt liefen beide mit lautem Geschrei davon nach einer Gegend, wo ihrer ein ganzes Heer lagerte. Der Geschlagene rief dabei immer: »Seltethan, Seltethan!« Seine Genossen dachten anfangs, er selber habe es getan, fielen über ihn her und schlugen ihn, bis endlich auch der zweite herzukam und ihnen die Sache erklärte. Da gings denn über die Magd her, und viel hätte nicht gefehlt, so wäre sie von ihnen in Stücke gerissen worden.

*

Im Schlingengrunde bei Gössitz sah eine Frau auf ihrem Heuschober ein kleines graues Männchen sitzen, nicht größer als eine Katze. Es kehrte ihr den Rücken zu. So vorsichtig sie nun auch das Heu hinwegnahm, der Schober fiel zuletzt doch zusammen, und jenes purzelte kreischend herunter. Jetzt kam aus dem nahen Schwarzholze ein ganzer Haufen solchen Gelichters, und es geschah die Frage: »Sag an, sag an, Ekele, hat es dir weh getan?« Die Antwort war: »Ei, ei, das Ding fiel nur so ein; ich purzelte hinterdrein, da möchte eins nicht schrein! Ei, ei, es ist mir lieb, daß ich nicht darunter stecken blieb!« Da lief denn alles in den Wald zurück.

*

Aus der Hart bei Langenwetzendorf kamen die Holzweibel gar oft an die nächsten Häuser, baten um ein wenig Essen, nahmen es wohl auch selbst aus den Töpfen. Gaben aber dafür gute Lehren und Ratschläge und behüteten die Kinder im Walde. Ein Triebeser, der nach seinen Klößen sehen wollte, fand ein Holzweibel im Ofenloche stecken und schimpfte und fluchte darüber sehr. Da ging das Holzweibel immer rückwärts fort, nichts als »Huh! huh!« sprechend, und auch als ihm nun Brot angeboten wurde, erwiderte es weiter nichts als »Huh! huh!« und entfernte sich. Zwang mochten die Holzweibel nicht leiden, und als man in Göttendorf eines einfing und behalten wollte, da barmte es gar kläglich, drohte auch, es werde Unglück über das Haus und den Ort bringen. So ließ mans laufen.

*

Zwei arme Weiber aus Steinsdorf bei Leutenberg sprachen im Wald davon, daß sie andern Morgens Brot backen wollten. Da wurde plötzlich ein Waldweibchen neben ihnen sichtbar, das bat: »Backt noch ein Brot auch mir in meiner Not, groß oder klein, am besten wie ein halber Mühlstein!« Sie hätten schon Mäuler genug zu stopfen, meinten die Weiber; der Ofen lange kaum zu für das, was sie selber brauchten. Aber schließlich buken sie doch ein Brot mehr und legten es, wie das Waldweibchen verlangt, auf einen dreifach gekreuzten Stock. Drei Tage darauf fiel ihnen ein, nachzusehen, ob wohl das Brot noch dort wäre, und da lags auch noch, unangerührt. Beim Aufheben aber wars gewaltig schwer, und beim Aufschneiden fielen lauter harte Taler heraus. – Ganz ähnlich gings einer Hirtin in Gefell. Das Holzweibel hatte aus dem geschenkten Brot die Krume herausgehöhlt und Laub hineingefüllt. Aber solches scheinbar kindische Wesen verdroß das Mädchen, und das liebe Brot dauerte sie. So entleerte sie es und nahms wieder mit heim. Etliche Blätter waren aber hängen geblieben, und die hatten sich in Laubtaler verwandelt.

*

Eine Bauersfrau aus Wilhelmsdorf war auf den Hungersberg gegangen, Holz zu lesen. Da hört sie etwas wimmern, geht der Stimme nach und sieht in einer runden Baumrinde ein schreiendes Kindlein liegen. Mitleidig nimmt sie es auf, und da sie selbst daheim einen Säugling hat, setzt sie sich und reicht dem Waldkind die Brust. Während es aber trinkt, kommt die Waldfrau, die Mutter des Kindes, zurück, staunt und spricht.

»Bauernblut, du bist gut!
Mach ichs quitt: reuen soll dich heut kein Tritt.
Gib geschwind mir mein Kind,
Und zum Danke nimm die schöne Wiege mit!«

Bei diesen Worten reichte sie der Frau die Baumrinde, worin das Kind gelegen hatte. Die Bäuerin sprach: »Es ist nur, daß ich Euch den

Willen tue; ich habe schon genug zu tragen!« Nahm ihre Bürde auf, brach sich von der Baumrinde ein kleines Stückchen ab, warf es über die Achsel auf das gesammelte Reisig und ging zufrieden ihres Wegs nach Hause. Am andern Morgen findet sie in ihrem Reisig einen hellglänzenden Goldsplitter; es war das abgebrochene Stück von der Wiege, die das Waldweibchen ihr dankbar hatte geben wollen.

*

Zu einem Bader, der auf der wilden Taube wohnte, kam eines Abends jemand, pochte ans Fenster und bat um Hilfe. Als er sah, daß es ein kleines graues Holzmännel war mit einer Gerte in der Hand, grauste ihm, und er wollte nicht mitgehen. Da bat jenes gar flehentlich, sagte, sein Weibchen habe den Arm gebrochen, und gab die Versicherung, daß ihm nichts geschehen werde. So ging er denn mit hinaus in den Schleewald und in das Häuschen der Leute, richtete wirklich den Arm des Holzweibels wieder ein und schiente ihn dann. Dreimal holte man ihn noch ab zum Verband, und zuletzt wurde er auch zu seiner Zufriedenheit bezahlt; denn er erhielt fünf alte Taler. Später ist er wieder in die Schlee gegangen, aus Neugierde nur, um zu sehen, was die Holzleute machten. Aber da hat er die ganz guten Wege, die er hin- und zurückgeführt worden war, nicht wieder zu finden vermocht.

*

Wer die Waldweibel erzürnte oder ihre Gaben verachtete, tat nicht wohl. Vier Schnitterinnen aus dem Dorfe Loitsch waren in der Kornernte beschäftigt. Da vernahmen sie plötzlich die quäkende Stimme eines Holzweibels, das rief: »Mäd, zerrän!« das heißt: »Magd, breite die Kohlen im Backofen auseinander!« Hierauf schrie eine der lustigen Schnitterinnen: »Backt uns auch einen Kuchen!« Und wie sie nun am Abend das Erntefeld mit ihren Gefährtinnen verließ, siehe, da lag auf einem grünen Rain ein guter Kuchen in einem weißen Schleiertuch und war in vier Viertel geschnitten, ordentlich wie ein Kirmes- oder Hochzeitskuchen. Keine der Schnitterinnen mochte ihn anrühren, am wenigsten die, welche ihn bestellt hatte. Die andern aber sprachen: »Hast du eingebrockt, so iß auch aus; sonst möchte es dir übel bekommen!« Da aß die Magd, und der Kuchen schmeckte vortrefflich. Nun nahm jede ihr Viertel und trug es heim; das Tuch aber ließen sie liegen. Als sie sich danach umsahen, war es verschwunden.

*

Der Hirt von Moderwitz wurde beim Frühstück von einem Moosweibchen um Brot gebeten. Er sagte: »Wenn du mir ein Mittel für kranke Schafe lehren willst, sollst du Brot haben.« Jenes teilte ihm viele mit; er aber erwiderte: »Nun gut, jetzt kenne ich deine Heilmittel; nun sieh zu, wo du Brot herbekommst!« Da lachte das Moosweibchen und rief: »Das Beste weißt du noch nicht, was wider den Bettel hilft!« Und richtig, bald nachher starben alle seine Schafe am Bettel.

*

Ein Mann aus Meura, nahe bei Schwarzburg, ging auf den Meierstein und wollte Grangelweiden (Weidenruten zum Festbinden des Wagengrendels) holen. Da traf er eine Frau, die an einem Feuerchen saß und ein Kind wartete. Sie sagte zu ihm: »Wenn du unterdessen mein Kind warten willst, so will ich dir Grangelweiden holen, daß du Zeit deines Lebens satt daran hast.« Das war dem Manne recht; er nahm das Kind, und die Frau ging fort. Wie er es aber auf seinem Schoße hatte und es näher betrachtete, gewahrte er, daß es ein Mooskind war. Er dachte: Es ist doch recht dumm von dir, daß du dich dahersetzt und wartest ein Mooskind! Und alsbald warf er es in das Feuer. Kaum aber hatte er es getan, so überkam ihn darob eine namenlose Angst. Er machte sich aus dem Staube und lief nach Hause, so schnell er nur laufen konnte. An seiner Hausschwelle holte ihn aber die fremde Frau doch ein und hieb ihn mit einer Grangelrute um die Beine. Darauf verschwand sie. Der Mann starb noch in derselben Nacht; am Morgen fand man in der Hausflur die abgebrochene Spitze der Weidenrute. Sie war von Gold.

*

Wie die Zwerge, so konnten auch die Holzweibel gar leicht aus den Gehöften verscheucht werden, denen sie dienten. Zu Staitz unweit Auma waren im Roßmannschen Hause zwei Holzweibel. Sie pflegten des Viehes, halfen beim Fegen und Scheuern und waren ganz heimisch geworden. Aber sie liebten die Stille überaus, konnten kein Zanken und noch weniger das Fluchen leiden und waren auch über die Maßen der Sittsamkeit und züchtigem Wesen zugetan. Da ward einst ein roher Knecht ins Gesinde aufgenommen; der lachte überlaut, schrie und lärmte, schalt und fluchte und war frech gegen die Mägde. Solches verdroß die Weibel gar sehr; sie verließen das Haus für immer, und dessen Wohlstand hat seitdem merklich abgenommen.

*

Der Schafknecht in Knau hatte einmal eine Liebschaft mit einem Holzweibel, wobei sich niemand besser stand als die Herde; denn das Waldweibchen schüttete ihr aus seiner Schürze das Futter vor. Da ließ der Knecht seiner Geliebten aus Eitelkeit einen neuen Rock machen, und weg war sie. Das Holzweibel hatte gesagt: »Schämst du dich meiner, schäme ich mich deiner.«

Besonders traurig und abwendig machte es die Holzleute, wenn Bäume gedriebt, Brote gepiept und Kümmel hineingebacken wurde. Eine Menge warnender Aussprüche der Waldweibel gingen um: Piep kein Brot, so leidst du keine Not! – Hast du gebacken Kümmel ins Brot, bukst du dir selber die schwere Not. – Schneid das Brot gleich, so wirst du reich! – Solange die Leute die Brote in die Backöfen und die Klöße in die Töpfe zählen, wird keine gute Zeit.

*

Bei einer Bauersfrau in Wilhelmsdorf hatte sich ein Waldweibchen eingetan. Das kleine Wesen war gar fleißig und arbeitsam, half überall, wo etwas zu tun war, so daß im Hause eine Magd erspart wurde. Wenn morgens die Bäuerin aufstand, war alles in Küche und Stube gefegt und gekehrt, gescheuert und gewaschen und blank und rein in Ordnung gestellt. Auf den Wiesen und auf den Feldern ging die Arbeit zur Erntezeit so flink von der Hand, daß Heu und Grummet und jede Feldfrucht in dieser Wirtschaft zuerst in die Scheuer kam. Hatte das Waldweibchen treu und fleißig sein Tagewerk verrichtet, so nahm es abends seinen Platz hinter dem Ofen ein und gab von da aus den Leuten im Hause allerlei gute Lehren und Ratschläge. Am liebsten aber beschäftigte sich das kleine Wesen vor dem Ofen. Es trug Brennholz zu, unterhielt das Feuer, schob und hob die Töpfe, zog die Krücke, wenn es zum Brotbacken kam, und lief und zeigte an, wenn alles bereit und fertig war. Das war der Bauersfrau alles ganz recht; nur eins war ihr zuwider. Sobald sie nämlich den Rücken wendete, war der Kochtopf, zumal wenn Klöße gekocht wurden, wohl bis auf die Hälfte ausgeleert, und wenn die gebackenen Brote aus dem Ofen genommen und an Ort und Stelle gebracht werden sollten, so war das Waldweibchen niemals zur Hand; es hockte dann in irgendeinem Winkel und ließ bereits ein frischgebackenes Brot sich schmecken. Zwar hatte die Frau deshalb schon oft gescholten und gezankt; aber es half nichts, die Klöße und Brote wurden nach wie vor gezehntet. Da kam der Frau ein Sprüchlein in den Sinn, das ihr das Waldweibchen oft als gute Lehre vorgesagt hatte:

»Piep kein Brot,
Schäl keinen Baum,
Erzähl keinen Traum,
Back keinen Kümmel ins Brot,
So hilft dir Gott aus aller Not.«

Ei, dachte die Bäuerin, hörst du nicht auf meine Worte, so will ich auch von deinem Rat nichts wissen! Und buk dem Waldweibchen zum Possen und Ärger das nächste Mal Kümmel in die Brote und piepte sie richtig von dem ersten an bis zur vollen Mandel fort. Besser wäre es gewesen, sie hätte das nicht getan. Denn als das Waldweibchen von dem neuen Brote gekostet hatte, lief es unwillig aus dem Hause fort, zurück in seinen Wald, schreiend:

»Sie haben mir gebacken Kümmelbrot;
Das bringt diesem Hause lauter Not.«

Und so geschah es. Die Familie kam seit jener Zeit sichtlich von ihrem Wohlstand herab, und es gebrach ihr zuletzt an Broten mit Kümmel und ohne Kümmel.

*

Der unerbittlichste Feind der Holzweibel war der wilde Jäger. Er hetzte sie ohne Erbarmen und plagte mit ihren zerstückelten Leibern Knechte und Bauern, die ihn gereizt hatten. In Wöhlsdorf war einmal ein Schafknecht, der trieb seine Herde gewöhnlich nach dem Brandholze hin, das nicht weit von Ranis liegt, und dort, wo der Pferch aufgeschlagen war, stand auch der kleine Karren, darin der Knecht seine Mittagsrast hielt und zuweilen übernachtete. Ihm gesellte sich ein Wald- und Holzweibel zu und klagte ihm oft die Verfolgungen, die es mit seinen Verwandten vom wilden Jäger zu erdulden habe, erzählte auch, wie nur die Holzstöcke, darauf drei Kreuze in einem Zwickel eingehauen seien, gegen diese Verfolgungen eine Zufluchtsstätte und Sicherheit gewährten. Da schnitt der Schafknecht aus Mitleid mit seinem Taschenmesser drei tiefe Kreuze in die Deichsel seine Hütte ein, damit das kleine Weibchen darauf Ruhe finden möge. Das Mittel war gut. Denn sobald das Jagdgetöse im nahen Wald sich erhub, flüchtete das Weibchen heraus auf die schützende Deichsel und war sicher vor den Nachstellungen des wilden Jägers. Dankbar für diesen Schutz, beschenkte es den Knecht, den es immer fleißig stricken sah, mit einem Garnknaul, der – so versicherte das Weibel – nie ein Ende nehmen werde, auch wenn er sein ganzes Leben lang daran stricke. Die Leute aus der Umgegend haben es oft gesehen und sich darüber gefreut, wie das Waldweibchen auf der gekreuzten Deichsel ganz guter Dinge sich schaukelte und mit dem Schäfer freundliches Gespräch hielt, der daneben saß und fleißig von dem Garnknaul strickte. Der wilde Jäger mochte aber doch dem kleinen Wesen auf die Spur gekommen sein, und so geschah es, daß er eines Nachts mit dem ganzen wütenden Heere heranbrauste, und weil er das Waldweibchen von den drei Kreuzen, darauf es sich nach seiner Gewohnheit geflüchtet hatte, nicht herunterbringen konnte, brach er die ganze Wagendeichsel ab und führte Deichsel und Weibchen mit sich fort. Von dem geschenkten Knaule strickte der Knecht noch gar viele Jahre und erzählte jedermann, wie er dazu gekommen war und was es für eine Bewandtnis damit hatte. Einst stritt er darüber mit einem Bekannten, der die Sache nicht glauben wollte, und rief in seinem Eifer aus: »Ei, so wickle selbst davon los und behalte für dich, so viel du willst; ich weiß und sage dir, der Knaul nimmt kein Ende!« Als es aber jener tat, hatte der Knaul alsbald sein Ende.

*

Ein Bauer aus der Gegend von Saalfeld mit Namen Hans Krepel hatte ums Jahr 1635 Holz auf der Heide gehauen, und zwar nachmittags. Da trat ein klein Moosweibchen herzu und sagte zu ihm: »Vater, wenn Ihr hernach aufhöret und Feierabend macht, haut doch beim Umfällen des letzten Baums ja drei Kreuze in den Stamm, es wird Euch gut sein!« Nach diesen Worten ging es weg. Der Bauer, ein grober und roher Kerl, dachte: zu was hilft mir die Quackelei, und was kehr ich mich an ein solch Gespenste! Unterließ also das Einhauen der drei Kreuze und ging abends nach Hause. Den folgenden Tag um die nämliche Zeit kehrte er wieder in den Wald, um weiterzuhauen; trat ihn wieder das Moosweibchen an und sprach: »Ach Ihr, Mann, was habt Ihr gestern die drei Kreuze nicht eingehauen? Es sollte Euch und mir geholfen haben; denn uns jagt der wilde Jäger nachmittags und nachts ohn Unterlaß und tötet uns jämmerlich. Haben auch anders keinen Frieden vor ihm, wenn wir uns nicht auf solche Baumstämme setzen können; davon darf er uns nicht bringen, sondern wir sind sicher.« Der Bauer sprach: »Hoho, was sollten dabei die Kreuze helfen? Dir zu Gefallen mach ich noch keine dahin!« Hierauf aber fiel das Moosweibchen den Bauer an und drückte ihn dergestalt, daß er, obgleich stark von Natur, krank und elend wurde. Seit der Zeit folgte er der empfangenen Lehre besser, unterließ das Kreuzeinhauen niemals, und es begegnete ihm nichts Widerliches mehr.

*

»Mein Großvater«, so erzählte ein Bauer aus Wilhelmsdorf, »sitzt mit seinen Leuten an einem Winterabende um den Tisch herum; draußen aber ist stockdunkle Nacht. Da macht etwas die Türe auf, und ein Waldweibel tritt in die Stube. Das ist ganz außer sich gewesen, hat seine Hände über dem Kopfe gerungen und immer dabei gerufen: »Hu, hu! Der wilde Jäger hat jetzt mein Männel totgeschossen, hu, hu!« Mein Großvater hat das Herz auf dem rechten Fleck; dreht sich um und spricht: »Das muß ja ein bitterböser Kerl sein, der wilde Jäger! Was hat dein armes Männel ihm denn getan gehabt?« »Ei, an euch liegt die Schuld«, gibt das Weibel zur Antwort, »und über uns geht es hinaus. Sooft ein Mensch ein Bäumchen auf dem Stamme driebt, so muß eins von uns sterben. Ums Himmels Willen, tut es nur nicht wieder!« Und dazu hat es immerfort Hu, hu! geschrien und nicht geruht, bis alle in der Stube es ihm versprochen und der Reihe nach die Hand darauf gegeben haben. Meine Großmutter denkt: das arme, abgejagte Ding wird Hunger haben, und setzt ihm eine Schüssel voll Sauerkraut vor. Da hat es gegessen, aber immer dazwischen Hu, hu! gejammert und ist zuletzt hinter den Ofen gekrochen. Als aber meine Großmutter frühmorgens aufsteht und das Waldweibel rufen will, ist es schon über alle Berge fort gewesen.«

Die Leuchtenburg
Lithographie von Ch. Gille. Aus: Die malerischen Ufer der Saale, Dresden 1848

Wassergeister

Thüringen war früher noch wasserreicher als heute. Wie alte Seeböden beweisen, sind größere und kleinere Seen verschwunden; Quellen haben sich erschöpft, verschwiegene Brunnen ihre Abseitigkeit verloren. Aber die Sagen von ihren Bewohnern sind geblieben.

*

Ein Soldat von Weimar ging auf dem untern Tiefurter Wege, um sich in den Gebüschen Stöcke zum Ausräumen des Gewehrs zu schneiden. Als er nun damit beschäftigt war, drang aus der nahen Ilm zuerst ein Geplätscher, dann schallendes Gelächter an sein Ohr, und als er sich umsah, stund ein nacktes schönes Weib mit goldglänzenden langen Haaren in dem Flusse und winkte ihm, rief ihn bei seinem Namen und fuhr dann fort zu plätschern und zu lachen. Der Soldat aber lief fort, so schnell er konnte.

*

Ein Lobedaer Seiler sah von der dortigen Saalebrücke aus ein wunderschönes nacktes Weib mit langen gelben Haaren gegen die Brücke schwimmen. Singend und plätschernd nahte sie dem Wehre, und als sie es erreicht hatte, verschwand sie. – Ein Fischer in Jena behauptete immer: wenn er so oft einen Taler bekommen, als er die Nixe gesehen hätte, so wäre er ein reicher Mann. Sie habe sich ihm zu jeder Tageszeit in verschiedener Kleidung und Gestalt gezeigt. Gewöhnlich auf dem Wasser. Fuhr er den Fluß auf oder ab, so war sie bald vor, bald hinter ihm, singend und plätschernd, meist in weißem Kleide und mit einem Schilfkranze auf dem Haupte. Zuweilen hatte sie schwarzes Haar, in der Regel gelbes. Er enthielt sich aller Rede und allen Fluchens, wenn er den Flußgeist sah, und so konnte der ihm nichts anhaben. – Aus der Saale kamen zuweilen die Nixfrauen in die Stadt Saalfeld und kauften Fleisch auf der Bank. Man unterschied sie allein an den großen und gräßlichen Augen und an dem triefenden Schweif ihrer Röcke unten. Sie sollen vertauschte Menschenkinder sein, statt deren die Nixen ihre Wechselbälge oben gelassen haben.

*

Die Unstrutnixe, so erzählte eine alte Frau, ist ein gar gutes und böses Ding. Sie hat lange und triefende Haare, die vom Kopf bis auf die Ferse herunterhängen. Ihre Augen sind klein und wässerig, und wenn sie freundlich gesinnt ist, so blinzelt sie mit denselben wunderbar schelmisch. Ihr Antlitz ist schön und einnehmend, doch blaß vom Wasser. Ihre ganze Gestalt ist wohlgeformt und regelmäßig. Ihr Kleid rauscht wie Seide, ist aber aus Stoffen gewebt, die tief unter den Wellen begraben liegen. Zuweilen steigt sie an das Ufer, aber nur in den Dämmerstunden, und lustwandelt auf und nieder. Sie ist trotz ihrer Einsamkeit im Wasser eitel; denn nicht selten lächelt sie wohlgefällig, wenn der glatte ruhige Spiegel der Flut ihr Bild zurückstrahlt, und in solchen Augenblicken beglückt sie die Menschen gern mit ihrer Gunst.

*

Von der Kelle bei Nordhausen, einer Höhle mit einem See darinnen, war der Glaube verbreitet, daß sie alljährlich ein Menschenopfer fordere. Um die Wassergeister zu versöhnen, stellte man alle Jahre Prozessionen an. Es ist aber solche vermeinte Versöhnung folgendermaßen geschehen: Auf dem Berge gegen die Höhle oder Kelle über ist eine Kapelle St. Johanni geheiliget; in diese ist ein Priester aus Ellrich alle Jahr zu gewisser Zeit in Begleitung seiner Pfarrkinder und andern Benachbarten der Höhle in voller Prozession mit vorhergetragenem Kreuz, Fahnen und Bildern derer Heiligen gegangen. Sobald nun daselbst der heilige Johannes genugsam verehret worden, hat derselbe mit eben der Prozession sich fort nach der Höhle gemachet und in dieselbe ein Kreuz hinabgelassen, auch wieder herausgezogen. Als nun solches ebenfalls geschehen, hat er dem umstehenden Volke diese Reime zugerufen: »Kommt und gucket in die Kelle, so kommt ihr nicht in die Hölle!« – Die Mütter in Katzhütte suchten sich durch Geld zu lösen. Wenn sie mit ihrem Kinde das erstemal zur Kirche gingen, warfen sie dreierlei Münzen in den Fluß und sprachen: »Da hast du das Deine, laß mir das Meine!«

*

Es ist eine allgemeine Sage, daß die Nixe der Saale jedes Jahr an einem bestimmten Tage ihr Opfer haben wolle. Darum vermeiden die Anwohner des Flusses, an diesem Tage zu baden; namentlich unterlassen es die Fischer zu derselben Zeit, ihrem Gewerbe nachzugehen. Schon mancher, der das nicht glauben wollte und darum nicht beachtet hat, mußte seinen Vorwitz mit dem Tode im Wasser büßen. – Ein Fleischer, der vom Paradiese bei Jena nach der Schneidemühle geschwommen war, wurde, als er zurückwollte, bei den Füßen festgehalten und unter das Wasser gezogen. Er rief um Hilfe, und einige weiter unten badende Leute schwammen heran. Sie ergriffen ihn und versuchten durch gemeinsame Anstrengung, ihn loszumachen. Das gelang endlich, und nun sah man an den Beinen den mit Blute unterlaufenen Abdruck zweier großer Krallen. Die Nixe hatte ihn niederziehen wollen. – An derselben Stelle wollte ein Maler die Nixe kennenlernen. Er ging deshalb am Ufer hin und her und lockte sie durch Weisen auf der Gitarre, von denen er wußte, daß sie ihr eigen waren. Eines Abends sah er die Nixe in ihrer Schöne hinter sich herkommen und floh in der Verwirrung nach der Saale zu, wo er verschwand. Sein Gefährte, ein Jenaer Maler, hatte es gesehen, rief und suchte ihn aber vergebens; so auch andere Leute, die dazukamen. Dann eilten sie zum Fischer, der auch sogleich mit seinem Sohne anfing zu suchen, doch wieder umsonst. Erst am andern Tage sahen sie nahe dem Ufer einen Gegenstand gleich einem Hühnerkorbe. Sie ruderten hin und wurden gewahr, daß es die von dem Wasser ausgebreiteten Haare des Malers waren.

*

Gar viel wird von der Lust der Nixen an Tanz, Gesang und Spiel erzählt; auch die Freude an feiner weißer Wäsche kehrt immer wieder. Man sieht sie auf Bäumen hängen und auf Uferwiesen ausgebreitet. Wenn die Nixen am Godaminteich und im Crinnelsloch zwischen Saalfeld und Ranis bleichten und dabei sangen und sich in Kreiseltänzen drehten, da sind nicht selten sogar ältere Leute bezaubert worden, daß sie hinzuliefen und in die Tiefe gerieten. – Ungemein lange Stücke breitete die Ilmnixe auf der Parkwiese zu Weimar aus; sie reichten vom Ufer bis zum Fuße der Anhöhe.

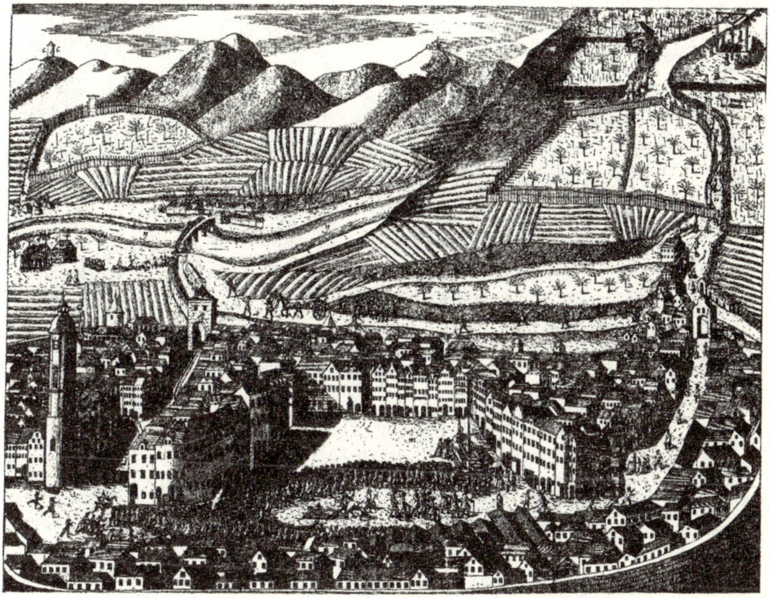

Jena mit Marktplatz und Weinbergen. Eine Gerichtsszene
Kupferstich 1716

Ein alter Bauer aus Cossengrün hat oft erzählt, was ihm als jungem Burschen einst selbst noch zugestoßen ist. Wie er nämlich mit seinem Bruder im Steinicht an der Elster Vieh hütet, taucht vor ihren Augen plötzlich ein weibliches Wesen aus dem Wasser auf und breitet mit ungeheurer Geschwindigkeit eine Menge Wäsche am Ufer aus. Und kaum verschwunden, wiederholt sie das eine Strecke weiter unten am

Flusse. Neugierig laufen die Jungen herzu; da fängt jene auf einmal an, gewaltig in die Hände zu klatschen, rafft ihre Wäsche schnell zusammen und verschwindet in den Fluten. Der Vater riet nun den entsetzten Knaben, sich vor der schönen Elsternixe in Zukunft wohl zu hüten; diesmal sei es eben noch so abgelaufen. – Zweien Handwerksburschen, die sich beim Abgewehr, einem Teiche bei Loitsch, nach weißer Wäsche gebückt hatten, die sie in Menge da ausgebreitet fanden, rief eine Stimme zu: »Wenn euch euer Leben lieb ist, so lasset die Wäsche unberührt!«

*

Ein Schafknecht hatte, um den Nixen einen Schabernack zu spielen, ihre Wäsche am Schafstein unfern Großdraxdorf mehrmals verunreinigt. Den schlugen sie, als ers wieder einmal versuchen wollte, mit Blindheit, so daß er vom Felsen hinab in die Tiefe stürzte und in der Elster ertrank. – Einem Bauernlümmel zu Wilhelmsdorf ging es ähnlich. Die feine Wäsche der Saalenixe, die wie Baumblüte und frischgefallener Schnee so rein auf der Wiese lag, hatte er mit dem Dreckpinsel besudelt. Dafür brach ihm die Nixe auf der Stelle den Hals. – Dagegen ward einem Tagelöhner aus Frössen seine Hilfsbereitschaft reichlich gedankt. Sooft er nämlich abends an einem Wasser vorüber mußte, traf er eine Nixe, die ihre Wäsche wusch. Sie rief ihm einmal zu, er solle ihr dabei helfen, es werde sein Schaden nicht sein. Er fragte aber erst seinen Beichtvater um Rat, und da dieser nichts dawider hatte und ihm nur riet, sich die Nixe nicht zu nahe auf den Hals kommen zu lassen, so zeigte sich der Tagelöhner das nächste Mal willfährig, half eine geraume Zeit und lud zuletzt zwei Radewellen voll Wäsche mit auf. Die klang dabei wie lauter dürre Blätter. »Fahr zu!« rief nun die Nixe. Er aber ließ sie voraus und sah bald, wie sie im Wasser verschwand, während er mit seiner Radewelle nach seiner Hütte fuhr. Sonderbar, die Wäsche war ihm so schwer geworden, daß er sie zuletzt kaum noch bis an Ort und Stelle brachte. Als er am andern Morgen seiner Frau erzählte, was geschehen war, stand richtig die Radewelle noch vor seiner Haustür. Sie war aber nicht mit Wäsche, sondern mit Gold beladen.

*

Die Nixe vom Nixenstein in der Elster erschien in immer veränderter Gestalt zu Liebschwitz auf dem Tanze. Einmal gab sie sich für die Mildenfurther Gouvernante, das andere Mal für die Meilitzer Schließerin aus, bald wollte sie eine Kuhmagd sein. Immer aber zeichnete sie sich durch ihre zartere Schönheit aus, und immer war ihr Rocksaum naß. – Auch von einigen schönen Tänzerinnen in Culm wußte niemand, woher sie kamen. Da sind sie einmal ihren Begleitern jählings beim Pötzdorfsteiche entschwunden. – Eine Nixe aus dem Winterteiche, die vorgegeben hatte, sie sei aus Hundhaupten, konnte ihren Tänzer an der bestimmten Stelle nicht zur Umkehr bewegen. Da sprang sie ihm, beim Teiche angekommen, plötzlich aus den Armen und verschwand im Wasser.

*

Bei dem Dorfe Dönges liegt der Dönges- oder Hautsee, der an einem gewissen Tage im Jahre ganz blutrot wird. Davon gibt es folgende Sage: Einmal war im Dorfe Dönges Kirmes, und dazu kamen auch zwei fremde, unbekannte, aber schöne Jungfrauen, die mit den Bauernburschen tanzten und sich lustig machten, aber nachts zwölf Uhr verschwunden waren, während doch Kirmes Tag und Nacht fortdauert. Indes waren sie am andern Tag wieder da, und ein Bursche, dem es lieb gewesen, wenn sie immer geblieben wären, nahm einer von ihnen während des Tanzes die Handschuhe weg. Sie tanzten nun wieder mit, bis Mitternacht herannahete; da wollten sie fort, und die eine ging und suchte nach ihren Handschuhen an allen Ecken. Da sie solche nirgends finden konnte, ward sie ängstlich; als es aber während des Suchens zwölf Uhr schlug, so liefen sie beide in größter Angst fort, gerade nach dem See und stürzten sich hinein. Am andern Tag war der See blutrot und wird es am selbigem noch jedesmal im Jahr. An den zurückgebliebenen Handschuhen waren oben kleine Kronen zu sehen.

*

Zwischen Elgersburg und Ilmenau war ein Teich, in dem eine alte Nixe wohnte. Drei ihrer Dienerinnen kamen einst zur Herbstzeit nach Elgersburg und besuchten die Gesellschaften junger Mädchen. Sie halfen spinnen und wurden bald beliebt, zumal bei den jungen Burschen. Stets aber gingen sie aus dem fröhlichen Kreise hinweg, sobald die elfte Abendstunde nahte. Das fiel auf, und Burschen und Mädchen verabredeten sich, die Wanduhr eine halbe Stunde zurückzustellen und beim Schlag der Turmuhr solchen Lärm zu erheben, daß die fremden Gäste den Glockenschlag überhören müßten. Die Nixen wurden zur gewohnten Zeit stiller und stiller, sie hatten keine Ruhe mehr und wollten fort. Aber es wurde ihnen zugeredet, sie sollten doch noch bleiben; die Uhr zeige ja noch nicht einmal auf dreiviertel elf. Da rief draußen plötzlich der Nachtwächter: »Es hat elf geschlagen! Lobet Gott den Herrn!« Totenbleich wurden da die drei und jammerten: »Wehe, was habt ihr getan! Geht morgen früh zum Weiher; da werdet ihr sehen, wie es uns ergangen!« Und in Hast eilten sie von dannen. Als am andern Morgen in aller Frühe die Burschen zu dem Weiher kamen, sahen sie auf ihm drei große rote Flecke wie Blut, und dann hob sich aus jedem dieser roten Flecke eine weiße Mommel oder Wasserrose.

*

Eine halbe Stunde nordwestlich von Merkendorf, bei der Aumamühle, liegt ein Teich, der Dockenteich genannt. Vor langer Zeit sollen in ihm ein Vater und zwei schöne Töchter gewohnt haben, deren Zartheit und Anmut die Leute nicht besser auszudrücken wußten, als daß sie dieselben mit dem Namen Docken bezeichneten. Diese Mädchen liebten den Tanz und kamen daher oft nach Merkendorf und Piesigitz, mit den jungen Burschen zu tanzen. Sie fanden bald Liebhaber, und diese unterließen nicht, sie nach Hause zu geleiten. Wenn sie an dem Teiche ankamen, fanden sie immer eine Art Tür darin, stiegen Stufen hinab und gelangten zu einer bequemen und geräumigen Wohnung. Aber die Mädchen versteckten ihre Begleiter sorgfältig hinter der Haustüre, ihr Vater müsse erst zur Ruhe sein, sagten sie; denn er könne keine Christen riechen. Da konnten nun die Burschen mit Zittern ein Gespräch zwischen den Töchtern und dem Vater belauschen, worin dieser sagte: »Entweder habt ihr Christen bei euch, oder ihr seid bei Christen gewesen!« Erst als die Mädchen gestanden, daß sie bei Christen zum Tanze gewesen, wurde der Vater ruhiger. Einst kehrten aber ihre Begleiter nicht wieder zurück, und die beiden Mädchen hat man auch nicht mehr gesehen, daher man fürchtete, der grausame Vater habe an ihnen das Ärgste vollbracht.

*

Die Sehnsucht der Unbeseelten nach schönen Menschenkindern führte zu seltsamen Bünden. So geht die Sage, daß die Ilmnixe im weimarischen Park bei Tucks Garten, vor Jahrhunderten ein Liebesverhältnis angeknüpft habe mit einem Grafen von Weimar und Orlamünde, der schon ehelich versprochen war. Sie erhielt von ihm das Zugeständnis, er wolle alle Jahre elf Monate mit seiner Gemahlin, den Monat Mai aber mit ihr im Nixenschlosse der Ilm zubringen. Außer köstlichen Geschenken gab sie ihm einen Ring, den er unter Anrufung ihres Namens nur in die Ilm zu werfen brauchte, um ihr Erscheinen zu bewirken. Viele Jahre lang teilte der Graf seine Liebe. Nach dem Tode seiner Gemahlin aber soll er aus Reue über sein doppeltes Spiel den Umgang mit der Nixe vermieden haben und zur Sühne in ein Kloster gegangen sein. – Einst hat es einem kaum verheirateten jungen Bauer in Wilhelmsdorf eine Saalenixe so angetan, daß er eine Liebschaft mit ihr begann. Seine junge Frau merkte aber Unrat, beschlich beide und wollte sich darüber die Augen bald aus dem Kopfe heulen. Da sprach die Nixe zu ihr: »Da du deinem Manne so gar gut bist, so nimm ihn mit; ich will keinen Teil an ihm haben. Aber das mache ich mir aus dabei: wenn du in die Wochen kommst und Zwillinge kriegst, so mußt du mich zum Gevatter bitten.«

*

Ein wandernder Schneidergeselle von gar feinem, zartem Wesen kam an den Hautsee. Es fiel ihm bei, auf die schwimmende Insel zu gehen und hier sein Mittagsschläfchen zu halten. Und wie gedacht, so getan. Er schlief und schlief bis zum Abend. Da stiegen seltsame Nebel aus dem See, und aus einem derselben trat eine schöne Nixe zu dem Schläfer auf die Insel, betrachtete ihn eine Weile mit begehrlichen Blicken, zog ihn vorsichtig an das Ufer und tauchte mit ihm in die Tiefe. Als der Schneider erwachte, trat sie ihm entgegen und sagte, er gefalle ihr so wohl, daß sie ihn in ihren Kristallpalast geführt habe, damit er ihr drei Jahre lang diene. Es möge ihm nicht bange sein, denn es werde ihm an nichts mangeln. Die schöne Wasserjungfer hielt Wort, und dem Schneider gefiel es gar wohl in dem unterirdischen Palaste. Und nachdem die drei Jahre herum waren, da hörte er eine prächtige, rauschende Musik. Es kommt ihm in die Beine; er faßte seine schöne Wirtin um den Leib und wirbelte so lange mit ihr im lustigen Reigen herum, bis ihm die Sinne schwanden. Als er aus seinem seltsamen Rausch erwachte, lag er auf demselben Moosbette der Insel, auf das er sich vor drei Jahren zum Schlafen ausgestreckt hatte.

*

Von Köstitz fuhr einstmals ein Wagen voll junger Burschen und Mädchen nach Neustadt zu Markte. Als sie am Oppurger Teiche vorbei wollten, zog die Nixe, die darin wohnte, den ganzen Wagen samt allen Insassen ins Wasser. Das machte, sie hatten im Übermute die Nixe verhöhnt. – Ein alter Hofknecht in Meilitz warnte einst die jungen Burschen, nicht mit einem Mädchen zu tanzen; denn sie sei eine Nixe und habe ein grünes Hemde an. Das hat die Nixenjungfrau gewaltig übelgenommen, und just drei Tage nachher, wie unser Hofknecht Mehl durch die Elsterfurt in die kleine Mühle zu fahren hat, kams unten herauf, und weg war er, obschon an jener Stelle das Wasser keine halbe Elle tief ist. – Sieht einmal ein Jäger unfern der großen Zwerghöhle bei Stublach im Elsterwasser einen gar schönen Fisch und läßt sich beifallen, nach ihm zu schießen. Da hat sich eine Stimme erhoben, die hat gejammert: »Mein Kind! Du hast mir mein Kind getötet!« Und so sehr, von Grausen erfaßt, der Schütze auch gelaufen ist, ehe er noch sein Haus erreicht gehabt, ist die Nixe schon bei ihm gewesen und hat ihm den Hals umgedreht.

*

Einige Knaben spielten einmal in der Nähe der Unstrut. »Kommt«, sagte der eine, »wir wollen die Nixe zu Tode steinigen! Dort an der Gartenecke, wos am tiefsten ist, da wohnt sie.« Nun gings mit lautem Jubelgeschrei und im vollen Laufe nach der bezeichneten Stelle. Steine auf Steine flogen in die Tiefe, von ausgelassenem Spott begleitet:

»Wassernixe, du mußt sterben in dem tiefen Wasserloch!
Wassernixe, bist getroffen, Wassernixe, lebst du noch?«

Bei jedem Wurfe schäumten und brausten die Fluten ärger und immer ärger, ein Vergnügen für die Knaben, weshalb sie auch ihr Spiel eifrig fortsetzten. Plötzlich aber stand die Wassernixe mitten unter ihnen, und keiner hatte gesehen, woher sie gekommen war. Sie blickte zornig und strafend umher, erfaßte den Angeber beim Haar und sprang mit ihm in die Tiefe hinab. Die übrigen Knaben zitterten und bebten und konnten vor Schreck nicht von der Stelle. Ein gellender Schrei aus der Tiefe sagte ihnen, daß die Nixe ihren Gefährten totgemacht habe.

*

Der Nix zeigt sich scheu, griesgrämig, verschlagen und grausam. In dem Streuflüßchen zwischen Mellrichstadt und Oberstreu wohnt ein bösartiger Nix mit langen geschlitzten Ohren, der zu gewissen Zeiten seine Bosheit an den Leuten ausübt, die gerade zufällig die Streu überschreiten. Er zieht sie zu sich, taucht sie unter das Wasser und hält sie da oft so lange fest, bis sie ihren Geist aufgegeben haben. – Unterhalb Meilitz ist eine Stelle in der Elster, die früher öfter zum Baden benutzt wurde. Einst badeten da zwei junge Mädchen, da öffnete sich plötzlich unten im Wasser eine Tür, und ein graues Männchen – es war der Nix – zog eine von ihnen hinein. Man hörte und sah nichts mehr von ihr, bis eines Tages ihre ehemalige Gefährtin einen Gevatterbrief von ihr zugeschickt erhielt. Sie stellte sich auch herzhaft an der bewußten Stelle ein und wurde albald in die unterirdische Wohnung eingeführt, wo es gar nicht übel aussah und die heilige Handlung vor sich ging. Den Tisch fand die Besucherin mit allerlei feinen Speisen, besonders mit Fischen, wohlbesetzt; doch gab ihr ihre Freundin einen Wink, beileibe nichts davon zu essen. Denn sähe auch alles gar appetitlich aus, wären es doch in Wirklichkeit eitel Kröten, Eidechsen und Schlangen.

*

Gegen das Jahr 1630 erzählte in der Pfarrei zu Breulieb, eine halbe Stunde von Saalfeld, in Gegenwart des Priesters eine alte Wehmutter folgendes, was ihrer Mutter, ebenfalls Kinderfrau daselbst, begegnet sei: Diese letzte wurde in einer Nacht gerufen, schnell sich anzuziehen und zu kreißenden Frauen mitzukommen. Es war finster, doch machte sie sich auf und fand unten einen Mann warten, zu dem sagte sie: er möchte nur verziehen, bis sie sich eine Leuchte genommen, dann wollte sie nachfolgen. Er aber drang auf Eile, den Weg würde er schon ohne Licht zeigen, und sie sollten nicht irren. Ja er verband ihr noch dazu die Augen, daß die Frau erschrak und schreien wollte; allein der Mann sprach ihr Trost ein: Leid werde ihr gar nicht widerfahren, sondern sie könne furchtlos mitgehen. Also gingen sie miteinander. Die Frau merkte darauf, daß er mit einer Rute ins Wasser schlug und sie immer tiefer hinuntergingen, bis sie in eine Stube kamen. In der Stube war niemand als die Schwangere. Der Gefährte tat ihr nunmehr das Band von den Augen, führte sie vors Bett und ging, nachdem er sie seiner Frauen empfohlen, selber hinaus. Hierauf half sie das Kindlein zur Welt befördern, brachte die Kindbetterin zu Bett, badete das Kindlein und verrichtete alle notwendigen Sachen dabei. Aus heimlicher Dankbarkeit warnungsweise hob die Wöchnerin an, zur Wehmutter zu sprechen: »Ich bin sowohl als Ihr ein Christenmensch und entführt worden von einem Wassermann, der mich ausgetauscht hat. Wenn ich nun ein Kind zur Welt bringe, frißt er mirs allemal den dritten Tag; kommet nur am dritten Tag zu eurem Teich, da werdet Ihr Wasser in Blut verwandelt sehen. Wenn mein Mann jetzt hereinkommt und Euch Geld bietet, so nehmet ja nicht mehr Geld von ihm, als Ihr sonst zu kriegen pflegt; sonst dreht er Euch den Hals um. Nehmt Euch ja in acht!« Indem kam der Mann, zornig und bös aussehend, hinein, sah um sich und befand, daß alles hübsch abgelaufen, lobete darum die Wehmutter. Hernach warf er einen großen Haufen Geld auf den Tisch mit den Worten: »Davon nehmt Euch, soviel Ihr wollt!« Sie aber, gescheit, antwortete etlichemal: »Ich begehre von Euch nichts mehr denn von andern, welches dann ein geringes Geld gewesen, und gebt Ihr mir das, hab ich genug dran; oder ist Euch auch das zuviel, verlange ich gar nichts, außer daß Ihr mich nach Hause bringet.« Er hub an: »Daß hieß dich Gott sprechen!« Zahlte ihr soviel Geld und geleitete sie richtig nach Hause. An den Teich zu gehen wagte sich aber den bestimmten Tag die Wehefrau nicht, aus Furcht.

*

Auch die Hohenleubner (Brücklaer, Hirschbacher, Lunziger) Wehefrau wurde eines Nachts gerufen. Die Kreißende befand sich unten im Wahlteich in einem schönen, hell erleuchteten Schlosse, und ihre Entbindung ging leicht vonstatten. Dann sprach des Nixen Weib leise zur Wehefrau: wenn ihr der Mann Geld anbiete, solle sie nicht mehr nehmen, als ihr gebühre, und nach drei Tagen wiederkommen. Sähe sie dann auf dem Wasser eine Spindel schwimmen, so sei das Kind ermordet; sähe sie aber den Teich blutig, dann sei auch ihr dasselbe Schicksal widerfahren. Als die Wehefrau forgehen wollte, kam der Nix, welcher sich entfernt hatte, wieder herein und brachte eine Schüssel Gold mit. Die Wehefrau äußerte, sie möge nicht mehr als das ihr Gehörige, worauf er sagte, diese Genügsamkeit rette ihr das Leben. Danach führte er sie wieder aus der Wasserwohnung. Nach drei Tagen sah die Frau eine neue Spindel auf dem Teiche schwimmen.

*

Die tiefe Liebe der Wasserfrau zu ihrem Kind kommt wie im alten Lied von der schönen Hannale auch in der Sage zum Ausdruck: Ein Bauer von Wilhelmsdorf zog mit Vieh und Ackerpflug von seinem Tagewerk nach Hause. Als er an einer Berggrube vorüberkam, saß da eine Wassernixe, rang die Hände und jammerte, daß ihr die hellen Zähren aus den Augen traten. Das ging dem Manne zu Herzen. Er hielt stille und fragte, was es denn gegeben habe. Da erfuhr er, der Nixe sei ihr Kindlein gestorben und sie wisse nicht, was sie damit anfangen solle. »Wenn es Euch um weiter nichts zu tun ist«, sagte der Bauer, »so legt das tote Kind auf meinen Ackerpflug! Ich will es mit ins Dorf nehmen und es auf unserm Kirchhofe wie ein Christenkind begraben.» Die Wassernixe wischte sich die Augen aus und fragte, was er für solchen Liebesdient für Lohn begehre. Im Augenblicke wußte sich der Bauer nicht zu besinnen, was im fehle. Dann fiel ihm ein, daß er ein Loch im Strumpfe habe und also ein paar Fäden Zwirn gebrauchen könne. Wenn die Nixe ihm damit aushelfen wolle, wäre ihnen beiden geholfen. Das war freilich ein bescheidener Wunsch, und die Nixenmutter zögerte nicht, ihn zu erfüllen. Sie drückte dem Mann einen Zwirnknäuel in die Hand mit der Weisung, er solle nach keinem Ende suchen, dann werde, solange er lebe, der Knäuel kein Ende nehmen.

Geheimnisvolle Tiere

Die Schlangen erwecken von allen Tieren Thüringens die meiste Scheu und Furcht und damit auch die meiste Grausamkeit. So wird die harmlose Blindschleiche mit derselben Genugtuung erschlagen wie die Kreuzotter. Gleichwohl lebt in manchen Teilen des Landes, namentlich in den mit wendischem Blut durchsetzten, noch allerlei altes Erbgut in den Empfindungen der Leute: der Otter wird Schonung, ja Ehrung zugebilligt. Im Frankenwald sprechen die Kinder, wenn sie in den Wald gehen: »Atter, Atter, beiß mich net, ich bring dr o viel Beere met!« und sie legen bei der Heimkehr als Dankopfer einige Beeren auf einen Stein oder Baumstrunk. Die Kunde von den Hausottern ist in der Gegend von Schleiz und Weida noch heute hier und da lebendig. Es herrschte nämlich der Glaube, daß nur dasjenige Haus Glück habe, in dem sich eine Otter aufhalte. Die durfte von niemand gestört und mußte mit Milch gefüttert werden.

*

In den Felswänden bei Wünschendorf soll es besonders viel Ottern gegeben haben. Ein Cronschwitzer Förster sah einmal am Rechen jenseits der Elster einen ganzen Haufen liegen. Als er hineinschoß, stob es auseinander, und die Ottern flogen dabei zum Teil haushoch. In derselben Gegend gab es auch einen schönen Otternkönig. Von ihm hatten die Leute nichts Gutes zu erwarten, wenn sie eine der Hausottern reizten. Auch an zahlreichen anderen Orten war er (oder die Otternkönigin) zu Hause: bei Meiningen, Schmalkalden und Wasungen. Nicht weit von der Heinoldsmühle bei Weida hat man ihn sehen hofhalten. Auf sein Zischen und Pispern waren von allen Seiten Ottern gekommen, und es schien, als ob jede dem König etwas zutrage und als ob sie dabei wären, ihn zu krönen. Er war von Farbe schwarz und weiß gesprenkelt, aber nicht größer als die andern. Dem Bermbacher Hirten, der mit der Schöpfe nach ihm geworfen hatte, und sich nur durch eilige Flucht vom Tode hatte retten können, ist er viel mächtiger erschienen: von der Länge eines Mannes und weiß von Farbe. Auch die Krone wird verschieden beschrieben: erbsengroß, gleich einem Hütchen in Gestalt eines Räucherkerzchens – so groß wie eine rote Beere (Erdbeere) – wie der Busch eines Pfauen. In klaren

Quellen und Bächen kann man den Otternkönig baden und trinken sehen. Wann man da vor seiner Ankunft ein weißes Tuch hinbreitet, so legt er das goldne Krönlein darauf. Wer es besitzt und treu bewahrt, kann nie verarmen. Eine arme Viehmagd hatte eine Otter aus den Milchnäpfen saufen sehen, und weil sie das nicht leiden mochte, hatte sie durch mehrere Jahre immer einen Napf für sie hingestellt. Wie sie nun heiratete, kam die Otter, lang wie ein Rechenstiel, in die Hochzeitsstube. Die Anwesenden erschraken; die Braut aber erkannte ihre alte Bekannte und ließ es zu, daß sie sich ihr auf den Schoß legte. Als die Otter aber das Zimmer wieder verließ und die Braut aufsteht, fällt etwas von ihrem Schoße. Und siehe, es war eine Otternkrone! Den König August den Starken, der davon hörte, wandelte Lust an, sie für sein grünes Kabinett zu erwerben. Lange wollte die arme Frau nichts davon hören, und sie trennte sich nicht eher von dem Andenken der Otter, bis ihr ein Rittergut dafür geboten wurde. Seitdem lebte sie herrlich und in Freuden.

*

In der Regel ließ der Otternkönig seine Krone nicht ohne Kampf; war er doch nach manchem Zeugnis selbst verloren, wenn er seines Zeichens verlustig ging. »Eines Tages«, so erzählte eine aus Schwikkershausen, »fuhr ein Mühlbursche von Queienfeld her, wo er seinen Karren mit Frucht beladen hatte, auf dem Rückwege nach Unterharles. Es war gegen Mittagszeit, als er an der sogenannten Bettelküche anlangte. Da sah er denn, wie sich der Otternkönig in dem klaren Wasser des Mühlbachs baden wollte. Der Knappe besann sich daher nicht lange, breitete seinen Kittel auf den Rasen hin und wartete ab, bis der Otternkönig sein goldenes Krönlein darauf gelegt hatte und in das Bad war. Dann sprang er rasch zu, raffte den Kittel samt dem Krönlein zusammen, setzte sich auf den Wagen und hieb auf die Klepper los. Doch kaum war er ein Stück hinweg, als er einen durchdringend hellen Pfiff hinter sich hörte. Im gleichen Augenblick sitzt ihm auch schon der Otternkönig auf dem Wagen, reißt den Rachen auf und zischt gar arg nach dem Burschen. Der aber läßt sich nicht erschrecken und hält seinen Raub fest. Als aber von allen Seiten das Schlangenzeug herbeischießt, sich um die Beine der Pferde windet, auf den Wagen springt und die Säcke zerbeißt, so daß die Frucht auf den Boden rieselt, da steigen ihm doch vor Entsetzen die Haare zu Berge, und weithin schleudert er das goldene Krönlein. Blitzschnell schoß ihm der Otternkönig vom Wagen nach, setzte es wieder auf und verschwand mit dem übrigen Gezücht. Der Mühlbursche aber hat das Stücklein in seinem Leben nicht wieder probiert.«

*

In Schmalkalden war einer, dem wollte es durchaus nicht glücken. Da hörte er: wer das Krönlein des Otternkönigs bekomme, sei für immer ein gemachter Mann. Das nahm er sich zu Herzen, verschaffte sich ein flinkes Pferd, ritt nach dem Brunnen und breitete das weißleinene Tüchlein aus. Der Otternkönig kam, legte sein Krönlein darauf und ging ins Bad. Wer war nun hurtiger wie der Schmalkalder! Mit dem Krönlein im Tuche ging es auf und davon. Doch bald hörte er einen grellen Pfiff, und im Nu sah er von allen Seiten Schlangen auf sich stürzen. Trotzdem erreichte er glücklich die Stadt und wurde ein reicher Mann; denn er konnte sich von der Krone jeden Tag soviel Gold abschaben, als er nur brauchte. Als er genug hatte, baute er sich einen großen Gasthof und hängte zum Danke eine goldene Krone als Zeichen an das Haus.

*

Manche Leute hatten Gewalt über das Geschmeiß und suchten es, wie heute noch gewisse Fakire, zu beschwören. Doch gewöhnlich läuft die Vermessenheit traurig aus. An einem Sonntag gingen einmal zwei Burschen aus dem eine Stunde südlich von Schmalkalden gelegenen Dorfe Grumbach in den nahen Wald. Da zog der eine ein Buch aus der Tasche und sprach zu dem andern: »Willst du einmal alle Ottern beisammen sehen, die sich hier im Walde aufhalten? Dann mach, daß du so schnell wie möglich da hinauf kommst.« Das ließ der Gefährte nicht zweimal sagen, saß bald hoch oben in einer Birke und sah dem andern neugierig zu, wie er einen Kreis um sich zog, das Buch aufschlug und zu lesen begann. Da währte es denn gar nicht lange, so hörte mans überall in dem dürren Laube rascheln. Von allen Seiten stürzte das Gewürm herbei. Dem droben auf dem Baume wurde es immer gruseliger; denn schon hatten sich die Ottern mehrere Fuß hoch übereinander um den Kreis aufgetürmt. Sie mochten aber züngeln und zischen, soviel sie wollten, der Beschwörer blieb ruhig und las weiter und immer weiter aus dem unheimlichen Buche. Da kam zuletzt noch eine Otter mit Krone und goldenem Schlüssel im Munde herbeigeschossen. Als er die erblickte, erbleichte er und rief, zitternd am ganzen Leib: »Gott sei mir Sünder gnädig, ich bin verloren!« Die Otternkönigin übersprang den Kreis, die andern ihr nach, und im Nu war der Frevler bis auf die Knochen, Hände und Füße aufgezehrt.

Auch aus der übrigen Tierwelt vom Pferd und Hund bis hinab zum Fisch gab es Unheimliches genug. Lebte doch die menschliche Seele oft in Tierform weiter, und den Göttertieren war besondere Kraft verliehen. Dazu gaben sich manche Tiere von Haus aus seltsam genug: der schwarze Hund, der im Dunkeln mit glühenden Augen und leuchtenden Zähnen über das Feld zieht, die Raben, die im entlaubten Baum ratschlagen, die Kröte, die plötzlich im feuchten Loch einer niedergelegten Mauer gefunden wird. Und wenn die Sage erzählt, daß sich das gespenstische Vieh zuletzt in einen Sack oder Düngerhaufen verwandelt hat, so deutet sie damit selbst auf ihre Herkunft hin.

*

Am Bermer oder Bärenberg bei Ruhla kam eine ganze Meute Hunde aus einem Grubenloch: drei Spitze, drei Pudel, drei Dachshunde; die rasten mit wütendem Gebell im Kreise herum, bis sie zuletzt wieder in der Höhle verschwanden. Die Hunde am Beyer haben feurige Telleraugen und laufen vor den Leuten her. Und als einer mit dem Stock auf das schwarze Getier loshieb, traf er nichts als die Luft. Die am Öchsen haben, wenn man dem Schäfer Lorey von Poppendorf glauben darf, ein blitzblaues Fell und weiße Ringel um den Hals.

*

Am hohen Asch zwischen Wießenthal und Fischbach war einmal in den Buchen ein seltsames Rauschen und Pfeifen. »Als ich mich umschaute«, erzählte ein Holzhauer, »seh ich auf einmal ein gar prächtiges Hündchen; es war mopsgelb und trappelte hastig an mir vorüber. Das Ding gefiel mir. Ich warf die Axt beiseite und lief ihm nach. Und wie ich dachte, daß ich es fangen könnte, Donner und Hagel, da waren es ihrer auf einmal zwei. Das machte mich aber noch nicht irre. Ich lief immerzu, lockte und rief: »Pst! Pst!« wie die Hunde ja alle mit ihrem Zunamen heißen, und als ich die beiden fast wieder erreicht hatte, potz Blitz! da waren es ihrer gar drei. Nun wurde ich doch ein wenig stutzig. Aber bald war ich ihnen wieder auf der Ferse. Als es ihrer aber gleich drauf vier und zuletzt gar fünf wurden, da überlief mich ein arges Grauen. Ich sah ein, daß ich es am Ende wohl gar mit dem Gottseibeiuns zu tun hatte, betete ein Vaterunser, kehrte um und ging wieder an meine Arbeit.«

*

Im Schwalbengrunde bei Frießnitz lebte ein Einsiedler, der einen sogenannten Kreuzhirsch gezähmt hatte. Der trug zwischen den Geweihen ein Kreuz und stand still, solange der Einsiedler das Kreuz anbetete. – Unter einer großen Buche im Ganglоffer Walde hatten Köhler ihren Meiler. Da kommt nachts um elf Uhr ein riesiger Vierzehnender heran, sieht in die Glut hinein und stellt seine Vorderfüße mitten in die glühenden Kohlen. Der Köhler dachte: Du wirst dir deine Schuhe wohl auch etwas verbrennen! Jener aber blieb stehen, bis es zwölf Uhr vom Dorfe her tönte, und ist dreizehn Nächte auf gleiche Weise gekommen und wieder gegangen. Einmal war auch ein Jäger zugegen; das Gewehr versagte ihm aber, da er schießen wollte, und später ist er nicht mehr hinzubringen gewesen. Von anderen Begegnungen mit gespenstischem Wild wird hernach noch bei den Jäger- und Schützengeschichten erzählt.

*

Andere Köhler waren im Kirchtale bei Klosterlausnitz an ihrem Meiler beschäftigt, da kommt auf einmal ein Hase über die Planke geflogen und springt mitten auf den Meiler. Der erkrachte, und haushoch stoben die Funken. Das Tier aber blieb, ein Männchen machend, ruhig sitzen und putzte sich dabei nur mit den Läufen die Funken aus dem Barte. So trieb ers von elf bis zwölf Uhr nachts eine lange Reihe von Abenden hindurch.

*

Hexen verwandeln sich gern in Katzen und Hasen; auch Kobolde verbergen sich zuweilen in dieser Gestalt. So wußten die Leute nie genau, was hinter solchen gespenstischen Tieren eigentlich steckte, und taten gut, sich vor etwaigem Hexenspuk zu hüten. Der Roßdorfer Kreiser ging eines Tages, als es schon zu dämmern begann, mit einem aus Kaltenlengsfeld, der noch etwas mit ihm zu schwatzen hatte, von da nach Hause. Als sie den Hairain (Heiderain) erreicht hatten, sprangen auf einmal zwei mächtige schwarze Katzen um sie herum und wichen und wankten nicht. Da wurde der Kreiser, der ein guter Schütze war, endlich wild, riß das Gewehr von der Schulter und pfefferte auf die Katzen los. Die stießen ein schreckliches Hohngelächter aus und sprangen, als sei nichts geschehen, immer wieder vor den beiden her. Da sprach der von Kaltenlengsfeld: »Wie wärs, wenn wir die Luder einfingen?« Und richtig, als sie oben am Heierts angelangt waren, hatten sie die Katzen beim Kröps. Der Kreiser machte kurzen

Prozeß und nagelte sie an der ersten starken Buche an. Als der Kaltenlengsfelder sich aber bald darauf umwandte, war von den angenagelten Katzen auch keine Spur mehr zu sehen. – Eine Frau aus Weida ging am langen Wehr vorüber nach Cronschwitz. Da tanzten vor ihr ein paar Katzen, und wie sie ihnen so zusieht, sagt die eine: »Wenn du nach Cronschwitz kommst, da sag zu Pfarrers Ri-Ra-Ranze, sie soll kommen zum Tanze!« Die Frau weiß nicht, wer mit der Ri-Ra-Ranze gemeint ist, und erzählt es also den Pfarrleuten. Kaum aber hat sie es aus dem Munde, springt auch schon von der Ofenbank des Pfarrers Katze auf und davon und hat sich niemals wieder im Pfarrhaus sehen lassen. – Als ein Mann aus Pöltschen nach Hause ging, hört er eine greuliche Katzenmusik von der Erhöhung her, auf der einst das alte Kloster Querfurt gestanden hat. Er denkt, du willst doch sehen, was da drüben los ist, und wie er durch eine Spalte hineinguckt, sinds eine große Menge Katzen, die tanzen miteinander, daß es nur so knallt. Mehrere sitzen dabei und fiedeln. Und richtig, da sitzt auch sein eigener Kater mit drunter und geigt straffweg! Früh, wie der Kater zur Stube hereinkommt, spricht der Bauer zu ihm: »Sieh doch, wie hübsch du geigen kannst!« Der Kater aber guckt ihn an, macht einen Satz mitten durchs Glasfenster hindurch, und weg war er auf Nimmerwiedersehen.

*

Wenig klar sind sich die Landleute der Werragegend über den Unk. Die einen meinen, er sehe aus wie eine »stechening Ettersche« (Kreuzotter), die andern wie eine »bissening Ettersche« (Eidechse). Von einer geheimnisvollen Kröte wußte der alte Steiger Storch in Herges zu erzählen: »Ich war noch ein kleiner Junge, als sie in dem Schachte »Güte Gottes« einen Versuchsort in taubem Eisengestein machten. Da wurde eine Druse angehauen, und darin saß eine lebende Kröte. Die Alten meinten, das sei ein gutes Zeichen. Sie schafften das Tier beiseite, fandens aber am andern Morgen an der nämlichen Stelle. Nun warfen sie die Kröte in den Schacht, doch auch danach fand sie sich wieder ein. Erst als sie bald darauf einen guten Anbruch fanden, blieb sie verschwunden. – Zu Sättelstedt hat man täglich in einer erwachsenen Magd, eines Baders Tochter, und sonderlich, wenn es ander Wetter hat werden wollen, einen Unken oder Schlange zischen und pfeifen hören. Und wenn sich die Schlange gereget hat, hat die Magd in hohen Himmel geschrien.

*

Jeder Thüringer Fluß und See hatte unergründliche Tiefen, in denen er mit andern Gewässern oder auch mit dem Meere in Verbindung stand. In ihnen waren gar vielerlei Geheimnisse und Fischungeheuer mit Moos auf Rücken und Kopf. In der Elster ist zwischen dem Lochgut und der Clodramühle die Philippstiefe. Im Felsen dort unten befindet sich ein eisernes Gitter, hinter dem zahllose Fische von riesiger Größe hausen. Nicht weit davon, am Wünschendorfer Rechen, sah einer, der gut schwimmen konnte, wenn er auch ein arger Schlemmer und Säufer war, beim Baden einen Hecht von Manneslänge vor sich im Wasser stehen. So einen wirst du noch meistern können, dachte er und packte zu. Der Hecht aber biß ihm die Hand ab, schleppte ihn nach dem Wehr, wo er ihn vermutlich aufgefressen hat. – Noch grauslicher mag ein Fischungeheuer im Frickenhäuser See gewesen sein. Zwei Jäger schliefen einmal am Ufer ein, und als der eine erwachte, sieht er dicht an seiner Nähe einen Fisch, der war größer und stärker als die größte Zuchtsau. Flugs liegt ihm die Büchse am Backen. Aber als es kracht, taucht der Fisch unter. Nur eine Schuppe hatte ihm der Jäger abgeschossen. Die fischte er auf und nahm sie zum Wahrzeichen mit nach Frickenhausen ins Wirtshaus. Da haben sie viele gesehen; sie war so groß wie ein zinnerner Teller.

*

Wo jetzt das Dorf Schöten bei Apolda liegt, war ehemals ein großer Teich, überall mit Schilf bedeckt. Darin lagen zwei Lindwürmer, ein Männchen und ein Weibchen, die der umliegenden Gegend, besonders den Viehherden, großen Schaden zufügten. Die Herren von Apolda, denen damals die ganze Gegend gehörte, wendeten alles an, die beiden Untiere aus der Welt zu schaffen, aber vergebens, es wollte ihnen nicht gelingen. Da geschah es, daß ein Knecht und eine Magd dieser Herren sich vergingen und das Mädchen ihre Unschuld verlor, was damals sehr hart bestraft wurde. Der Tod war beiden gewiß. Doch sollte ihnen das Leben geschenkt sein, wenn sie die Lindwürmer in dem Schilfsumpfe aus dem Weg räumten. Sie entschlossen sich zu dieser Tat und mußten das Los werfen. Obgleich es nun zuerst die Magd traf, so übernahm es doch zunächst ihr Liebhaber, sich der Gefahr des Kampfes mit den Lindwürmern auszusetzen. Mit Spieß und Schwert bewaffnet, ging er beherzt nach dem Sunpfe. Hoch stand die Sonne am Himmel; es war gerade zur Mittagszeit am Johannistage, und die beiden Ungeheuer lagen, die Schwänze ineinandergeschlungen, am Ufer, sich zu sonnen. Langsam schlich sich der Kämpfer heran und hieb mit einem Streiche beide Schwänze ab. Ein schwarzer Blutstrom quoll aus den Leibern der Lindwürmer, und beide verendeten; denn in den Schwänzen war ihr Leben. Zum Andenken an diese Tat wurde dort ein Brunnen gefaßt, mit einer eisernen Kelle zum Trinken versehen und mit einem Stein, in den zwei Lindwürmer mit verschlungenen Schwänzen eingehauen waren.

*

Auch bei Leutnitz, in einer Höhle, deren Spuren noch zu sehen sind, hauste ein Lindwurm. Wenn er durstig war, schob er den Kopf nach dem Rinneflüßchen hinüber und soff es aus, daß nachher die abwärts gelegene Mühle mehrere Stunden lang stillstehen mußte. Menschen und Tiere, die in seine Nähe kamen, waren verloren. Was er verschlungen hatte, ging als weiße Kalkmilch wieder von ihm. Die versteinerte mit der Zeit, und es entstand der weiße schöne Schwerspat daraus, der in jener Gegend gebrochen wird. – Von diesem Lindwurm wurde auch die fromme Paulina bedroht, die das Kloster Paulinzella gebaut hat. Und in ihrer Not rief sie den Himmel um Beistand an, worauf ein Wunder geschah: dem Untier sprang der Unterkiefer aus der Pfanne, daß es das Gefräß nicht wieder zu schließen vermochte. So konnte die Heilige ungefährdet vorüberziehen. Der Lindwurm aber lag mit aufgesperrtem Rachen Tag und Nacht und lauerte hungernd, ob nicht ein Mensch oder Tier in die weite Höhle seines Leibes geraten werde. Da kam ein fremder Fuhrmann mit einem schwarzen Wagen spät abends des Wegs daher. Mochte denken: was ihm da entgegengähnte, sei eine überdachte Brücke, und so fuhr er die Zunge des Lindwurms hinan und hinein in den hohlen Leib. Aber dann rief er seinem Knecht: »Johann, wir haben uns verfahren und müssen umwenden!« Kamen auch aus dem Magen wieder heraus und zündeten die Laterne an, um den rechten Weg nicht ein zweites Mal zu verfehlen. Da erkannten sie mit Schaudern, wo sie gewesen waren, und merkten den Zustand des Tieres. Drauf nahm der Fuhrmann seine scharfe Axt zu Hand und hieb ihm eine hoch angeschwollene Halsader entzwei. Monatelang floß das schwarze Blut und verwandelte die ganze Gegend für lange Zeit in einen Sumpf. Und noch heute gibts nasse Wiesen und Felder, wo der Lindwurm einst verendet ist.

Schätze

Geldschätze

Im Jahre 1812, so hieß es in unserer Familie, kam zum Urgroßvater ein Franzose mit einem geheimnisvollen Kasten und bat ihn, den aufzubewahren. Die Bitte wurde ihm abgeschlagen; aber der Nachbar N. übernahm den Auftrag und wurde, da der Franzose aus Rußland nicht zurückkehrte, zum reichen Mann. Nicht nur zurückgelassene und zumeist von Franzosen oder Schweden im Walde vergrabene Kriegskassen, auch Töpfe mit Münzen, von Geizigen und Ängstlichen vermauert und gelegentlich eines Abbruchs gehoben, Wertgegenstände, in aufgehobenen Klöstern geheim zurückgeblieben, bestärkten die Leute in dem Glauben, daß da unten in der Erde noch verborgene Schätze liegen und man mit einem Schlag unermeßlichen Reichtum gewinnen könne statt der täglichen Plackerei. Ein Maurermeister aus Heustreu berichtete auf dem Sterbebette: »Vor langen Jahren wurde ich nachts aus dem Bette geholt und mit verbundenen Augen weggeführt, wohin, wurde mir nicht gesagt. In einem Gewölbe wurde mir die Binde abgenommen; denn ich sollte einen kostbaren Schatz vermauern. Als ich mit dem Werke fertig war, verband man mir die Augen aufs neue, führte mich noch eine Weile in den Gängen hin und her, dann wohl noch eine Stunde draußen herum, bis ich endlich erschöpft wieder zu Hause anlangte. Bis heute hat mir noch niemand gesagt, wo ich gewesen bin. Aber ich weiß es dennoch zuversichtlich, daß ich in jener Nacht den Schatz im Kloster Wechterswinkel vermauert habe.«

*

Im Jahre 1813 hat der alte May in Erfurt sein Geld, um es vor den Franzosen zu verbergen und vor den Folgen eines bevorstehenden Bombardements zu sichern, beiseite gebracht, und zwar hat er tausend Kronentaler im Backofen eingemauert und andere tausend in einer großen Ölflasche in den Brunnen versenkt. Die freundlichen Hausgeister haben aber weder durch Lichtschein noch auf andere Weise die Schätze verraten, und der Eigentümer hat sie in einer Nacht, in welcher die Bürger zur Aufbringung einer großen Kontribution aufgefordert wurden, wieder hervorholen müssen. Da der Kork in der Ölflasche aber das Wasser durchgelassen, sind die darin verwahrten Krontaler ganz schwarz geworden. Der Domkantor Strecker, der mit anderen Vertrauensmännern das Geld erhob, hat erklärt, daß die schwarzen Taler zu der Anleihe ganz gut zu brauchen wären, und hat sie sämtlich mit fortgenommen.

*

Im alten Schloß von Huflar sollen die Herren von der Tann einmal in Kriegszeiten ihr ganzes Geld vergraben haben. Eine verwünschte weiße Jungfer gibt sich zwar alle Mühe, um die Leute an den Platz zu führen; aber es traut ihr keiner. Die Schatzgräber, die den Schatz mit der Wünschelrute suchten, wurden jedesmal vom Teufel wieder weggejagt. »Nur eine weiß ich«, so erzählte ein Frankenheimer, »die könnte den Schatz heben, aber die tuts nicht. Das ist die alte Schröpfere, die Köhlern. Der hat der jetzige Eigentümer des Guts, der Graf von Boyneburg, eine Stube im alten Schlosse herrichten lassen, weil sie nicht mit den andern Häuslern nach Amerika abziehen wollte. Zu der nun kommt jede Woche die verwünschte weiße Jungfer mit einer Lampe in der Hand, die sie am Ofen ansteckt und auf den Tisch stellt. Dann geht sie einigemal um den Tisch und in der Stube herum. Zuletzt tritt sie zu der alten Schröpfere ans Bett, und da die nichts von ihr wissen will und sich nicht herumdreht, so tut sie einen argen Grötzer, löscht die Lampe wieder aus und verschwindet.«

*

Zumeist zeigen Lichter und Feuer den vergrabenen Schatz an. Auf dem Flates unter der Stoffelskuppe, wo der Sage nach die große Schlacht zwischen Heinrich IV. und Otto von Nordheim, dem Feldobersten der Thüringer und Sachsen, geschlagen worden ist, sah ein Hirtenjunge einen Haufen glühender Kohlen. Traut sich aber nicht, sie wegzunehmen, sondern läuft zum Vater, womit natürlich das Glück vertan war.

*

Der Schatz am Kreuzweg bei Steinbach brennt alle sieben Jahre, und viele haben ihn gesehen, als letzter der Wolfs Hein. War aber ebenso tappig wie die anderen. Hätte er die Kohlen aufgerafft, so konnte er gegen jedermann Trumpf ausspielen; doch so gehts: Wer zum Kittel geboren ist, der kommt nie zum Rock. – Das Schatzfeuer auf dem

Schneidersberge bei Wildprechtroda, das dort um die Zeit des Christfestes in der Geisterstunde zu sehen war, wurde von einem funkensprühenden Rade umkreist, das danach den Berg hinunterrollte.

*

Zwischen Unter- und Oberkatz fährt einmal der Reifenmüller mit einem Wagen voll Getreide spät in der Nacht nach Hause. Da erblickt er am Saum des Waldes ein großes Feuer, und ohne weiter nachzudenken, woher und wozu das wohl sein möge, geht er darauf zu, um sich mit einer Kohle die Pfeife anzubrennen. Aber seltsam, obgleich sie über und über glüht, will sie doch nicht zünden. Mit einer zweiten, dritten und vierten macht er die gleiche Erfahrung. Eine fünfte läßt er unbewußt im Pfeifenkopf stecken, fährt nachdenklich heim und entdeckt in der Pfeife ein blankes Goldstück. Aufs höchste aber steigt sein Staunen, als er am andern Morgen an dem Orte, wo er das Feuer gesehen, alle die von ihm beiseite geworfenen Kohlen in Gold verwandelt, die Brandstelle aber mit wirklichen Kohlen bedeckt findet.

*

Bei Brotterode erschien einem Jäger eine seltsame Blume – entweder Allermannsharnisch oder Auermann solls gewesen sein. Aber statt sein Glück zu erfassen, beschwatzte er sich erst mit dem Müller, schickt diesen auch noch fort, den Nachbar zu holen, während er selber bei der Blume Wache hält. So verpaßt er natürlich sein Glück. – Ähnlich gings dem Mann aus Ruhla, dem drei weiße Lilien unter einer Eiche am Breitenberg den Schatz anzeigten. Erst nachdem sie verschwunden waren, kam ihm in den Sinn, wieviel er verloren hatte.

*

Noch in vielen Thüringer Sagen führen Wunderblumen zum Schatz: weiße Lilien, Tulipanen, Schlüsselblumen. So am Ringelstein, Gerberstein, Öchsen, Beyer, Hutsberg, Markberg, an der Steinsburg bei Heinrichs und in der Heinoldsmühle bei Weida. Und immer wieder wird die Mahnung: Vergiß das Beste nicht! überhört, so daß oft nur ein weniges von den Schätzen oder den verwandlungsfähigen Erbsen und Weizenkörnern in der Hand der auserwählten Bergleute und Schäfer bleibt.

*

In der Gegend von Plaue erzählt man: Als der Schäfer aus Kleinbreitenbach einst auf dem Reinsberge hütete, sah er am Abhang des Felsens eine wunderschöne Blume, wie er noch keine gesehen hatte. Er steckte sie als Seltenheit an seinen runden Schäferhut. Wie er nun langsam dahinschritt, nahm er eine Felsengrotte wahr, die er früher nie gesehen hatte. Er wurde neugierig, was das wohl für eine Höhle sein möge, und ging hinein. Sie führte weit, sehr weit in den Berg; ein seltsamer Glanz war darin. Ganz dahinten glänzten große Haufen von Gold, Silber und kostbaren Steinen. Aber er war zu ehrlich und wagte nicht, etwas davon zu berühren; denn er gedachte an die Fallstricke des Satans. Mit Angst und Zittern machte er sich auf den Rückweg. Erst im Freien atmete er wieder auf und nahm seinen Hut ab, da ihm der Angstschweiß von der Stirne rann. Da sah er nicht mehr die seltene Blume an seinem Hute, und als er sich umblickte, war auch die Grotte verschwunden. Die Schätze des Berges wären sein gewesen, wenn er mutig zugegriffen hätte. Erst nach hundert Jahren wird die Blume wieder blühen, und ein Glücklicher wird sie pflücken. Sie ist der Schlüssel zu den verborgenen Schätzen, die nur ein frommer, unschuldiger Mensch heben kann.

*

Manchmal genügt ein Traum, um ein Glückskind zurechtzuweisen; oft auch wiederholt sich das Gesicht drei Nächte nacheinander. Die bekannte Sage, in der der Auserwählte auf der Regensburger Brücke sein Glück macht, ist auch in Thüringen eingewurzelt. Im Osterlande soll es ein Bauer aus Stelzen gewesen sein, der an die Donau wanderte. In Weida wurde sie in folgender Weise erzählt: Ein armer Butzenhändler wollte eines Tags von Gera nach Neustadt a. O., seiner Heimat. Als er bei Weida ins Krähenholz kommt, setzt er sich am Wegrand nieder, ein Viertelstündchen zu ruhen, fällt aber infolge der Übermüdung in einen stundenlangen Schlaf und hört im Traum eine Stimme: »Auf der Geraer Brücke findst du dein Glücke.« Was? denkt er nach dem Erwachen, zurück nach Gera fahren, wo du schon halbwegs nach Hause bist? Das geht nicht wohl an! Fuhr also – es war inzwischen elf Uhr geworden – nach Weida hinunter und über die Aumabrücke, die man, ohne daß ers wußte, auch Geraer Brücke hieß. Aber da schien ihn das Unheil zu packen; ehe er sichs versah, lag sein Karren mit zerbrochenem Rade am Boden. Was sollte er tun? Die Stadt war dunkel. Trotzdem ging er hinein, Hilfe zu suchen, gewahrte auch im ehemaligen Nonnenkloster einen Lichtschein und trat hinein. Da kam ihm ein Männlein entgegen, das winkte und führte ihn zu einem Kessel voll Gold, andeutend, er möge nur zugreifen. So nahm er, soviel er schleppen konnte. Hat nachher seinen Butzenkram aufgegeben und ist in Neustadt der reichste Tuchhändler geworden.

*

Anders wieder erzählt man in Erfurt: Bei Mühlhausen liegt eine Burgruine, Eigenrieden, mit einem Dorfe gleichen Namens. Einst träumte einem Bauer desselben Ortes, es läge ein bedeutender Schatz an einem verborgenen Plätzchen, den er heben könne, wenn er nach Erfurt reise und dort auf der Langen Brücke warte, bis ihm mitgeteilt würde, wo der Schatz liege. Der Bauer tat, wie es ihm im Traume gesagt worden war, und stand zeitig auf der Langen Brücke zu Erfurt. Da sah er einen Fleischer, der ging mit seinem Hunde über Feld, um Vieh zu holen, und mancher andere zog an ihm vorüber; aber immer wartete er vergebens auf die ersehnte Mitteilung, wo er den Schatz suchen solle. Es wurde Abend, und der Bauer stand noch immer und wartete mit viel Geduld. Siehe da, jetzt kam der Fleischer mit einem Kalbe von seinem Gang zurück. Als er den Bauer erblickte, war er neugierig zu erfahren, warum er so lange auf demselben Platze stehe und was er denn eigentlich wolle. Der Bauer erzählt ihm nun seinen Traum und klagt ihm, daß niemand kommen wolle, ihm den Ort, wo der Schatz zu heben sei, mitzuteilen. »Euch ist geholfen, lieber Mann«, sagte der Fleischer, »ich bin derjenige, der darüber Auskunft geben kann. Ich sah in vergangener Nacht den Ort, wo der Schatz liegt, und weiß auch genau die Stelle zu finden. Laßt uns gemeinschaftliche Sache machen. Er liegt in einer Burgruine unweit Mühlhausen.« Andern Tages gehen beide hin und finden auf der Burg Eigenrieden die bezeichnete Stelle, heben den Schatz und werden beide reiche Leute. Zum Andenken an diese Begebenheit soll später der Bauer das Fleischerhaus zu Mühlhausen erbaut haben, worin er und der Fleischer in Stein ausgehauen zu sehen sein sollen.

Äffende Schätze

Die Schätze zeigen sich in mannigfacher Form, nicht immer gediegen, und äffen damit manchen Kurzsichtigen. Mitunter ists ein Korb mit weißem Moos oder auch ein Krug voll Laub, der aufgenommen sein will. Doch auch viel seltsamere und unansehnlichere Dinge bergen den Goldschatz. So gebot der Oberförster von Cronschwitz –

seine Wohnung war in den Ruinen des ehemaligen Nonnenklosters erbaut – im Jahre 1782 abends zehn Uhr seiner Tochter, sie möge aus dem einstigen Klosterkeller frische Äpfel holen. Da bemerkte sie in einer Vertiefung einen großen, hervorstehenden Stein, der ihr früher niemals aufgefallen war. Sie leuchtet mit der Laterne hin, zieht ihn mit leichter Mühe ganz hervor und sieht einen verschimmelten Nößelstopf voll weißer, glatter und platter Steinchen. Sie eilt hinauf und erzählt es ihrer Mutter, die alsbald mit ihr in den Keller geht. Hier aber fanden sie nur einen leeren Topf und den Stein wieder vollkommen in die Mauer eingefügt.

*

Ein Steinbacher Schuster sah am güldenen Sonntag nach Pfingsten ein Häufchen kleiner Lederstücke neben sich im Grase liegen. Dachte: Hm, willst sie mitnehmen, kannst sie doch noch da oder dorthin verwenden! Faßte sie deshalb in sein Taschentuch und ging den Berg hinunter. Aber plötzlich blieb er verwundert stehen. Was ist das? Das Taschentuch wird schwerer und immer schwerer. Er macht es auf und sieht mit freudigem Schrecken, daß sich die Lederstücke in lauter blanke Goldfüchse verwandelt haben. Da war dem armen Schuster geholfen.

*

Ein Oberelsbacher fand auf seiner Wiese neue irdene Knöpfe, die von Häfnerstürzen abgebrochen schienen. Er steckt einige für seine Kinder in die Tasche, und der Landrichter bestätigt ihm später, daß es wirklich richtige Goldstücke seien. Der Stoffel von Motzlar sah am Zaun eine große zinnerne Schüssel voll Rübenschnitzel, die ihn zum reichen Mann machten. Die alte Kräuterfrau hingegen, die am Meininger Brünnle eine Metze der schönsten Erbsen findet, ruft erstaunt: »Da sieh nur e Mensch emal a!« und sie erhält nur soviel Goldstücke, als sie Erbsen aufgehoben hat. Und so verwandeln sich in der Thüringer Sage noch gar viele wertlose Dinge in eitel Gold: Kirschkerne am Greifenstein, Frösche vom Ottilienstein, Roßkäfer bei Suhl, ja sogar Roßäpfel im Fichtig unweit Stedtlingen, wo einst eine Kimmete, d. h. Kemenate, gestanden hat.

*

Im Stift Graba bei Saalfeld träumte einem jungen Menschen, daß ihm ein großer Schatz beschieden sei; er solle nur an einer gewissen Stelle graben. Er erzählts einem Freund, der ihm die Sache ausredet, um in der nächsten Nacht selbst zu suchen. Und wirklich findet er einen Topf – nur ist er statt mit Gold mit Ameisen gefüllt. Ärgerlich über die Täuschung nimmt er ihn und schüttet den Inhalt dem Freund ins Bett. Aber vergeblich lauscht er, daß der von den Bissen der Ameisen erwache. Kein Wunder: als er am andern Morgen aufstehen will, liegt er in lauter Gold.

*

Mannigfach sind auch die Schätze, die nicht erst einer Wandlung bedürfen: Töpfe, ja Kessel und Braupfannen voll Goldstücke, gediegene Geräte, Ketten, Kegel, Orgeln und goldne Hirschgeweihe, kostbare Waffen und Pferdegeschirre, silberne Särge und Glocken. Unter dem Herrenhof zu Tümpling finden sich noch alte Gewölbe, in denen, wie die Leute sagen, ein goldner Gänserich mit zwölf goldnen Eiern sitzt. Die goldne Gans hat bereits ein früherer Pächter gehoben, aber mit dem Leben seines Sohnes bezahlen müssen. Ein Schäfer fand am Gemäuer der ehemaligen Cyriaxkirche bei Camburg alltäglich auf einem Stein eine Anzahl Goldstücke aufgezählt.

*

In einem Brotteroder Hof war die Magd eben vom Felde zurückgekommen, wohin sie den Arbeitern das Mittagsmahl getragen hatte, da tritt sie erregt beim Herrn ein und macht ihm die bittersten Vorwürfe, daß er sein Geld so offen in den Hof stelle, um sie, eine arme Gehilferin, in Versuchung zu führen. Sie wisse wie jedermann im Orte, daß er ein reicher Mann sei; deshalb aber brauche er ihre Treue nicht auf die Probe zu stellen. Sie rühre ihm nichts an, stehe aber auch für nichts ein, wenn etwas davon wegkommen sollte. Ganz verdutzt folgt ihr der Herr in den Hof und sieht dort einen Kessel voll blanker Goldstücke und oben darauf eine kleine Bergmannshaue. Hastig greift er zu, doch in demselben Augenblick schlägt die Mittagsglocke. Der Kessel versinkt vor seinen Augen in die Tiefe; die Haue aber hält er noch in der Hand. Sie soll in seiner Familie noch lange zu sehen gewesen sein.

*

Den Schatz des Klosters an der Walper (Wallfahrt) hat ein Mädchen aus Steinbach gesehen, als sie beim Heumachen eingeschlafen war und dann plötzlich erwachte: kostbare Teller, Schüsseln und Kannen von

Silber und Gold, bewacht von einer Nonne, die einen Schlüsselbund trug. Da aber das Mädchen einen Schreckensschrei ausstieß, verschwand die Herrlichkeit.

*

Mehrere Knaben schwärmten auf den Schloßhöfen des Greifensteines über Blankenburg spielend umher. Da entdeckten sie an einer Wand des Wallgrabens eine Höhle. Sie bereden einen ihrer Gefährten, einen halb blödsinnigen Knaben, hineinzukriechen und zu erkunden, was drinnen verborgen liege. Er folgt ihnen, bleibt aber so lange aus, daß es seinen Kameraden fast angst wird. Endlich kommt er wieder, ganz glücklich und seelenvergnügt, und erzählt stotternd und stammelnd von Haufen goldener Pfennige, von goldenen Leuchtern und anderen Kostbarkeiten. »Hast du denn nichts mitgenommen?« »Nä, das wär mir so! Geht selber nein, wenn ihr solch Zeug haben wollt!« Alle gingen nun unter Führung des Dummen in die Höhle; aber sie sahen nichts als Steinbrocken auf dem Boden, und Fledermäuse schwirrten ihnen entgegen.

*

In einem uralten Brunnen bei Weißbach (bei Rudolstadt) sollen acht goldene Kegel und Kugeln liegen, Musikanten haben sie auf dem alten Schloß zum Geschenk erhalten und aus Unverstand versenkt. Nur ein einziger hat einen Kegel zum Andenken behalten.

*

Am Frankenstein bei Helmers suchte vor vielen Jahren ein Mädchen Wickelkindchen (Schneckenhäuschen) und fand im Schutt eine starke goldene Kette. Die Eltern handelten beim Juden ein vollständiges Abendmahlskleid dafür ein. Weniger Glück hatte der Steinbacher Hirt. Er zeigte die goldene Kette, die er im Wurzelgeflecht der Tanzbuche gefunden hatte, in der Schenke vor. Die Gäste jedoch machten bedenkliche Mienen und meinten, an diesem Funde möchten sie keinen Teil haben. Die Kette, und wäre sie auch noch so prächtig, sei doch nur Hexengut und Teufelshandgeld, die würde ihm kein Glück bringen, er solle machen, daß er sie so schnell als möglich wieder fortschaffe. Der Hirt nickte lächelnd zu und trank ein Glas um das andere. Und als er endlich die Schenke verlassen wollte, trat er fehl, stürzte in den offenen Keller und brach das Genick.

*

Nach der silbernen Orgel in der Barfüßerkirche zu Saalfeld hat man zu verschiedenen Malen gegraben, soll auch bis an ein Gewölbe mit einer eisernen Tür gekommen sein, durch deren Schlüsselloch man die Orgel gesehen haben will. Weil sie aber mit zwei Menschenseelen versetzt ist, so hat man sich billig ein Gewissen gemacht und das weitere Nachgraben unterlassen. Zuzeiten sollen Mönche kommen, die alte Nachrichten von diesem Kloster haben und die Kirche in Augenschein nehmen, ob noch alles im vorigen Stande sei. Im Kreuzgange hat ein Bergmann dem Herzog durch einen Erdspiegel ein goldenes Kruzifix gezeigt, dessen Schurz mit vielen kostbaren Steinen besetzt war. Weil aber seine Versetzung nicht minder abscheulich sein soll, hat man auch diesen Schatz fahren lassen.

Weinlager

Noch eine besondere Art von Schätzen gibt es, das sind die Weinlager, die in zahlreichen verschütteten Burg- und Klosterkellern eingelegt worden waren. Im Kyffhäuser, auf der Wartenburg bei Weida, der Blankenburg, der Altenburg bei Elgersburg, im Bocksberg bei Geisa und im Hausberg bei Langenberg sind welche begraben. An der Wallenburg bei Herges kam in der zwölften Stunde des Johannistags ein Weinkenner vorüber. Der roch sofort die köstliche Blume der verborgenen Gottesgabe. Die ganze Luft war gewürzt, und der Kenner konnte sich nicht trennen vor argem Gelüst. Im Krieg 1806, als die Preußen vor der Schlacht von Jena in der Arnstädter Gegend lagen, erzählten einige Soldaten aus Pommern auch von der Reinsburg und wußten, daß in ihr eine große Menge köstlichen Weines verborgen liege. Es sei in ihrer Heimat bekannt, daß der Berg einst bersten werde, und seine Weinfluten würden dann das ganze Thüringer Land überschwemmen. Man bete deshalb in ihrer Heimat, daß es nicht geschehe. Anders denken sie in der Stadtilmer Pflege über solch einen Durchbruch. Wenn einst der Singerberg zerbreche, dann werde, so meint man, in der ganzen weiten Umgegend ein Zungenschnalzen und lustiges Schlampampen anheben. Auch im Gleitsch bei Saalfeld liegt eine Unmenge jahrtausendalten Weins, doch sind die Zugänge schwierig, sie werden von neun feurigen Hunden bewacht. Ein Zwerg, so glaubte man, werde dereinst am Drachenstein den Schlüssel zur Haupttür finden. Der sei aus lauterem Golde und trage zum Merkzeichen eine Schlange, die sich in den Schwanz beißt. Hat der Zwerg die Tür erst erschlossen, so sind die neun feurigen Wächter von ihrem Dienst erlöst. Der alte Eichel von Waldfisch erzählte: »Außer den vielen Schätzen an Gold, Silber und Edelsteinen soll im Ringelstein auch ein Gewölbe voll vom besten Weine sein, und ein großer Butterweck steht daneben. Die Dauben der Fässer sind abgefault, die Reifen von Rost zerfressen; er liegt nur noch in seiner eignen steinernen Haut. Und nun passen Sie auf, jetzt kommts! Wenn unser gnädigster Landesherr dort oben auf dem alten Schlosse einmal offene Tafel hielte und ein volles Glas auf die Gesundheit der alten Ringelsteiner tränke, so wären sie samt und sonders erlöst. Dann käme das schöne Fräulein, überreichte dem Herrn die Schlüssel zu all den Schätzen und zu dem kostbaren Wein, und alles wäre sein.«

Die Wünschelrute

Wenn eine einjährige Haselrute in der Walpurgisnacht zwischen elf und zwölf Uhr gebrochen und mit gewissen Zaubersprüchen, um Metall zu suchen, beschworen wurde, dann zeigte diese Wünschelrute in der Nacht das im Boden liegende Metall, indem sie sich bog und nach der Stelle desselben im Boden neigte. Schlug man da ein, so fand man das Metall.

*

In Marksuhl begaben sich einst einige Männer nachts mit einer Wünschelrute an eine Stelle im Walde, von der die Sage ging, daß daselbst Gold verborgen wäre. Man gebrauchte die Rute an mehreren Plätzen, und sie neigte sich zur Erde, daß sie fast brach. Man schlug ein und fand an einem Orte einen eisernen Keil, an anderen auch Eisen. Aber man suchte nach dem Golde. Siehe, da entstand plötzlich ein Gebrause und Getöse im Walde; die Laterne erlosch, als ob der böse Geist erschienen sei, der keinen Wohlgefallen am ferneren Suchen habe. Voller Angst flohen die Männer und versuchten die Wünschelrute nie wieder.

*

Im Probste zwischen Knau und Dittersdorf kennt man eine Kieselwacke, unter der eine Braupfanne und darinnen ein Schatz vergraben ist. Den zu heben, machte sich der in der Schwarzen Kunst wohl erfahrene Johann Adam auf und nahm noch den Müller von Oppurg mit. In Röcke gekleidet von feuerroter Farbe, begannen sie in einer dunklen Nacht nach Fausts Höllenzwang die Beschwörung, und wirklich hob sich der Stein mit der viereckigen kupfernen Pfanne. Wie sie aber über dem Herausarbeiten sind, droht es dicht hinter ihnen: »Rotröckel, Rotröckel, laßt ab, oder ich dreh euch den Hals um!« Da haben sich beide eilig aus dem Staube gemacht. Die Braupfanne soll noch lange zu sehen gewesen und erst nach und nach wieder versunken sein. Ihre Hebung kann nur einem gelingen, der auf dem Damme des nahen Brütelsteichs geboren ist, was aber keiner der beiden Schatzgräber von sich behaupten konnte.

*

Offen alle Schloß öbern Suirbuirn[1] da sah[2] e Schaaz steh, den hunn se emah wollt he[3]. Da hunn se den Jesewitter[4] geholt, der hat den Geist mutt zitihr u hat en mutt frehg[5], buh miht[6] das Gehld versazt wär. Da hat der Geist gesuin, es wer mit en schwairze Huhn versatzt; sie söllen sich awwer in Aicht nahm, daß se kei Huhn näme, bu au nert[7] e einzig wiß Federche drum wer, sust bräch an der Tüfel den Haals. Nu wair enner debei, den hieß me Nakkelkappe, der suhk, e wöll e schwairz Huhn schaff, die soll kei wiß Federche ha. U bihs Awwed wuir, da kuhm Nakkelkapp u braicht e schwairz Huhn, un der wair kei wiß Federche meh zu sinn; awwer se hatt eine gehatt im Schwanz, die hattr Nakkelkapp uisgerauft.

Bihs nu ellef geschluihe hatt, da sein se enuffer[8] offs all Schlohs gegange u hunn e Lohch gegrahbe, buhs en de Jesewitter gesuint hat. U dernach, da nummen se Nakkelkappe si Huhn u hillens drüwwer u numme e Messer u stachens in de Brust u ließe das Blut enihner träufel ins Lohch. Bih awwer kummt[9] e Pair Trapfe Blut eningeschprotzt wairn in das Lohch, da geschah e Gepoller, ens[10] bann das gahnz Schlohs zusummebräch, u da riefs: »Allewihl wih ich erst dem Racker den Hahls ömdreh, der der Huhn de wiß Feder uissen Schwanz gerauft hat!« – U da kuhm e Deink[11], es bih e Geisbohk, das fuihr off se enihner, u stieß off so lohs, um[12] meiste awwer off Nakkelkappe. Da derschrahken se u resse uis, u stuirzte enner übern annere her, u das Hörnerdeink stieß ümmer off se lohs, bis se e gahnz Schtöck wiht vom alle Schloß ewekker[13] wairn. U se kumme all meh tot ens lebendig heim. Um meiste awwer wair Nakkelkapp zugericht u drei Tai[14] druff, da waire e tot. Un auch die annere die mutten sich ins Bett leh u

1 über dem Sauerbrunnen (Liebenstein). 2 soll.
3 den haben sie einmal wollen heben. 4 Jesuiten. 5 fragen. 6 womit.
7 nur. 8 hinauf. 9 kaum. 10 als. 11 Ding. 12 am. 13 hinweg. 14 Tage.

wuirn krahnk, u öhr Lahte wair kenner widder offs all Schlohs ze brenge (Steinbacher Mundart).

*

Um die Braupfanne voll Gold zu heben, die man in dem Braupfannenteiche unfern Steinbrücken versenkt weiß, fanden sich vor etwa hundert Jahren wie vorgeschrieben zwölf Männer zusammen. Sie waren entschlossen, den dreizehnten, einen Schneider mit roten Haaren, zu opfern. Die Leute stammten meist aus Roben; der ausersehene Schneider war aus Lessen, und man hatte ihn mit Vorspiegelungen gewonnen. Doch einer der zwölf Männer, Puschner mit Namen, dessen Gewissen sich regen mochte, warnte ihn. Als sie zur bestimmten Stunde am Teiche angekommen waren, erschien, auf der Braupfanne stehend, der leibhaftige Gottseibeiuns, bereit, die Seele des Schneiders in Empfang zu nehmen. Weil sich dieser aber inzwischen aus dem Staube gemacht hatte, sank alles unter furchtbarem Gekrache in den Abgrund zurück. Mit Ausnahme Puschners, der hochbetagt erst 1852 gestorben ist, sind alle übrigen Beschwörer innerhalb eines Jahres gestorben, und weil auch Puschner sich niemals über die Sache äußerte, sondern sooft die Rede darauf kam, immer wegging, so hat keiner recht erfahren können, was eigentlich damals geschehen ist.

*

Mehr als von glücklichen Hebungen weiß die Thüringer Sage von verunglückten. Bald findet der an der Abwand wendende Bauer einen eisernen Henkel an der Schar und merkt zu spät, daß er einen Schatztopf überackert hat (bei Frankenheim). Bald kann der Fuhrmann den Kessel allein nicht heben, spannt eines seiner Pferde an den Henkel und treibt es mit der Peitsche und einem herzhaften Jü! an, ohne zu ahnen, daß bei solchem Ruf der Kessel versinken muß (bei Weilar). Denn Schätze muß man schweigend heben, wie aus einer langen Reihe von Sagen erkenntlich ist. – Zum Schatzgräber von Ranis kam ein uralter Greis, fragte: »Immer noch so fleißig?« »Ja«, antwortete jener und war den nahen Reichtum los. – »Herrgott, die Menge!« schrie einer der Männer, die den Schatz im Heßberger Schlosse (bei Hildburghausen) heben wollten. Plumps! versank der kupferne Kessel mit den Talern, und schwapp! hatte der Schwätzer eine Ohrfeige weg, daß ihm Hören und Sehen verging. – Eine Frau aus Schweina fing in ihrer Freude zu danken an: »Ach, du lieber Gott, was hast du mich armes Tier doch so glücklich gemacht!« Trotzdem entschwand der Schatz, und nur das, was sie bereits in die Schürze gerafft hatte, hinreichend um ein Häuschen zu bauen, verblieb ihr.

*

Manchmal sind es neugierige Weiber oder schwatzhafte Nachbarn, die das Glück vereiteln. Dem alten Stoffel von Öchsen träumte es vor Johanni drei Nächte hintereinander, daß droben am Bilsenstein ein Schatz stehe, den er holen solle. Da dachte er: das muß wahr sein! nahm seine Rodhaue auf die Schulter, ging in der Johannisnacht hinauf, fand richtig den Platz und machte sich an die Arbeit. Wie er nun eine Zeitlang gehackt hatte, stieß er auf einmal auf eine Haue. Aha! dachte Stoffel, griff zu, legte sie beiseite und rodete weiter. Da fragte es auf einmal hinter ihm: »Stoffel, bist du des Kuckucks, was schierst du da?« Es war der Schmied von Öchsen, der dort droben kohlte und durch das Hantieren herbeigelockt worden war. Stoffel antwortete nicht und ließ sich in seiner Arbeit nicht stören. Als aber der Schmied noch drei- bis viermal fragte, wurde er immer ärgerlicher, vergaß sich gerade in dem Augenblick, als er mit seiner Rodhaue den Deckel der Geldkiste durchhieb und rief: »Ei, so hol dich der Kuckuck mit deinem ewigen Gefrag!« Und ritsch! war die Kiste wieder verschwunden und er hatte nichts als die alte Haue. Die aber wird bis heute als Wahrzeichen in der Familie aufbewahrt.

*

Ungeheuerlich sind oft die Erscheinungen, denen die Schatzgräber trotzen müssen: Gespenster, Galgen und Rad, Teufel, Böcke und schwarze Hähne, Kutschen, bespannt mit vier Rappen ohne Köpfe, grüne Jäger mit Spinnwebengesicht. Die Großmagd vom Töpelschen Hof bei Eisenberg ist mit einem Graumännel gegangen, das ihr dreimal zugeredet hatte, ihm in ein unterirdisches Gewölbe zu folgen. Während sie dort ihre Schürze vollpackte, spien rechts und links zwei Hunde gar schrecklich Feuer, daß sie alles wieder fallen ließ und davonlief. Sie ging erst dann wieder mit dem Männchen, als der Pfarrer den Segen über sie gesprochen hatte; doch die Hunde trieben es noch schrecklicher als das erstemal. Nun mochte sie nichts mehr von der Sache hören, sooft auch das Männchen noch kam. Als es zuletzt endlich von ihr ging, hat es im Umdrehen einen Wind von sich gelassen, und drei Tage nachher ist die Großmagd gestorben.

*

»Vor längeren Jahren geschah es«, so erzählte einer in der Filke, »daß ein gelehrter Jesuit aus Würzburg nach Fladungen kam, und sich gar angelegentlich nach dem alten Schlosse auf dem Hutsberge erkundigte. Als man ihm darüber Bescheid gegeben, fragte er weiter nach einem Manne, der keine Furcht kenne. Man nannte ihm einen gewissen Packan, der aber eigentlich Pasang geheißen haben soll, und sagte ihm, der fürchte sich selbst vor dem Teufel nicht und ginge, wenn er sein Gewehr mitnehmen dürfe, mit dem Herrn Pater zum Meister Hans in die Hölle. Das gefiel dem Jesuiten; er ließ Packan zu sich kommen, und sie wurden bald eins. Daß ichs kurz sage: Punkt elf Uhr in der Nacht stehen sie richtig droben in dem alten Gemäuer; der Herr Pater macht seine Fixfaxereien und liest und betet gar fleißig aus seinem mitgebrachten Buche, und schon knittert und knattert der Fußboden. Da tritt auf einmal ein gar schauerliches Frauensbild in aschgrauer Kleidung und mit einem Spinnwebengesicht aus dem Gemäuer auf die beiden zu. Und wie die der Herr Pater gewahr wird, erbebt er am ganzen Leibe und läuft, was er laufen kann, auf und davon. Aber auch unserem Packan steigen bei dem Anblick die Haare zu Berge. Fix hat er die Büchse in der Hand, und indem er die Mündung auf das schauerliche Gespenst richtet, macht er, daß er so schnell wie möglich aus dem Gemäuer kommt. Sie langten beide unverrichteter Sache wieder in Fladungen an. Am andern Morgen hatte sich der Herr Pater schon frühzeitig aus dem Staube gemacht; der Packan aber trug ein Wahrzeichen davon: sein dichtes, kohlschwarzes Haar war von dem Schrecken schneeweiß geworden.«

*

Ein Knecht aus dem Kloster Weißenborn träumte dreimal, daß im Stalle unter der Pachterwohnung ein Schatz liege, und fand auch wirklich am bezeichneten Orte einen großen Topf mit blanken Goldstücken. Eben will er danach greifen, da sieht er über sich einen großen Mühlstein an einem Zwirnsfaden hängen, der sich ebenso schnell wie in einer Mühle herumdreht, und daneben steht ein großer Mann, der mit seinem Kopfe bis an die Decke reicht, eine große Schere in seiner Hand hält und jeden Augenblick den Faden durchschneiden will. Sogleich springt der Knecht zum Stalle hinaus; auf dem Hofe erholt er sich von seinem Schrecken und geht nochmals in den Stall zurück – aber alles war verschwunden.

Glückliche Gewinner sind, wie gesagt, in der Minderzahl, tragen zudem oft auch einen Denkzettel davon. In Buchenau bei Creuzburg will einem Bauern beim Schatzheben der Atem ausgehen. Da näherte sich ihm die weiße Frau, die ihn geleitet hat und haucht ihm in den Mund. Nun gelingt ihm die Arbeit; aber er hatte seit jener Zeit eine schwarze Zunge, die er freilich um des Gewinstes willen gern in Kauf genommen haben soll.

*

Eine Magd in Oberoppurg sollte für ihre Dienstherrschaft etwas in Rehmen bestellen. »Kannst du das kleine Kind mitnehmen!« ruft man ihr zu. »Mir auch recht«, meint sie, hebt das Kind auf den Arm und geht. Als sie an den Gamsenberg kam, sah sie eine Tür; ein graues Männchen trat daraus hervor, winkt, daß sie hinaufkomme, und sie tut es auch. Sie möge aber im Berge kein Sterbenswörtchen sprechen, sagte das graue Männchen, und wenn sie fortgehe, nicht hinter sich zurücksehen; dann dürfe sie auch ein andermal wiederkommen. So beraten, folgte die Magd dem kleinen Führer. Ein großer Saal schloß sich auf, und darin stand eine Tafel, die von einem Ende bis zum andern reichte. Darauf aber lagen lauter Stücke Brot und neben jedem ein Häuflein Gold. »Da nimm, soviel du willst«, sprach der Berggeist. »Nimm aber ja mit jedem Häuflein Gold auch ein Stück Brot; sonst kommt das Gold dir nimmer zugute.« Außer sich vor Freude setzt die Magd das Kind auf die lange Tafel und streicht in ihre Schürze ein, soviel sich darin bergen ließ; drei Viertel Brotes und drei Häuflein Gold. Ohne sich umzu sehen eilte sie dann aus dem Gamsenberge hinaus und lief gerades Wegs wieder auf Oberoppurg zu. Dort angekommen, erzählt sie voll Freude, was ihr begegnet, und packt vor der Herrschaft ihre Schätze aus. Aber das Kind! Ach, das hat sie auf der langen Tafel im Gamsenberge sitzen lassen und rein vergessen! Über Hals und Kopf lief sie zurück. Die Tür stand noch offen. Sie trat in den Saal. Das Kind saß noch an derselben Stelle, wohin sie es gesetzt hatte. Doch als sie es aufnehmen wollte, zerfiel es in ein Häuflein Asche.

Lichter und Feuer

Irrlichter sind in Thüringen bis in die neuste Zeit beobachtet worden. So in Herbstnächten auf einer Wiese bei Schwarzbach: weiche aufzüngelnde blaue oder rote Stichflämmchen, die rasch wieder verlöschten, um an benachbarter Stelle zu erscheinen. Auch die Laterne, ein größeres Licht, ist in derselben Gegend oft gesehen worden. Faulende Weidenstrümpfe in Wiesen und Hohlwegen, St. Elmsfeuer auf Bäumen und Sträuchern und schwärmende Glühwürmchen vermehrten die Zahl der leuchtenden Wunder. Auch die einsamen Laternen, die Fuhrleuten und Ärzten den Weg wiesen, im Gehölz auftauchend und wieder verschwindend, mögen manchmal mit spuken geholfen haben. Wie man sich den Toten auf verschiedenen Entwicklungsstufen des Glaubens in Tiergestalt oder als Lufthauch dachte, so erschien er den Voreltern auch als Licht, und es ist erklärlich, daß man in den Irrlichtern abgeschiedene Menschen, besonders Kinder, sah, zumal derlei Flämmchen nicht selten auch auf Gräbern bemerkt wurden.

*

Die Irrlichter, die aus dem Grunde bei Grüna heraufkamen, zogen, eins hinter dem andern, über den Dürrenberg, bis sie sich jenseits desselben im Scherlisgraben zu einem mächtigen Feuer vereinigten, von dem der Himmel zu glühen schien. Ebenso rasch hüpften sie dann wieder auseinander und verschwanden. Viele Leute sind von Irrlichtern vom Wege abgeleitet und in Bäche und Sümpfe geführt worden. Besonders bös werden sie, wenn man sie lockt oder sie schimpft: Rotkäppel, Rotkopf, Rothösel, Rotstrumpf, Irrwisch, Tanzmännel, Rotröckel – Teufelsböckel! An den Bauer, der sie zwischen Pohlitz und Köstritz geneckt hatte, kamen sie in hellen Haufen heran, und eh er sichs versah, stand sein Wagen in Flammen. Einen Neundorfer verfolgten sie von Lobenstein bis an seine Haustür; er schlug sie zwar im letzten Augenblick vor ihnen zu, sah aber andern Tags ein Hufeisen in sie eingebrannt. Einem Schulmeister kam auf dem Anstand an den berüchtigten Pötzdorfsteichen bei Söllmnitz der tolle Einfall, nach einem Irrlicht zu schießen. Er hats nie wieder versucht; denn als der Schuß losging, flog ihm das Feuer um den Kopf, daß er die schwarzen Flecken im Gesicht sein Lebtag nicht wieder losgeworden ist. Um sich die Irrlichter vom Halse zu halten, wirft man ihnen einen Sechser hin oder fängt an zu fluchen. Am Langenberger Lausebirnbaume hat einer mit Stein und Stahl Feuer geschlagen, da sind sie auch eiligst abgezogen.

*

Manchem wurde nachgesagt, daß er geheime Herrschaft über sie habe. Der Maurermeister Plesch (nach andern Angaben der Fleischermeister Wagner) aus Weida brauchte, wenn er abends aus dem Wünschendorfer Wirtshaus heimkehrte, nur nach seiner Laterne zu rufen; dann erschien ein Irrwisch und leuchtete ihm dienstbar nach Hause. Hier warf er ihm regelmäßig einen Pfennig hin als Botenlohn. Das Geld fiel auf die runden Steine an der Haustür, und früh ist es weg gewesen. Auch einer aus Oberröppisch namens Kraft hatte Gewalt über die Irrlichter. Als ihn einst eine lustige Gesellschaft nach Hause begleitete, sahen sie auf den Wiesen eine Menge Irrlichter, und Kraft, obgleich ihn die andern beschworen, davon abzulassen, begann einmal über das andere Rotstrumpf! Rotstrumpf! zu schimpfen. Da kamen die Irrlichter die steile Höhe herauf, hüpften über den Zaun herein in den Garten und sammelten sich in einem ganzen Schwarm unter den Fenstern. Kraft aber war nicht bange; kaum daß er ein paar Worte gemurmelt hatte, so verzog sich der Spuk.

*

Besonders auf dem Frankenwalde war der Glaube daheim, die Irrlichter seien die Seelen von ungetauften verstorbenen oder umgebrachten Kindern und zeigten im letzten Falle an, wo man die kleinen Leichen verscharrt habe. Eine arme, ruhelose Seele scheint auch die blaue Flamme gewesen zu sein, die vom siebenten Dezember bis Großneujahr allabends aus einem Buchenwäldchen bei Hausen kam und in die davorliegende Marienkapelle wanderte. Nachdem sie darin eine Weile zugebracht, kehrte sie auf dem gleichen Wege und an derselben Stelle in das Wäldchen zurück. Bei Sangerhausen waren es offenbar die Geister abgeschiedener Mönche, die da als hellbrennende Lichtchen umgingen; soll doch der Grasplatz vor dem Hasentor, auf dem sie nachts zu sehen waren, der Friedhof eines nahen Klosters gewesen sein.

*

Ein aufgeklärter Schulmeister, der den Aberglauben verlachte, stellte sich einmal einem solchen Licht am Saalwald bei Hirschberg in den Weg und fragte: »Was bist du für ein Licht?« Da kriegte er die Antwort: »Bekümmere dich um dich! Ich bin ein Licht für mich!« und dazu – bauz! zwei Fetzen-Maulschellen, nach jedem Ausruf eine. Ebenso strafrichterlich konnte das Licht werden, das beim steinernen Brückchen am Wittgenstein freundlich leuchtete, damit nächtliche Wanderer den Übergang über das Wasser nicht verfehlten. Kam einst ein Tagelöhner aus Farnroda vorüber, finster und verdrießlich, weil er wenig verdient hatte, stieß mit dem Fuß nach dem Licht und rief: »Licht gibst du mir, das brauch ich nicht. Geld brauch ich, das gibst du den andern!« Er dachte dabei an die Prinzessin im Berge. Aber er hatte es kaum heraus, so lag er schon im Wasser, und das geschah ihm auf seinem Weg noch etliche Mal.

*

Da wußte der Fuhrmann am Sumpfe bei Schleiz viel besser, was sich freundlichen Geistlein gegenüber schickt. Er hatte bei stockfinsterer Nacht an einer üblen und grundlosen Stelle der Straße umgeworfen und wollte eben zurück nach Neundorf, Hilfe zu holen. Da gewahrte er das Licht, das sich in dem Sumpf zu zeigen pflegte. Von keiner Laterne eingeschlossen, sondern frei in der Luft schwebend, kam es zu ihm heran, und bei seinem Scheine war es ihm möglich, den Wagen aufzuheben und zur Weiterfahrt zu richten. Als er danach ein freundlich Wort zum Dank sagte, kam eine Stimme von dem Lichte her, die klang gar sanft und gut: »Hab du Dank für deinen Dank; nun bin ich erlöset sonder Wank!« Schwebte dann aufwärts, immer höher und verschwand in den Wolken.

Umgehende Laternen

Die unheimlichen Laternen, die man, meist von keiner Hand getragen, an zahlreichen Stellen umgeben sieht, sind die Anzeichen ruheloser Umgänger. Zwischen Zillbach und Schwallungen ists ein verwünschtes Klosterfräulein, bei Nebra eine Schlüsseljungfrau. Die hatte das Kind ihrer Herrschaft, den letzten kleinen Herrn von Nebra, auf einen Stein gelegt, um mit ihrem Jäger ungestört zu liebeln. Und als sie endlich zurückkam, war nicht nur ihre Unschuld, sondern auch das Kind verloren – der Nix hatte es geholt. Seitdem sucht sie; aber nur ihre rechte Hand ist sichtbar, weil sie mit ihr die Laterne trägt.

Ebenso trübselig erklingt eine Laternensage, die sie bei Camburg erzählen: Im Dorfe Leislau wohnte ein reicher Mann, dessen einziger Sohn eine Liebschaft mit einem blutarmen Mädchen unterhielt. Der Vater war so aufgebracht darüber, daß er mit ihm nach Naumburg fuhr und ihn zwang, daselbst geistlich zu werden. Nach einiger Zeit aber war der junge Mann Mönch im Cyriaxkloster bei Camburg geworden. Da war er seiner Geliebten wieder näher und sann, wie er zu ihr kommen könnte. Er entdeckt eine verborgene Falltür, durch die er heimlich aus dem Kloster kommt, eilt mit einer Blendlaterne die Mönchsschöppe hinab, am Saaleufer aufwärts bis zu einem Kahn und fährt zum Clausfelsen hinüber. Über den Clausberg gelangt er zum Haus seiner Geliebten, und nachdem sie einander liebgehabt nach Herzenslust, kommt er auf dem gleichen Wege zurück ins Kloster. Die geheimen nächtlichen Wanderungen waren ihm immer geglückt, bis einst bei seiner Rückkehr die schwere Falltür plötzlich zuschlug und ihm die rechte Hand abhieb, in der er die Laterne hielt. Man fand ihn am andern Morgen verblutet, doch ohne Hand und Laterne; die gehen seit jener Zeit um, schreckend und warnend.

Feurige Kugeln

Feurige Kugeln und Bälle sind da und dort gesehen worden, so im gelben Schlosse zu Tann. Da sitzt der Verwalter bei seiner Familie, als sich seinem Zimmer ein Angstgeschrei nähert. Die Tür wird aufgerissen, das Gesinde stürzt totenbleich herein und meldet: sie hätten beieinandergesessen und gestrickt und gesponnen, als plötzlich eine große feurige Kugel von der Decke gefallen und auf die Tischplatte geschlagen sei, daß es die Lampe umgeworfen habe. Einen andern Feuerball mit zwei hervorstierenden gräßlichen Augen sah ein junger Schäfer in einer Sommernacht des Jahres 1856 auf dem Beyer, aufmerksam geworden durch den bellenden Hund und die ausbrechenden Schafe. Der Klumpen wuchs sich nach und nach zu einem feurigen Riesen aus, der mit einem Sack auf dem Rücken ins Tal der Öchse hinunterstieg.

Feuermänner

Die Feuermänner bilden eine große und verbreitete Familie. In schrecklichen Gestalten, wie sie auf alten Bildern von Verdammten im Fegefeuer zu sehen sind, laufen sie auf Bergen und Feldern umher, oft an Untaten schleppend, die sie im Leben verübt. Manchmal sind sie gutartig und hoffen auf Erlösung, öfter freilich böswillig, zumal wenn man sie reizt. Im Wilzental läßt sich einer sehen, riesengroß, der schwingt eine Fackel, daß die Funken stieben. Auch im Kessel bei Wilhelmsdorf treiben sich ähnliche Geister umher. »Als ich noch zu Kranlucken bei einem Bauer diente«, erzählte der alte Hans Adam von Motzlar, »habe ich gar oft feurige Männer gesehen. Einmal war ich mit meinem Herrn abends spät noch an der Wiesenwässerung, da stieß mich der auf einmal an und sagte: »Hans Adam, siehst du, da droben kommt er wieder herab!« Und wie ich hinaufsah, kam der Feurige die Höhe herunter und gerade auf uns los. Ich wollte ausreißen, mein Herr aber hielt mich fest und meinte: »Bleib nur, dem seinen Gang kenn ich schon; er hält sich dort jenseits des Grenzsteins hin!« Und so kams auch. Mir aber stiegen dennoch die Haare zu Berge; denn der Kerl war gar zu gruselig anzusehen. Kopf, Arme und Beine kohlkesselschwarz; der Leib aber brannte wie Schwefel, so daß man jede Rippe zählen konnte. Der Gänse- und Kälberhirt zu Hausen erzählte: »Ich fuhr nach Fladungen, etliche Sack Korn zu holen, hatte es schwer, daß ich am Kreuzweg beim kleinen Hölzchen mit meinem Schiebkarren ruhen mußte. Da wurde es auf einmal hell um mich her, und wie ich mich drehe, steht der Feuermann vor mir, schrecklich anzusehen: wie ein Totengerippe, und aus den Augen, den Naslöchern, dem Maule und den Ohren schoß ihm das blitzblaue Feuer. Ebenso quolls ihm zwischen den Rippen durch. Der Kerl mußte furchtbar auszuhalten haben. Ich weiß nur noch soviel, daß ich einen lästerlichen Fluch tat. Als er den hörte, war ich ihn los. Wie ich nach Hause gekommen, kann ich nicht sagen; aber mein Herr war ganz erschrocken und meinte, ich sähe aus, als ob mich der Bader eingeseift hätte.«

*

Drei Spitzbuben auf der Schlachtwiese bei Weida wollten eben an ihre nächtliche Arbeit gehen, als sie es gleich einer Laterne auf sich zukommen sahen. Die stieg wohl fünfzig Ellen hoch. Dann bemerkten sie mit Entsetzen, daß sie der Kopf eines feurigen Riesenkerls war, der bald verschwand, bald wieder glühend vor ihnen stand; denn er leuchtete nur auf der Vorderseite und drehte sich suchend bald dahin, bald dorthin. Dies unheimliche Spiel machte die Halunken noch verwirrter; sie flohen den Steinweg hinunter und waren froh, mit heiler Haut davongekommen zu sein.

*

Ein Bauer aus Otticha wollte einen Schatz heben, bemerkte auch wirklich auf einer Wiese eine lichte Stelle und fand einen Haufen glühender Kohlen. Als er aber hineinstört, stöbern die Funken empor, wachsen immer höher hinauf und stehen zuletzt als eine übermenschlich große Gestalt vor ihm: hager, mit langen dürren Beinen, Armen, die nach den Wolken greifen, eine schwarze Mütze statt des Kopfes auf dem Hals. Da suchte nun freilich der Bauer das Weite; aber der Kankermann war mit ein paar Schritten neben ihm. Und so rasch jener auch, vom Schrecken getrieben, über die Felder flüchtete, das unheimliche Gespenst blieb ruhig schreitend an seiner Seite. Erst als er ein Feld erreichte, das ihm gehörte, konnte es ihm nicht folgen, sondern mußte drüben auf dem Weg bleiben. Sobald aber der Mann vollends ins Dorf zu kommen suchte, war es sofort wieder sein Begleiter. Endlich schien es, als ob es sein Opfer in Ruhe lassen wolle; doch als der Bauer aufatmend vor seinem Gehöft ankam, sah er das furchtbare Gemächte von neuem neben sich. Er ist vierzehn Tage krank gewesen und hat den Schrecken sein Lebtag nicht verwunden.

*

Als beim Asmus Heller in Fambach ein Dutzend ältere Männer rauchend beisammen saßen, sagte einer: wenn sie sich nicht fürchteten, wolle er den feurigen Mann unter das Stubenfenster zitieren. Öffnete es und rief dreimal nacheinander: »Schweb und fleug, daß du bald bei uns seist, im Namen des Vaters, des Sohnes und des heiligen Geistes!« Kaum waren die letzten Worte gesprochen, da sahen sie den feurigen Mann auf dem Pfädchen, das vom Felde her am Garten des Hellerschen Hauses hinführt, und er kam zuletzt so nahe heran, daß die Bauern jede einzelne Rippe auf ihm zählen konnten. Da er jedoch das Fenster verschlossen fand, flammte er an demselben bis zur obersten Scheibe empor, seufzte, und ging zurück bis an die Gartenecke. Hier ließ er sich auf einem Grenzstein nieder, um die Bauern zu erwarten, die beim Heimweg dort vorüber mußten. So waren sie zu einem großen Umweg gezwungen, um ihm zu entgehen. Mutwilliger triebens die Mädchen, die in einem Häuschen am Abfluß des Salzunger Sees in der Spinnstube beieinander waren. Ein besonders loses Stück unter ihnen war so keck, den Feuermann zu foppen. Sie rief spottend zum Fenster hinaus: »Örrwiesch! Fläderwiesch! Gaalbein! Wist de haim!« Er aber verstand keinen Spaß, schoß wie ein Pfeil auf das Fenster zu, so daß den mutwilligen Dirnen kaum soviel Zeit blieb, den Laden vorzuschieben. Am andern Morgen sahen sie die Bescherung: der Feurige hatte seine beiden Hände, als er nach der kecken Dirne greifen wollte, tief in den Fensterladen eingebrannt. Dort waren sie noch lange als Wahrzeichen zu sehen.

*

Der Friedelshäuser Pfarrer, vielleicht derselbe, von dem die Katzen-Hexen den Beichtkreuzer zurückverlangten, vermaß sich, daß ers mit dem Feuermann aufnähme, der jeden Abend hinter seinem Garten vorbeikam. Ergriff also die Peitsche und befahl seinem Knechte Hannjörg, ihm zu folgen. Als aber das Gespenst näher und immer näher herankam, schüttelte sich der geistliche Streiter vor Grausen, reichte dem Knecht die Peitsche und sagte: »Hannjörg, den wollen wir laufen lassen!«

*

Bei Merkers, in der berüchtigten Hohle, brach einmal einem Fuhrmann, der Eilgüter geladen hatte, ein Rad. Die Ausbesserung durch den Wagner hatte soviel Zeit weggenommen, daß es Nacht geworden war, und doch mußte das Rad auch noch nach Tiefenort in die Schmiede geschafft werden. Jeder, den der Fuhrmann drum anging, meinte, es sei Advent, und der feurige Mann, der sich auf dem Wege herumtreibe, sei kein guter. So mußte er den Gang selber tun, und richtig, kaum hatte er Merkers im Rücken, so trabte auch schon der Feurige mit einem mächtigen Grenzstein auf dem Rücken vor ihm her und fragte immerzu: »Wo tu ich ihn nur hin?« bis zur Werrabrücke. Dort hielt er; aber als der Furhmann mit dem Rade zurückkam, erhob sich das Geschwätz von neuem. Da wurde er endlich fuchswild, nahm die Peitsche, platzte auf den Feurigen los, daß die Funken stoben und rief: »So tu ihn hin, wo du ihn her hast!« Im gleichen Augenblicke war der Spuk verschwunden, und der Fuhrmann vernahm aus der Dunkelheit die Worte: »Das wollt ich nur hören! Gott sei Dank, ich bin erlöst!« – Der Feuermann am Scherstieg (zw. Barchfeld und Liebenstein), wo überhaupt vielerlei unheimlich Zeug beisammen ist, war ein freundlicher Kerl, ging vor den Leuten her und leuchtete ihnen bis ins Dorf. Dort sah er ihnen noch eine Weile mit trauriger Miene nach und ging dann zurück, andern zu dienen. Ein armer Schiebkärrner rief ihm für seine Freundlichkeit ein Lohn dir Gott! nach. Da kehrte sich der feurige Mann um, sagte mit gerührter Stimme: »Tausenden hab ich geleuchtet, und hat mir keiner gedankt. Du bist der erste, hast mir zu ewigen Ruh verholfen, das lohn dir Gott!« Danach hat ihn niemand mehr gesehen. So wars auch bei Arnshaugk und Moderwitz.

Versunkenes und Erstandenes

Da wo heute der Büchensee liegt, erzählte der alte Kantor von Wildprechtroda, stand einst ein prächtiges Schloß. Darin war aber statt dem lieben Gott der böse Feind zuhause. Der alte Schloßherr führte mit seinen drei Fräuleins ein gar heillos liederliches Leben. Durch allerlei Teufelskünste lockten sie die schönsten Burschen und Mädchen zu sich, und dann wars um sie geschehen. Lange Zeit hatte das gut getan. Da kam einmal ein kleines graues Männchen, bat um Speise, Trank und Herberge, weil die Nacht vor der Tür war. Doch der Hausherr verhöhnte und schalt es und hetzte es mit Hunden davon. So sprach es einen schweren Fluch über Haus und Hof und alles, was darinnen war. Am andern Morgen sah man an der Stelle des Schlosses einen tiefen Kessel mit unheimlichem Wasser. Die drei Fräuleins aber hat man nach dieser Zeit noch oft gesehen; es war ihnen gestattet, den Kirmestanz in Wildprechtroda zu besuchen, wo sie durch ihre wunderbare Schönheit den Herzen der jungen Burschen, die gerne mit ihnen tanzten, viel zu schaffen machten. Darüber vergingen viele Jahre; ein neuer Herr hatte sich in Wildprechtroda angesiedelt. Da kam einmal ein Taucher ins Dorf; der badete im Büchensee und erzählte, daß er gar wunderbare Dinge dort unten gesehen habe. Was aber, das dürfe er keinem Menschen sagen; denn er habe einen schrecklichen Eid geleistet. Das erfuhr der neue Schloßherr, ließ den Taucher zu sich kommen und wollte ihn ausfragen. Und als er nicht Farbe bekennen mochte, sprach jener: »Dort mein Ofen ist kein Mensch; erzähle nur dem, was du gesehen hast, so brichst du deinen Eid nicht!« Der Taucher stutzte, tat jedoch, wie ihm geheißen und erzählte, wie er ganz tief da unten ein herrliches Schloß gefunden und einen alten Ritter mit bildschönen Jungfrauen und alle Gemächer voll von Schätzen und Reichtümern. Von dem Wein und den Speisen, die man ihm vorgesetzt, habe er nichts angerührt, um nicht verzaubert zu werden, und beim Weggehen habe er versprechen müssen, wiederzukommen, und einen schrecklichen Eid habe er leisten müssen, keinem Menschen von alledem zu erzählen. Der Schloßherr behielt den Taucher in festem Gewahrsam, und nach einiger Zeit brachte er ihn durch Drohungen dahin, daß er nochmals in den See hinabstieg, um dort auszukundschaften, wie die Schätze, aber ohne die Sippschaft, heraufgebracht werden könnten. Der Taucher ist aber nicht wieder an das Tageslicht gekommen.

*

Bei Wilhelmsdorf stand vor Zeiten eine Schenke. Darin wurde fleißig getanzt, und einmal hat man sogar am Himmelfahrtstag nicht ausgesetzt. Da aber versank das Haus mit allen Tanzenden, und der Tanzteich trat an seine Stelle. Die nahe Quelle wird die Gottschau genannt, weil Gott sich dort den Verächtern des heiligen Tages schauen ließ.

*

Der alte Richter Albert in Hain fuhr einst um Mitternacht mit seiner Frau von Hohenölsen heim. Da erblickten sie an einer unbewohnten Stelle ein Licht; er aber, um seine Frau zu beruhigen, sagte, der Schein käme aus einem benachbarten Ort, wo man wahrscheinlich bei einem Kranken wache. Bald entschwand das Licht, da der Weg durch ein Holz führte. Dann aber nahm Albert an dem Orte, wo zuvor das Licht gewesen, ein großes Gebäude wahr, das quer über den Weg stand. Es war mit Stroh gedeckt, davon manche Büschel tief herabhingen. Aus dem Torwege, durch den die Fahrstraße führte, schimmerten helle Lichter. Denn hinter ihm war ein Gebäude, aus Baumstämmen aufgeschroten. Ein auf Säulen ruhender Gang zog sich oben hin; der war mit Bogen geziert und hatte eine Reihe Türen. Der Richter entschoß sich, den Seinen nichts von der unheimlichen Wahrnehmung zu sagen und getrost in den Hof hineinzufahren, da er auf der andern Seite gewiß eine Ausfahrt habe. Doch er erblickte keine und gebot darum dem Kutscher, der nichts sah, zu halten. Er selber wollte absteigen und hatte zu diesem Zwecke eben den Fuß auf die Wagenachse gesetzt, als alles plötzlich vor seinen Augen verschwand. Er hat später einem Feldmesser sein wunderbares Erlebnis erzählt. Der sagte ihm, daß just an jener Stelle vor Zeiten ein Wirtshaus gestanden habe, wovon man noch quer über den Weg laufende Grundmauern finde. Es sei das Donnerwirtshaus genannt worden. Der alte Albert ahnte nicht, daß er ein Spukgesicht von einem altwendischen Gebäude gehabt hatte.

*

Auch ganze Dörfer und Städte sind auf geheime Art zugrunde gegangen. Der Iltenberg bei Themar barst und verschüttete ein Dorf;

ein anderes soll unter dem Hollen- oder Hillenteich bei Plothen begraben liegen. Vom Untergange Ebertsdorfs bei Steinbach-Hallenberg wußte die Asbacher Wirtin folgende Geschichte: Die Ebertsdörfer betrieben ihren Bergbau auf Eisen und Kobalt mit viel Glück. Der Ort wurde bald der reichste in der ganzen Gegend. Das machte aber die Einwohner so übermütig und gottlos, daß sie ganz und gar den vergaßen, der sie mit so großem Segen begnadet hatte. Doch Hochmut kommt vor dem Fall, und so ging es auch mit den Ebertsdörfern. Der Herr ließ sie fallen und zugrunde gehen. Nun diente dort eine fromme Magd aus Springstille; die bat ihre Herrschaft um Erlaubnis, daß sie am andern Tag daheim zum heiligen Abendmahl gehen dürfe, was ihr auch unter argem Gehöhn und Gespött zugestanden wurde. Kaum aber hatte sie den Stillergrund erreicht, als sich eine unheimliche Schwüle und Stille über Ebertsdorf legte. Dann wurde es dunkel und immer dunkler, und ein furchtbarer Sturm begann. Dabei sanken die Häuser tiefer und immer tiefer in den Erdboden, bis zuletzt der Boden über ihnen und der Kirche zusammenfiel. Als die Magd am andern Abend von Springstille zurückkam und von der Höhe das Tal überblickte, war das Dorf verschwunden. Aber noch lange Jahre nachher wollen Leute aus dortiger Gegend, wenn sie das Ohr auf den Boden legten, in der Tiefe das Krähen der Hähne gehört haben.

*

Im Lautergrund ist es eine große Stadt gewesen, an der sich Gottes Strafgericht offenbart hat. Sie war voll glücklicher Leute, denn es gebrach ihnen an nichts. Bis einst der Tag aller Seelen kam, an dem die Lebenden Leid tragen sollen um die Toten. In der glücklichen Lauterstadt war niemand gestorben, und ihre Bewohner sprachen deshalb untereinander: »Was sollen wir ein Trauerfest begehen, wo keines von uns Ursache hat zum Trauern? Lasset uns fröhlich sein wie an anderen Tagen!« Darauf fügte es Gott, daß unversehens ein Kindersterben anhob, und zwar mit so schrecklicher Gewalt, daß fast in jedem Hause eine Leiche war und kaum genug Raum auf dem Friedhofe für die zahllosen frischen Gräber. Da gab es nun Trauer in Fülle, und alles zog hinaus zu den Toten. Und wie die Bevölkerung der ganzen Stadt auf dem Friedhof stand, begann er zu sinken, und alle Gräber und Särge und alle die Leidtragenden sanken tief hinab. Nur die Glocken der untergegangenen Kirche hört man noch immer am Allerseelentag.

*

Ob sich das Regiment bayrischer Reiter besonders vergangen hat, das zwischen Eckardts und Sinnershausen versunken sein soll, weiß die Sage nicht zu melden. Bei Kleingeschwende war es sogar ein Schloß voll Güte, das da in den Berg versank. Aber das ist eine Ausnahme; für gewöhnlich ist immer eine Bestrafung oder Verwünschung im Spiele, so bei dem Schloß von St. Gangloff, dem bei Crossen, dem auf dem Singerberg, das Martin Luther verflucht haben soll.

*

Manches von den verwünschten und verfluchten Häusern und Ortschaften zeigt sich als Menetekel an gewissen Tagen und für kurze Zeit. Auch verfallene oder ganz verschwundene Baulichkeiten erstehen um die Geisterstunde in alter Form und Schönheit. Vergrabene Heiligenbilder und Glocken kommen, nicht selten durch Tiere, zutage, Untaten werden ans Licht gebracht. Unweit Wichtshausen war eine Zackenhändlerin (Spitzenhändlerin) von einem Manne erschlagen, beraubt und vergraben worden. Aber durch den Herdochsen wurde die Untat offenbar; der scharrte nämlich, als der Hirte über jene Stelle trieb, den Grund auf, daß ein Arm der Ermordeten sichtbar wurde.

*

Zu Frickenhausen war einmal ein stattlicher Schäfer, der es manchem Weibsbild antat, daß sie ihm nachlaufen mußte. Auch einer jungen Frau im Dorfe war es so ergangen. Ihr Mann kriegte es gesteckt und paßte auf. Und als sie eines Abends wieder zu dem Schäfer ging, schlich der Mann ihr nach. Der Schäfer hatte damals seinen Pferch auf dem Berge aufgeschlagen, und zwar gerade da, wo er mit der höchsten Felswand in dem See fußt. Wie sich nun der erboste Ehemann überzeugt hatte, daß sich das ehebrecherische Paar in der Pferchhütte befand, faßte er rasch die Deichsel, schob die Hütte an den Rand des höchsten Abhangs, und mit einem Ruck rollte das Gefährt hinab in die Tiefe des Sees, wo es verschwand. Seitdem steigt die Hütte alle sieben Jahre zur Oberfläche empor. Viele haben sie da gesehen, auch manche ein klägliches Wimmern gehört.

*

Die Zahl der verborgenen Glocken, die durch Schweine aufgewühlt werden, ist sehr groß. Meist haben sie einen feinen, wunderbaren Ton; doch auch das Gegenteil ist zu vermelden. Die Glocke, die auf dem

Gottesfeld oder Gottesacker am Adlersberg als Rest einer lasterhaften Stadt zutage kam, wurde in Schleusingen aufgehängt, gab aber einen schauerlichen Ton, zersprang auch beim dritten Läuten. Sie wurde umgegossen, klang jedoch nach wie vor: Sau aus! Sau aus! und zersprang abermals. Und so bliebs auch nach dem zweiten Umguß, bis man endlich einsah, daß sie zum Dienste Gottes unwürdig sei. – Auf der Klosterwiese bei Ruhla erschien am Dreifaltigkeitstag ein Altar mit Kruzifix, Monstranz, goldenen Abendmahlskelchen und silbernen Leuchtern, darin halbverbrannte Kerzen steckten.

*

Bei Neustadt a. O. liegt ein Feld, das Jüdenschloß genannt. Darauf hat vor Zeiten ein Kloster gestanden. Und als einmal ein Mann aus Moderwitz vorüberkam, sah er ein hohes Gebäu mit erleuchteten Fenstern. Erschrocken und neugierig zugleich, geht er darauf los; die Tür öffnet sich dem Drucke seiner Hand, und er tritt in die weiten Räume eines Klosters. Nachdem er sich darin umgesehen hat, ohne auch nur ein einziges lebendes Wesen zu gewahren, betritt er auch den Klostergarten. Der ist hell beschienen, viele Mönche gehen in ihm umher und betrachten verwundert den Fremdling. Aber er kehrt sich nicht daran und verläßt das Kloster. Nach einigen Schritten sieht er sich noch einmal um; da ist alles verschwunden gewesen.

*

Zwei Stunden von Leutenberg, mitten im Birkicht, stand vor alten Zeiten eine Kapelle. Als aber die Schwärme des Drudenheeres an der Saale heraufzogen, versank sie in den Berg. Alle neun Jahre vor den höchsten Festen ertönen wundersam ergreifend ihre silbernen Glokken, und auf dem Berge erscheint ein großes eisernes Kreuz, das sich bei den ersten Sonnenstrahlen von selbst feierlich aufrichtet und am Abend ebenso wieder verschwindet.

*

Das verwünschte und versunkene Schloß am Beyer hat einer von Oberalba gesehen, der um Mitternacht da vorüber mußte. Eine Schar wild aussehender Jäger mit langen Bärten und Spinnwebgesichtern saß davor und zechte an einer beleuchteten Tafel. Die bildschöne Tochter des Kuhhirten von Oberalba war einer Kuh gefolgt, die sich schon wiederholt heimlich von der Herde entfernt hatte. Da kommt sie durch das offene Tor des Schlosses und ist kaum in den Hof getreten, als ihr ein stattlicher Junker entgegentritt, sie bei ihrem Namen nennt und mit gar einschmeichelnden Worten fragt, ob sie ihn nicht zu ihrem Eheherrn nehmen und in dem prächtigen Schlosse da wohnen wolle. Das Mädchen betrachtete den schönen Junker und schlug ein. Hocherfreut führte er sie in das Schloß und zeigte ihr all die prachtvollen Gemächer und die kostbaren gold- und silberdurchwirkten Kleider, so daß ihr Herz vor Lust und Freude pochte. Als der Junker dies gewahrte, wiederholte er seine Frage, knüpfte aber diesmal die Bedingung daran, sie müsse fest geloben, ihm eine Reihe von Jahren, es komme, was da wolle, durchaus nicht zu zürnen. Das Hirtenmädchen ging auch darauf mit Freuden ein. Sie wurde nun in die kostbaren Gewänder gekleidet und lebte als Edelfrau herrlich und in Freuden. Auch gebar sie dem Junker nacheinander zwei bildschöne Knaben. Sie liebte ihren Eheherrn so sehr, daß sie ihm nicht zürnte, als er ihr die Kinder bald nach der Geburt wegnehmen ließ. Doch als sie den dritten Knaben zur Welt gebracht hatte und ihr auch dieser genommen wurde, da empörte sich aus Liebe zu ihren Kindern ihr Herz, so daß sie ihr Gelöbnis vergaß und ihrem Gemahl auf seine Frage, ob sie ihm zürne, ein heftiges Ja zur Antwort gab. Kaum war es über ihre Lippen, als den Junker eine große Traurigkeit befiel. Ihr beiderseitiges Glück, sagte er, sei nun auf immer dahin. Vor vielen, vielen Jahren wäre das Schloß mit allen Bewohnern verwünscht und verflucht worden. Sie allein, wenn sie ihrem Gelübde treu geblieben wäre, hätte den Bann brechen und ihre drei Kinder zurückerhalten können. Nun aber sei alles verloren. Die Hirtentochter verfiel hierauf in einen tiefen Schlaf, und als sie erwachte, befand sie sich in ihren alten Kleidern einsam im Walde.

*

Zwischen Themar, Marisfeld und Oberstadt liegt ein weites Feld, Gertles geheißen, darauf vor alters ein Dorf gestanden haben soll. Ein Reisender, der durch jene Gegend kam, sah es plötzlich vor sich liegen. Es war gerade Sonntag; er hörte deutlich das Glockenläuten. Und als er hineinkam, gingen die Leute gar ernsthaft zur Kirche. Ihre Tracht war alt und sonderbar, nicht wie dazumal die Mode. Der Reisende fragte einige der Vorübergehenden nach dem Namen des Ortes; doch keiner gab Antwort, sondern alle wandelten so ruhig und unhörbaren Trittes an ihm vorüber, als ob sie ihn gar nicht sähen. Dabei starrten ihre Augen gläsern und fremd, und es fiel den Reisenden ein übermächtiges Grauen an. Eilends verließ er den unheimlichen Ort, kam nach Themar und fragte gleich im Tor, was das für ein Dorf sei, durch das er gekommen. Aber niemand wollte es kennen. – Wer es im Gertles zwölf schlagen hört, der kommt zu großem Glück; freilich muß er den Mut haben, jede der zwölf heiligen Nächte auf dem verrufenen Felde zuzubringen. Ein Bauer aus Marisfeld war kühn genug, und da geschah, was er gewünscht: er hörte es plötzlich dicht neben sich zwölf schlagen, aber mit einem so über alle Maßen entsetzlichen Ton, daß er schon bei den ersten Schlägen vor Schreck und Grauen zu Boden geschmettert wurde. Wie ein Toter blieb er auf dem Felde liegen bis zum Morgen, wo er erwachte und sich mühsam in sein Dorf schleppte. Dort packte ihn das Fieber und warf ihn für ein Vierteljahr aufs Krankenbett. Endlich besserte sichs mit ihm, er fing wieder an zu arbeiten. Und was er nun begann, das schlug ihm zum Nutzen aus. Seine Scheunen füllten sich wie von selbst, seine Saaten blieben unverhagelt, seine Taschen wurden vom Geld nimmer leer; ja, er durfte Steine säen, und es ging der schönste Weizen auf. Darum heißt es in dieser Gegend, wenn einer ohne sichtbare Ursache schnell reich wird: Der hat es im Gertles zwölf schlagen hören.

Der Alp

Auf einem vornehmen Edelsitze zu Wirbach bei Saalfeld hat sich anfangs des 17. Jahrhunderts folgendes begeben: Das Gesinde schälte eines Tages Obst. Darunter war eine Magd, welche der Schlaf ankam, daß sie sich nicht weit davon auf eine Bank, etwas zu ruhen, niederlegte. Wie sie ein wenig stille gelegen, kriecht ihr zum offenen Munde ein rotes Mäuslein heraus, das die andern Leute meistenteils gesehen und einander gezeigt haben. Das Mäuslein eilt dem Fenster zu, das eben ein wenig offenstand, schlich hinaus und blieb eine Zeitlang aus. Darüber seht eine vorwitzige Zofe auf und geht, obwohl es die andern ihr stark verboten, zu der entseelten Magd, rüttelt sie nicht allein, sondern bewegt sie auch auf eine andere Seite etwas fürder und geht dann wieder davon. Dann kömmt das Mäuslein, das aus der Magd Mund gekrochen war, wieder, läuft nach der vorigen bekannten Stelle, und wie es nicht recht ankömmt, noch sich zurecht findet, verschwindet es, und die Magd war und blieb mausetot. – Sogar ungeborenes Leben kann solche Gestalt annehmen, davon sei eine Sage hier eingeschaltet, die im übrigen schon auf Späteres hindeutet: Ein reicher Mann in Erfurt heiratete eine Lustdirne. Beide liebten sich sehr, erhielten aber keine Kinder. Das Weib starb, und der Mann war untröstlich. Da kam in der Nacht einer an sein Lager und sprach: »Weine nicht mehr, erhebe dich und komm, dein Weib zu sehen!« Der Mann folgte und ward durch unbekannte Gänge in einen schönen erleuchteten Saal geführt. Da lag das Weib im Sarge, prächtig geschmückt. Der Mann betrachtete seine Frau mit stiller Wehmut und bemerkte, wie acht Mäuslein auf ihr herumliefen. Deshalb fragte er den Führer, was das sei; der antwortete, es wären acht Kinder, deren Geburt sie durch ihren Wandel verhindert hätte, die müßten sie nun benagen. Die Frau richtete sich auf und reichte ihrem Manne die Hand; der Führer aber gab ihm einen Stab und bedeutete ihn, ihr diesen hinzureichen. Er tat es, und wo die Frau angefaßt hatte, war der Stab verkohlt.

*

Der Alp, wie man besonders im Werragrunde weiß, ist nichts anderes als ein Mensch, dessen Seele des Nachts aus dem Körper fährt oder der sich auch leiblich verwandelt: er nimmt die Gestalt einer Katze, eines Marders oder sonst eines haarigen Spukes an, springt auf das Bett, legt sich dem Schlafenden auf Brust oder Hals und drückt ihn so, daß der Geplagte ihn weder abzuwerfen, noch um Hilfe zu schreien vermag. Hat sich der Alp an der Angst und dem Gewimmer genug ergötzt, so verschwindet er wieder. In Möhra stehen besonders diejenigen Weibsleute in Verdacht des Alps, denen die Augenbrauen über der Nase zuammengewachsen sind. So eine kam eines Abends mit einer Freundin aus der Spinnstube. An der Schmiede stellt sie ihr Spinnrad hin, sagt zu der andern: »Wart hier ein wenig, und sieh nach meinem Rad; ich bin gleich wieder da, will nur erst einmal den großen Schmied ein wenig drücken!« Sprachs und kletterte alsbald wie eine Katze an den Pflöcken der Ecksäule empor und durch das Bodenloch ins Haus. Bald darauf hörte die vor der Tür den Schmied gottsjämmerlich wimmern. Nach einer Weile kam der Plagegeist auf demselben Weg wieder zurück und griff mit den Worten nach dem Spinnrad: »So, nun hat er seinen Teil, warum ist er nicht in die Spinnstube gekommen!« – Ein alter Bauer aus Möhra erzählte: »Bei uns ist es mit einer Aapdrökkersche doch nicht mehr so schlimm als zur Zeit, wo meine Mutter selig noch nach den jungen Burschen guckte. Damals war eine, die lehnte sich, wenn sie aufs Drücken ging, jedesmal an die Wand neben die Haustür; dann wuschte ihre Seele aus dem Leib heraus und durch alle Schlüssellöcher bis in die Kammer, wo sie einen drücken wollte. War das Hexenwerk vorbei, so wuschte sie wieder zurück in den Leib, und die Aapdröckersche tat dann, als wisse sie nichts von alledem. Hätte ihr unterdessen einer drei Kreuze auf den Leib geschrieben, so hätte ihre Seele nicht wieder hinein gekonnt, und es wäre alle mit ihr gewesen.«

*

Ein Ruhlaer verstopfte, als der Alp zu ihm gekommen war, rasch das Schlüsselloch und sah nun eine wunderliebliche Frau mit einem feinen weißen Schleier auf seinem Bette sitzen. Ungeachtet ihrer Bitte, sie zu entlassen, behielt er sie einige Zeit bei sich. Bis ihn die Neugier plagte, zu sehen, was wohl geschehen möchte, wenn er ihren Wunsch erfülle. Und siehe da, die Frau ward immer kleiner und zuletzt zu einer Feder, die durch das geöffnete Schlüsselloch entwich. – Einem jungen hübschen Burschen aus Rosa wurde geraten, er solle, wenn er wieder vom Alp gequält werde, fest zugreifen und das, was er erwische, gut verwahren. So faßte er in der nächsten Nacht eine Feder, die auf ihm gelegen hatte, und verschloß sie in seiner Lade. Als ihm nun am andern Morgen gemeldet wurde, seine Braut sei in der vergangenen Nacht gestorben, ahnte er nichts Böses, sondern tat gar arg um sie. Ging auch um die Zeit, als sie beerdigt werden sollte, auf den Boden an die Lade, um sein schwarzes Zeug heraus zu tun. Da er über dem Leid nicht an die Feder gedacht hatte, so erhob sie sich vor seinen Augen und schwebte zum Bodenloch hinaus. Als er bald danach angekleidet in seiner Haustür steht, um nach dem Leichenhaus zu gehen, da kommt auf einmal ein Bote angerannt und meldet, die Braut sei vor einer halben Stunde wieder ins Leben zurückgekehrt. Nun wußte er erst, daß er eine Dröckersche zur Liebsten hatte, und aus der Heirat wurde es nichts.

*

Zu Lengsfeld lebte vor Zeiten eine alte Frau, die sich mittels eines Gürtels von Menschenhaut in einen Wolf verwandeln konnte und dann den Schafherden großen Schaden zufügte. Eines Tages hütete ein Lengsfelder Schäfer hinter der Ölmühle; da kam die Frau, grüßte, verschwand aber gleich danach dem Schäfer aus dem Gesicht. Doch währte es nicht lange, so brach von dort her, wo die Hexe hingegangen war, ein gieriger Wolf in die Herde ein, und nur mit der größten Anstrengung gelang es dem Schäfer und den zur Hilfe herbeigerufenen Männern, den Werwolf wieder zu vertreiben. Der Schäfer zeigte noch am selbigen Tage den Vorfall bei Gericht an, worauf die Frau eingezogen und abgeurteilt wurde.

Hexe und Zauber

Von den Hexen

Die Hexe ist von allen Figuren des Volksglaubens in Thüringen am lebendigsten geblieben. Noch im Herbst 1925 wehrte sich eine Frau vor Gericht gegen den Verdacht der Hexerei. Man wollte den feurigen Drachen bei ihr gesehen haben; ihren eignen Mann sollte sie zu Tod gehext haben – und das alles nicht etwa in einem entlegenen Waldwinkel, sondern dicht vor den Toren einer ansehnlichen Industriestadt. Kein Wunder also, daß vor Zeiten in Thüringen die Hexenfeuer ebenso lustig brannten wie in katholischen Gebieten.

*

Uralte Bräuche zum Austreiben der Hexen waren bis vor einem Menschenalter noch in Übung. Walpurgisfeuer leuchteten, brennende Besen wurden geschwenkt. In Erfurt blieb während der Walpurgisnacht jedermann wach. Man trommelte, lärmte, schoß und tat alles, um zu verhindern, daß sich die Hexen bei ihrem Ritt zum Brocken etwa ermüdet niederließen. Zuletzt übertrug man das Lärmen neunundzwanzig Tambours und acht Querpfeifern der Bürgerkompanie mit ihrem Regimentstambour und gönnte es ihnen, wenn sie sich mit ihrer Musik vor den Wohnungen wohlhabender Bürger eine Vergütigung holten.

Nicht zuletzt deuten die ungezählten Hexenplätze, Hexenlinden, Hexenringe darauf hin, wie tief der Glaube im Volke gesessen hat. Die Hexenberge können auch in Thüringen meist als alte Opfer- und Gerichtsstätten angesprochen werden, sind also neue Beispiele dafür, wie durch kluge Mönche Plätze der Verehrung in verrufene Orte umgedeutet wurden.

*

Auf dem Hexenberg bei Weimar, dem Sümmetskopf bei Urnshausen und Weilar, auf dem Bleß, auf dem Bausenberg bei Koburg wurde getanzt; man schlachtete schwarze Böcke und schmauste bis zum Hahnenschrei. Auch zur Hexenlinde bei Ostheim kamen die Hexen auf Besen geritten, die im März geschnitten sein mußten. Wer sie sehen wollte, brauchte sich nur am Abend vor Walpurgis in den Zweigen zu verstecken und ein Messer bei sich zu tragen, auf dem drei Kreuze waren. Warf ers unter die Hexen, sobald der Tanz begonnen hatte, so erschien jede in ihrer menschlichen Gestalt. Ebenso machte ein von einer schwarzen Henne vor Tagesanbruch gelegtes Ei dem, ders in der Tasche trug, die Hexenwirtschaft sichtbar.

*

Ein Knecht von Übelroda hatte ein Mädchen gern. Wenn er abends von ihr Abschied nahm, wurde er jedesmal mit den Worten: »Komm morn widder!« auf den folgenden Abend eingeladen. Am vorletzten April geschah es nicht. Das fiel dem Burschen auf, zumal er schon allerlei verdächtige Reden über das Haus hatte hören müssen. Um sich von der Wahrheit des Geredes zu überzeugen, sprach er ungeladen am Walpurgisabend bei seinem Mädchen vor. Er merkte die Unruhe der Leute, stellte sich sehr müde und schläfrig, streckte sich auf die Bank und begann zu schnarchen. Da sah er denn gegen Mitternacht, wie Mutter und Tochter erst sich selbst und dann die Besen und eine Ofengabel mit einer Salbe einschmierten und danach aus dem offenen Fenster durch die Luft nach dem Eselrasen ritten. Der Bursch hatte genug gesehen und verließ von Stund an das Haus und das Hexengesindel.

*

Ein Siedeknecht lernte die Hexen durch den Salzunger Fallmeister kennen. Sie gingen beide in der Walpurgisnacht an den Kreuzweg beim Husenbrückchen. Dort beschrieb der Fallmeister einen Kreis und winkte dem Siedeknecht mit den Worten: »Da kann uns keine was anhaben!« Der aber war ein gottesfürchtiger Mann und glaubte, sein Seelenheil zu gefährden. Versteckte sich also lieber hinter einem Gartenzaun; denn von da aus konnte er die vorbeiziehenden Hexen ebensogut beobachten. Gleich darauf erschien wirklich die erste. Die ritt auf einem Besen und fegte damit zugleich die Straße. Hinter ihr war ein ganzer Trupp, gleichfalls den Besen oder eine Ofengabel zwischen den Beinen. Dann kam eine auf einem Fuder Heu, dem eine Herde Gänse vorgespannt war. Hinter ihr ein Wagen, der mit Speck und Würsten beladen war und von Ziegenböcken gezogen wurde. Hierauf noch eine Menge derartiger Fuhrwerke, eins sogar mit einem Gespann Flöhe. Es waren bis da fast lauter schöne Frauen gewesen. Nun erschien auch eine aus der Freundschaft des Siedeknechts, und er vergaß sich und rief: »So dau Schöngleich (Schindluder), bist au da drbei?« Da ging der Spektakel los. Der ganze Haufe drang auf den armen Teufel ein. Doch die Angst gab ihm ungewöhnliche Kraft. Er sprang über Zäune und Hecken; das Hexenzeug war aber noch flinker hinter ihm drein. Zuletzt erreichte er mit der größten Not und windelweich geschlagen sein Häuschen. Daran waren drei Kreuze geschrieben, und das Gesindel konnte ihm deshalb nicht folgen. Der Fallmeister war unterdessen ungefährdet in seinem Kreise geblieben, und als sich der Spektakel verzogen, ging er ruhig nach Hause. Mußte aber noch lange an dem bösen Beine kurieren, das der Siedeknecht von der Hexenschau davongetragen hatte.

*

Zur Hexenlustbarkeit gehört ein Spielmann, der zu Mahlzeit und Tanz aufspielt. Eine Frau aus Merkers hatte sich bei Verwandten verspätet und mußte in der Walpurgisnacht durch den Wald. Da hob ein Heidenlärmen an, daß sie am liebsten wieder umgekehrt wäre. Am Kreuzstein sah sie die Bescherung: obendrauf saß ein pechschwarzer Musikant, der wohl einem Dutzend Hexen zum Tanz aufspielte. Das Gesindel hatte meistenteils den Melksturz auf dem Kopf und tollte gar arg. Die Frau betete ein Vaterunser und eilte in weitem Bogen um den Spuk herum. Daheim ist sie von dem Schrecken zusammengebrochen. – Leute von Kaltenlengsfeld wollten zur Walpurgisnacht in Tann. Sie hören von weitem lustige Töne. Als sie aber an die breite Linde kommen, sehen sie auf abgesonderten Sitzen zwölf Musikanten. Die spielen mit seltsamen Pfeifchen und Hörnchen einer fröhlichen Schar jeglichen Alters gar liebliche Weisen zum Reigen auf. Die Kaltenlengsfelder Männer und Frauen bleiben stehen und staunen. Einer von ihnen, ein Musikant, kann sich nicht enthalten, von den noch bereitliegenden Pfeifchen eins zu ergreifen. Setzt sich dann zu den Spielleuten und bläst wacker mit. Es wurden Kuchen und Kräpfchen herumgereicht; die schmeckten gar trefflich, und als hierauf einige der neugierigen Kaltenlengsfelder Frauen fragten, wie es komme, daß man in später Nacht und noch dazu in solcher Einsamkeit sich verlustiere, da hieß es, es sei eine Hochzeit aus einem nahen Ort; die wolle bei Anbruch der Morgenröte dorthin wieder zurück. Die Kaltenlengsfelder zogen unter Gesprächen über die unheimliche Gesellschaft ihres Wegs. In der Nähe der Stadt Tann, als es eben hell zu werden anfing, fiel es dem Musikanten ein, daß er sich unter der Linde sein Pfeifchen und ein Kräpfchen auf den Weg eingesteckt hatte. Pfui Teufel! Das gute Backwerk hatte sich in einen gedrückten Kuhfladen, das Pfeifchen in ein Geisbein verwandelt.

*

In Wasungen war einst ein Zinngießer aus Mailand. Der hatte daheim eine junge Frau, die ihre Niederkunft erwartete. Deshalb ging er oft traurig umher; denn er hatte sie sehr lieb. Da fragte ihn eine Frau, was ihm fehle, und als sie es wußte, sagte sie: »Kommt heute nacht um elf Uhr an denselben Platz, so will ich Euch zu Eurer Frau bringen.« Pünktlich war er zur Stelle. Da hielt die Frau ein seltsam Fuhrwerk bereit: eine mächtige Mulde, daran war ein schwarzer Ziegenbock gespannt. Der Zinngießer mußte sich hineinsetzen, die Hexe hockte sich vorn hin, und husch gings durch die Luft bis vors Tor zu Mailand. Dort sagte sie ihm Zeit und Stunde der Rückfahrt, und als er seine junge Frau gesehen und getröstet hatte, ging die Fuhre, husch, wieder zurück bis nach Wasungen.

*

»Zur Zeit, als ich hier in Kaltenlengsfeld Kreiser war«, erzählte einer von da, »lebte eine Frau, von der wußten sie im ganzen Dorf, daß sie eine Hexe sei. Da passierte es nun, daß sie einen Ärger auf mich kriegte. Weil sie aber nicht an mich kommen konnte, so machte sie sich an meinen Vater, und der wurde getreten voll Läuse. Wir probierten alles, aber das Ungeziefer war nicht fortzubringen. Ich ging also zu der alten Zigeunerin in Gehaus nach Rat. Wie ich den hatte, nahm ich meine Flinte – das beste Gewehr von der Welt, das mich im Leben noch nicht gestoßen hatte –, lud sie mit sieben Stück von den Läusen, ging – aber alles stillschweigend – nach dem Dreiherrenstein, nahm ungefähr fünfzehn Schritt Abstand, legte an, zielte, drückte ab und kriegte doch meiner Seel einen Schlag, daß ich besinnungslos zu Boden stürzte. Als ich wieder zu mir kam und mich besann, was vorgefallen, da lag ich ein ganz End von meinem Stand, ein Stück davon meine Mütze und wieder ein End weiter die Flinte. Und ehe ich heimkam, hatte ich einen Backen so dick wie eine Metze. Die Läuse aber waren auf und davon. Wenn ich dann an der ihrem Hause vorbei mußte, da hätte einmal ein Mensch das Gesicht sehen sollen! Wie eine richtige Feuerkatze! Mein gutes Gewehr aber war und blieb durch jenen Schuß für immer verdorben.«

*

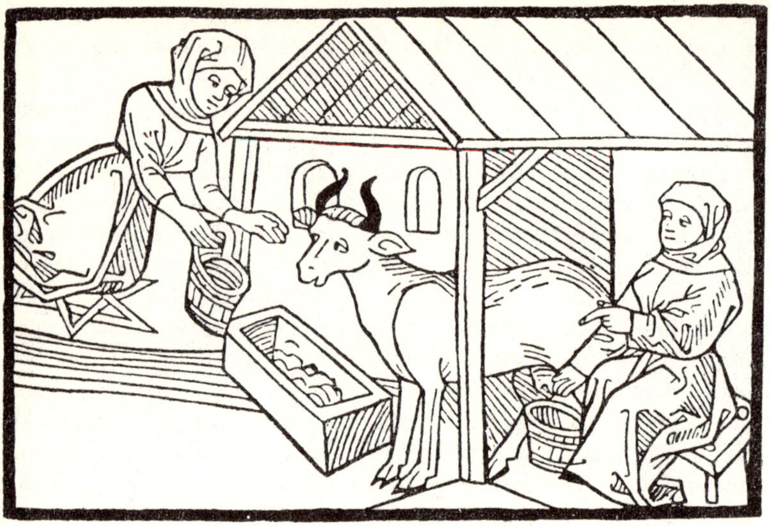

Verhexung einer Kuh. Die Hexe kniet auf einem Pentagramm
Holzschnitt aus: Vindler, Tugendspiegel, Augsburg 1496

Die Hexe zu Kranlucken hatte von ihrem Meister gelernt, wie man die schlimmen Wetter mache. Damit gedachte sie ihre Feinde zu treffen. Eines Tages nahm sie ein Sieb, legte einen Katzenkopf, einen Krebs, faule Eier und was sonst noch hinein, sprach ihren Spruch und ließ dabei das Zeug in dem Sieb gehörig herumlaufen. So stieg denn bald darauf eine kleine Wolke am Horizonte auf und nahm die Richtung auf Kranlucken zu. Hätten die Leute geahnt, was dem Orte bevorstand und ein Kreuz gegen die Wolke gemacht, es wäre groß Unglück verhütet worden. So kam die Wolke ungehindert bis über das Dorf. Ein greller Blitz fuhr heraus; der setzte den Kirchturm und das halbe Dorf in Flammen. Die Kirche selbst blieb unversehrt; an die hat die Hexe mit ihrem Feuer nicht kommen können.

*

Im bäuerlichen Haushalt ist das liebe Vieh von größter Bedeutung. Das wußten die Teufelsbündnerinnen gar wohl und schädigten deshalb die Leute, denen sie abhold waren, indem sie den Kühen die Milch nahmen oder in Blut verwandelten oder das gesamte Vieh aufstößig machten.

*

Ein dreiundachtzigjähriger Häusler wußte folgende Geschichte: An einem Herbstabend hüteten drei Knaben aus Lengsfeld bei der Wüstung Waldsachsen. Sie wollten ein Feuer machen und stachen den Rasen aus. Dabei sagte der eine: »Wenn wir doch ein Stück Eisenkuchen hätten, so groß wie die Rasen!« Kaum ist der Wunsch heraus, so kommt ein Mann: »Eisenkuchen wollt ihr? Da habt ihr welchen!« Er versprach auch alle Abende frischen zu liefern, wenn sie ihm jedesmal ihren Hütplatz für den andern Tag sagen wollten. Das taten sie gern, bekamen auch am nächsten Abend richtig ihren Kuchen. Bald danach trat eine alte Frau zu ihnen, die dort in der Erde gekrabbelt hatte. Die sagte, sie wolle ihnen allerlei Kunststücke zeigen; doch müßten sie mit ihr an den Brunnen gehen, der im Tal unter der Liete lag. Dort taufte sie die Knaben, während sie unverständliche Worte murmelte, versicherte ihnen auch, daß sie nun Ungeziefer machen könnten. Am andern Morgen, als sich die Knaben auf dem Schulweg begegnen, sagt der eine: »Ich meine, ich müßte fliegen können als wie ein Vogel!« »Ich auch!« riefen die beiden andern. Und alsbald hoben alle drei die Arme und flogen auf der kleinen runden Mauer, die ehedem den Marktplatz von Lengsfeld umzog, hin und her. Bevor der Lehrer kam, zeigten sie ihre Kunst auch in der Schule und machten die ganze Stube voll Mäuse, weil ihre Kameraden sich das wünschten. Der erschrockene Kantor holt sofort den Oberpfarrer; der überzeugt sich mit eigenen Augen und setzt die Knaben zur Rede. Sie beichten ganz arglos alles, erzählen auch, sie wären am vorigen Abend zu dritt auf den Schimmel in ihres Nachbars Scheune gestiegen und an einen Ort geritten, wo es ihnen gar gut gefallen. Der Geistliche, der Satans Hand vermutete, fragt die Knaben weiter, ob sie auch Ungeziefer machen könnten. Sie bejahten es, und im Nu wimmelte sein Rock von Läusen. Da eilte er voll Entsetzen zum Richter und meldete den Vorfall; die Knaben aber gingen nach Hause. Nun war des einen Vater der Scharfrichter Michel Weber. Der entsetzte sich, ergriff sein Richtschwert und schlug seinem Kind den Kopf ab. Grub danach im Stalle ein tiefes Grab und bedeckte es mit schweren Steinen. Die beiden andern Knaben, als sie solches vernahmen, flogen auf und davon, und niemand hat je wieder von ihnen gehört. Jener Brunnen aber unter der Liete heißt bis auf den heutigen Tag der Hexenbrunnen.

*

Wie in Wernsdorf bei Berga ein Junge einmal auf einen Baum hat steigen wollen, kommt unter ihm, niemand weiß wie, ein Ziegenbock zu stehen. Der hat den Jungen, ehe er sichs versieht, auf den Rücken genommen und durch die Lüfte davongetragen. Die erste Rast war auf der Kirchturmspitze. Jetzt betet der Junge in seiner Angst zu Gott um Erlösung. Und was geschieht? Nach drei Tagen sitzt er wieder bei seinen Eltern vor der Haustüre. Der Scharfrichter aus Greiz hat ihn aber erst kurieren müssen; denn er kletterte seitdem nur immer die Wände hinauf und am Hausgesimse herum.

*

In Möhra war eine, der kein Mensch mit ja oder nein geantwortet hätte. Eine junge Bauerntochter hats aber doch einmal versehen und war damit in die Gewalt der Hexe gegeben. Sie wurde krank. Dazu kam noch in jeder dritten Nacht ein Hase als Spillgast, setzte sich auf ihr Bett und ängstigte sie schwer. Als sie es ihrem Vater klagte und dieser öffentlich über die Hexe loszog, da wurde ihm noch dazu sein ganzes Vieh aufstößig, daß es nicht mehr fressen mochte. Ja beim nächsten Besuch fing der Hase sogar zu reden an: »Ja, ja, mein Liebchen, das wird wohl noch eine Weile dauern!« Nun lief beim Vater freilich das Töpfchen über. Er machte sich auf den Weg nach Marksuhl, holte den weisen Mann, und der half. Nachdem er Haus und Stall gehörig ausgeräuchert hatte, machte er alle Türschwellen fest, daß die Hexe keinen Eintritt mehr hatte. Und so lief die Geschichte noch gut ab. Denn am andern Morgen schon konnte das Mädchen ohne Beschwerde wieder aufstehn und ihre Arbeit verrichten. – Einer alten Spinnfrau, die Kinder in Katzen verwandelt und auf dem Blocksberg verschmaust hatte, ging man härter zu Leibe. Sie wurde vom Scharfrichter, so sehr sie sich auch in Katzengestalt vom Ofen aus wehrte, in einen Sack gesteckt, erschlagen und auf dem Anger eingescharrt. Doch ließ sie sich danach in ihrem Hause zu Zeitz noch immer spinnend und schnurrend oder mit lautem Auflachen hören. Bis man sie nochmals, diesmal in eine Eiche im Knittelholze bannte. Dort schnurrt ihr Spinnrad noch immer und ohne Unterlaß. Der ganze Platz ist Sommer und Winter mit den schönsten Blumen bestreut. Denn sie hofft, damit Kinder anzulocken. Käme eines in ihren Umkreis, so wäre sie erlöst und ledig.

*

In Frauenbreitungen war eine Hexe, zu der der Teufel immer durch den Schornstein fuhr. Sie kam danach mit einem Balge nieder; der glich dem Vater auf ein Haar: hatte Hörner, feurige Augen, einen

Pferdehuf, war am ganzen Körper mit pechschwarzen Haaren bedeckt, doch kaum einen Fuß lang. Die Hexe packte ihn in eine Schachtel, ging nach den Gärten hinterm steinernen Haus und begrub ihn unter einem Birnbaum. Aber ein Maurer hatte es gesehen, macht sich nach Feierabend heimlich hinzu und scharrt die Schachtel wieder heraus. Da er aber den Deckel hebt, Teufel, springt der Balg heraus, tanzt in mannshohen Sprüngen um ihn herum und macht sich davon, dem großen See zu, wo er die Vorübergehenden noch lange gefoppt und geängstigt hat. Der Maurer aber ist bleich und sterbenskrank nach Hause gekommen und in wenigen Tagen eine Leiche gewesen.

*

Einen andern Hexenbalg hat ein Meininger Wundarzt vertrieben. Er war zu einer Wöchnerin gerufen worden, und sein Weg führte ihn über den Hexenberg bei Maßfeld. Da sieht er drei Hexen auf einem Rasenplatz; die werfen sich einander etwas zu und rufen dabei: »Schick mirs zu!« Der Wundarzt hält mit seinem Rößlein ein Weilchen, dann ruft er: »In Gottes Namen, schick mirs zu!« Da lag ihm auch schon ein Wickelkind in den Armen; von den Hexen aber war nichts mehr zu sehen. Im Hause der Wöchnerin fand er Verwirrung und Traurigkeit; denn das neugeborne Kind war gegen einen scheußlichen Balg vertauscht worden. Doch in dem Augenblick, als er mit dem rechten Kinde ans Lager der Wöchnerin trat, war der Balg verschwunden.

*

Zu Roßdorf, wo es bis in die neuere Zeit Hexen gegeben hat, wurde ein Weibsbild plötzlich steinreich. Aber ihre Liebschaft mit dem Teufel bekam ihr übel. Er bestellte sie eines Tages zu sich hinaus ins Feld. Ehe sie sichs versah, verwandelte er sie in einen Schimmel mit Sattel und Zeug, setzte sich auf und ritt als vornehmer Kavalier nach Roßdorf vor die Schmiede. Dort ersuchte er den Meister, dem Klepper vier neue Eisen aufzulegen. Das schien den Schimmel in Angst zu versetzen; er ließ die Ohren hängen, klemmte den Schwanz ein, schwitzte und zitterte am ganzen Leibe. Der Schmied machte große Augen. Als er aber dem Schimmel das erste Eisen auflegen wollte, stutzte und zauderte er erst recht; denn solch einen sonderbaren Huf hatte er noch nicht gesehen. Nachdem die Arbeit getan war, wollte ihm Federhänschen einen vollen Geldbeutel in die Hand drücken; doch der Meister sagte: »Von Euch will ich kein Handgeld, hab das Werk umsonst getan!« So steckte Federhänschen sein Geld wieder ein, band den Schimmel los, setzte sich auf und sprengte durch das Dorf, daß die Funken stoben. Gasse auf, Gasse ab ging es, bis die Nacht hereingebrochen und das letzte Eisen wieder davongeflogen war. Da brach der Schimmel zusammen, und Federhänschen machte sich lachend davon. Am andern Morgen fand man die Hexe zerschlagen in ihrem Bette. Die blutigen vernagelten Hände und Füße wollte sie sich des Nachts im Hofe geholt haben. Die Leute aber wußten besser, was für Dornen drin gesteckt hatten. – Auch in Wiesenthal war eine, die es mit dem Bösen gehalten hatte. Wie sie nun alt wurde, mochte er ihrer müde sein. Das gute Leben hörte auf, und statt des Specks und der Würste kriegte sie jetzt, wenn er zu ihr kam, das Fell gehörig vollgehauen. Man konnte das Tier im ganzen Dorfe schreien hören, und ihre Stube war jedesmal voll höllischen Feuers. Wie der Hans nun denken mochte, daß er sie mürbe genug gepocht hätte, da kriegte sies erst noch einmal tüchtig, dann drehte er ihr den Hals herum, trug sie hinaus vor das Dorf an den Sandäckergarten und hängte sie dort an eine alte Eiche.

Liebeszauber

Liebeszauber wurde in vielen Formen geübt. Zu Koburg saßen am Weihnachtsabend mehrere Mädchen zusammen, waren neugierig und wollten ihre künftigen Liebhaber erkundigen. Nun hatten sie Tags vorher neunerlei Holz geschnitten, und als die Mitternacht kam, machten sie eine Feuer im Gemach, und die erste zog ihre Kleider ab, warf ihr Hemd vor die Stubentüre hinaus und sprach, bei dem Feuer sitzend:

»Hier sitz ich splitterfasernackt und bloß,
Wenn doch mein Liebster käme
Und würfe mir mein Hemde in den Schoß!«

Hernach wurde ihr das Hemd wieder hereingeworfen, und sie merkte auf das Gesicht dessen, der es tat; dies kam mit dem überein, der sie nachdem freite. Die andern Mädchen kleideten sich auch aus; allein sie fehlten darin, daß sie ihre Hemden zusammen in einen Klump gewickelt hinauswarfen. Da konnten sich die Geister nicht finden, sondern huben an zu lärmen und zu poltern, dermaßen, daß den Mädchen grauste. Flugs gossen sie ihr Feuer aus und krochen zu Bette bis frühe; da lagen ihre Hemden vor der Türe in viel tausend kleine Fetzen zerrissen.

*

Im Jahre 1672 hat sich zu Erfurt begeben, daß die Magd eines Schreiners und ein Färbergesell, die in einem Hause gedient, einen Liebeshandel miteinander angefangen, welcher in Leichtfertigkeit einige Zeit gedauert. Hernach ward der Gesell dessen überdrüssig, wanderte weiter und ging in Langensalza bei einem Meister in Arbeit. Die Magd aber konnte die Liebesgedanken nicht loswerden und wollte ihren Buhlen durchaus wiederhaben. Am heiligen Pfingsttage, da alle Hausgenossen, der Lehrjunge ausgenommen, in der Kirche waren, tat sie gewisse Kräuter in einen Topf, setzte ihn zum Feuer, und sobald solche zu sieden kamen, hat auch ihr Buhle zugegen sein müssen. Nun trug sich zu, daß, als der Topf beim Feuer stand und brodelte, der Lehrjunge, unwissend, was darin ist, ihn näher zur Glut rückt und seine Pfanne mit Leim an dessen Stelle setzt. Sobald jener Topf mit den Kräutern näher zu der Feuerhitze gekommen, hat sich etlichemal darin eine Stimme vernehmen lassen und gesprochen: »Komm, komm, Hansel, komm! Komm, komm, Hansel, komm!« Indem aber der Bube seinen Leim umrührt, fällt es hinter ihm nieder wie ein Sack, und als er sich umschaut, sieht er einen jungen Kerl daliegen, der nichts als ein Hemd am Leibe hat, worüber er ein jämmerlich Geschrei anhebt. Die Magd kam gelaufen, auch andere im Haus wohnende Leute, zu sehen, warum der Bube so heftig geschrien, und fanden den guten Gesellen als einen aus tiefem Schlaf erwachten Menschen also im Hemde liegen. Indessen ermunterte er sich etwas und erzählte auf Befragen, es wäre ein großes schwarzes Tier, ganz zottig, wie ein Bock gestaltet, zu ihm vor sein Bett gekommen und habe ihn also geängstigt, daß es ihn alsbald auf seine Hörner gefaßt und zum großen Fenster mit ihm hinausgefahren. Wie ihm weiter geschehen, wisse er nicht. Nun aber befinde er sich so weit weg; denn gegen acht Uhr habe er noch zu Langensalza im Bett gelegen, und jetzt wäre es zu Erfurt halber neun. Er könne nicht anders glauben, als daß die Katharine, seine vorige Liebste, dieses zuwege gebracht, indem sie bei seiner Abreise zu ihm gesprochen: wenn er nicht bald wieder zu ihr käme, wollte sie ihn auf dem Bock holen lassen. Die Magd hat, nachdem man ihr gedroht, sie als eine Hexe der Obrigkeit zu überantworten, angefangen, herzlich zu weinen, und gestanden, daß ein altes Weib, dessen Namen sie auch nannte, sie dazu überredet und ihr Kräuter gegeben mit der Unterweisung: wenn sie die sachte würde kochen lassen, müsse ihr Buhle erscheinen, er sei auch so weit er immer wolle.

*

Zu Saalfeld in Thüringen war eine Schösserin (Steuereinnehmerin), die sich heimlich in ihren Schreiber verliebte. Durch Zauberei aber wollte sie ihn gewinnen, ließ ein frisches Brot backen und steckte mitten in der heiligen Christnacht kreuzweise zwei Messer hinein, indem sie etliche Worte dazu murmelte. Darauf kam der Schreiber aus dem Schlafe ganz nackigt zur Stube hereingesprungen, setzte sich nieder am Tisch und sah sie scharf an. Sie stund auf und lief davon; da zog er beide Messer aus dem Brot und warf sie hinter ihr drein und hätte sie bald sehr verletzt. Hernach ging er wieder zurück. Eine Muhme, die in der Stube zugegen war, erschrak so heftig, daß sie etliche Wochen krank niederliegen mußte. Der Schreiber soll den folgenden Tag zu den Hausleuten gesagt haben: er möchte nur gern wissen, welche Frau ihn verwichene Nacht so geängstet habe; er wäre so abgemattet, daß er es kaum sagen könne. Denn er hätte sollen mit fortkommen und sich nicht genugsam erwehren können; er hätte auch beten mögen, was er gewollt, so wäre er getrieben worden.

Dieselbe alte Frau, die diese Geschichte erzählte, fügte hinzu: Zu Koburg haben einmal einige Edelfrauen von neunerlei Essen aufgehoben und um Mitternacht aufgestellt und sich dabei zu Tische gesetzt. Darauf kamen ihre Liebsten alle, jeder brachte ein Messer mit und wollte sich zu ihnen niederlassen. Darüber entsetzten sich die Jungfrauen und entflohen. Einer aber nahm das Messer und warf hinterher; sie schaute um, blickte ihn an und hob das Messer auf. Ein andermal soll statt des eingeladenen Buhlen der leibhaftige Tod in die Stube gekommen sein und sein Stundenglas bei einer niedergesetzt haben, die denn auch das Jahr über verstarb.

*

Eine besonders ruchlose Zauberin namens Sibylle soll auf der Altenburg bei Ostheim gesessen haben. Sie war unersättlich in ihren Lüsten, trotz ihres hohen Alters. Mit ihren Zaubermitteln konnte sie sich in die blühendste Jungfrau verwandeln, und wenn ihr ein vorüberziehender junger Reisender gefiel, so lockte sie ihn mit der herrlichsten Musik hinauf auf ihre Burg. Dort bezauberte sie ihn vollends durch ihre Schönheit und genoß ihn während der Nacht. Am andern Morgen erwachte er dann entweder im Kerkerturm des Schlosses, oder er war, wenn er Glück hatte, vier bis fünf Stunden weit von der Burg auf der Landstraße oder vor irgendein Dorf versetzt.

*

Durch Zauber konnte die Liebe gebunden, aber auch gelöst werden. Das ward in der Ruhl offenbar, an einem schönen Försterskind, in das ein junger Jäger verliebt war. Er mußte die Heimat verlassen und in die Fremde ziehen. Von da gelangte nach einiger Zeit die Kunde nach Haus, daß er gestorben sei. Danach bewarb sich ein anderer Jüngling um die Försterstochter und erhielt das Jawort. Aber der Totgeglaubte kam frisch und gesund in die Heimat zurück und wollte seine Geliebte freien. Da war sie schon gefreit, wenn auch noch nicht getraut. Darüber geriet der Jäger in Zorn und Eifersucht und sann auf Rache. Er kam zu einer weisen Frau, die gab ihm einen Teufelsrat, dem er folgte. Er ging zu einem Schlosser, kaufte ein Hängeschloß und zahlte, ohne zu handeln, den geforderten Preis, indem er vor sich hin sagte: »In Gottes Namen!« Bei der Trauung seiner Geliebten war er heimlich zur Stelle, und als der Pfarrer die Verlobten zusammentat, sprach er: »Ins Teufels Namen!« Schnappte das Schloß zu und warfs in einen tiefen Brunnen. Da erfaßte die jungen Eheleute eine unüberwindliche und unerklärliche Abneigung. Sie mochten sich nicht freundlich ansehen, und wenn sie sich fern waren, hatten sie doch Sehnsucht nacheinander. So quälten sie sich gegenseitig ab und waren recht unglücklich. Nun bereute der Jäger den bösen Zauber und hätte ihn gern rückgängig gemacht. Das wäre auch gegangen, wenn er das Schloß wieder gehabt hätte; aber er konnte es nimmermehr erlangen. In dem Brunnen wohnte nämlich eine Wasserfrau; die liebte den hübschen Jäger seit dem Tage, da er sich über den Brunnenrand gebogen und das Schloß hinabgeworfen hatte. Und als er nun öfter und öfter kam, danach zu fischen, ließ sie sich in ihrer holdseligen Gestalt erblicken, zeigte ihm das Schloß und langte es ihm hinauf mit dem schönen, weißen Arm. Und wie er es faßte, hielt sie es fest und zog, und da fiel er über den Rand des Brunnens hinab in ihre Arme. Die Leute aber sagten, er habe sich ein Leid angetan, aus Kummer, daß sein Mädchen einen andern gefreit.

Andere Zaubermittel und -künste

Die Zaubermittel sind verschieden, aber immer unheimlich und geheimnisvoll. Eine Fledermaus, in der Tasche getragen, machte unsichtbar, und der Finger eines Gehenkten zeigte an, ob die Bewohner eines Hauses schliefen. In einem Orte bei Schleiz hat sichs Anno 1516 zugetragen, daß ein Weib morgens früh hinausgegangen, einen Dieb, so vor kurzem gehängt worden, zu verschneiden. Selbige

Materie hat sie ins Bier hangen wollen, damit die Leute sehr zulaufen möchten. Der Allmächtige hat aber ihr Fürnehmen sichtiglich gestrafet; denn da sie hinaufgestiegen, ist ihr der tote Körper mit den Füßen um ihren Hals gefallen und hat sie also festgehalten, daß sie ums Leben kommen wäre, wenn nicht Leute ihr Winseln gehört und zugelaufen wären. Nur mit großer Gewalt, Mühe und Arbeit sind des Toten Füße voneinander zu biegen gewesen, daß man die Frau hat ledig machen können. – Im Jahre 1601 ward in Erfurt ein Bürger mit dem Schwert hingerichtet. Als er niederknien sollte, sprach der Scharfrichter zu ihm: »Ich höre, du seiest fest; darum rat ich dir, mache dir und mir keine weitere Mühe und Ungelegenheit.« Der arme Sünder antwortet: »Ja, es ist wahr; siehe, allhier steckts unter meinem rechten Arme, nimm es hin!« Da nahm er es und sagte nachher, es wäre gedorret St.-Johannis-Blüte. Es ist ein Wunderding mit dieser Blüte; man suche sie, wenn man will, so wird sie gar nicht gefunden als mittags zwischen elf und zwölf Uhr.

*

So wußten sich gar viele stich-, hieb- und kugelfest zu machen. Der tapfere und heldenmütige Herzog Bernhard von Weimar hatte unter seiner Dienerschaft einen Stallmeister, der sich auf Reiten, Ringen und Fechten über alle Maßen wohl verstand, übrigens aber in alle Üppigkeit und Wollust, in alle erdenkliche Sünden und Laster tief versunken war. An seinem Leibe war er so hart als ein Stein, daß weder Schuß noch Stich an demselben haften konnten, und darum hatt' er auch nichts weniger als den Tod zu fürchten. In dem Kampfe und Schlachtgewühle bediente er sich stets eines verdächtigen kohlschwarzen Hengstes, den sonst niemand reiten konnte. Und solange er diesen unter sich hatte, war er vollends sicher und ohne alle Furcht; auch war ihm dann keiner im Reiten, Rennen und Jagen überlegen, und er hatte überall großes Glück. Endlich aber kam sein Verhängnis über ihn. Seine unbeschreibliche Kühnheit machte ihn nämlich so verwegen, daß er ganz blind und rasend in die Feinde eindrang und bei einer solchen Gelegenheit von den Kroaten umringt und gefangen wurde. Ehe er aber noch in ihre Gefangenschaft geriet, hatten sich die Säbel und Pistolen der Kroaten weidlich an ihm versucht, jedoch ganz ohne Schaden und Wunden. Darüber waren aber die Kroaten nicht wenig verwundert, daß ihre so scharfen Säbel des Schneidens und Durchdringens so gar vergessen und ihre Kugeln stumpf geworden waren. Darum erdachten sie eine List. Sie gruben den Stallmeister bis an den

Hals in die Erde, so daß nur der Kopf herausragte, schossen und warfen mit großen eisernen Kugeln so lange nach seinem Kopfe, bis er endlich sterben und seine Seele den Teufeln zur Beute hinterlassen mußte. Das war der Ausgang der so großen und berufenen Tapferkeit, welche nicht in der Natur gegründet ist, sondern von dem Teufel herkommt.

*

Die Leute im Wippertale sagen, es liege ein Königreich in dem Berge, drauf die Arnsburg stand, oder so viel des Goldes und der Kleinodien, daß damit eines Königreiches Wert erlangt würde. In zwei steinernen Kisten wäre das alles wohl verwahrt. Nach diesem großen Schatze trugen viele schon Verlangen, unter andern auch eine Gräfin von Schwarzburg. Sie hatte einen Burghauptmann, der ein überaus kluger und weiser Mann war. Er besaß den Erdspiegel, in dem sich alles zeigte, was sich im Innern des Erdreiches und der Berge an edlen Metallen und vergrabenen Schätzen befand. Mit diesem Erdspiegel kam er auf die Arnsburg und sah die Kisten deutlich stehen, merkte aber auch, daß der Schatz so versetzt war, daß es allzu viele Seelen kostete, wenn man ihn heben wollte. Deshalb stand die fromme Gräfin von ihrem Vorhaben ab; die Seelen blieben unverloren und das Königreich im Berge ungefunden. – Den Erdspiegel zu gewinnen, war nicht leicht. Das zeigt die Geschichte eines Mannes aus Salzungen, namens Adam. Er kaufte sich einen kleinen Spiegel mit einem Schieber, ohne beim Krämer zu handeln oder zu mäkeln, und bewahrte ihn bis zum günstigen Zeitpunkte auf. Endlich starb eine Wöchnerin, die am Karfreitag beerdigt wurde, und nun konnte er ans Werk gehen. Nachts mit dem Glockenschlag elf stand er am Kirchhof, zog die bloßen Füße aus den Pantoffeln, ließ den Mantel zur Erde fallen und schwang sich nackt, den Spiegel in der Hand, über die Mauer. Erreichte das frische Grab der Wöchnerin und arbeitete den Spiegel im Namen des dreieinigen Gottes hinein und zwar das Glas dem Sarge zugekehrt. Mühseliger war sein Rückweg, da er beim Gehen das Grab immer im Gesicht behalten mußte. Doch erreichte er glücklich die Mauer und bald darauf auch seine Wohnung. Als er am dritten Abend wieder beim hellsten Mondschein den Kirchhof in derselben Stunde betrat, war um ihn plötzlich schwarze Nacht, dann und wann von grellen Blitzen durchzuckt. Auch vernahm er ein unheimliches Geräusch, als ob jemand vor ihm mit einem Besen den Erdboden fege, um ihn von dem Grabe der Wöchnerin abzuleiten.

Doch ließ er sich durch das alles nicht irremachen, fand nach einer Weile das Grab und zog, diesmal aber in Dreiteufels Namen, den Spiegel wieder heraus, drückte ihn sorgfältig mit dem Glas auf seinen Leib und trat in gewohnter Weise den Rückweg an. Der Böse suchte ihn zu hindern und den Spiegel zu vernichten. Braun und blau geschlagen, dankte der Mann dem Himmel, als er wieder jenseits der Kirchhofsmauer stand. Doch hatte er nun einen Erdspiegel und wurde durch denselben bald einer der gesuchtesten weisen Männer der Gegend. Keine Hexe, kein Dieb war sicher vor seiner Kunst. Er konnte sie und noch viel mehr in seinem Erdspiegel erblicken.

*

Ähnliche Geheimnisse waren durch das Kristallsehen zu ergründen. Ein Erfurter Ratsprotokoll vom 10. Januar 1588 erzählt folgenden Fall: Dem Pfeifer Jost Voigt, der zugleich Hausmann auf dem Allerheiligen-Turme war, wurde aus dem Backofen im Gewölbe des Turmes eine schon gebratene Gans gestohlen. Sein Läutjunge Lorenz rät ihm, zur klugen Frau nach Daberstedt zu gehen und die zu befragen, wer der Dieb sei. Von anderer Seite wird er an die Schucken in der Schmidtstedter Straße verwiesen, die mit Kristallsehen umzugehen wisse. Und die will wirklich im Spiegel des Kristallglases den Dieb erkannt haben, bezeichnet auch dem Pfeifer dessen Persönlichkeit. Aber sie hat einen ganz Unschuldigen getroffen, wie die gerichtliche Verhandlung ausweist. Dieser, aufs höchste beleidigt, schwört sich an dem Pfeifer zu rächen. Andern Tages geht er zu einer berüchtigten Hexe und bittet sie, ihm dazu behilflich zu sein. Für ein gutes Stück Geld ist die weise Frau bald gewonnen, jenem ein Auge auszuschlagen. Nun beginnt unter allerlei Zurüstungen und geheimen Mitteln die Zauberei. Er muß in seine Haustüre Nägel einschlagen, daran Fäden befestigen und sie straff anziehen. Dann legt er sich auf die Lauer und wartet, bis der Pfeifer Voigt durch die Turniergasse geht. Wie er seiner ansichtig wird, schlägt er den ersten Faden durch. Sofort faßt der Turmwart nach seinem Auge; ihm ist es, als ob es von einem Schusse getroffen worden wäre. Doch ist von einem eingedrungenen Körper ebensowenig wie von einer Wunde zu sehen. Das Auge schmerzt täglich mehr, und nach Verlauf von vierzehn Tagen ist es vertrocknet und ganz blind. Danach kommt es zu einem Prozeß mit Folterung und erpreßtem Bekenntnis, der in einem Hexenbrand endigt.

*

Besonders wichtig für die Zauberei sind die verschiedenen Geheimbücher. Im Keller eines Hauses zu Tautenhain soll einst, wie man erzählt, das sechste und siebente Buch Mosis, an starken Ketten angeschlossen, gelegen haben. Aber niemand konnte sagen, wer die Zauberbücher dahin gebracht hatte. Da kam eines Tags ein armes Schneiderlein ins Dorf gewandert, ein weitgereister Mann, aber was Geld und Gut betraf, sehr kümmerlich bestellt. Daher hoffte er, aus den Büchern allerlei zu gewinnen, nahm seinen Mut zusammen und begehrte sie zu sehen. Nun stellte ihm zwar der besorgte Bauer die große Gefahr des Unternehmens vor; doch der Schneider ließ sich nicht abschrecken, sondern vermaß sich, alle möglichen Schrecknisse des Teufelswerks zu überwinden. Ließ sich also die verrosteten Kellerschlüssel einhändigen, zündete eine Laterne an und stieg mutig, wenn auch mit klopfendem Herzen die Stufen hinab. Er fand richtig die beiden Bücher, mit Ketten angeschlossen, und dabei einen großen Lehnstuhl. Darein setzte er sich, schlug einen der Folianten auf und begann, im Schein der Laterne zu lesen. Da sprühten aus den Wänden Licht- und Feuerfunken und hüpften um ihn her. Ein seltsames Knistern und Rauschen ließ sich hören, und aus allen Ecken glotzten verwundert und drohend gespenstische Gesichter. Unter den Blättern des Buchs huschte es hervor wie schwarze Vögel. Käuzchen und Schuhus kreisten, setzten sich auf seine Schultern und guckten mit glühenden Augen ihm bald ins Gesicht und bald ins Buch. Darob ging dem armen Schneider der Atem aus; der Angstschweiß brach ihm aus allen Gliedern. In solcher Bedrängnis kam ihm ein glücklicher Einfall. Wenn all das unheimliche Zeug durch sein Lesen hervorgezaubert werde – wie dann, wenn er das Gelesene rückwärts bis zum Anfang durchbuchstabierte? Und wirklich, es ging! Bei jedem Blatte, das er rückwärts wendete, wurde das Flügelschlagen geringer, die bösen Augen verschwanden; es war, als ob ein Totenvogel nach dem andern wieder in das Buch hineinfahre, und zuletzt war alles still und reglos. Da stieg der Schneider frohen Mutes die Treppe hinauf und traf das gesamte Dorf in Angst und Sorge; denn er war fast zwölf Stunden im Keller gewesen. Als er sein Abenteuer erzählte, meinten einige alte Leute, er sei dem Ziele nahe gewesen und habe in wenigen Minuten das Zauberwort finden müssen. Das ärgerte ihn zwar; doch mochte er für alle Schätze der Welt nicht zum zweitenmal hinunter.

*

Östlich von Gumpelstadt liegt ein Flurteil, Dunnerkuitte genannt, weil sich an jener Stelle die schweren Gewitter zusammenziehen. Zeigt sich solch ein Wetter, so eilt jedermann nach Hause. Nur einer aus dem Dorf kehrte sich nicht daran; er hatte Gewalt über Donner und Blitz. Überraschte ihn ein Unwetter, so sprach er seinen Spruch, zog den dreieckigen Hut vom Kopfe und wedelte es mit demselben richtig wieder fort.

*

Nicht nur die Zigeuner waren der Feuerbeschwörung mächtig. In Meiningen lebte einer namens Kutschebart, die einen sagen, er sei ein Stallmeister, Kutscher oder Reitknecht gewesen; andere wollen wissen, er habe zur Jägerei gehört. Alle aber waren sich einig, daß er ein Teufelskerl gewesen. Sein Haus hatte er gegen Feuerschaden gefeit; denn beim Niederreißen einer Wand des Hintergebäudes fand ein späterer Besitzer unter einem Balkenriegel eine Papierrolle mit der Aufschrift: »Ich gebiete dir, mein Haus und Hof, mein Weib und Kind vom Feuer zu verschonen! Kutschebart.« Die Ratsherren wollten die Schrift auf dem Rathause aufbewahren. Der Besitzer des Hauses jedoch ließ sie wieder an ihren alten Platz legen. Und das war gut; denn als mehrere Jahre darauf ein dicht an jene Wand anstoßendes Haus niederbrannte, blieb das Hintergebäude vom Feuer verschont. Dem Kutschebart soll freilich der Teufel droben auf dem Spittelsberge den Hals umgedreht haben. Man fand ihn eines Tages, wo der alte Birnbaum am Wege nach Grimmenthal steht, und dort soll er bis heute dem einen und dem andern erschienen sein.

*

Als eine furchtbare Feuersbrunst den ganzen obern Teil Sangerhausens von dem Brandraine an bis zum Hause des Bürgermeisters Kaiser in Asche legte, sprengte ein Reiter auf weißem Roß herbei. Indem er dunkle Sprüche murmelte und seltsame Zeichen beschrieb, umritt er ein unscheinbares Häuschen. Dieses allein blieb stehen, während alle andern ringsum von den Flammen verzehrt wurden. – Der alte dreißigste Herr von Gera, der sich mit Eifer und Geschick des Feuerlöschwesens annahm, galt als einer, der das Feuer durch Umreiten zu ersticken vermochte. An vielen Orten mag ihm das wohl geglückt sein, und auch im Jahre 1780, als Gera in Flammen stand, will man ihn gesehen haben, wie er hoch zu Roß, einen Diener hinter sich, in rasender Eile die Stadt umjagte. Aber diesmal war sein Wagestück umsonst; denn das Feuer war verflucht. Die Frau, die es beim Ausräuchern eines Schweinestalles entzündet hatte, soll nämlich dem ins Stroh fallenden Funken nachgerufen haben: »Ei, du verfluchter Funke!« In Bieblach dagegen hat er helfen können. Da zeigte man an Karchs Haus noch lange die Erinnerungssäule, bis zu der das Feuer schon gekommen war, bevor er es durch seinen Umritt erstickte. Danach hat er sich freilich eiligst davonmachen müssen; denn es schnob alsbald hinter ihm her, und erst hinter dem nächsten Wasser war er in Sicherheit.

*

An manchen Orten warf man Feuerteller, die mit geheimnisvollen Zeichen beschrieben waren, in die Glut. Herzog Ernst August von Weimar, der auch bestrebt war, dem Ilmenauer Bergbau durch wahre Rutengänger aufzuhelfen, befahl als ein untrügliches Mittel zum Löschen der Feuerbrände: »daß in jeder Stadt und Dorf verschiedene hölzerne Teller, worauf schon gegessen gewesen, und mit Figur und Buchstaben wie der beigefügte Abriß besaget, des Freytags bei abnehmendem Monde mittags zwischen 11 und 12 Uhr mit frischer Dinte und neuer Feder beschrieben, vorrätig seyn, sodann aber, wenn eine Feuersbrunst entstehen sollte, mit den Worten: Im Namen Gottes ins Feuer geworfen, und wofern das Feuer dennoch weiter um sich greifen sollte, 3 mahl solches wiederholt werden soll, dadurch dann die Gluth ohnfehlbar gedämpfet werden wird«. (24. Dezember 1742)

*

An vier Tagen im Jahr (zu Himmelfahrt, am zweiten Pfingsttag, am Trinitatis- und Johannisfest) gingen die Binsenschnitter (Bilsen-, Bilmenschnitter) aus und durchschnitten die jungen Halme, daß man den Binsensteig in Schuhesbreite durch die Äcker gehen sah, oft zwölf bis fünfzehn Morgen weit. Der Schnitt war gleichmäßig und scharf und wurde mit kleinen sichelförmigen Scheren ausgeführt, die an die Zehen gebunden waren. Nach dem Gebrauch mußten sie in Totenköpfe gesteckt und so das Jahr über aufbewahrt werden. Kam es zum Dreschen, so fiel dem Bilsenschnitter die Hälfte zu von allem, was auf den gezeichneten Feldern gewachsen war. Es gab aber Abwehrmittel: man machte Löcher in die vier Ecken des Feldes und vergrub Kreuzchen von Elsbeere darin, oder man legte die erste Garbe mit den Ähren nach der Deichsel auf den Wagen; dann erhielt der Bilsenschnitter kein Korn. Wurde er gar bei seinem Gang durch die Felder angeredet oder gegrüßt, so mußte er im gleichen Jahr sterben. Ein Zwötzner hatte Stoppeln vom Binsensteig mit den Wurzeln nach oben in den Rauchfang gehängt. Da kommt ein Mann aus dem Dorfe gelaufen und bittet himmelhoch, sie wieder herauszunehmen, er müsse sonst in drei Tagen sterben. Das wollte jener nicht und tat ihm den Willen, wußte aber, was er wußte.

Zauberer und Hexenmeister

Die Zahl der Thüringer Zauberer und Hexenmeister ist sehr ansehnlich. Der hessische General von Auerochs, der 1731 zu Öpfershausen als letzter seines Geschlechts starb, soll ein unbarmherziger und furchtloser Mann gewesen sein. Ritt er an der Spitze seiner Dragoner in die Schlacht, so rief er ihnen zu: »Fürchtet euch nicht vor den kleinen Kugeln, die fange ich alle auf; duckt euch nur vor den großen!« Und so war es auch; denn nach der Schlacht lüftete er jedesmal seine Hosen und schüttelte mehrere Schock Gewehrkugeln heraus. Dabei brummte er: »Die Halunken haben ihre Erbsen wieder einmal nicht weich gekocht; der Pelz brennt mir gewaltig!«

*

Auch mit dem Meilitzer Gutsherrn von Koppy hatte es eine besondere Bewandtnis. Sooft er ausfuhr, konnte man sehen, wie eine Krähe vor seinem Wagen herflog, und während er als Hauptmann in ausländischen Diensten zu Felde lag, haben ihn die Leute gar oft zu gleicher Zeit aus den Fenstern seines Schlosses herausschauen sehen. Einst befahl er seinem Kutscher, ihn nach Münchenbernsdorf zu seiner Schwester zu fahren und sich nicht daran zu kehren, was sich etwa im Wagen ereigne. Der Knecht war ein verwegner Kerl und fuhr, daß die Rappen dampften. Doch dem wilden Junker wars noch immer nicht schnell genug; er erhitzte den Führer durch Zurufe, und als sie den Lohgrund hinauffuhren und in die Nähe des Kreuzweges kamen, befahl er, zu fahren, als ob Wagen und Gäule zugrunde gerichtet werden müßten. Sein Schicksal holte ihn aber gleichwohl ein; denn plötzlich kam es wie Sturmwind hinterdrein, viel geschwinder als die Rappen. Dann erhob sich im Wagen ein Ringen, Stampfen und Schnaufen, dem ein Stöhnen und Knacken und danach eine Totenstille folgte. Der Kutscher wußte nicht, sollte er abspringen oder ausharren. Schließlich kaleschte er aber doch nach Münchenbernsdorf hinein, öffnete den Kutschenschlag – da sah er den wilden Koppy mit vorgequollenen Augen und gebrochenem Genick. Die Schwester wollte von dem Toten nichts wissen, weshalb ihn der Kutscher sogleich zurück nach Meilitz fuhr. Dort bahrte man ihn auf; aber so oft man die Leiche auch auf dem Paradebett zurechtlegte, sie war entweder vorübergehend verschwunden oder lag in anderer Stellung und an anderem Orte. Und als man sie endlich am dritten Tage nach dem Veitsberger Friedhof überführen wollte und vor dem Schlosse den Trauerzug in die gebräuchliche Ordnung brachte, da schaute Koppy zum Fenster heraus und betrachtete mit Aufmerksamkeit die Feierlichkeit bei seiner eignen Bestattung. Selbst nach der Beisetzung erhielt er die Umgegend noch lange in Unruhe. Sein Leichnam verfiel nämlich nicht, sondern war noch lange Zeit unversehrt in der Gruft zu sehen. Viele schauten durch die Mauerritze und sahen ihn liegen.

*

Zumal während des Dreißigjährigen Krieges gedieh eine ganze Reihe derartiger Hexenmeister und Zauberer. Hans Leineweber in Ruhla hatte etliche Geister in seinem Dienst. Einen hielt er in Gestalt einer Hummel in einem Loche über dem Fenster. Ein anderer saß im Heft einer Feile und handhabte sie, daß es eine Lust war, sie arbeiten zu sehen. Die feindlichen Raubscharen schreckte Hans Leineweber bald durch Kanonendonner und große Heerscharen, bald durch hohe Felsen und tiefe Gräben, die er vor sie hinzauberte. Er war kugelfest gleich dem General Auerochs und hat wie Koppy aus dem Fenster heraus seinem eigenen Leichenbegängnis zugeschaut. Als dann der Sarg auf dem Friedhof der Sitte gemäß noch einmal geöffnet wurde, fand sichs, daß er mit Steinen angefüllt war. So stellte man ihn aufs Kuhtor bei der Kirche, wo er nach und nach zerfiel.

*

Auch Tautenhain hatte seinen Wundermann: einen alten Förster namens Irmisch. Waren Soldaten im Anzug, so schien es ihnen, als ob sich der Wald haushoch auftürme. Schossen sie ins Dorf, so wendeten sich die Kugeln und flogen zurück. Ein einziger Trompeter soll nach Tautenhain gekommen sein. Als ers glücklich wieder hinter sich hatte, blies er: Nun danket alle Gott! Irmisch ließ ihn gewähren, schoß ihm aber mitten im Choral das Mundstück von der Trompete.

*

Der bekannteste unter diesen Schwarzkünstlern des großen Kriegs war ein Bauer aus Dörtendorf (Hirschbach, Wöhlsdorf) namens Kresse. Die Soldaten sollen ihm das Haus angebrannt und, während er seine sterbende Mutter heraustrug, auch noch die Braut geraubt haben. Daher seine Wut. Der Schrecken, den er mit seiner Mannschaft verbreitete, war groß. Einer, dem bei Dörtendorf die Ochsen vom Pflug gespannt wurden, hat geschrien: »Kresse, hilf! Kresse, hilf!« Da sind die Räuber davongelaufen. Nie fehlte seine Büchse; mit seinen Opfern soll er einst einen ganzen Brunnen ausgefüllt haben. Ihm selber war aber nicht beizukommen; denn er war hieb- und kugelfest, kannte auch schwarze Künste die Menge. Oft streute er Häcksel auf die Berge; der Feind fand dann alles besetzt und nahm Reißaus. Das Dorf Staitz umsteckte er einmal mit Haselgerten, die den Gegnern wie Musketiere mit Ober- und Untergewehr erschienen. In Pohlen machte er eine Anzahl Soldaten fest und schnitt ihnen Nasen und Ohren ab, bevor er sie umbrachte. Endlich wurde er aber doch überrumpelt und nach Auma gebracht. In einer Stube des Gasthofs zum Roß sollte er erschossen werden; doch keine der abgeschossenen Kugeln vermochte, ihn zu töten. Als ers aber vor Brennen nicht mehr aushalten konnte, gebot er den Soldaten, mit seinem eignen Gewehr zu feuern. Da ging ihm die Kugel durch das Herz und machte noch ein Loch in die Wand. Das soll, ebenso wie das verspritzte Blut, bis zum großen Aumaischen Brande (1790) sichtbar gewesen sein; denn es haftete kein Kalk darauf.

Im östlichen Thüringen sind noch drei Hexenmeister in Ruf gekommen: Martin Pumphut, Hammermichel und der Schnupftabaksmann. Von dem ersten ist in den obersächsischen und wendischen Sagen schon genug erzählt worden.

*

Der Hammermichel war auf dem Hammerwerk unterhalb Berga daheim. Er konnte festmachen, rettete auch einmal das Städtchen in Kriegsnot, indem er Häcksel in die Luft warf und Soldaten daraus machte. Sieben Diebe mit geschwärzten Gesichtern waren auf den Einfall gekommen, bei ihm einzusteigen; denn er hatte tüchtig Geld im Kasten. Wie sie es ihm abverlangten, stellt er eine Mulde voll auf den Tisch: »Nehmt euch, soviel ihr wollt!« Da grabsten sie alle hinein; aber keiner bringt die Hände wieder heraus. »Mutter«, ruft Hammermichel, »es sind Leute da! Geld mögen sie nicht; aber vielleicht haben sie Hunger, mach ihnen doch Würste!« Die standen beizeiten auf dem

Tisch; doch auch jetzt langten die Spitzbuben nicht zu. »Mutter«, ruft Hammermichel von neuem, »hast du die Brühe vergessen!« Mit der heißen braunen Butter tritt er vor die Spitzbuben: »Geld wollt ihr nicht, Essen wollt ihr nicht – so will ich euch zeichnen!« Verbrannte ihnen danach die Gesichter, daß er sie später alle hat wiedererkennen können.

*

Vom Schnupftabaksmann, Burgold mit Namen, sind unzählige Stückchen bekannt. Er stammte aus dem Drachenhaus in Windischenbernsdorf und war zur Zeit des Siebenjährigen Krieges Bursche auf einer Schnupftabaksmühle. Danach wurde er Werber, machte aber die abgelieferten Rekruten immer unsichtbar, so daß sie wieder davonlaufen konnten. Später trieb er im Osterland einen bescheidenen Schnupftabakshandel, obgleich er sich Gold und Silber genug hätte verschaffen können. Seiner Frau, die über ihre Armut klagte, zeigte er eine Mulde voll blanker Taler, ließ aber die ganze Herrlichkeit sogleich wieder verschwinden. Er wußte die Glücksnummern der Lotterien, ohne selber Gebrauch von seiner Wissenschaft zu machen. Nur andern teilte er gelegentlich etwas mit. In einem Wirtshaus, wo man ihn immer gut aufgenommen hatte, schrieb er die Glücksnummern der nächsten Lotterie mit Kreide unter das Handtuch an die Wand und lachte den Wirt nachträglich aus, weil der den Wink nicht verstanden hatte. Oft unterhielt er in den Schenken die andern Gäste durch seine Stückchen. So redete er den Ofen in einer wunderlichen Sprache an und brachte ihn dazu, daß er anfing zu wackeln und die Beine zu bewegen. Ja, das eine Mal peitschte der alte Zauberkünstler einen Kachelofen mit der Haselgerte aus der Stube hinaus in den Hof, während das Feuer lustig weiterbrannte. Arg gefoppt hat er mal einen Jägerburschen, der von Großebersdorf wegging, einen Hirsch zu schießen. »Du kommst zu balde!« sagte er zu ihm, und wie nun jener einen Hirsch sieht und will eben abdrücken, ists ein Pferd gewesen und ein zweitesmal eine alte Frau mit einem Tragkorbe, so daß er nicht zum Schusse kam. Endlich schießt er doch – aber o Schrecken! Da er hinkommt, hat er keinen Hirsch, sondern jene Frau geschossen! Jetzt naht sich lachend unser Schnupftabaksmann, und im Umschauen liegt statt der Frau ein wohlgetroffener Hirsch vor ihnen. Ein anderes Mal bat Burgold einen Handwerksburschen, den er bei den vier riesigen Eichen auf den Windischenbernsdorfer Hofwiesen traf, ihm doch einen Stiefel auszuziehen, der ihn gar zu sehr drücke. Jener tuts; aber nicht nur den Stiefel, nein, das ganze Bein hat er ihm ausgerissen und ist, wie ers sieht, entsetzt davongelaufen, so sehr auch der andere hinterherrief. Kaum aber sitzt der Handwerksbursche im Wirtshause zu Windischenbernsdorf, so kommt auch Burgold herein und lacht ihn aus. Freilich hats mit ihm zuletzt kein gutes Ende genommen: er ist hinterm Zaun gestorben.

*

Von den Wunderdoktoren war Johannes Hornschuh, genannt Vorwärts-Henns, besonders bekannt. Er stammte aus Thal, wo sein Vater Fenstermacher gewesen ist, streifte schon in der Jugend in Wald und Gemäuer umher und erwarb sich im Umgang mit Hirten manche geheime Kenntnis. Auch soll er ein Zauberbuch besessen und mit Jesuiten viel studiert und gegraben haben. Nach ihrem Weggang fing er an zu wahrsagen und wunderbare Kuren an Menschen und Vieh zu machen. Neben seiner Stube hatte er ein Kämmerlein, das niemand außer ihm betreten durfte. Da hinein ging er stets, wenn jemand seinen Rat in Anspruch nahm, und sobald er wieder herauskam, wußte er die rechten Mittel zu verordnen. Man sagte allgemein, daß er darin einen Wassergeist gefangen hielte. Seine Tür war immerzu von Menschen aus allen Ständen und Gegenden umlagert, die Hilfe suchend zu ihm kamen. Doch hat Henns den armen Leuten dafür nie etwas abgenommen, ja ihnen zuweilen noch Geschenke gegeben, und selbst von Reichen hat er keine Belohnung gefordert. Sah er voraus, daß der Kranke, der seinen Rat suchte, nicht genesen würde, so sagte er dies offen und ohne Umstände, damit er den Leuten unnötige Gänge und Kosten ersparte. Er starb alt und lebensmüde; doch sein Andenken blieb weit und breit in Ehren.

Jäger und Schützen

Nicht nur Wilderer, auch gespenstisches Wild, Irrkraut und Schwarzkunst überlegener Gegner machten den Förstern dunkle und angstvolle Stunden. Den Kreiser von Bernshausen führte es einst auf der Kirschau, obgleich er das ganze Gelände wie seine Hosentasche kannte, fast einen vollen Tag in der Irre umher. Bis er endlich zur Abwehr des Zaubers seine Schuhe wechselte und den klaren Überblick wieder gewann. Auch der Förster von Dörnfeld wußte eines Tags im Gehölz unter der Felswand des Singerbergs, wo er jeden Baum kannte, nicht aus und ein. Auf seinen Hilferuf kam der Kreiser und merkte sofort, daß der Förster auf das Irrkraut getreten habe. Er faßte ihn, drehte ihn dreimal um sich selbst und löste damit den Zauber.

*

Dem Renthendorfer Förster widerfuhr ein Stück, das ihm viel Verdruß und wenig Ehren einbrachte. Er fand sein Scheitholz fortgesetzt bestohlen, bestellte daher seinen Burschen als Wache. Da kommt ein gewisser Myrus durch den Wald, zieht höflich das Mützel und sagt: »Ew. Gnaden werden nichts dagegen haben, ich brauche ein wenig Holz zum Backen!« Dabei greift er wacker zu, lädt eine tüchtige Klafter auf seinen Schiebekarren und fährt ruhig davon, ohne daß der Bursche auch nur ein leises Ja oder Nein hätte sagen können. Am andern Morgen stellt sich der Förster selbst beim Holze auf, als mein Myrus richtig wieder seines Weges kommt und das Mützel lüftend sagt: »Ew. Gnaden werden nichts dagegen haben, ich brauche ein wenig Holz zum Backen!« Und genau wie am vorigen Tage lädt er auf, so viel auf den Karren geht, und fährt davon. Der Förster aber konnts ihm ebensowenig verbieten wie der Bursche, da auch er nicht imstande war, eine Silbe zu reden.

*

Ein seltsames Erlebnis hatten Jäger, die einst im Walde nahe der Rothenburg auf dem Anstand saßen. Nichts ließ sich sehen, bis unten in Kelbra die Geisterstunde schlug. Da trat aus den Ruinen ein Mägdlein, ging durch den Wald und rief mit feiner Stimme, wie man

Schweine zu locken pflegt: »Komm, Matz! Komm, Matz!« Worauf es schien, als ob der Berg sich aufgetan und Wildsauen geheckt hätte, so viele kamen hervor und zogen alle dem Mädchen nach, zur Burg hinein. Keiner der Jäger aber wagte zu schießen, und keiner sah oder hörte jemals wieder etwas von den Tieren. – Der alte Kantor Schubert von Schweina, der sonst nie zu fehlen pflegte, schoß im Silbergrund dreimal nacheinander auf einen mächtigen Hirsch, ohne zu treffen. Danach betrachtete ihn das Tier eine ganze Weile, worauf es ruhig verschwand. Und an der Grenze der Fluren von Otticha und Lichtenberg war es ein Hase, den der Lichtenberger Gutsjäger fortgesetzt fehlte. Auf den Rat eines wandernden Jägerburschen zerstieß er ein altes sächsisches Zweigroschenstück, worauf zwei gekreuzte Schwerter zu sehen sind, und lud es ins Gewehr. Nun traf er auf den ersten Schuß, fand aber, als er hinzulief, statt des Hasen einen alten Filzschuh. – Im Wüstenhaine bei Dorna machte den Jägern eine schwarze Katze viel zu schaffen. Setzte sie sich vor einen hin, der auf dem Anstand war, und glotzte ihn mit ihren feurigen Augen an, so war es vorbei mit der Jagd. Wenn aber einem die Geduld ausging, daß er ärgerlich draufplatzte, so ists immer vor ihm auseinandergestoben wie eine Tonne feuriger Kohlen. Mancher hat dann eine gute Jagd gehabt; andern hat es das Gewehr gegen den Kopf geschlagen, und einer ist neun Tage danach elend verstorben.

*

Von unheimlicher Schießkunst weiß die Sage manches zu berichten. So kamen einst drei Wildschützen in den alten Schenkenkeller zu Heinrichs. Und da ihre Kunst und Meisterschaft im Büchsenschießen bezweifelt wurde, brach einer von ihnen im Hofe ein Kleeblatt ab; der zweite nahm eine Leiter und heftete es oben an die Mauer, und der dritte schritt fort, soweit er in gerader Linie schreiten konnte, bis an die gegenüberstehenden Häuser und zählte dabei neunzig Gänge. Darauf schossen die Schützen, einer nach dem andern, und wie einer schoß, schwand ein Blättchen des Kleeblattes, daß es also mit drei Schüssen abgetan war. Beim Fürstenborn unfern Gangloff schoß ein Jäger durch eine Lattentür hindurch zwei Schmaltiere, sich selbst aber gleichzeitig durch den Hut. Sehr zahlreich sind die Sagen von erfolgreichen Schüssen nach unsichtbaren Zielen, oft zum Fenster hinaus und bei dunkler Nacht.

*

Nach Steinbach kam einst ein fremder Mann, der daselbst erkrankte. Um sich für die gute Pflege erkenntlich zu zeigen, sagte er seinem Wirt, er wolle ihm zu einem feisten Hirsch verhelfen. Der Steinbacher folgte ihm, nahm aber seine beiden Söhne mit; denn er mochte sich nicht recht getrauen, mit dem Fremden allein zu gehen. Dieser führte sie hinauf ins Birkicht und bedeutete sie, stille zu sein und stehen zu bleiben, sobald er seine Mütze fallen lasse. Das tat er kurz danach, legte an, zielte und schoß; aber keiner sah ein Wild. Als sie ihn fragten, weshalb und wonach er eigentlich geschossen, antwortete er: »Der Hirsch liegt.« Hierauf führte er die Gefährten tief ins Dickicht hinein, und siehe, da lag ein frisch geschossener Hirsch und war mitten aufs Blatt getroffen. Der Mann war ein Freischütze. – Der alte Schmids Sömme (Schmieds Simon) in Steinbach – eine volkstümliche Figur der Gegend – war auch einer, dazu das Haupt aller Wilddiebe in der Gegend, deren es vorzeiten nicht wenig gab. Er fürchtete sich weder vor dem Teufel noch vor dessen Großmutter. Einmal des Nachts sitzt er, auf Wild spannend, am Frauenberg oder im Atterod, da kommt auf einmal der Teufel auf einem Fasse durch die Luft geritten und fährt damit nach Steinbach zu. Der alte Sömm schießt rasch entschlossen hinterdrein und trifft den Urian richtig ins Bein, daß er das Fäßlein muß fallen lassen. Es war aber voll guten Branntweins, den der Teufel kurz zuvor gefunden hatte, und dem alten Sömm tats arg leid, wie er es zerbrochen und ausgelaufen am Boden sah.

*

In Gumpelstadt, eine Wegstunde von Altenstein, lebte ein Wildschütz namens Kaiser, der war in der ganzen Gegend gefürchtet. Seine heimlichen Jagdgänge machte er meist in die Ruhlaer und Wilhelmsthaler Forste und war den Förstern und ihren Gehilfen über die Maßen verhaßt und zuwider. Sie lauerten ihm häufig auf, konnten ihm aber nie etwas anhaben, weil er sie durch Freischützenkünste verblendete. Oft waren sie dagegen im Bereich seiner Kugel; doch war Menschenmord nicht des Wildschützen Sache. Er gab nur bisweilen als kleinen Denkzettel einen Schreckschuß ab, damit jene wußten: der Kaiser ist noch wohlauf. Da war nun ein Jägerbursche in der Ruhl namens Witsch; auf den hatte es der Kaiser absonderlich abgesehen und hielt deshalb seine Freikugeln immer bereit. Bald nahm eine derselben dem Witsch die Mütze vom Kopf, bald fuhr ihm eine andere durch den Rock; ja einmal, als er es recht eilig hatte und nach einer Stelle lief, wo er den Kaiser vermutete, streifte ihm eine Kugel die Ferse. Da wandte der Witsch auch Freikugeln an und zeichnete sie. Ehe er sichs indes versah, fand er eine, die er nach dem Kaiser abgeschossen, in seiner Schnupftabaksdose wieder; denn der Wildschütz fing jede nach ihm geschossene Kugel mit dem Hute auf und zauberte sie an einen beliebigen Ort. Da aber Witsch dem Kaiser deshalb mehr und mehr aufsässig wurde, so machte ihn dieser einmal im Walde fest, band ihn, prügelte ihn gehörig durch und ließ ihn gebunden liegen, daß er durch Hunger, Durst und Ungeziefer die grimmigste Pein erdulden mußte, bis endlich Weiber ihn fanden, die ins Streuzeug gegangen waren. Nun wurde mit allem Ernst von der Jägerei in der Ruhl auf den Kaiser gefahndet, und am hohen Kissel, einem Bergkopf zwischen Ruhl und Waldfisch, wurde der verrufene Wildschütz endlich dingfest gemacht und im Triumph hinab in die Ruhl gebracht. Hier sperrte man ihn ein; aber am folgenden Morgen saß er wieder gemächlich daheim in Gumpelstadt beim Warmbier, und als man ihn zum Verhör ins Amt abführen wollte, fand man statt seiner – einen Strohwisch.

*

Wie ersichtlich, redet die Sage den Förstern und Wilderern allerlei dunkle Künste nach. Ein Jägerbursche in der Zillbach, der sich mit seinem Herrn überworfen hatte, vertrieb durch Zauber sämtliches Wild des Reviers. Als dann später eine Aussöhnung erfolgt war und der Förster sein Mißgeschick beweglich klagte, beruhigte ihn der Jägerbursche: er solle schon wieder Hirsche schießen. Machte danach von Stroh einen kranzartigen Büschel und ließ den andern hindurchblicken. Der sah nun Hirsche genug, denn der Zauber war gelöst. – Auch der Jägerbursche Malter in Schömberg bannte aus Rache, weil man ihm die Försterstelle nicht zugesprochen hatte, alle Hirsche im Forst, so zahlreich sie auch vordem gewesen waren. Den Grenznagel schlug er bei Staitz ein, doch niemand wußte wo. – Der alte Förster in Cronschwitz war kein Freund großer Jagdgesellschaften und foppte sie, wo er konnte. So ließ er manchmal keinen einzigen Hasen zum Vorschein kommen. War aber die Jagd zu Ende, dann nahm er seinen Stock und trieb sie alle miteinander aus einer Hecke heraus. Einst saß er in der Veitsberger Schenke, da gesellt sich der Schömberger Jägerbursche zu ihm, schiebt ihm das Glas zu, damit er Bescheid tue. Wie aber mein Förster danach greift, sitzt eine Bachstelze auf dem Rand, wippt munter und schaut ihn groß an. Doch ließ er sich von solchen Künsten keinen Augenblick verblüffen, nahm das Tierlein herunter, tat seinen Zug und setzte es wieder aufs Glas. Da schlug der

Schömberger verwundert auf den Tisch und rief: »Bruder, du kannst es besser als ich!«

*

Dergleichen übernatürliche Kraft wurde durch Zaubermittel und Teufelsbünde gewonnen; die Kenntnis einer weidmännischen Geheimlehre gehörte sogar zum notwendigen Besitz eines firmen Jägers. Er wußte ein Gewehr vor dem Behexen zu sichern, indem er den Stein mit Kreuzkraut fütterte. Ein verderbtes Rohr entsühnte er durch Auswischen mit einem Sperlingskopf, der dann in die Esse gehängt werden mußte, und eine Blindschleiche, im Lauf verendet und in die Luft geschossen, bewirkte, daß das Gewehr rasch tötete.

*

Am 6. August gingen manche Jäger um Mittag in den Wald und sammelten sich den Samen des Farnkrautes. Der wurde entweder unter das Blei gegossen oder in die Ladepfröpfe eingewickelt und dann mit verschossen. Dadurch erlangten die Jäger die Kunst, fast blindlings, z. B. zum Fenster hinaus, das Wild zu erlegen. Nach anderer Meinung ging es bei der Gewinnung des Farnsamens viel abscheulicher zu. Der Jäger mußte um die Sonnwendzeit in der Mittagsstunde in die liebe Sonne schießen. Dann fielen drei Blutstropfen auf das vorher ausgebreitete Tuch. Die mußten aufbewahrt werden; damit war er hieb- und schußfest, konnte hinfahren, wohin er mochte, und schießen, was er wollte. Es ging nimmer fehl – bis zuletzt, wenn es zum Sterben kam, da fehlte es. Das sah man an einem Jäger in Benshausen, der sagte voraus, er werde einstmals einen Brüll tun und dann weg sein. So geschah es auch, der Teufel holte ihn. Man hat ihn hernach sitzen sehen, auf dem Viermauerweg, in altmodischer Tracht, mit umgeschlagenem dreieckigen Hut, und hatte drei Hündchen bei sich, zu jeder Seite eins und eins auf dem Schoß.

*

Der böse Jäger von Rosa, der ebenfalls Hirsche erlegen konnte, wo und in welcher Richtung er wollte, bereitete sich Freikugeln auf folgende Art: er nahm beim Abendmahl die Hostie wieder aus dem Munde, klebte sie an einen Baum und schoß mit der Büchse nach ihr. Da fielen drei Blutstropfen auf das darunter gebreitete weiße Tüchlein; das nahm er vorsichtig auf, verbrannte es in einem irdenen Topf und rührte die Asche beim Kugelgießen unter das geschmolzene Blei. Von dieser Stunde an war seine Seele dem Bösen verfallen. Und als sie ihn nach seinem Tode begruben, mit dem Gesicht nach Sonnenaufgang, wie es Gebrauch, da hat sich, ohne daß man wußte, wie es zuging, der Sarg nach der entgegengesetzten Richtung gedreht. Man hob ihn ein-, zwei-, dreimal wieder aus dem Grabe – vergebens, der Sarg drehte sich jedesmal so, daß die Füße nach Osten zu liegen kamen. Da ließ man ihn und warf das Grab zu. – Ein ander Zaubermittel wurde dem Jäger Claus zuteil, der bei der Herrschaft in Herrengosserstedt bedienstet war. Er hatte auf der Springwiese hinter dem Eckardsberg dreimal auf ein Reh geschossen und dreimal gefehlt. Auf dem Heimweg begegnet ihm am Pfaffenborn ein unbekannter Mann, wie ein Jäger gekleidet; der spottet des ungeschickten Schützen und fragt, ob er ihm helfen solle, alle Tage drei sichere Schüsse zu tun. Das war der Claus natürlich zufrieden und erhielt von dem Fremden eine Wurzel mit der Weisung, drei Schüsse abzugeben: den ersten nach der Sonne, den zweiten gerade in die Höhe nach dem lieben Gott, den dritten nach einem steinernen Kreuz, das am Pfaffenborn stand. Das geschah, auch trug Claus von nun an die Wurzel ständig bei sich und hatte alle Tage seine drei sicheren Schüsse, wodurch er zu großem Ansehen im ganzen Lande kam – bis er eines Morgens erschlagen gefunden wurde, am Pfaffenborn auf der Springwiese.

*

Dem Förster von Ascherhütte unfern Lausnitz wurden alle Burschen auf geheimnisvolle Weise im Walde erschossen. Zuletzt bewarb sich ein Verwandter um die Stelle, der alle wohlgemeinte Warnung in den Wind schlug. Als nun beide am dritten Tage im Forste waren, gebot der neue Bursche dem Förster, er möge schnell beiseite treten; setzte dann seine Mütze auf einen Holzklotz, und schon flog eine Kugel hinein. »Die war für mich!« sagte der Bursche, nahm sie heraus, lud sie in sein Gewehr und schoß. Kaum nach Hause zurückgekehrt, erfuhren sie durch einen Boten, der Eisenberger Förster sei bei voller Gesundheit vom Schlag getroffen worden. Der Bursche wußte es besser und bedeutete dem Förster: der Verstorbene sei der böse Feind, der alle die jungen Leute weggeschossen; nun habe ihn ein gleiches Geschick ereilt: in seiner linken Schulter stecke die Kugel. So war es. Der Bursche aber ist hinweggegangen und nie zurückgekehrt.

*

Auch in Ohrdruf geschah eine geheime Untat, die durch einen Freischützenschuß gerächt wurde. Statt des Verbrechers war ein unschuldiger Jüngling angeklagt worden, und da er nicht zugeben konnte, was er nicht verübt hatte, so schritt man zur Tortur und erpreßte von ihm auf greuliche Weise ein Geständnis. Vor dem Waldtore, wo sich damals die Gerichtsstätte befand, war eben das Todesurteil verkündet und der Stab über ihm gebrochen worden, als ein unbekannter Reiter vom Markte her durch das Waldtor gesprengt kam, auf weißem Pferd und in purpurrotem Mantel. Der drang in den Kreis und sagte den Richtern, daß sie unrecht geurteilt hätten. Zum Zeichen dessen wolle er in einen Stein schießen und damit den Schuldigen töten. Ritt danach an das Tor, schrieb auf den untersten Wölbestein geheimnisvolle Zeichen und schoß sein Gewehr gegen ihn ab. Und siehe, drei Blutstropfen entquollen der Stelle, die von der Kugel getroffen war. Zur selben Zeit stürzte bei dem Dorfe Mühlberg ein Mann mit einer Todeswunde am Herzen mitten auf seinem Weg zusammen, ohne daß man eine Waffe bei ihm gefunden oder einen Schuß gehört hätte. Und als das Gericht nochmals und mit doppeltem Eifer jenes Verbrechen erforschte, da kam es an den Tag, daß der tote Mann der Täter war.

*

Am Schneekopf steht mitten im Wald ein verwitterter Stein. Seine nunmehr erloschene Inschrift besagte, daß am 16. September 1690 an dieser Stelle der F. S. Förster Valentin Grahner zu Gräfenroda von seinem Schwestersohn Kaspar Greiner unversehens erschossen worden sei. Aber die Sage weiß den Vorgang anders zu deuten: Kaspar Greiner, der Jägerbursche seines Oheims Grahner, war als der beste Schütze des Thüringer Walds weithin bekannt. Darüber wurde der Förster so neidisch, daß es ihm Tag und Nacht keine Ruhe ließ, und er schließlich bei einem verrufenen Weibe jenseits des Gebirges Rat und Hilfe suchte. In jener Zeit zeigte sich am Schneekopf zum öfteren ein stattlicher Hirsch. Der Bursche erhielt den Auftrag, ihn zu schießen, fehlte aber beständig – dafür bekam er von dem neidischen Förster viel Hohn- und Spottreden zu hören. Als nun der Jägerbursche darüber einem Glasmeister sein Leid klagte, riet ihm der, er möge um die Mitte der Vollmondnacht auf die Glashütte kommen. Dort gossen sie, den Zauber zu zerstören, eine gläserne Kugel. Also bewehrt ging Kaspar Greiner am andern Abend wieder auf den Anstand, und wieder erschien wie zum Hohn der mächtige Hirsch. Der Schütze zielte mit

Ruhe, schoß, und das Tier stürzte augenblicklich im Feuer zusammen. Da er aber hinzulief, sah er mit Entsetzen, daß er keinen Hirsch, sondern seinen Herrn und Oheim mitten durch die Schläfe geschossen hatte. Das Kirchenbuch von Gräfenroda schließt sich der Volkssage an; in ihm steht: Der Förster sei erschossen worden in Verblendung einer Hirschgestalt.

Der Teufel

Böse Mächte

Erst das Christentum hat die Unzahl böser Mächte und Kräfte, deren man sich vordem bewußt war, zu dem einen Allverneiner zusammengefaßt, womit auch zu erklären wäre, daß uns der Teufel bisher in den Sagen schon so oft begegnete. Daß mancherlei Züge der Riesen auf den Teufel übertragen zu sein scheinen, wurde schon an anderer Stelle angedeutet. Die Steine, Felstreppen, Klippen, Ringwälle, Wasserwehre und Burgen, deren Entstehung man mit natürlichen oder menschlichen Kräften nicht erklären konnte, schob man dem zornigen, seelengierigen, dummen Teufel zu.

Zwei große Felsblöcke links und rechts vom Wege, der von Seisla nach dem Altar (dem Dörfchen Saalthal) führt, werden das Teufelstor genannt. Der Teufel, um es zu erbauen, hat sie einst von den

Wie die Teufel eines Menschen Leib an sich nehmen
Holzschnitt von Erhard Schlitzoc. Aus: Geyler von Keisersberg, Die Emeis. Straßburg 1517

anstoßenden hohen Bergen herab ins Tal geschleudert. Teufelskanzeln, von denen in der Walpurgisnacht der Herrgottsaffe dem Volke gepredigt hat, finden sich in großer Anzahl, namentlich in der Gegend von Weida und Greiz, ebenso Teufelslöcher (Kulm bei Saalfeld, Ettersberg bei Weimar), Teufelstäler, Teufelsgräben und Teufelsberge. Die Bezeichnung Hölle trägt nicht nur das hübsche Stück Selbitztal bei Lichtenberg, und Abdrücke vom Pferdehuf des Teufels sind ebenfalls nicht rar. – Im Schwarzatal ist eine Teufelstreppe. Als der Böse einst ein Kind geraubt hatte, konnte er nicht rasch genug die Talwand hinaufkommen. Deshalb riß er Felsen aus und legte sie zu Stufen übereinander. Er hatte bereits die siebente erstiegen, da hemmte ihn das Gebet der Eltern; das Kind entsank seiner Hand, und Engel trugen es unversehrt zurück in der Mutter Schoß.

*

Auf dem Schneekopf gibt es verrufene Moorlöcher, die Teufelskreise; unter ihnen gilt das Teufelsbad als besonders gefährlich. Kam doch Holz, das man hingeworfen, in Arnstadt und hineingeschüttetes Blut im Mäbendorfer Felsbrunnen (Haseltal) wieder zum Vorschein. Einst verlief sich in jener Gegend ein Pferd, das einem reichen Filz gehörte. Es wurde überall gesucht und nicht gefunden, und der Eigentümer ging selbst mit, während des Suchens vor sich hinbrummend: »Wo es nur der Teufel hat?« Bis sichs denn fand, nämlich im Teufelsbad. Nur noch der Schwanz guckte heraus. Gern hätte es der Besitzer, wenn auch tot, herausgezogen; das war aber lebensgefährlich, und so schnitt er ihm wenigstens den schönen langen Schweif ab, um die Haare etwa dem Förster zu Schneisschlingen zu verkaufen. Sowie es geschehen war, versank das Pferd vollends. Voll schweren Ärgers ging der Geizhals heim. Als er aber in den Stall kam, siehe, da stand sein verlornes Pferd frisch und gesund darinnen, nur der Schwanz fehlte, den hatte er in der Hand.

*

In vielerlei Gestalt und Umwelt hat man den Teufel gesehen. Zwischen Wöhlsdorf und Krölpa liegt im Teufelstale der Buffertsteich. Uraltes Gemäuer und eine Quelle darin werden die Teufelsmühle und Berge mit Felsen dabei der Teufelshügel und die Teufelstreppe geheißen. Vor Zeiten ist auf diesem Teiche der Teufel in einem Kahne mit Fackeln gefahren, und weibliche Gestalten mit Fackeln in den Händen hat man die Teufelsmühle umtanzen sehen, bis zuletzt am Teufelshügel alles verschwunden ist. – Bei der breiten Linde auf der Hut zwischen Kaltenwestheim und Klings, tanzte Federhänschen mit den Hexen; auf der Teufelskirche bei Oberelsbach wurde er im Rauch und Schwefelgeruch verspürt, und in Salzungen erschien er als unheimlicher Vierter beim Kartenspiel.

*

In Steinbach war eine Redensart: Bommes-Sümmes-Hansjörg spricht: »Bös Mun bist!« Die soll so entstanden sein: Als Bommes-Sümmes-Hansjörg einmal auf dem Heimweg von Brotterode droben im Rennsteigtale ausruhte, kam es ihm vor, als wenn sein eigener Schatten sich um ihn herumbewegte. Das Ding wurde immer größer und dunkler, bis es die Gestalt eines schwarzen Mannes angenommen, der dicht vor ihm stehenblieb. Und da Bommes-Sümmes-Hansjörg mit dem Schwarzen nichts zu tun haben wollte, so winkte er ihm mit der Hand ab und sprach: »Fort! Bös Mun bist!« worauf der Schwarze sofort verschwand, Bommes-Sümmes-Hansjörg aber von unsichtbarer Hand ein paar so derbe Ohrfeigen bekam, daß er aufsprang und am ganzen Leibe zitternd in Steinbach eintraf.

*

Hier und da scheint sich der Thüringer Teufel gleich Rübezahl auch in harmlosen Rollen zu gefallen. Da neckt er und foppt, stiehlt sich ein wenig Korn oder ärgert die frommen Pfarrherrn. Es ist schon lange her, daß der alte Biebertanz aus Herges nach Brotterode auf die Scheumpferei (Freierei) ging, und da er jedesmal erst spät in der finstern Nacht wieder zurückkam, so warnten ihn seine Kameraden und rieten ihm, doch lieber eine Laterne mitzunehmen. Er aber lachte und sagte: »Der Teufel wird mir schon leuchten!« Und so geschah es auch, daß er droben im Grunde auf einmal den bösen Feind mit einer brennenden Laterne neben sich sah, und der leuchtete ihm bis an das Dorf. Da hat auch der alte Biebertanz auf einmal das Beten gelernt; sonst wäre er den Teufel nicht losgeworden.

*

Der alte Schäfer Koch, der auf dem Friedrichhofe am Engelsberge wohnte, ging eines Abends sehr spät vom Dietgeshofe nach Hause. Als er den Wald, die sogenannten Struthöfer Hecken, erreicht hatte, hörte er in einiger Entfernung ein arges Brüllen, das ihm von einem Menschen herzurühren schien. Der alte Schäfer, der keine Furcht kannte, ging keck darauf los. Da er aber den Platz erreicht zu haben glaubte, von dem das Brüllen ausging, hörte er es auf einmal wieder von einer ganz andern, ziemlich entfernten Stelle des Waldes her. Er begann jetzt ebenso zu schreien und zu brüllen und ging abermals auf den unsichtbaren Spektakelmann los. Doch als er zum zweiten Male glaubte, bei ihm zu sein, hörte er den Lärm wiederum von einer ganz entgegengesetzten Seite des Waldes her. Da wurde dem Schäfer doch gruselig zumute. Er wußte jetzt, mit wem er es zu tun hatte; denn der brüllende Teufel hatte dort auf diese Weise schon manchen irregemacht und in tiefe Löcher geführt.

*

Besonders mit geistlichen Herren spinnt Hänschen keine gute Saite. Der Inspektor Holzapfel aus Schmalkalden hatte einmal zu Asbach eine scharfe Predigt wider den Fürsten der Finsternis gehalten. Als er dann am hellen Tage an der Kapelle zum Heiligen Grabe vorüberkam, wurde er plötzlich mit undurchdringlicher Finsternis umhüllt. Er merkte den Feind und rief: »Wer bist du?« Darauf eine Stimme: »Der Fürst der Finsternis!« Dagegen der Geistliche: »Und Christus ist das reine Licht!« Da verschwand die Nacht.

*

Auch der alte Pfarrer von Rosa blieb Sieger. Als er eines Abends von seiner Filiale Helmers nach Hause ging, gesellte sich unbemerkt ein unheimlicher Wanderer zu ihm und belästigte ihn mit allerlei spitzfindigen theologischen Fragen. Der Pfarrer beantwortete sie ihm lange geduldig. Aber der Geselle wurde immer dreister und fragte ihn sogar, wie er als Geistlicher es vor seinem Gewissen verantworten könne, einst eine Rübe von einem fremden Acker gestohlen zu haben. Der Pfarrer antwortete zornig, daß er das wegen allzu großen Durstes getan, auch an die Stelle der Rübe sogleich einen Kreuzer in das Loch gelegt habe. Und da er hierauf den frechen Burschen genauer ins Auge faßte, erkannte er endlich, in wessen Gesellschaft er bisher gegangen. Rief also mit lauter Stimme: »Hebe dich weg vor mir, Satanas!« Und sogleich verschwand der Teufel mit einem furchtbaren Knall, ließ aber einen solchen Schwefeldampf zurück, daß der Pfarrer fast erstickte.

Oft klingt ein spaßhafter Zug durch die Teufelsgeschichte; dann wieder zeigt Federhänschen eine unüberlegsame Art, die an die Riesen gemahnt. Wenn er das Böse fördern will, erreicht er gar manchmal das Gegenteil; ja nicht selten steht er im Dienst ausgleichender Gerechtigkeit und vollzieht, entsprechend dem einfältigen Volksbedürfnis, den Strafvollzug an Sündern, die vom weltlichen Richter nicht recht gefaßt werden können.

*

Zwei Burschen aus Roßdorf gerieten während des Tanzes über ein Mädchen in so heftigen Streit, daß der eine den andern erschlug. Erschrocken über seine Tat, flüchtete er ins Weite, trieb sich lange umher, konnte aber nirgends Ruhe finden. Da beschloß er, sich selbst den Tod zu geben, und ging deshalb über die Kirschau der Bernshäuser Kutte zu. Hier aber vertritt ihm plötzlich ein stolzer Jäger den Weg und fragt, was er vorhabe. Als nun der Roßdorfer dem fremden Herrn alles gebeichtet hat, lacht dieser und reicht ihm seine Doppelbüchse mit den Worten: »Den Weg kannst du dir ersparen. Nimm, eh dichs wieder gereut! Sie ist scharf geladen, und machs kurz!« Der Roßdorfer erschrak, sah dem Fremden scharf ins Gesicht, erkannte zu seinem Schrecken den Teufel, lief, so schnell er konnte, zurück nach Roßdorf und lieferte sich dem Gericht aus.

Ein Dermbacher Bauer namens Valentin Schwarz, nach andern der schwarze Valte genannt, kümmerte sich weder um den lieben Gott, noch um dessen Gebote. So ging er auch einmal in der Osternacht hinaus und wässerte seine Wiese, obgleich er recht gut wußte, daß er damit eine große Sünde tat. Es bekam ihm auch schlecht; denn während der Arbeit fuhr ihm unvermutet der Böse in der Gestalt eines schwarzen Geisbocks zwischen die Beine und trug ihn alsbald auf und davon. Auf der Fahrt aber lernte der schwarze Valte beten, und da das der Teufel nicht vertragen konnte, so setzte er den reuigen Sünder in der Nähe von Ziegenhain, drunten in Hessen, ab. Dann ist er nach einigen Tagen als ein ganz anderer in Dermbach wieder eingetroffen.

Lästerer

Nach Ostern des Jahres 1546 hat bei Schmölln der böse Geist drei Bauern aus dem Dorfe Bohra, die vom Bier aus der Stadt heimwärts gegangen sind, weggeführt. Sie haben Gott gelästert, von einem Toten, der sich in einem Hölzlein selbst gehenkt hatte, übel geredet, haben geflucht und gescholten. Über solchem Schelten kommt ein großer ungestümer Wind, führt die drei Bauern weg, eine gute Meile Weges voneinander in die Pfütze. Einer ist tot gefunden worden, im Schlamm steckend bis an die Ohren; zwei haben sich im Schlamm gewälzt und gefühlt, daß sie kaum noch gelebt. Ihre Taschen sind voll Schlamm gewesen. Nur einer ist mit dem Leben davongekommen. So wurde auch ein Mönch in Stadtilm, als er eben Messe las, zum Schrecken der Leute davongeführt. Hatte mit dem Goldstück, das ihm von einer armen Witwe zum Kirchbau gegeben worden war, ein liederlich Weibsbild bedacht.

*

Wenn einem das kleine Schmiedchen aus Wiesenthal begegnete, da kam einem allemal ordentlicher Grusel an, wie er unter den dicken Augenbrauen, die gar arg über der Nase zusammengewachsen waren, einem ehrlichen Christenmenschen ins Gesicht gucken konnte. Zudem ist der Hans gar vielmal spill gegangen, und die Nachbarsleute sahen, daß dann allemal die ganze Stube voll Feuer war. Zuletzt aber mochten die zwei doch uneins geworden sein, denn er kriegte nachts seine Hiebe, und dann schrie er so arg, daß die Nachbarn aus dem Schlafe geweckt wurden. Kamen seine Hausleute zugesprungen, so wollte er es nicht gewesen sein, und sie sahen doch, daß er am ganzen Leibe blitzblau gehauen war. Und so wurde er auch eines Morgens tot in seiner Stube gefunden.

*

Die alte Wiesenthaler Topfhändlerin erzählte: »Als wir wieder einmal mit Gerstunger Ware da droben herum auf dem Handel waren, da trafen wirs in Stepfershausen, daß gerade eine große Hochzeit gefeiert wurde. Es waren reiche Bauersleute, und es ging hoch her. Nun hörten wir, daß der Braut ihre Mutter im Dorfe keinen guten Namen habe. Man munkelte, sie sei eine Hexe und hielte es mit dem Bösen und habe dem ihre Tochter schon zugesagt, als sie das Kind noch unterm Herzen getragen. Und das muß richtig so gewesen sein; denn als sie bei der Hochzeit gerade über dem Essen saßen, wurde die Braut auf einmal käseweiß, stand auf und ging aus der Stube. Und da sie lange ausblieb, so dachten die Leute, sie sei ins Dorf gegangen und habe einigen armen Leuten Essen gebracht. Ihre Mutter aber mochte es besser wissen; die konnte vor Angst nicht mehr bleiben und ging ein und aus. Dann standen auch die andern auf und suchten nach der Frau. Und – du großer Gott! – da lag sie tot in der Scheune. Der Teufel hatte sie die lange Leiter mit hinaufgenommen, hatte ihr das Genick gebrochen und sie dann in die Tenne heruntergeworfen. Sehen Sie, das habe ich nun selbst in Stepfershausen erlebt.«

Spieler, Schlemmer und Säufer, Unkeusche, Betrüger und Wucherer, Goldmacher, ungerechte Amtleute und Advokaten nimmt der Teufel besonders aufs Korn. Vier Spieler in Seifarthsdorf bei Köstritz, die verpraßten ihr Hab und Gut und ließen Weib und Kinder daheim darben. Zu ihnen trat eines Abends spät ein Engel Gottes, mahnte sie abzulassen, und wirklich, drei von ihnen kehrten um und wurden brave und rechtschaffene Leute. Nur noch wilder als zuvor aber trieb es der vierte. Und wie es eben wieder in der Schenke mit Würfeln gar hitzig herging, ist geräuschlos ein bärtiger Kriegsmann ins Zimmer gekommen, hat ihm zugetrunken und alsbald mit ihm zu spielen angefangen. Der Fremde aber trug auf seinem schlampigen Hütlein eine lange rote Feder. Man bemerkte auch, daß er ein wenig hinkte. Anfangs war der Reitersmann im Unglücke; später aber gewann er dem Spieler alles ab bis zum letzten Heller, dazu Haus, Hof, Feld und Gut, und jetzt setzte der unselige Mann sogar sein Leben ein und seine Seele. Elf Augen warf er. Die Würfel seines Widerparts aber fielen auf den Tisch, daß es klang wie der Donner und zeigten zwölf. Drauf wurde es still in der Stube; durchs Haus aber ging ein Brausen und Sausen, daß es in seinen Grundfesten erbebte. Da hatte ihn der Teufel auch schon gefaßt mit seiner Krallenhand, hat seinen Mantel um ihn geschlungen und ist zur Stube hinaus unter Donner und Blitz und auf und davon. Draußen im Dorfe hat man am anderen Morgen des Spielers Kleider gefunden.

*

Anno 1721 erbaute ein Geraer, namens Ebeling, ein turmartiges, jetzt zu einer Fabrik dienendes Gebäude mit vielen geheimen Türen, Treppen, Gängen, worin er sein Leben als eifriger Astrolog und Alchymist verbracht hat. Alte Leute aber wissen, daß er ein Schwarzkünstler gewesen, der sich dem Bösen ergeben gehabt und schließlich auch vom Teufel geholt worden ist.

*

Auf dem Petersberge bei Erfurt ist ein Begräbnis von Bruder und Schwester, die auf dem etwas erhabenen Leichensteine abgebildet sind. Die Schwester war so schön, daß der Bruder, als er eine Zeitlang in der Fremde zugebracht und wiederkam, eine heftige Liebe zu ihr faßte und mit ihr sündigte. Beiden riß alsbald der Teufel das Haupt ab.

Auf dem Leichensteine wurden ihre Bildnisse ausgehauen; aber die Köpfe verschwanden auch hier von den Leibern, und es blieb nur der Stachel, woran sie befestigt waren. Man setzte andere von Messing darauf; aber auch diese kamen fort, ja, wenn man nur mit Kreide Gesichter darüber zeichnete, so war andern Tags alles wieder ausgelöscht.

*

Ein Haus in Erfurt gehörte längere Zeit der Familie Dacheröden und wurde durch Besuche Humboldts, Goethes und Schillers besonders denkwürdig; darin wohnte vordem ein Advokat namens Klaus. Der war als ein Wucherer und ungerechter Mensch bekannt und gefürchtet. Man sagte, er sei nur mit Hilfe des Bösen zu seinen Reichtümern und Prozeßerfolgen gekommen. Als Klaus nun alt geworden war, lag der Teufel beständig im Anschlag, damit ihm die Seele des alten Sünders nicht entgehe. Mit großen Feueraugen saß er in der Ecke des Wohnzimmers, nahe beim Ofen und lauerte auf das letzte Stündlein des Übeltäters. Der wurde bei zunehmender Schwäche von seiner Haushälterin genötigt, das heilige Abendmahl zu nehmen, verstand sich auch mit Widerstreben dazu, spie es aber sogleich wieder aus. Während der Feierlichkeit hatte sich der Teufel davongemacht; danach aber war er sofort wieder zur Stelle, drehte dem alten Sünder das Genick um und fuhr mit seiner Seele zum Kamin hinaus.

*

»Wenn Sie mich und unser Dorf in Ihrem Buche nicht nennen wollen«, sagte ein Greis in einer Schenke am Fuße der Rhön zu dem Sagensammler Ludwig Wucke, »so kann ich Ihnen auch eine Geschichte erzählen, die aber also gewiß wahr ist, als ich hier neben Ihnen sitze. Ich habe sie von meinem Ellervater, der hier noch in gar gutem Andenken ist. Da unser Schäfer Kindtaufe halten wollte und es ihm am Geld fehlte, so ging er zum Schulzen und sprach den um zehn Gulden an. Der Schulze besann sich und sagte zum Schäfer: ›Ich will dir zehn Gulden schenken, wenn du mir den Handschlag darauf gibst, nach meinem Tode die drei ersten Nächte mein Grab zu bewachen.‹ Der Schäfer, der das Geld notwendig brauchte, besann sich nicht lange, sprach: ›Herr Schulz, das will ich!‹ und schlug ein. Einige Jahre darauf starb der Schulze. Nun waren auf einmal die Zungen im Dorfe gelöst, die der reiche Mann so lange im Zaum gehalten hatte, und darüber fiel dem Schäfer sein gegebenes Wort wieder ein. Und da es ihn gruselte, wenn er an die Nachtwachen dachte, so ging er zum Herrn Pfarrer und erzählte ihm die Geschichte mit dem Schulzen. Der Pfarrer aber, der noch so ein Mann nach der alten Mode war, machte ein bedenkliches Gesicht und meinte, der Schäfer müßte sein gegebenes Wort halten. Damit ihm aber am Grabe nichts passieren könne, wolle er dort einen geweihten Kreis ziehen und einen Stuhl hineinstellen. Auf dem müsse der Schäfer ruhig sitzen bleiben, es komme, was da wolle. Der Schäfer zog nun richtig auf die Wache, und alles blieb ruhig, bis die Glocke auf dem Turme elf schlug. Da hörte er ein arges Brausen in der Luft, und ehe er sich noch recht umgesehen hatte, stand der leibhaftige Gottseibeiuns mit Hacke und Schaufel an dem Grabe und fing an zu arbeiten. Verteufelt schnell war der Sarg bloßgelegt und der Deckel herunter. Dann nahm der Gottseibeiuns den Schulzen heraus, riß ihm die Kleider ab und zog ihm das Fell vom Leibe. Dem Schäfer wars schrecklich zumute; allein er verlor die Besinnung nicht und zog, während der Teufel den Schulzen wieder in den Sarg warf, das abgeschnittene Fell unbemerkt mit dem Stock in den Kreis, den der Herr Pfarrer gesegnet hatte. Zu spät gewahrte der Teufel den Raub und lief einigemal wild um den Kreis herum. Da er aber nicht ankommen konnte, zog er mit einem schrecklichen Sausen und Brausen wieder ab. Der Schäfer legte dann das Schulzenfell in den Sarg und warf das Grab so gut, als es sich tun ließ, wieder zu. Am andern Morgen berichtete er den Vorfall dem Pfarrer. Der rieb sich die Hände und bat den Schäfer, die andern zwei Nächte nur ebenso tapfer auszuharren. Sollte aber der Erzfeind in der nächsten Nacht wiederkommen, so möge er ihn von seinem Stuhle aus nur kühnlich fragen, was er denn eigentlich mit des Schulzen Haut vorhabe. Der Schäfer versprach, alles zu besorgen, und als Herr Urian um die zwölfte Stunde sein Werk wieder begann und ihm der Schäfer die Haut zum zweitenmal weggeschnappt hatte, tat er, wie ihm der Pfarrer geheißen. Der Teufel, der vielleicht glaubte, auf diese Weise des Schulzen Fell eher zu erhalten, erzählte aufrichtig, daß er es in soviel Stücke zerreißen wolle, als der Schulze deren bei Lebzeiten seinen armen Anliegern weggeackert und zu seinen Grundstücken geschlagen habe. Auf diesen werde er die einzelnen Stücke vom Fell eingraben, so daß der Schulze auf jedem als feuriger Mann wandern müsse, bis das unrechte Gut an die rechtmäßigen Eigentümer von den Erben abgetreten sei; bis dahin aber sei und bleibe der Tote in seiner Gewalt. Und nun möge er ihm aber auch das Fell zuwerfen. Das verweigerte der Schäfer standhaft, und der Teufel mußte zum zweitenmal unverrichteter Sache abziehen. Der Pfarrer aber lobte den Schäfer über die Maßen ob seines Mutes und seiner Standhaftigkeit, ließ noch am selbigen Morgen die Erben des Schulzen zu sich kommen, teilte ihnen die schreckliche Geschichte mit, ermahnte sie ernstlich, das gestohlene Gut wieder herauszugeben, und da dies noch vor Einbruch der Nacht in Ordnung kam, so blieb der Schäfer bei seiner letzten Wache am Grabe ungestört.«

*

Der Teufel wird nicht selten gefoppt, übervorteilt und geprügelt, ja er muß mitunter seinen Widersachern Beistand leisten. Ein Stück der dummen Riesen kommt auch darin wieder zum Vorschein. Der Teufel hatte einmal eine Seele geholt, deren Besitz ihm sehr teuer zu stehen gekommen war. Vom langen Fluge ermüdet, läßt er sich auf dem schönen Felde bei Stadtilm nieder, um ein wenig auszuruhen. Die Seele aber wickelt er sorgsam in seinen ungeheuren Mantel ein und legt sie neben sich. Während er nun so im tiefen Schlafe liegt und schnarcht, kommt ein Dieb des Weges daher und wickelt den Mantel auseinander, weil er glaubt, daß er darin sicher etwas finden werde, was des Stehlens wert sei. Die gefangene Seele aber nimmt sogleich die Gelegenheit wahr und flieht. Als nachher der Teufel erwacht und seine Beute entronnen sieht, breitet er sogleich seinen unermeßlichen Mantel über die ganze Ebene aus und greift unter dieser Decke wie ein Krebsfänger jeden Wachholderbusch durch, durchsucht jede Steinrutsche, um die entwichene Seele, die nach seiner Meinung noch in der Nähe sein mußte, wieder einzufangen. Aber vergebens war sein Suchen und Mühen. Sie hatte sich eiligst davongemacht und in der St.-Cyriax-Kapelle bei Blankenburg ein sicheres Versteck gefunden. Wütend über den Verlust stößt der Teufel einen furchtbaren Fluch über jene Höhe aus, so daß seit der Zeit stets ein scharfer Wind dort weht und der Wanderer, der darüber gehen muß, sich die Augen zudrücken möchte und weiter kein Geschöpf sich dort gefällt als Trappen und Hasen.

Ebensowenig Glück hat der Teufel bei seinen weltlichen Bauten, den zahllosen Mauern, Scheunen, Häusern, Mühlen, Wehren und Burgen. Gewöhnlich ist die Hahnenkraht als Endpunkt der Fertigstellung von Bedeutung, und wenn sie zu früh eintritt, hat der Seelenfänger das Nachsehen.

*

Beim Dittmarschen Hammer, unterhalb Eßbach, stand vor alters eine Mühle. Das Wehr war zertrümmert, die Müllerin in großer Not. Da kam, als es dunkelte, ein Mann zu ihr; der wollte, noch bevor der Hahn zum dritten Male geschrien, das Wehr von neuem wieder aufbauen, und nie sollte es dann wieder ausgebessert zu werden brauchen. Nur in sein Kontobuch, sagte er, möge sie sich schreiben, daß sie seine Schuldnerin bleiben wolle »in Ewigkeit«. Die Müllerin, die im Buche die Namen gar vieler und auch gar vornehmer Leute stehen sah, schrieb denn auch. Als es aber darauf in der Saale zu platschen anfing, daß der Gischt haushoch spritzte und der Wind gar fürchterlich dazu heulte, wurde ihrs höllenangst. Da läuft sie zum Hühnerstall, klatscht dreimal in die Hände und kräht dabei so natürlich, daß der Hahn alles Ernstes glaubt, es sei Morgen und alsbald nicht weniger mit lautem Krähen sich hören läßt. Beim dritten Hahnschrei ward es draußen totenstill. Des Morgens aber sah man quer über die Saale ungeheure Felsblöcke angehäuft. Nur einer oder zwei fehlten noch, und der Strom wäre abgedämmt gewesen für immer. Die Felskette in der Saale heißt denn bis auf den Tag das Teufelswehr.

*

Die vorgeschichtlichen Ringwälle des kleinen Gleichberges werden durch die Sage also gedeutet: Ein Graf hatte vor langen Zeiten auf dem Berg eine Burg, doch ohne feste Umwallung. Die Gefahr wurde ihm besonders klar, als er von einem Nachbar bedroht wurde, und in tiefen Sorgen ging er oft am Abend hin und her. Da erscheint eines Tags der Teufel, fragt nach seinem Trübsinn und erbietet sich, noch vor der ersten Hahnkraht eine dreifache Mauer um den Berg zu ziehen. Als Gegengabe soll ihm der Ritter seine schöne Tochter verschreiben. Und wirklich kommt der Vertrag zustande. Danach freilich packt den Burgherrn die Reue. Die Tochter liest des Vaters Kummer in seinen Mienen und dringt in ihn, bis sie sein schreckliches Geheimnis weiß. Voll Entsetzen erzählt sie es der alten Amme. Die aber bedenkt sich die Sache in aller Ruhe und verspricht Hilfe. Zur bestimmten Zeit findet sich der Teufel mit seinen Gesellen zur Arbeit ein. Sie bauen und wirtschaften die ganze Nacht, und schon ist das Werk beinahe vollendet, da geht das schlaue Mütterchen in den Hühnerstall, patscht auf ihre Schürze – und siehe, der Hahn kräht, bevor die Mauern noch ganz vollendet sind. Da merkt der Teufel, daß er betrogen ist, wirft wutschnaubend alles, was er gebaut hat, über den Haufen und verschwindet. Die Trümmer des Werks sind aber erhalten bis auf den heutigen Tag.

*

Nicht immer bliebs beim Verlust des Lohns. Im ehemaligen Kapuzinerkloster zu Dermbach hatte sich der Teufel auf den Fruchtboden gemacht, um für seinen Anhang gehörig einzusacken. Aber die Mönche überraschten ihn, knüpften ihre geweihten Stricke los und hieben ihn so lederweich, daß er wie ein Löwe brüllte und die ganze Nachbarschaft vom Schlaf erweckte. Bis er endlich das Bodenloch fand und hinausfuhr.

*

Noch trübseliger erging es ihm in der Zoitzmühle bei Liebschwitz. Die soll früher dreizehn Gänge gehabt haben; den letzten aber hatte sich der Teufel vorbehalten. Darauf mahlte er in der Silvesternacht Pferdeäpfel, und zwar so emsig, daß die ganze Mühle zitterte. Bei dieser Arbeit suchte ihn einst ein junger, kecker Mühlbursche zu belauschen. Kam freilich übel an: der Teufel setzte ihn auf den Schleifstein und verstümmelte ihm das Hinterteil gar jämmerlich. Auch mit einem älteren Müllerburschen hat er das gleiche noch einmal versucht. Doch der war ihm gewachsen, zwang ihn selbst auf den Schleifstein und verkleinerte ihm das Gesäß um ein hübsches Stück. Wegen seiner geheimen Künste kam dieser Müllerbursche nach seinem Tod in die Hölle, und da soll er eine sonderbare Sache erlebt haben. Er hatte gegen das Verbot einen Raum betreten, in dem die ganze Teufelsbrut beisammen war. Sogleich will das Geschmeiß über ihn herfallen; doch da schreit einer, dem die ganze linke Gesäßhälfte fehlt: »Laßt den gehn! Das ist der, der mir den Hinterbacken abgeschliffen hat!« Worauf sich alle beiseite drückten.

Faust

All die angeführten kleinen Hexenmeister werden überragt von dem großen Erzzauberer und Teufelsbündner Dr. Johann Faust. Einer alten Überlieferung nach stammt er aus Thüringen:

Doktor Faust ist eines Bauern Sohn gewest, zu Rod bei Weimar bürtig. Er hat zu Wittenberg eine große Freundschaft gehabt, desgleichen seine Eltern gottselige und christliche Leut, ja sein Vetter, der zu Wittenberg seßhaft, ein Bürger und guten Vermögens gewest. Dieweil er ohne Erben war, nahm er Faust zu einem Kind und Erben auf, ließ ihn auch in die Schul gehen und Theologiam studieren.

*

Es kam Faust einstmals mit anderen Reisenden in ein Wirtshaus in Thüringen und sprach mit seinen Gefährten die Wirtin in Abwesenheit des Wirtes freundlich um Herberge an. Aber die Wirtin antwortete: sie könne ihn samt seiner Gesellschaft nicht beherbergen; sie habe nichts zu essen, auch sei ihr Mann nicht zu Haus. Faust sagte: Meine Wirtin, das laßt Euch nit irren! Wir wollen für gut nehmen und desto enger zusammensitzen. Sie ließ sich etwas bewegen, sagte ihnen zwar Herberg zu, wollte ihnen aber nichts zu essen geben. Da meinten etliche unter dem Haufen: »Hätten wir ein Stück oder etliche von dem Hechte, so uns heut zu Mittag übrig blieben!« Faust sprach: »Gelüstet euch nach Hechten, so will ich sehen, was mein Koch vermag!« Klopfte danach mit einem Finger ans Fenster und sagte: »Adfer, bring, was du hast!« Griff bald darauf vors Fenster und brachte eine große Schüssel voll aufs beste gesottener Hechte samt einer großen kupfernen Kanne mit gutem rheinischen Wein. Da waren sie alle fröhlich, weil es so wohl ging. Und wiewohl sie sich etwas entsetzten, ließen sie sich doch leicht überreden, zechten und lebten wohl.

*

Faust kam einmal gen Gotha, da er zu tun hatte. Es war im Juni, wo man allenthalben Heu einführte. Da ist er mit etlichen seiner guten Bekannten spazierengegangen, am Abend, wohl bezecht. Als er nun vor das Tor kam und am Graben spazierte, begegnet ihm ein Wagen mit Heu. Faust aber ging in dem Fahrweg, daß ihn also der Bauer Not halber ansprechen mußte: er sollte ihm ausweichen und sich neben dem Fahrweg halten. Faust antwortete ihm: »Nun will ich sehen, ob ich dir oder du mir weichen müssest! Hast du nicht gehört, daß einem vollen Mann ein Heuwagen ausweichen soll!« Der Bauer ward darüber erzürnet, gab Faust viel trotziger Worte. Der antwortete: »Mach nicht viel Umstände, oder ich freß dir den Wagen, das Heu und die Pferd!« Der Bauer sagt darauf: »Ei, so friß meinen Dreck auch!« Faust verblendet ihn hierauf nicht anders, denn daß der Bauer meinete, er hätte ein Maul so groß als ein Zuber und fraß und verschlang am ersten die Pferd, danach das Heu und den Wagen. Der gute Bauer erschrak, eilet bald zum Bürgermeister, berichtet ihm mit der Wahrheit, wie alles ergangen wäre. Der Bürgermeister ging mit ihm, lächelte, diese Geschicht zu besehen. Als sie nun vor das Tor kamen, fanden sie des Bauern Roß und Wagen im Geschirr stehen wie zuvor und hatte ihn Faust nur verblendet.

*

Faust wohnte in Gotha über vierzehn Tag bei einem Wirt und tat nichts als bankettieren, fressen und saufen. Man hielt ihn auch stattlich und ehrlich; denn da war immer frisch Geld. Das gefiel dem Wirt gar wohl; er trug ihm nicht allein auf, sondern bestellt ihm auch viel Saitenspieler. Aber es wollte zuletzt einen bösen Ausgang gewinnen. Faust wollte nämlich des Wirts Frau zu nahe gehen, welches der Hausknecht zeitlich wahrnahm. Und als sein Herr zu früh aus der Kirche kam, zeiget er es ihm an. Der überlief Faust mit Spießen, ehe er sichs versah. Dieser Schmach konnte Faust nicht vergessen. Als der Wirt im Herbst Most und Wein in den Keller bracht und der Hausknecht deshalb oft hinabgehen mußte, da verlöscht ihm allwege das Licht; ja man konnte bei Nacht weder mit Laternen noch Fackeln hinabkommen. Sie wurden alle ausgeblasen; dazu war die ganze Nacht in dem Keller ein solches Poltern mit Küfermeisterschlägeln, daß nit allein der Wirt solchen Jammer sehen mußte, sondern sich auch die Nachbarn beklagten. Und zuletzt geschah es, daß der Wirt von seiner Wirtschaft ablassen und sie aufgeben mußte. Auch geht die Sage, es könne bis den heutigen Tag niemand darin wohnen noch in den Keller kommen.

*

Doktor Faust war auch zu Erfurt namhaft und in einem großen Ansehen. Wenn er dahinkam, pflegte er auf dieser hohen Schul zu lesen. Da hat er den Studenten auch den griechischen fürtrefflichen

Poeten Homerus erklärt und dabei die erwähnten Helden in solcher Gestalt, Gebärden und Gesicht dermaßen ausgemalt und beschrieben, daß die Studenten ein großes Verlangen bekommen, sie in eigner Person zu sehen. Auf ihr bittlich Ansuchen bewilligt ihnen Faust, daß er in der nächsten Lektion die Helden vorstellen wolle, weswegen ein großer Konkurs und Zulauf von Studenten erfolgte. Faust sah, daß wegen seiner getanen Zusagung mehr Zuhörer denn sonst vorhanden; da hat er fast mitten in der Lektion angefangen und gesagt: »Ihr lieben Studenten, weil ihr begierig seid, die griechischen berühmten Kriegsfürsten, deren der Poet allhier gedenkt, in der Person, wie sie damals gelebt, anzuschauen, so sollen sie euch jetzt begegnen.« Darauf sind die Helden alsbald in ihrer damals gebräuchlich gewesenen Rüstung nacheinander in das Lektorium getreten, haben sich männlich und frisch umgesehen mit ganz zornigen und grimmigen Augen, die Köpfe geschüttelt und sind dann wieder davongegangen. Bald hernach folgte der greuliche Riese Polyphemus, der an der Stirn nur ein Auge hatte und einen langen, zottigten, feuerroten Bart. Ein Mensch, den er noch nicht ganz verzehret, hing ihm mit dem Schenkel zum Maul heraus und war so gräßlich anzusehen, daß ihnen alle Haar zu Berge standen. Über solchen Schrecken mußte Faustus lachen; auch ängstigte er die Studenten noch dadurch, daß Polyphemus nicht wieder zur Tür hinaus wollte, sondern sich mit seinem schrecklichen Gesicht umsah und die Hände ausbreitete, als ob er nach etlichen greifen und noch mehr Menschen verschlingen wolle. Er trug auch einen ungeheuren Spieß, wie ein Weberbaum, den stieß er wider den Erdboden, daß sich das ganze Kollegium bewegte und erschütterte. Faustus aber winkte ihm mit dem Finger, da trat er hinaus, und Faust beschloß seine Lektion, womit die Studenten wohl zufrieden waren; denn sie hatten den Teufel im Glas gesehen und begehrten fortan kein solch Gesicht mehr von ihm.

*

Nicht lange danach ward eine Promotio Magistrorum gehalten und bei derselben im Beisein derer von der theologischen Fakultät und des Rats Gesandten von der alten Poeten Plauti und Terentii Komödien diskuriert und geklagt, daß derselben so gar viel vor Zeiten verloren worden, derer man doch, wenn man sie haben könnte, mit Nutz bei den Schulen wohl brauchen könnte. Dr. Faust hörte zu, hub auch an, von beiden Poeten zu reden, erzählte etliche Sprüche, die in ihren verlorenen Komödien stehen sollten, und erbot sich, wo es den

Herren Theologen nicht zuwider sei, sie alle wieder an das Licht zu bringen und auf etliche Stunden vorzulegen. Dann müßten sie von vielen Studenten oder Schreibern geschwinde abgeschrieben werden, und man könnte ihrer nachfolgends nützen, wie man wollte. Die Theologen und Ratsherrn aber ließen sich solchen Vorschlag nicht gefallen; denn, sagten sie, der Teufel möchte in solche neu erfundenen Komödien allerlei ärgerliche Sachen mit einschieben, und man könnte doch auch ohne dieselben aus denen, die noch vorhanden wären, genug Latein lernen. Durfte also der Teufelsbanner hierinnen kein Meisterstück sehen lassen.

*

In der Schlossergasse zu Erfurt ist ein Haus, zum Enker genannt. Darin hat damals ein Stadtjunker gewohnt, bei welchem sich Faust die ganze Zeit über, so er in Erfurt gewesen, am meisten aufgehalten. Nun trug es sich zu, daß dieser Junker auf eine Zeit, als Faust in Prag war, viel guter Freunde zum Abendessen zu sich berufen. Da waren sie bei der Mahlzeit lustig und fröhlich; allein der Junker wünschte: wenn Faust auch gegenwärtig wäre, sie wollten noch fröhlicheren Mutes sein. Einer unter ihnen, der schon einen guten Rausch hatte, nahm ein Glas, streckt es mit der Hand in die Höhe und sprach: »O guter Freund Faust, wo steckst du heint, daß wir dein müssen entbehren? Wärest du da, wir wollten unsere Fröhlichkeit anders zubringen! Weil es aber nicht kann sein, so will ich dir dennoch eins gebracht haben! Kann es aber sein, so komm zu uns, und säum dich nit!« Darauf hat er einen Jauchzer getan. Indem klopft einer an der Haustür stark, und ein Knecht lief an das Fenster zu schauen, wer da wäre. Da stieg Faust von seinem Pferd ab, hatte sein Roß beim Zügel und gab sich zu erkennen, daß er der wäre, den man gerufen und gewünscht hätte. Der Knecht zeigt es dem Junker an, der spricht: »Was sagst du? Bist du taub oder närrisch? Ich weiß wohl, wo Faust ist, und er kann nicht unten an der Tür stehen.« Indem klopft Faust wieder; alsbald sah der Junker selber zum Fenster hinaus und nahm sein gewahr. Sogleich ward die Tür geöffnet und Faust von allen wohl empfangen. Des Junkers Sohn nahm das Pferd, führts in den Stall und gab ihm Futter; Faust aber setzt man zu Tisch und fragt ihn, wie er so bald wieder käme. Er antwortet: »Da ist mir mein Pferd gut zu. Weil mich die Herrn Gäste so sehr wünschen und begehren und mir gerufen, hab ich ihnen willfahren und bei ihnen allhier erscheinen wollen, wiewohl ich nicht lang bleiben darf, sondern noch vor Tags zu Prag sein muß.« Also fingen sie wieder ihre fröhliche Mahlzeit an. Faust aber trieb allerlei Possen und spricht zu ihnen, ob sie nicht einen fremden Wein oder zween versuchen oder kosten wollten, es sei gleich, ob Rheinfall, Malvasier, spanischer oder französischer Wein. Und da sie mit lachendem Mund antworteten: »Sie sind alle gleich gut!« fordert Faust einen Bohrer, macht damit auf die Seiten am Tischblatt vier Löcher, stopft Zäpflein vor und heißt ein paar schöner Gläser schwenken und bringen. Alsdann zieht er ein Zäpflein nach dem andern aus dem Tischblatt; da sprangen obgemelde Weine heraus in die Gläser. Des verwunderten sich die Gäste, lachten und waren guter Dinge und versuchten mit großer Begierde den köstlichen Wein. – Indessen kommt des Junkers Sohn in die Stube und spricht: »Herr Doktor, wie soll ich das verstehn? Euer Pferd frißt so unersättlich, daß ich fürwahr zehn oder zwanzig Pferd mit dem, was es gefressen hat, füttern könnte. Wir haben schon etliche Scheffel Haber daran gewandt, steht aber und siehet sich um, wo mehr sei. Nun will ich noch einmal hingehn und ihm von neuem Futter geben, und sollt ich auch etliche Malter Haber anwenden.« »Laßt das bleiben«, spricht Faust, »es hat genug bekommen; es frißt euch alles Futter vom Boden, ehe es voll würde.« Es war aber dieses Pferd sein Geist Mephistopheles. Mit diesen und anderen kurzweiligen Possen brachten sie den Abend hin bis in die Mitternacht. Da tat das Pferd einen hellen Schrei, daß man es über das ganze Haus hören konnte. »Ich muß fort«, sagte Faust, »ich bin zitiert!« und wollte gute Nacht geben; aber sie hielten ihn auf. Da knüpft er einen Knoten an seinen Gürtel und sagt ihnen noch ein Stündlein zu. Als aber das Pferd zum zweitenmal anfing zu schreien, da wollte er wieder fort, ließ sich jedoch von der Gesellschaft abermals bewegen, blieb noch eine Stunde und macht noch einen Knoten an den Gürtel. Beim dritten Schrei aber, den der Gaul tat, ließ er sich nicht länger aufhalten, nahm seinen Abschied, und die Gäste gaben ihm das Geleit bis zur Haustür, ließen ihm sein Pferd vorführen. Darauf saß er und ritt wieder dahin, die Schlossergasse hinauf. Da schwang sich sein Pferd mit ihm über sich in die Luft, so daß seine Freunde ihn bald nicht mehr sehen konnten. Und kam also noch gegen Tag gen Prag.

*

Nach etlichen Wochen kommt Faust wieder von Prag gen Erfurt mit herrlichen, ihm dort verehrten Präsenten, bittet jene Gesellschaft zu sich bei St. Michael zu Gaste. Sie kommen, sehen aber nirgends eine Vorbereitung. Er aber klopft mit einem Messer an den Tisch; bald tritt einer herein und sagt: »Herr, was wollt Ihr?« Faust fragt: »Wie behende bist du?« Jener antwortet: »Wie ein Pfeil!« »O nein«, sagt Faust, »du dienst mir nicht; gehe wieder hin, wo du bist hergekommen.« Danach klopft er wieder, und wie ein anderer Diener hereintritt und gefragt wird: »Wie behende bist du?« spricht er: »Wie der Wind.« »Es ist wohl etwas mehr«, sagt Faust, läßt ihn aber auch wieder hinausgehen. Wie er aber zum drittenmal klopfte, da trat einer herein und sagte, als er auch gefragt wurde, er wäre so geschwinde als der Menschen Gedanken. »Da recht«, rief Faust, »du wirsts tun!« Ging mit hinaus, befahl ihm, was er tun solle, ging wieder zu seinen Gästen, ließ sie Wasser nehmen und sich setzen. Bald brachten der Diener selbdritt ein jeder drei gedeckte Schüsseln voll, und das geschahe viermal, wurden also sechsunddreißig Gerichte oder Schüsseln aufgetragen mit Wildpret, Vögeln, Gemüsen, Pasteten und anderm Fleische, ohne das Obst, Konfekt und Kuchen. Alle Becher, Gläser, Kandeln wurden leer auf den Tisch gesetzt. Faust fragte, was einer wolle trinken von Bier oder Wein, stellte drauf das Geschirr vors Fenster, und bald nahm ers voll des Getränks, das man haben wollte, wieder herein. Die Musik, so einer seiner Diener spielte, war beides: so lieblich, daß dergleichen von den Gästen noch nie gehört worden, und so wunderlich, wie wenn ihrer etliche auf Positiven, Querchpfeifen, Zinken, Lauten, Harfen und Posaunen zusammen stimmten. So waren sie bis an den hellen Morgen lustig.

*

Das Gerücht von Faust und seinen seltsamen Abenteuern erscholl nicht allein in der Stadt Erfurt, sondern auch auf dem Lande. Darum fanden sich viel Adelspersonen und junge Ritter bei ihm ein, und es war zu besorgen, es möchte die zarte Jugend dadurch geärgert und verführt werden, daß sie auch zu dergleichen Schwarzkünstlerei Lust bekäme. So wurde von etlichen Verständigen ein berühmter Barfüßermönch, D. Klinge, angesprochen, er möge Faust um seine Leichtfertigkeit strafen und versuchen, ob er ihn aus des Teufels Rachen erretten könne. Der Mönch ging zu Faust, redet erst freundlich, dann hart mit ihm, erklärte ihm Gottes Zorn und ewige Verdammnis, die auf solchem Wesen stünde, sagte: er wäre ein fein gelehrt Mann, könnte sich sonst wohl mit Gott und Ehren nähren, sollte sich solcher Leichtfertigkeit, dazu ihn vielleicht in seiner Jugend der Teufel beredet, abtun, Gott seine Sünden abbitten und Vergebung erhoffen, weil Gottes Gnade niemals verschlossen. Faust hörte ihm mit Fleiß zu und sprach: »Mein lieber Herr, ich erkenne, daß Ihrs gern gut mit mir sehen möchtet, weiß auch das alles wohl, was Ihr mir jetzt vorgesagt. Ich habe mich aber zu hoch verstiegen und mich mit meinem eignen Blute dem leidigen Teufel verschrieben, daß ich mit Leib und Seel ihm gehören will. Wie kann ich denn zurück, oder wie kann mir geholfen werden?« Der Mönch antwortete: »Das kann wohl geschehen, wenn Ihr Gott um seine Gnade und Barmherzigkeit fleißig anrufet, wahre Reu und Buße tut, Euch hinfort aller Zauberei und Gemeinschaft mit dem Teufel enthaltet und niemand mehr ärgert noch verführet. Dann wollen wir auch Meß für Euch halten in unserm Kloster, daß Ihr des Teufels sollt loswerden.« »Meß hin, Meß her!« spricht Faust, »meine Zusage bindet mich zu hart. Ich hab Gott mutwillig verachtet und bin meineidig und treulos an ihm geworden, habe dem Teufel mehr geglaubt und vertrauet denn ihm, darum ich nicht wieder zu ihm kommen oder mich seiner Gnade, die ich verscherzet, getrösten kann. Zudem wäre es nicht ehrlich noch mir rühmlich nachzusagen, daß ich mein Brief und Siegel, das ich mit meinem Blute gestellet, widerlaufen sollte. Hat mir der Teufel redlich gehalten, was er mir zugesagt, so will ich ihm wieder redlich halten, was ich ihm zugesagt und verschrieben.« Da der Mönch solches höret, ward er zornig, sprach: »So fahr immer hin, du verfluchtes Teufelskind, wenn du dir nicht anders willst helfen lassen und es nicht anders willst haben!« Und ging von ihm, zeigte es dem Rektor der Universität und einem Ehrbaren Rate an. Da ward die Verschaffung getan, daß Faust seinen Stab förder setzen mußte, und also kam er von Erfurt hinweg.

Der Tod und die Toten

Trauerzüge

Anno 1728 in der Nacht vom 24. Januar, da es im Zeitzer Schlosse gräßlich rumorte, sahen um Mitternacht verschiedene Personen in Zeitz eine verschlossene Trauerkutsche mit sechs Rappen, hinten auf mit zwei Dienern, in furchtbarer Schnelligkeit durch die Straßen rasseln. Der Fleischer Hemme sprang deshalb aus dem Bette und rasch ans Fenster, sah die gespenstische Kutsche aber nur noch um die Ecke biegen und die Wendische Gasse hineinfahren. In der Zscherengasse begegnete sie einem Soldaten, welchen die Pferde mit funkelnden Augen anblickten. Die Tochter des Barbiers Berthold hat Träber getragen, als das fürchterliche Gerassel von der Fischgasse herkam. Sie meinte, es müsse der Obrist sein, sah dann aber beim Schein der Laterne die unheimliche Kutsche. An dem Nachtwächter, als er die Stunde hat rufen wollen, kam sie zweimal so schnell und nahe vorbei, daß ihm vor Entsetzen die Stimme hat ersticken wollen. Er sah eben noch, wie zuletzt am Wagenhaus alles verschwand. Am ersten Februar aber war der König zu Warschau gestorben.

*

Nächtliche Leichenbegängnisse sind vielerorts gesehen worden und oft für den, dem sie erschienen, von trauriger Bedeutung gewesen. In Großobringen bei Weimar ging der Nachtwächter am Tor des Gottesackers vorbei und sah einen Leichenzug die Gasse heraufkommen. Es war mitten in der Nacht und kein Begräbnis zu erwarten, deshalb überkam ihn Furcht. Und da der Zug indessen nahe gekommen war, so daß er nicht entgehen konnte, drückte er sich an die Kirchhofmauer. Das Tor tat sich ohne Zutun geräuschlos auf; der Zug ging hinein, und hinter ihm schloß es sich wieder. Der Mann erzählte sein Gesicht am andern Tage und starb unerwartet am achten.

*

Ein Geraer Bürger ging in der Dunkelheit mit mehreren andern von Collis her nach Hause. Im Zaufensgraben sagte er: »Seht, dort bringen sie von Zschippern her eine Leiche!« Jene sahen nichts, während er fortfuhr, die einzelnen Leute und die Laternen dabei zu schildern. Noch ist er gesund nach Hause gekommen; dann kränkelte er, und kurze Zeit nur dauerte es, daß sein Tod erfolgte.

*

Als Totenschauerin wurde eine Rudolstädter Prinzessin bekannt. Bei Trauerfällen im Fürstenhause sah sie jedesmal statt der wirklichen Leiche eine andere auf dem Paradebett: die des Familiengliedes, das als nächstes sterben mußte. Trotz solcher quälenden Wissenschaft versäumte sie nie, einen Blick in den Sarg zu tun, hielt aber, was sie sah, in ihrem Innern verschlossen – bis sie sich selbst als Leiche erblickte. Da gab sie fromm und gefaßt den letzten Willen kund und nahm ihre quälende Gabe mit sich hinunter ins Grab.

*

Wenn in der Familie des fürstlich reußischen Regentenhauses in Gera ein Todesfall bevorstand, so sah man eine hohe weiße Frauengestalt durch die Räume des Schlosses am Johannisplatz schreiten. Die Diener der alten Hoheit, der Witwe Heinrichs XXX., haben die Ahnfrau oft gesehen und auch das Rauschen ihres seidenen Kleides deutlich hören können. Die alte Hoheit aber hat dann immer gesagt: sie wisse das längst, es brauche sich aber niemand darüber zu ängstigen. Einmal ist das Gespenst sogar vor den Augen einer bei der Hoheit versammelten zahlreichen Abendgesellschaft erschienen und danach durch ein Zimmer verschwunden, das ohne Ausgang war.

Die Erdhenne

Im Osterland wird viel von den Erdhühnchen erzählt. Wie Lachtäubchen oder auch nur so groß wie Stare laufen sie durch die Krankenstuben und verkünden mit ihrem Gück, Gück! den nahen Tod. Nach andern Sagen erscheint das Erdhuhn acht bis vierzehn Tage vor einem Todesfall und sieht aus wie eine alte aschgraue, struppige Henne mit kurzem Halse. Um Mitternacht macht es sich eine Öffnung in die Dielen der Stube. Gluckst es nur und flattert neunmal, so wird ein Glied des Hauses tödlich krank; wirft es aber ein Häufchen Erde hügelförmig auf, dann muß jemand sterben.

*

Der letzte der Pröpste von Zella lag im Sterben; da riß sich sein Lieblingspferd, ein Schimmel, im Stalle los, zerschlug die Tür, sprengte die Treppe hinauf, drang in das offenstehende Krankenzimmer, beroch und beleckte den sterbenden Herrn und legte den Kopf so lange auf das Deckbett, bis der Propst das Zeitliche gesegnet hatte. Dann erhob sich der Schimmel, lauschte noch eine Weile, hängte traurig den Kopf und ließ sich ruhig die Treppe hinunter in den Stall führen, wo er, noch an der Hand des Dieners, tot niederstürzte.

*

Ein Metzger aus Triebes, der zum Schlachten in Böhmersdorf gewesen war, ging spät in der Nacht wieder heim. Im Kirchenholz schlug es gerade Mitternacht, als er mit einem Manne zusammentraf, den er als einen Jugendgespielen, einen Bauern aus Böhmersdorf, erkannte. Erfreut über den erwünschten Gesellschafter, setzte er mit ihm seinen Weg fort; denn jener wollte in die Teichmühle, aus der er stammte. Dort angekommen, wendete er sich ohne Gruß von dem Fleischer und ging, während der Mond aus den Wolken trat und ein Sturm die starken Fichten schüttelte, über das Wehr, hinein in die Mühle. Das kam dem Triebeser seltsam vor, und sein Grauen wuchs, als er am andern Morgen erfuhr, daß sein Begleiter nachts zwölf Uhr plötzlich und ohne krank gewesen zu sein, verstorben war. Die Seele hatte sich heimgefunden in ihr Stammhaus.

Wiederkehrende Tote

Eine alte Frau in Schöndorf war gestorben und begraben, kehrte aber Nacht für Nacht in ihrem vormaligen Wohnhause wieder ein. Sobald die Glocke elf geschlagen hatte, trat sie durch Haus- und Stubentür, wiewohl beide verschlossen waren, nahm Platz auf der Ofenbank, und zwar auf dem Wechsel, und blieb da ganz ruhig sitzen, bis es Mitternacht vom Turme schlug. Dann entfernte sie sich, wie sie gekommen war. Ihr Enkel, dem das Haus zugefallen war, hätte gern der Großmutter die ewige Ruhe gegönnt. Darum beschloß er bei sich, sie zu fragen, was sie denn eigentlich wolle oder was ihr fehle. Weil er jedoch für sich allein zu furchtsam war, so versammelte er seine Freunde und Bekannten. Die Großmutter kam zu ihrer gewohnten Zeit und nahm auf der Ofenbank den Platz am Wechsel ein. Mit seiner wohlbedachten Frage auf der Zunge ging der Enkel auf sie zu; da nieste die Alte dreimal. »Gott helf Euch, Großmutter!« rief er, und sie: »Ach, drauf habe ich schon lange gewartet! Großen Dank, mein gutes Kind!« Danach ist sie still von dannen gegangen und hat sich niemals wieder sehen lassen.

*

Ein Geistlicher konnte die Ruhe nicht finden, weil man versäumt hatte, ihm eine Bibel in den Sarg zu legen. Die Witwe eines jungen Pfarrers in Weimar sah oft um Mitternacht ihren Mann im Sterbekleide an einer Wand umherschleichen. Beunruhigt teilte sie die Sache ihrem Bruder mit, der nun da schlief und sich mit Augen überzeugte. Er rückte am Morgen die Kommode ab, da er vermutete, der Geist wolle eine in der Wand verborgene Sache entdeckt sehen. Und wirklich fand sich ein Schubfach mit mehreren hundert Talern, die man wegnahm. Der Geist aber kam nun nicht wieder. Ähnlich in Tiefenort: da klüpperte der Geist eines verstorbenen Knaben an einem Sparrenbrettchen herum, und als man nachsah, fand sich ein Beutel mit fünf Gulden, die sich das gute Kind nach und nach gespart hatte.

Der Toten Eigentum: Das Grabkreuz

Auf den Friedhof haben die Toten besondere Obacht. In einer Lichtstube zu Weitersroda bei Hildburghausen wurde die Frage aufgeworfen, ob ein Bursche wohl so furchtlos sei, vom Gottesacker in der Mitternachtsstunde ein Grabkreuz zu holen. Und da war gleich ein vorlautes und keckes Knechtlein bei der Hand, welches rief: »Was gilts? Ich tus!« Es ward eine Wette gemacht, und der verwegene Bursche eilte – gerade schlug es elf – nach dem Kirchhofe. Nachdem er über die Mauer geklettert und in den Gottesacker hinabgesprungen war, rüttelte er solange an einem Kreuze, bis er es in Händen hielt. Als er aber wieder an der Mauer emporkletterte, fühlte er sich zurückgerissen, und eine Grabesstimme rief: »Mein Kreuz! Mein Kreuz!« Da schwand dem Knecht das Bewußtsein, und er blieb wie leblos auf dem Gottesacker liegen. Da er nicht wiederkehrte, machten sich etliche Burschen mit Laternen auf, ihn zu suchen, und fanden ihn starr und kalt, mit entstellten Zügen. Man trug ihn nach seiner Behausung und brachte ihn wieder zu sich, doch nicht länger, als bis er mit matter Stimme und halber Besinnung mitgeteilt hatte, was ihm widerfahren war. Dann starb er.

*

Man erzählt, daß in Creuzburg von den überflüssigen Grabsteinen, die auf dem Gottesacker gelegen, eine Mauer bei der Werra, wo es die Flut genannt wird, sei aufgeführt worden. Da sollen des Nachts die Verstorbenen in Prozession, Männer und Weiber, jene in schwarzer, diese in weißer Trauerkleidung, nach dieser Mauer gegangen, selbige beschaut haben und dann paarweise wieder nach dem Gottesacker zurückgekehrt sein. Wenige Tage nachher entstand ein Ungewitter, das die Mauer von Grund aus in die Werra führte.

*

Der Schulmeister in Möbisburg ging einmal noch in dunkler Nacht zum Frühläuten in die Kirche. Da lag ein feuriger Hund vor dem Altar. Darüber erschrak der Mann so heftig, daß er den dritten Tag danach starb. Nun mußten zunächst die jungen Burschen der Reihe nach, jedesmal zwei, zur Frühkirche läuten. Da geschah es, daß einmal zwei gute Freunde zusammen auf den Turm gingen. Der eine hatte den andern abgerufen, in der Meinung, daß es bald fünf Uhr sei. Als sie aber den Turm erstiegen haben, schlägt es erst zwölf, und zugleich hören sie ein Geräusch auf dem Gottesacker. Zur Turmluke hinausschauend, erblicken sie im Mondschein einen Fremden, der hastig über die Gräber läuft, auf einem Grabe niederkniet, es aufscharrt, den Toten entkleidet, auf die Achsel wirft und mit ihm von dannen rennt. »Was gilts«, spricht der eine Bursche zum andern, »ich hole mir das Leichentuch da unten.« Der andere sucht ihn davon abzubringen; aber der verwegene Mensch hört nicht, holt das Leichentuch und bringt es auf den Turm. Nach einer Weile kommt der Fremde mit dem Toten auf der Achsel zurück, wirft ihn hin und vermißt, als er ihn wieder ankleiden will, das Leichentuch. Sogleich ruft er zum Turme hinauf: »Gib das Leichentuch zurück!« Weil aber der Bursche nicht Folge leistet, reißt der Fremde die Turmtür auf und stürmt die Treppe empor. In ihrer Angst kriechen die beiden Burschen unter die Glocke, weil man da vor allem Bösen sicher ist. Der Fremde rennt und tobt um die Glocke herum, doch ohne sie anzurühren. Weil aber ein kleiner Zipfel des Leichentuches hervorsieht, erfaßt er es und trabt damit die Stufen hinab. Im gleichen Augenblick, als er unten den Toten erfaßt, um ihn zu bekleiden, schlägt die Turmuhr eins. Da sehen die Burschen am Turmloche, wie er Leiche und Leichentuch hinwirft und gleich dem Sturmwinde entflieht. Am andern Morgen fand man die Leiche auf dem Gesichte liegend und über sie das Leichentuch gebreitet.

*

In Eßbach lebte vor Zeiten ein Mann, Hannikel genannt, der die Toten zitieren konnte. Er hatte sich in frevelhaften Verkehr mit ihnen eingelassen, um durch sie Diebstähle zu entdecken oder zu erforschen, was zukünftig sich ereignen werde. Wenn er etwas erfahren wollte, nahm er die Hacke des Totengräbers, womit die Gräber gemacht worden waren, und ging, ohne daß jemand davon wußte, zwischen elf und zwölf Uhr des Nachts durch den Gottesacker zur Kirche. Dort hackte er drei Kreuze in die Kirchtüre. Danach stellte er sich auf das Grab eines ihm bekannt gewesenen Verstorbenen und rief ihn dreimal bei seinem Namen. Der Tote fragte nun nach Hannikels Begehr und entdeckte ihm alles, was er wissen wollte. Zuletzt aber warnte er: »Von nun an sollst du mich in Ruhe lassen!« Hierauf durfte der Beschwörer auch nicht ein Sterbenswörtlein mehr sprechen und mußte, ohne sich umzusehen, die Stätte verlassen. Sonst würden die Toten, deren Steinwürfe um ihn herumflogen, ihn getroffen und ums Leben gebracht haben. Hannikel entging aber seiner Strafe nicht. Nur aus Versehen hatte er einstmals sich ein wenig gewendet. Da steinigten ihn die Toten, daß er am dritten Tage danach an seinen Verletzungen sterben mußte.

Grenzfrevler

In den meisten Fällen sind es Verschuldungen im Leben, unerfüllte Aufgaben und Wünsche, die die Toten nicht ruhen lassen. Die Grenzverbrecher müssen als feurige Männer, aber auch als Gespenster am Ort ihrer Taten umgehen. Ein Witzelroder Schäfer erzählt von einem: »Wenn die Gespensterstunde drunten auf dem Turme geschlagen, stand der alte Hach (Geizhals) jedesmal pünktlich auf der früheren richtigen Grenze der beiden Äcker und versuchte, mit einem Besen den gestohlenen Erdboden längs des ganzen Stückes wieder hinüber zu fegen auf den Grund seines Nachbars. Man hörte ganz deutlich das Kratzen. Einmal hatten wir, mein Junge und ich, es versehen und unsere Schafhütte ihm gerade in den Weg gestellt. Wir hörten es wohl, als er wieder angekratzt kam, blieben jedoch ruhig liegen. Aber Donner und Wetter, wie flogen wir auf einmal mit der Hütte beiseite! Wir habens nicht wieder probiert. Seinem Sohne wurde der Spektakel im Dorfe endlich zu arg; er ackerte seinem Nachbar das gestohlene Eigentum wieder zu, und seitdem hat auch der Alte Ruhe im Grabe gefunden.«

*

Der Zug der betrügerischen Fleischer, Müller, Wirte, Holzdiebe und Bedrücker der Bürger und Bauern ist besonders ansehnlich. Im Floßloch, einer schauerlichen Kluft über Steinbach, nach Liebenstein zu, sitzen drei gebannte Geister und spielen zusammen Karte. Der eine ist ein Gastwirt aus Steinbach, der bei seinen Lebzeiten die Leute mit falschem Gewicht und Gemäß betrog, der andere ein Müller aus Grumbach, der zuviel metzte, der dritte ein Ackersmann aus Schweina, der die Grenzsteine verrückte. Der erstere spukte nach seinem Tode in der Fleischkammer und dem Keller seines Hauses und stöhnte: »Drei Kartel (Nößel) für eine Kanne, drei Viertel für ein Pfund!« Der andere polterte als Geist bei Nacht in der Mühle umher und erschreckte die Kunden. Der dritte wanderte als feuriger Mann an der Grenze seiner Äcker und tückte die Vorübergehenden, so daß sich niemand, sobald es dämmrig wurde, zwischen den Orten Steinbach und Schweina hin und her zu gehen getraute. Alle drei wurden von Jesuiten ins Floßloch gebannt, und weil sie in ihrem Leben gern Karte gespielt hatten, so gab ihnen einer der Geisterbanner eine Karte mit. Da sitzen sie nun und spielen Solo und betrügen sich, werden uneins und zanken sich, daß der Lärm weithin durch den Wald schallt und verspätete Wanderer davor entsetzt fliehen. Manche haben die unheimlichen Spieler beisammen gesehen und wohl auch »Trumpfaus!« heischen hören. Der betrügerische Gastwirt hat aber immer dazwischengerufen: »Drei Kartel für eine Kanne, drei Viertel für ein Pfund!«

Im Walde zwischen Herpf und Melkers, dem Eutel, spukt ein kleines graues Männchen mit Spinnwebegesicht, das Hackmännchen. Es hackt und hackt immerzu und muß bis zum Jüngsten Tage hacken, ohne daß auch nur ein einziger Stamm fällt, zur Strafe dafür, daß es einmal an einem Sonntage in den Eutel gegangen ist, um Holz zu stehlen. – Der böse Landrichter Stergenbeck aus Gera hatte Bürger und Bauern um Hab und Gut betrogen und mußte deshalb geistern. Man sah, wie er um Mitternacht durchs Kirchhofsgatter grinste, und hörte, wie er dabei einem Hunde gleich winselte und bellte, weshalb er dann schließlich durch den Henker an einen entlegenen Ort gebannt wurde. Der ist lange Zeit unbekannt geblieben, bis einmal ein paar Weiber zum Holztage in den Wald gingen und zur Teufelskiefer auf den Kuhtanz kamen. Da haben sie um den Baum unzählige traurig pfeifende Vögel flattern sehen; in den Ästen aber saß niemand anderes als Stergenbeck, der böse Landrichter. Er hatte einen graulichen Mantel an, sein Gesicht war löcherig anzusehen wie vom Krebs zerfressen, und blutig war das Schwert, das er im Gurte trug. Die Weiber sind nach langem entsetzten Irrlaufen von ihren Männern erst spät abends im Türkengraben wieder aufgefunden worden.

*

Im Dorfe Moderwitz bei Neustadt a. O. lebt eine böse, zänkische und geizige Frau, die kein Mitleid kannte und Hungrigen, die sie um ein paar Kartoffeln ansprachen, schnöde die Türe wies. Zur Strafe wurde sie in die Eichleite verbannt, ein kleines Hölzchen, das am Wege von Moderwitz nach Köthnitz gelegen war. Einst tat ein Bauer aus Steinbrücken an jener Stelle Stöcke heraus; da erschien ihm das Weib und reichte ihm schweigend einen Teller mit drei Kartoffeln hin, gleich als wolle sie ihn bitten, sich eine zuzulangen. Der Bauer lief aber erschrocken davon, und schon nach wenigen Tagen war er gestorben. Hätte er dem Gespenst den Willen getan und nur eine der dargereichten Kartoffeln vom Teller genommen, so wäre das Weib erlöst gewesen.

*

Einst liebte ein Mönch aus dem Herrenbreitunger Kloster eine der Frauenbreitunger Nonnen, und beide verabredeten sich zu fliehen. In früher Morgenstunde, da es noch dämmerte, fuhren sie über den See und wanderten dem Walde zu. Es hatte aber ein anderer Mönch, dem es oblag, in einer kleinen Kapelle Messe zu lesen, irgendwie Kunde erhalten von dieser Flucht, liebte auch wohl selbst die schöne Nonne. Deshalb versteckte er sich hinter einem großen Holzbirnbaum, und als das flüchtige Paar vorüberkam, stürzte er voll Haß und Wut hervor, zückte ein Messer und tötete beide. So fuhren sie in ihren Sünden und ohne Absolution dahin. Man sagt, daß im Abtswald die Nonne noch umgehe und der Mönch an der Stätte der Kapelle, aber die Schatten könnten nicht zueinander kommen; denn zwischen beiden stehe mit drohenden Gebärden die zürnende Gestalt ihres Mörders.

*

Bösen buhlerischen Liebeszauber verübte zu Koburg ein welscher Umfahrer namens Hieronymus Scottus. Er verstrickte die Gemahlin des Herzogs Johann Kasimir zu Sachsen, Anna, geborene Kurprinzessin zu Sachsen, in ein Liebesnetz mit einem Baron Lichtenstein, das ihr zum Verderben gereichte. Denn sie wurde verhaftet und mußte ihr junges Leben in verschiedenen Kerkern vertrauern. Endlich starb sie und wurde im Kloster Sonnefeld bei Koburg begraben. Bald nach ihrer Beisetzung verbreitete sich das Gerücht, daß ihr Geist im Grabe keine Ruhe finde, sondern spukend umherwalle. Im Jahre 1705 erschien sie dem Herzog Christian von Eisenberg und bat ihn, sie mit ihrem Gemahl zu versöhnen. Nachdem die Zeit verabredet war, ließ Herzog Christian die Wachen vor seinen Zimmern verdoppeln. Nachts elf Uhr erschienen wirklich beide Verstorbene, und der Herzog legte ihre Hände ineinander, wobei er bemerkte, daß die Hand Kasimirs eiskalt war, ganz warm aber die der Herzogin. Hierauf sprach er zur Sühne, und nachdem Kasimir erklärt hatte, daß er weise und gerecht gesprochen, erfolgte die Versöhnung, wonach alle drei das Lied anstimmten: Herr Gott, dich loben wir. Die Schildwachen haben indes nur des Herzogs Stimme hören können. Mit den Worten: »Den Lohn für deine Güte wirst du von Gott erhalten und bald bei uns sein«, empfahlen sich die Versöhnten. Herzog Christian aber, ohnehin krank, nahm sich diesen Dank zu Herzen und starb wirklich bald.

Spieler und Raufer

Ein Mönch von Teichwolframsdorf ging oft in die Krellenschenke zu Biere und spielte da nicht selten Karten. Einst gewann er von einem andern Gast eine solche Summe Geldes, daß er von dem Verlierer auf dem Nachhausewege erschlagen wurde. Seit jener Zeit läßt er sich in jener Gegend sehen und hören, indem er zuweilen von einem Baum herab predigt. – Gespenstische Zweikämpfer zeigten sich in einem Gasthof zu Pausa. Dort kehrte einst ein Maler ein, und es wurde ihm ein Schlafkämmerchen neben einem größeren Zimmer angewiesen. Die Schläge der Mitternachtsglocke weckten ihn auf, und da war es ihm, als vernähme er Waffengerassel ganz in der Nähe. Er zündete Licht an, um nachzusehen, woher der seltsame Lärm komme; allein ein Windzug verlöschte die Kerze. Zum zweiten Male zündete er sie an; doch auch diesmal erlosch sie wieder. Der rätselhafte Lärm dagegen dauerte fort. Deutlich vernahm er heftiges Auftreten auf den Fußboden wie beim Fechten und helles Degengeklirr. Nachdem er, an allen Gliedern schlotternd, zum dritten Male vergeblich versucht hatte, Licht zu machen, war es ihm, als höre er rasch hintereinander zweimal einen dumpfen Fall und ein tiefes Stöhnen, worauf es totenstill wurde. Der Maler kroch nun tief in sein Bett und erwartete sehnsüchtig und mit Zittern und Zagen den Morgen. Dann begab er sich zum Wirte und erzählte aufgeregt, was er vernommen. Der entgegnete: »Es sind nun fünfzig Jahre her, da kehrten in diesem Hause zwei Studenten ein und blieben zur Nacht. Die sind – Gott weiß worüber – miteinander in Streit geraten, haben sich geschlagen, ohne daß jemand es bemerkt, und andern Morgens hat man sie beide, in ihrem Blute schwimmend, gefunden. Jedes Jahr in der nämlichen Nacht erneuern sie ihren Kampf. Mancher Gast hats schon gehört; doch haben sie keinem je etwas zuleide getan.

*

Zwischen dem Bleß und der Stoffelskuppe waren zwei, die ihre Nachbarn räuberisch überfallen und getötet haben. Nun schleichen sie, hohe Männergestalten, um Mitternacht umher, tief gebeugt von der Last eines dicken, schweren Balkens, den sie ächzend auf den Schulter tragen. Einer aus Rosa begegnete ihnen droben auf der Ausspann und fragte: »Woher und wohinaus?« Sie antworteten wie immer: »Von Ungnadhausen nach Gnadental!« Das schreckliche Abmühen ging dem Bauer so zu Herzen, daß er sich zur Hilfe anbot; sie aber wiesen ihn traurig zurück und baten nur, den Pfarrer zu ersuchen, daß er für die Erlösung zweier armer Sünder beten möge.

*

Auch der Tummelhans, der bei Judenbach die Leute schreckte, ist ein Mörder gewesen. Vor vielen Jahren, so erzählt die Sage, lebte ein Gastwirt, der war so reich, daß ihm alle Wiesen des Ortes gehörten. Nun hatte er eine Magd, die bei ihm gar hoch angeschrieben war. Sie durfte alle Stuben und Kammern betreten und Schränke und Kästen öffnen. Nur eine einzige Lade war ihr streng verboten. Dies reizte ihre Neugierde, und so ertappte sie der Wirt in dem Augenblick, als sie sein Verbot übertrat. Darüber erzürnte er sich so heftig, daß er sie auf der Stelle tötete und im nahen Walde vergrub. Die Sache blieb einige Jahre verborgen; da kam zufällig ein Forstmann an das Grab. Der Hund witterte die Leiche und fing an zu scharren. Sein Herr half nach und grub bald darauf eine Rippe zutage. Der Forstmann nahm sie zu sich, ließ sich ein paar Messerschalen daraus machen und zog eines Tages das mit ihnen bekleidete Messer in dem Wirtshause aus der Tasche. Und siehe, sofort fielen drei Blutstropfen aus der Schale. Der Vorfall machte viel Aufsehen im Orte. Man munkelte allerlei über den Wirt und die plötzlich verschwundene Magd, konnte ihm jedoch nichts anhaben. Zur Strafe aber muß er nun als Tummelhans ruhelos und unstet umgehen.

*

In Sangerhausen erschlug ein Sohn seinen Vater in einem Zimmer des Hauses. Die Familie ließ es fest verwahren, damit es nie wieder bewohnt werde. Trotzdem vernahm man in ihm oft ein heftiges Poltern, und als ein späterer Besitzer das Gemach wieder öffnen ließ, um den Grund des Lärmens zu untersuchen, da sah man den Mörder ruhelos auf- und abgehen. Entsetzen erfüllte die Anwesenden, das Zimmer wurde zum andernmal verschlossen. Und sooft man auch später versuchte, den unseligen Raum zu betreten, es gab immer denselben Anblick und dasselbe Entsetzen.

*

In Weimar gebar einst eine Magd, als sie gerade Kartoffeln für das Vieh kochte, heimlich ein Knäblein. Da sie ihre Frau jeden Augenblick erwarten mußte, warf sie das neugeborene Kind in die glühendheiße Mischung von Kartoffeln und Wasser. Da trat die Frau herein, bemerkte das veränderte Aussehen der Magd und suchte durch Fragen auf den Grund zu kommen. Das Mädchen wollte sich entschuldigen und leugnen. Aber da trieb die wallende Flüssigkeit ein Ärmlein des Kindes empor, und sie war entdeckt. Sie wurde festgenommen, gerichtet und enthauptet. Nach ihrem Tode erschien sie eine Zeitlang in der Küche.

*

Im Spittel, dem ehemals berühmten Kloster Grimmenthal, diente einmal ein junges Mädchen als Magd. Sie hatte sich die Liebe und Achtung aller erworben; daher vermutete niemand etwas Arges, als sich die Folgen eines Fehltritts zeigten. Das benutzte sie, kam heimlich nieder, tötete ihr Kind und grub es nachts unter eine Steinplatte im Keller. Die Tat blieb unentdeckt, und so starb sie später in dem Spital als geachtete Pfründnerin. Allen war es jedoch aufgefallen, daß sie besonders in der letzten Zeit große Unruhe gezeigt, oft auf ihrem Lager gejammert und wenig Schlaf gehabt hatte. Da berichtete eines Morgens ihre Nachfolgerin im Dienste, die Alte sei ihr schon seit einigen Nächten in ihrer Zelle erschienen. Sie trage eine Haue in der Hand und winke, ihr zu folgen. Sie habe es aber bisher nicht getan, obgleich sie stets in Freundschaft mit ihr gelebt. Der Spittelvater meldete das Geschehnis dem Beichtvater. Der teilte den Vorfall zwei anderen Geistlichen mit, und die drei beschlossen, eine Nacht in der Zelle der Magd zuzubringen und den Geist nach seinem Begehr zu fragen. Und so geschah es. In der zwölften Stunde tritt der Geist richtig in die Kammer, erzählt die Untat, führt die drei samt der Magd in den Keller und deutet hier auf eine der Steinplatten. Als die beseitigt war, fand man wirklich die Reste eines neugeborenen Kindes. Die Verbrecherin bat hierauf inständig, daß man ihr jetzt noch ihr Recht widerfahren lassen möchte, weil sie sonst nie zur Ruhe kommen könne. Und als es die Herren versprochen und Tag und Stunde bestimmt hatten, verschwand das Gespenst. Am andern Morgen machten die drei Geistlichen höheren Orts Anzeige, erhielten die Erlaubnis zu der seltsamen Exekution und trafen zur bestimmten Zeit in Begleitung eines weltlichen Beamten und des Scharfrichters zur Hinrichtung auf Grimmenthal ein. Als die Vorbereitungen getroffen waren, erschien unter schrecklichem Lärm und Getöse die Kindesmörderin mit einem feurigen Ring um den Hals, vernahm weinend von dem weltlichen Beamten den Spruch und setzte sich, als der Stab über sie gebrochen war, auf den mit einem schwarzen Tuch bedeckten Schemel. Hierauf trat der Scharfrichter vor und verrichtete sein Amt. In dem Augenblick jedoch, als er den sicheren Hieb getan hatte, war das Gespenst verschwunden. Die Reste des Kindes wurden in den Grabhügel seiner unnatürlichen Mutter eingesenkt; die hat sich danach nie wieder gezeigt.

*

Im Tümmelsgraben bei Clodra tummelt sich ein Reiter ohne Kopf, von dem man weiß, daß er sich die Kehle abgeschnitten hat, und in derselben Gegend sah man auch eine Gehängte umgehen.

*

Am 16. Januar 1778 ertränkte sich Fräulein Christiane v. Lasberg, weil sie sich von ihrem Geliebten, dem Schweden v. Wrangel, verlassen glaubte, in der Ilm bei der Floßbrücke, die damals ein wenig unterhalb der jetzigen Naturbrücke schräg über das Wasser in den Stern des weimarischen Parks führte. Kurze Zeit danach kam ein Bürger abends in jene Gegend. Da sah er am jenseitigen Ufer eine Dame in schwarzseidenem Mäntelchen lustwandeln; bei ihr war ein kleiner Hund, und in der Hand hielt sie eine Gerte, mit der sie im Sande rieselte. Der Mann wunderte sich, zu dieser Zeit eine Frau aus höheren Ständen, denen sie anzugehören schien, dort zu finden. Als er ihr bis auf zwanzig oder dreißig Schritte nahe gekommen war, entschwand sie seinen Augen, und er konnte sie, obwohl er suchte, nicht wiederfinden. Nachdenklich ging er heim und erfuhr, daß es Christel v.

Lasberg gewesen sei, die sich in dieser Kleidung ertränkt habe. Auch andere haben ihren Geist dort als weiße Gestalt umherwandeln sehen, und jedermann fürchtete sich, abends allein in die Gegend zu kommen. Goethe, welcher zum Andenken der »armen Christel« dort ein Stück Felsen zum Felsentor aushöhlen ließ, von wo man den Ort ihres Todes übersah, mochte es seinen Dienern nicht verdenken, wenn sie nachts nur zu dreien einen Gang nach seinem Garten hinüber wagten.

*

Zahlreich sind die umgehenden Geister von Ermordeten und Verunglückten. Auf der sogenannten Heide zwischen Eisenberg und Walpernhain stand eine einsame Fichte. Aus ihrem Wipfel tauchte nachts eine Hand, die sich hin und her bewegte und blutige Tropfen herabrieseln ließ. Dort haben einst Räuber einen einsamen Wanderer erschlagen, haben ihm die Hand abgehauen, Geld und Gut und zuletzt noch das Leben genommen. Sein Leichnam liegt unter der Fichte; die Hand aber kann nicht zur Ruhe kommen, bevor sie sich nicht wieder zum Körper gefunden hat, von dem sie getrennt worden ist.

*

Im Weingartental unterhalb Welkershausen geht der Gottbehüt um. Er kam mit seiner jungen Frau vom Altar, setzte sich mit ihr in den Wagen und fuhr toll darauf los. Die geängstete Frau bat flehentlich, davon abzulassen. Er aber lachte und trieb die Pferde desto wilder an. So geschah es denn, daß diese scheuten, als sie im Weingartental dicht an der Werra anlangten, und mit dem Wagen in den Fluß stürzten, in dem sie samt den Insassen ertranken. Der übermütige Fuhrmann, der Gottbehüt, hat bis heute noch keine Ruhe im Grabe gefunden.

*

Nachdem der Scharfrichter aus Ronneburg die alte Mittenzwei gerichtet hatte, begegnete er ihr acht Tage danach, als es eben elf schlug. Er erkannte sie sogleich; denn sie trug dasselbe altmodische Kommunionkleid, in dem sie enthauptet worden war. Nun kam sie auf ihn zu und blies ihn in die Augen – die bösen Augen, die er davon bekommen hat, konnte ihm niemand wieder heilen.

*

Derselbe Scharfrichter, Öttel mit Namen, wird auch in einer anderen Sage genannt. Die alte S. in Schwaara hatte den Drachen. Man hat bei ihr bemerken wollen, wie sie bei der Kommunion die Hostie niemals verschluckt, sondern sie der schwarzen Kuh in den Trog geworfen hat, weshalb sie auf dem Miste hat ersterben müssen und dann im Grabe keine Ruhe hat finden können. Es war gerade drei Tage nach ihrem Tode, da ihr ein Ronneburger Schuhmacher begegnete, von dem sie sich – er wußte nicht, daß sie eine Verstorbene war – ein Paar Schuhe (nach anderen ein Paar grüne Pantoffeln) anmessen ließ. Sie sagte ihm, sein Geld werde er über der Türe finden, und so war es auch. Die Hinterbliebenen aber verbrannten die Schuhe; denn die Alte hatte sie deshalb bestellt, weil die ihr mit ins Grab gegebenen nicht die waren, die sie verlangt hatte. Und nun glaubte man, man könne ihre Rückkehr ins Haus hindern, wenn man die neuen Schuhe beseitige. Sie kam aber täglich und verlangte sie. Auch ließ sie sich an vielen anderen Orten sehen. Im Taubenschlage, da einer nach einer Taube hat greifen wollen, sah er ihr plötzlich ins Gesicht. Im Stalle lärmten des Nachts die Pferde, daß sie morgens triefend und wie im Schweiß gebadet standen, und wenn auf dem Gute der Hahn krähte, hat es nicht anders geklungen als: Verflucht! Verflucht! Auch sah man die S. mit ihren grünen Pantoffeln auf Bäumen, auf der Gottesackermauer oder in den Weiberstühlen in der Kirche sitzen, so daß sich beim Mittagsläuten weder Hirt noch Schulmeister mehr hinein gewagt haben. Ihr Gesangbuch hatte sie dann aufgeschlagen vor sich. Endlich trieb sie ihr Wesen auch auf dem Wege nach Gera, besonders bei der Buttermilchsweide; dort führte sie die Leute stundenlang in der Irre herum, hockte ihnen auf oder setzte sich ihnen in die Körbe, daß manches den Tod davongetragen hat. Einmal sagte ein Schmiedegeselle, er möchte doch auch etwas von dem alten Luder gewahr werden. Siehe, da springt, als er gerade ein Rad durchs Dorf treibt, die S. von der Gottesackermauer herab, stellt sich ihm in den Weg und meint: »Da ist das alte Luder!« Und wie jener drauf sein Rad im Stiche läßt und Reißaus nimmt, springt sie ihm auf den Rücken und läßt sich von ihm bis Trebnitz tragen. Dem ganz verstörten Gesellen hats da der Meister abgefragt, und neun Tage darauf begrub man seinen Leichnam, an dem noch die deutlichen Abdrücke von Händen und Füßen der S. zu sehen waren. Öttel bannte sie, doch nicht wirksam genug; zuletzt nahm sie der Crimmitzschauer (Zwickauer) Scharfrichterknecht als Hummel mit hinweg und legte einen Stein darüber. Wenn sie dann in Crimmitzschau jemand sehen wollte, hob er den Stein, worauf sich immer ein großes Gesumme hören ließ.

Spukende Geistlichkeit

Merkwürdig zahlreich ist unter den Umgängern die Geistlichkeit vertreten. Äbte, Mönche, Nonnen und Pfarrer von zum Teil recht bedenklicher Art treiben ihr Wesen. Der Mönch vom Wackenhof bei Möhra hält auf Zucht und Sitte. In seinem Keller kann ers oft vor Kälte nicht aushalten; dann kommt er in die Küche und wärmt sich am Herd. Wenn aber die Knechte und Mägde ihre Liebsten heimlich einschmuggeln, dann tritt er zornig zu ihnen ans Bett, packt die Eindringlinge, schleppt sie in den Stall und wirft sie vor das Vieh in die Raufen, so daß sie das zweite Mal gewiß nicht wiederkommen. Auch soll der Mönch nicht dulden, daß die Mägde vor dem Anrichten zuviel von den Speisen naschen. Einer, die schon den zweiten Hütes (Kloß) aus dem Topfe langen wollte, gab er eine so derbe Ohrfeige, daß ihr der Appetit verging.

*

Der Pfarrer von Gehaus namens Müller war bei Lebzeiten seiner Gemeinde kein Vorbild gewesen. Nach seinem Tode hat er sich am Beyer aus Basaltblöcken eine Kanzel gebaut; darauf predigt er in der Geisterstunde den Leuten Buße. Da ihn aber niemand hört, will er hinab ins Dorf, verirrt sich im Gestein und stolpert so lange darin herum, bis die Stunde vorüber ist. Und so muß ers treiben bis zum Jüngsten Gericht.

*

Manche Umgänger mögen nicht von der gewohnten Berufsarbeit lassen. Der Untergeißendorfer Förster sitzt im Busch und paßt auf die Holzdiebe. In den Ruinen der Grafenburg von Berka a. Ilm zeigt sich ein alter Kellermeister mit einem goldnen Trinkgefäß in der Hand, und wer gerade zur rechten Zeit kommt, erhält den köstlichsten Wein kredenzt. Bei Weilar sitzt ein alter Herr mit verschimmeltem Gesicht an einem altmodischen Tisch und schreibt seine Akten, und den Jenaer Professor zieht es zu seinen Büchern. Ein Student stieg durch den Kamin in das verschlossene Zimmer, um sie zu stehlen. Da sah er den alten Herrn arbeitend am Tische sitzen und brach vor Entsetzen bewußtlos zusammen.

*

Der gespenstischen Reiter ist bei den Sagen vom wilden Jäger bereits gedacht worden. Oft ist jene Beziehung aber auch nicht zu erkennen; sie sind nur örtliche Umgänger, die aus dem oder jenem Grunde die Ruhe nicht finden können. Bei Steinbach ists ein schwedischer Reiter, dem im Kampfe der Kopf abgehauen worden war, nachdem er vorher die Kriegskasse versetzt hatte. Der trabt nun im Feld umher, um zu erkunden, ob sie noch an ihrem Orte liege. – In Aschenhausen wars ein gottloser Verwalter, der lange spuken mußte, nachdem ihn der Teufel geholt hatte. Viele haben ihn bald da, bald dort in der Flur umhersprengen sehen. Auch ritt er des Nachts das Vieh im Stalle, daß es am Morgen vor Schweiß troff. Doch als es die Leute nicht mehr aushalten konnten, ließen sie einen Jesuiten kommen; der fing den bösen Geist in einem Sacke ein und trug ihn nach Gerthausen auf die wüsten Äcker.

Geisterzüge

Die Verstorbenen bilden große Genossenschaften, halten Umgänge und versammeln sich in den Gottesackerkirchen zu gespenstischer Andacht. Von der wüsten Waldkapelle her, an der Jakobseiche bei Klosterlausnitz, klingt zuzeiten fernes, dumpfes Glockenläuten. Dann sieht mans durch die Bäume flimmern, und ein Kirchlein, licht und glänzend wird sichtbar. Geräuschlos tut die Tür sich auf, und heraus schreitet langsam ein kleiner, gespenstischer Leichenzug. Weißbärtige alte Mönche in schwarzen verschollenen Kutten tragen einen Sarg, auf dem ein leuchtendes Christusbild liegt. Leise geht der Zug hinaus in den Wald.

*

Eines Tages noch früh in der Dämmerung ging ein Priester von Krauthausen nach Creuzburg. Es war gerade St.-Ursulen-Tag. Als er nun aus dem Felde an die Straße kam, welche nach der Stadt führt, begegnete ihm ein Zug weißgekleideter Nonnen mit brennenden Kerzen und sangen den Hymnus de profundis. Der Priester vermochte vor Furcht und Schrecken zunächst weder zu singen, noch auch davonzugehen. Da schaute aus dem Zuge eine ältere Schwester zurück und sprach zu ihm mit freundlicher Stimme: »Du bist ein Priester und schweigst? Komm herbei, und singe mit uns!« Der Priester faßte Mut und tat, wie ihm geheißen war. Bald naheten sie der Stelle, wo jetzt die St.-Liborius-Kirche steht, und ein Greis im

Priestergewand trat heran, vor dem die ganze Versammlung demütig die Knie beugte, seinen Segen zu empfangen. Als er solchen erteilt hatte, ging er selber als Führer mit einem Stabe dem Zuge voran, und sie stiegen drüben über der Werra unter lautem Singen einen Bergpfad hinan; der Priester aber machte sich inzwischen heimlich davon. Von der Höhe kam da plötzlich eine laute Stimme: »Du magst gehen, wirst aber in dein Verderben gehen!« – Am dritten Tage darauf kam er um, von einem Blitzstrahl getroffen. Andere sagen, er sei vom Pferde gestürzt, als er nach Falken wollte, um dort eine Predigt zu halten.

*

In Sittichenbach bei Sangerhausen hat man am hellen Tage zwischen elf und zwölf Uhr eine ganze Prozession gespenstischer grauer Mönche mit vorgetragenem Kruzifix aus einem alten Keller kommen sehen, und nachdem der Umgang zu Ende, ist sie an der nämlichen Stelle wieder verschwunden.

*

Die Sage von der Geistermette ist auch in Thüringen allgemein verbreitet und wird in den verschiedensten Formen und an vielen Orten erzählt. Oft findet sie wie in der Husenkirche bei Salzungen oder in der Totenkirche zu Elsterberg am Weihnachtsabend statt; mitunter ist sie auch nicht an besonders heilige Tage gebunden. So erzählt man, daß ein Diakonus an der Liebfrauenkirche in Arnstadt des Nachts einmal aus dem Schlafe erwacht sei und in der Meinung, es sei die Zeit zur Frühmette, sich in die Kirche begeben habe, seines Dienstes dort zu warten. Bei seinem Eintritt findet er den Gottesdienst schon begonnen, die Kerzen sind angezündet, an dem Hochaltar aber und an den Seitenaltären stehen Meßpriester und Vikare, welche vor vielen hundert Jahren den Gottesdienst besorgt hatten. Während der Diakonus staunend dieses alles betrachtet, schlägt die Turmuhr eins, und sogleich erlöschen alle Kerzen. Der gesamte Klerus ist mit einem Male verschwunden und aller Glanz und alle Herrlichkeit. Der erschrockene Diakonus steht allein in der finstern Kirche.

*

Eine Frau in Schleiz ist einmal nachts elf Uhr in der Meinung, es sei Zeit zur Frühmette, zur Gottesackerkirche gegangen, hat sich aber nicht wenig verwundert, als sie da einen ihr wohlbekannten, aber längst verstorbenen Geistlichen hat predigen hören. Im Umschauen bemerkt sie weiter, daß auch rings um sie herum nur Personen Platz genommen haben, die zum Teil längst vermodert sein mußten. Neben ihr saß eine ehemalige gute Freundin; die raunt ihr zu: sie solle machen, daß sie fortkäme, und wenn sie es ungefährdet tun wolle, etwas zurücklassen von ihrem Anzuge. Das tat jene, hat aber lange Zeit hernach krank gelegen, und das Mäntelchen, das sie zurückgelassen, hat man am andern Morgen in tausend Stücke zerrissen gefunden.

Quellennachweise und Anmerkungen

Annal	Annales Reinhardbrunnenses. herausgeg. von Fr. Wegele. Thür. Geschichtsquellen I (Jena 1854)
Al	*Altenburg,* Beschreibung der Stadt Mühlhausen in Thür. (Mühlh. 1824)
Mühlh Sa	*Aus alter Zeit.* Heft 5. Darin Jordan, Mühlhäuser Sagen (Mühlh. 1910)
Back	*Back,* Chronik von Eisenberg (Eisenb. 1843)
Ba	*Bange,* Thüringische Chronik (Mühlh. 1599)
Bech	*Becherer,* Neue Thüringische Chronica (Mühlh. 1601)
Be Sa	*Bechstein,* Sagenschatz des Thüringerlandes. Neue Ausg. 4 Teile (Hildburgh. 1862)
Be Th	*Bechstein,* Thüringer Sagenbuch. 2 Bde (Coburg 1858)
Be Rhön	*Bechstein,* Die Sagen des Rhöngebirges und des Grabfeldes (Würzburg. 1842)
Beh	*Behrens,* Herynia curiosa oder Curiöser Hartz-Wald (Nordh. 1712)
Bi	*Binhard,* Neue vollkommene Thüringische Chronica (Leipz. 1613)
Bö	*Börner,* Volkssagen aus dem Orlagau (Altenb. 1838)
Brü	*Brückner,* Landeskunde des Herzogtums Meiningen (Mein. 1851 u. 53)
Bü	*Bühring und Hertel,* Der Rennsteig des Thüringer Waldes (Jena 1896)
Büsch	*Büsching,* Volkssagen, Märchen und Legenden (Leipz. 1812)
Dö	*Döhler,* Unser Vogtland (1895–98)
Draud	*Draud,* Fürstliche Tischreden (Basel 1642)
Ei	*Eisel,* Sagenbuch des Voigtlandes (Gera 1871)
Eis	*Eisenach,* Das Sulzaer Thal (Naumb. 1821)
Fa E	*Falckenstein,* Historie von Erfurt (Erf. 1739)
Fa Th	*Falckenstein,* Thüringische Chronicka (Erf. 1738)
Fi	*Fischer,* Beiträge zur Geschichte von Veitsberg-Wünschendorf (Weida 1915)
Fri	*Fritz,* Das Volksbuch vom Doktor Faust. Darin: Historia von Dokt. Joh. Faust vom J. 1589 (Halle 1914)
Gey O	*Geyer,* Osterlandsagen (Altenb. 1901)
Gey Eis	*Geyer,* Sagen a. d. Eisenberger Pflege (Altenb. 1922)
Gö	*Götze,* Höfer und Zschiesche, Die vor- u. frühgeschichtlichen Altertümer Thüringens (Würzb. 1909)
Gott	*Gottschalck,* Die Ritterburgen u. Bergschlösser Deutschland. 9 Bde (Halle 1810–1855)
Grä	*Gräße,* Der Sagenschatz des Königreichs Sachsen. Im Anhang: Die Sagen des Herzogtums Sachsen-Altenburg. 2. Aufl. (Dresden 1874)
Gre	*Greß,* Holzlandsagen. 2. Aufl. von V. Lommar (Leipz. 1898)
Gri	*Grimm,* Deutsche Sagen. 2. Aufl. (Berl. 1865)
Hog	*Hogel,* Chronik von Erfurt. Handschrift (Ratsbibliothek)

Jo — *Jordan,* Chronik der Stadt Mühlhausen in Th. Bd. I (Mühlh. 1900)

Klo — *Klopfleisch,* Mythologische Übungen. Vogtländische Sagen. Handschrift

Kö — *Köhler,* Volksbrauch, Aberglauben, Sagen und andere Überlieferungen im Voigtlande (Leipz. 1867)

Kru — *Kruspe,* Die Sagen der Stadt Erfurt (Erf. 1877)

Krü — *Krügelstein,* Nachrichten der Stadt Ohrdurf (Ohrdurf 1844)

Ku — *Kuhn und Schwartz,* Norddeutsche Sagen, Märchen und Gebräuche (Leipz. 1848)

Kü — *Kühne,* Das älteste Faustbuch. Wortgetreuer Abdruck der editio princeps des Spies'schen Faustbuches vom Jahre 1587 (Zerbst 1868)

Leb — *Leben des heiligen Ludwig.* Nach der latein. Urschrift übersetzt von Fr. v. Köditz von Saalfeld. Herausgeg. von H. Rückert (Leipz. 1851)

Lep — *Lepsius,* Kleine Schriften, Beiträge z. thüringisch-sächsischen Geschichte u. deutschen Kunst- und Altertumskunde (Magdeb. 1854)

Ley — *Von der Leyen,* Deutsches Sagenbuch. 4 Teile (Münch. 1909)

Lie — *Liebermann,* Geschichtliches aus Judenbach (Hildburgh. 1887)

Lö — *Löber,* Historie von Ronneburg (Altenb. 1722)

Lu — *Ludloff,* Thüringische Sagen und Volksmärchen (Sondersh. 1822)

Mel — *Melissantes,* Curieuse Beschreibung einiger ... Bergschlösser (Frankf. u. Leipz. 1721)

Men — *Mencke,* Scriptores rerum Germanicarum (Leipz. 1728 u. 1730)

Mey — *Meyer,* Thüringens Merkwürdigkeiten (Arnstadt 1826)

Mi — *Mitzschke,* Sagenschatz der Stadt Weimar u. ihrer Umgegend (Weimar 1904)

Mü — *Müllers* Annales des Chur. und Fürstl. Hauses Sachsen (Leipz. 1700)

Ol — *Olearius,* Allerhand Thür. Historien u. Chroniken (Frankf. u. Leipz. 1704)

Ot — *Otmar,* Volkssagen (Bremen 1800)

Pau — *Paullini,* Zeitkürzende und erbauliche Lust (Frankf. a. M. 1645 u. 47)

Pfe — *Pfefferkorn,* Merkwürdige und auserlesene Geschichte v. d. berühmten Landgrafschaft Thüringen (1685)

Prä Blo — *Prätorius,* Blockesberges Verrichtung (Leipz. u. Frankf, 1668)

Prä Wei — *Prätorius,* Weihnachtsfratzen (Leipz. 1663)

Prä We — *Prätorius,* Weltbeschreibung v. allerley wunderbarl. Menschen (Magdeb. 1666)

Prä Wü — *Prätorius,* Ein Ausbund von den Wündschel-Ruthen (Leipz. 1667)

Ro — *Rothe,* Düringische Chronik. Herausgeg. von R. v. Liliencron. Thür. Geschichtsquellen III (Jena 1859)

Sa — *Sachsengrün,* Culturgeschichtl. Zeitschr. aus sämtl. Ländern sächs. Stammes (Dresden 1860 u. 61)

Schei — *Scheible,* Kloster 2. Bd (Stuttgart 1846)

Sä Chron — *Sächsisch Chronicon* (Magdeburgk 1596)

Schm — *Schmidt,* Topographie der Pflege Reichenfels (Leipz. 1827)

Si — *Sigismund,* Landeskunde des Fürstentums Schwarzburg-Rudolstadt (Rudolst. 1862)

Schrei — *Schreiber u. Färber,* Jena von seinem Ursprunge bis zur neuesten Zeit (Jena 1850)

So	*Sommer,* Sagen, Märchen u. Gebräuche (Halle 1846)
Stie	*Stiehler,* Kloster und Ort Georgenthal (Gotha 1891)
Sto	*Stolle,* Memoriale: thüringisch-erfurtische Chronik. Bearb. von R. Thiele, Geschichtsquellen d. Prov. Sachsen. 39. Bd (Halle 1900)
Thur	*Thuringia,* Zeitschrift zur Kunde des Vaterlands (Arnstadt 1841–43)
Thü Va	*Thüringische Vaterlandskunde* (Erf. 1801–1806) u. allgem. Thür. Vaterlandskunde (Erf. 1822–24)
Thü Vo	*Thüringer Volksfreund* (Jena 1829)
Th u. d. H	*Thüringen* und der Harz mit ihren Merkwürdigkeiten, Volkssagen und Legenden (Sondersh. 1839–42)
Va	*Variscia,* Mitteilungen a. d. Archiv des Voigtl. altertumsforsch. Vereins (Greiz, Leipz., Gera 1829–1834)
Wa Her	*Wartburg-Herold.* Halbmonatsschr. f. Thür. Volkstum (Weim. u. Eis. 1896–98)
Wer	*Werther,* Chronik der Stadt Suhl (Suhl 1847)
Wid	*Widmann,* Die wahrhaftigen Historien des D. Johannes Faust (Hamb. 1599)
Widu	*Widukinds* Sächsische Geschichten. Die Geschichtschreiber der deutschen Vorzeit X. Jahrh. 6. Bd (Berl. 1852)
Wi	*Witzschel,* Sagen aus Thüringen (Wien 1866) 2. Teil. Herausgeg. von Schmidt (Wien 1878)
Wu	*Wucke,* Sagen der mittleren Werra. 3. Aufl. Herausgeg. von H. Ullrich (Eisenach 1921)
Zie	*Ziegler,* Ruhla u. seine Umgebung (Dresden 1867)
	U. a. Schriften, die in den Nachweisen genannt sind.

Geschichtliche Sagen

Frühzeit. *Flutsagen:* Fa E g, dass. Fa Th I, 218. – Thur 1843, 347 – Klo 1 u. Bö 31ff – Wu Nr. 156 u. Th u. d. H I, 217 – Wu Nr. 185. – *Die Thüringer am Meer:* Widu I, 4–6 in d. Übersetz. von Wi – Sä Chron 8f. – *Attila:* Fa Th I, 227f nach einem geschrieb. Chronikon b. Sagittarius. – *Childerich u. Basina:* Greg. v. Tours II, 12 u. Gri Nr. 425, nach Aimoinus Lib. I c. 7 und 8. Vom Löffel der Basina: Mi 68, gefunden in Weimar, im Mus. f. Völkerk. Berlin, Abbild desselben: Gö Taf. XXIII, Nr. 355. – *Bruderkampf:* Greg. III, 4.

Ungarn- u. Wendenkämpfe. *Ungarneinfälle:* Bi I, 60 u. Fa Th II, 213f Anmerk. – Ba Bl. 32. – *Kämpfe gegen die Wenden:* Ei 704, 705, 706; auch im Vogtlande ist übrigens ein Triangel Reichenbach, Lengenfeld, Hirschfeld–Saalfeld: Büsch 185f u. Mel 347 – Lauenstein: Meßmer, Sagen u. Sänge vom Lauenstein u. Loquitztal 5.

Herrengeschlechter u. ihre Burgen. *Namen.* Schwarzburg, Gleichen, Frankenstein, Treffurt: Ro 125 – Mühlberg Bi I, 10 – Henneberg Ro 124. Zum Ursprung von Henneberg: Wagner, Gesch. von Schmalkalden nebst Übers. d. Gesch. von Henneberg (Marburg u. Leipzig 1849) 23; die Jungfrau mit dem Zopf: Büsching, wöchentl. Nachrichten II, 382. Andere Lesarten Wu 738 u. Be Sa III, 230ff – *Bauopfer.* Liebenstein: Be Th Nr. 135 u Wu Nr. 161 – Kraienburg: Be Th Nr. 61 u. Wu Nr. 245 – Hennenburg: Be Rhön 293f u. Wu Nr. 747 – Reichenfels: Reichenfelser Archiv, Schm 153 – Vacha: Wu Nr. 262. – *Vom zweiweib. Gleichen:*

Gri Nr. 581, Mel 29f, Bi I, 174. – *Die Reußen:* Peccenstein, Theatrum Sax. in Gräßes Sagenschatz I, 222. *Raubburgen:* Ei Nr. 904, 905, 907 – Hensolt Beschreib. v. Sonneberg 117. – *Der Brandmeister:* Wi II, 79, vgl. Th. u. d. Harz V, 215. – *Frauenraub:* Be Sa IV, 32 – Wu Nr. 187, Be Sa IV, 189. – *Strafgerichte:* Hog 217f – Ilmenau: Be Sa III, 157, bei Bi I, 208 sinds gar 29. Die Bosen: Ol II, 242 u. 336 – Elsterburg: Bi III, 267. *Dienstberg:* Fa E 184. – *Anderer Ausgang.* Liebenstein: Wi II, Nr. 74 mitget. von Schwerdt; die geschichtl. Grundlage bei Gott VI, 295 – Katzenkopf: Ei 902 – Heilingen: Be Th Nr. 373 – Leutenberg: Sig II, 189f. – *Waltmann von Sättelstedt:* Bech 266f, Ba Bl 88.

Die Landgrafen u. die Wartburg. *Ludwig der Bärtige:* Annal 1ff. – Sein Sohn getauft Ro 257f. – *Ludwig der Springer.* Übernahme der Herrschaft. Ro 260f. – Die Frau v. d. Weißenburg: Ro 261ff u. Uhland, Volkslieder Nr. 129. Brottuff (Handschrift von 1557) setzt hinzu: Im Ampte und in der Stadt Freyburg ist es ein altes Gerücht, daß im neuen Closter zu Geissig, uff denselben Tag, als Pfalz Graff Friederich erstochen, solle eine Magd solch böße heimliche Practica des Graffen Ludovici und Adelheits, Pfalzgräffin zur Weissenburg erfahren u. verkundschafft haben, sey eilend von Geissig über den Wald, u. das Gebürge, nach der Weissenburg, jetzt Zscheuplitz genant, den Pfalz Graffen Friederichen zu warnen, gelaufen, u. als sie in das Holz, welches man die Weidenau nennet, an denen Freyburgischen Weydleiden, in ein Fahrweg, nahe am Ende gegen Mitternacht, kommen, sey sie müde worden. Daß ihr der Othen entfallen, und alldo ersticket, und neben dem Wege gestorben – Der Springer: Annal 12 – Die Wartburg gebaut: Bi I, 86f – Stadtmauer zu Eisenach: Ba Bl. 45, Bi I, 87f u. Ursinus Thür. Chron. b. Men III, 1257 – Reinhardsbrunn: Ro 270ff. – *Der eiserne Landgraf:* Ba Bl. 60 – Mauer gebaut: Ro 294 – der Arzt: Caesarius heisterb. dial. miracul. I, 27 – Das Begräbnis: Ba Bl. 64f; Gott VI, 279f: Die Neuenburg (Nauenburg) lag unweit Altenstein, hier der Landgrafenacker, die Eiserne Mauer, von hier der Leichnam des Eisernen nach dem drei Stunden entfernten Reinhardsbrunn getragen. Später die betreffenden Sagen vom Chronisten nach Naumburg oder Freyburg verlegt. In der Tat wird bei Steinbach über der Bornwiese ein Landgrafenacker gezeigt, vgl. Be Sa IV, 214 u. Wu Nr. 136. – *Der Sängerkrieg:* Leb 9ff.
Ludwig und Elisabeth. Die vierj. Braut: Leb 13f – Ritterschlag: Ro 345 – Liebe 3 u Braut: Leb 25f – Die Vermählung: Schlorff III, Bl. 72 u. Ro 345 – Kirchgang: Gerstenberger, Thür. hess. Chron. b. Schminke, Monum. Hass. I, 309 – Armendienst: Annal 189f Leb 45, Ro 353 – Krankenpflege: Bi I, 164 u. Ro 352 – Die Rosen: Men II, 2067 – Elisabeths Demut u. Redlichkeit: Annal 152f – Annal 169f u. Leb 28f – Ludwigs Keuschheit: Ba Bl. 88f – Der Löwe: Ba Bl. 89 – Der Räuber: Bi 165 – Von einem kremer: Thür. Chron. b. Lepsius III, 266f u. Ba Bl. 86f – Der Kreuzzug: Leb 52ff – Ludwigs Tod: Leb 60 u. Annal 206f – Das Begräbnis: Ro 374ff – Die heil. Elisabeth vertrieben: Ro 371f – Die Versöhnung: Ro 377ff – Elisabeth in Marburg: Ro 380ff – Der Heiligen Tod: Ro 384f – Landgraf Hermann vergiftet: Ro 398.
Der Erbstreit: Ba Bl. 99^b–101. – *Albrecht der Unartige.* Der Wangenbiß: Thür. Chron. b. Lep III, 274f, Ba Bl 103^b–104, Ro 434ff – Apitz: Ro 458f. – *Friedrich der Freidige.* Der Taufritt: Ro 511f – Friedrichs Tod: Ro 547.

Vom Ausgang des Mittelalters. *Kinderzüge:* Fa E 75 – Fa E 84 u. Bi I, 180. *Rudolf von Habsburg:* Hog 70 u. Fa E 162 – Bi I, 206 u. Fa 158 – Kru I, Nr. 66. – *Adolf v. Nassau:* Bi I, 211f. – *Judenverfolgung:* Ro 500f u. Lep III, 280 – Be Sa III, 206 – Fa E

227f. – *Bruderkrieg:* Ei Nr. 712 u. 713b. Bi III, 6 mit anschaulichen Zusätzen. – *Bußprediger:* Th Va 1823, 107. – *Ketzerei:* Th. u. d. Harz II, 281; Be Sa III, 91.

STÄDTE. *Erfurt.* Gründung: Fa E 5 nach einem geschrieb. Chron. – Dom: Kru I, Nr. 58 – Zum heil. Brunn: Fa E 89f – Marienwunder: Zienert, Preußens Volkss. bei Kru I, Nr. 68. Läuten der Martinsgans: Hog 115 u. Bi 163f. – *Arnstadt, Liebfrauenkirche:* Hellbach, Nachrichten v. d. Lieben Frauen-Kirche zu Arnstadt 117. Ähnliche Sagen: Naumburg (Dom) s. daselbst, Erfurt (Die Häuser Zum breiten Herd u. Zum roten Ochsen) Kru I, Nr. 73, Mühlhausen (Äußeres Erfurter Tor u. Oberes Frauentor) Mühlh Sa Nr. 6. – *Gotha.* Grumbachische Händel: Mü 148, 145, 149, Pfe 500, Mü 149f – Herr Augustin Be Th Nr. 427. Galletti: Gallettiana (Berlin 1876). – *Mühlhausen.* Tapferkeit: Ol II, 157 – Große Glocke: Jo Mühlh Chron unter dem Jahr 1345, Jo 81f – Wasserleitung: Th. u. d. Harz VI, 6f u. Mühlh Sa Nr. 4 (nach Pfaffs Chron 43). – *Nordhausen:* Ol II, 184 – Branntwein Wu Nr. 142. – *Sondershausen:* Th. u. d. Harz II, 13. – *Naumburg.* Dom: Friedrich Hoppe, Alte Naumb. Geschichten i. Naumb. Kreisbl. u. Lep I, 254 – Nach Mitteilungen des Herrn Domküsters Schenke – Der schlimme Bischof: Gott V, 308 u. Philipps Gesch. des Stiftes Naumburg-Zeitz 176, auch Ei Nr. 380, darin die Schandtat des Bischofs, nach der er in Zeitz fünfhundert Jahre als dreibeiniger Hase spuken mußte – Hussiten: Reimann, Deutsche Volksfeste 143f; das Kirschfest wird am 28. Juni gefeiert, der Verf. des bekannten Liedes (zum Kirschfest 1832 gedichtet) ist Referendar K. Seyffarth. – *Jena.* Universität: Pfe 359f – Kreußler: Kahn, Anfangsgründe der Fechtkunst (Helmstedt 1751), Anhang 29 u. Schrei 292f – Diogenes: Friedrich, Studentenfahrten (Jena 1858) 21ff – Philister u. Füchse: Wiedeburg, Beschreib. d. Stadt Jena (Jena 1785) 155 – Haje, Ideale u. Irrtümer (Leipzig 1872) 116 – Rolfink Th Va 1806, 27. – *Weimar.* Name: Mi Nr. 1, auf S. 134 eine Zusammenstell. der reichen Literatur über diesen Gegenstand – Wahlspruch: Mi Nr. 16 u. Schöll 18 – Das zersprungene Bild: Mü 640 – Der tolle Prinz: Mi Nr. 27 nach Röse, Johann Friedrich VI. – *Altenburg.* Die roten Spitzen: Sa 1861, 41 – Das Gerippe: ebenda 41 – Skat: Stein, Gesch. des Skatspiels (Berlin 1887) 4 – *Saalfeld:* Prä Wü 152f; der Lokalsage liegt die Legende von der heiligen Bekümmernis zugrunde – *Koburg.* Die Brunnenlöwen: Be Rhön 212 – Von der Veste: Wettig, Sag. u. hist. Erz. aus Coburg (Cob. 1899) 28 – Ebenda 15 – Die Störche zu Creuzburg: Wi I, 95 n. Chron. mon. 305.
Größe der Städte. Weimar: Mi Nr. 2 – Weida: Ei Nr. 861, über die Entstehung der Stadt vgl. Ei Nr. 837. – *Gerichtswesen.* Mühlhausen: Al 264 – Tann: Wu 386, Gri Wö: Gak-Pranger, über die Gagk-Säule zu Sulza s. Eis 33f – Auch in Leutenberg verhängte man für etliche geringe Dinge eine ähnliche Strafe. Der Schuldige mußte so lange in einem Korbe über dem Stadtgraben hängen, bis er den Strick aufknüpfte oder durchschnitt u. mit dem Korb ins Wasser fiel (Sig II, 188) – Buttstädt: Mü 40 – Remda Fa E 276.

DORFLEBEN. *Gangloff-Sömmern:* Ol II, 270. – *Ortsfluren und Gerechtsame.* Oberelsbach: Wu Nr. 335 – Brotterode: Th. u. d. Harz IV, 268f u. Be Sa II, 95. Die Schenkung wird in einer Sage begründet: Karls V. Gemahlin kam auf der Reise in Brotterode nieder; vgl. Be Th Nr. 140 – Der Schulze von Heubach: Wa He IV, 121 mitget. von Fr. Lehmann. – *Die Vogteier:* Th. u. d. Harz III, 135. – *Der Gemeindestab:* Klo 371, vgl. auch Fi 116ff. – *Unschuldig Gerichtete.* Untermaßfeld: Wu Nr. 737 u. Be Th Nr. 49. – *Kirchen, Glocken, Bildwerke.* Riethnordhausen: Wi II, Nr. 139 – Altenberge: Gri Nr. 291 – Urnshausen: Wu Nr. 613 –

Urspringen: Wu Nr. 339 u. Be Rhön 94 – Großromstedt: Neuere Sage, auch b. Be. – *Wahrsager.* Rohr: Be Sa III, 199 – Schwarzhausen: Be Sa II, 133; vgl. auch Be Rhön 227 Die Engelseherin in Gumpertshausen. – *Wilde Tiere:* Heß, Der Thür. Wald (Gotha 1898) 20ff, Fa E 629, Pfe 373. – *Not:* Sa 1862, 11; ungerechte Hinrichtung eines Bauern bei Kahla s. Ba Bl. 148b.

Bergbau. *Walenkunde.* Ohrdruf: Be Sa II, 63 – Tambach: Be Sa II, 77 – Asbach: Be Th 155. – *Goldnes.* Kirche: Wi I, Nr. 186 – Hirsch: Th. u. d. Harz II, 45. – *Bergorte.* Be Sa II, 88; vgl. auch Be Sa II, 109 Ursprung der Ruhl – Be Th Nr. 176. – *Der verschüttete Bergmann:* Be Th Nr. 163. – *Verwünschung:* Thur 1843, 136 – Das vorher genannte Bergwerk von Reichmannsdorf soll auf ähnliche Weise verwünscht worden sein, s. Be Th Nr. 176. Vom Bergwerk bei Goldlauter ging die Rede, es könne nicht in die Höhe kommen, weil es versetzt sei mit dem linken Fuße einer Stute, in welchen drei Nägel geschlagen seien (Be Th 168). – *Edle Wässer.* Gold: Fi 75, Be Th Nr. 341 – Silber: Heilingen Be The Nr. 374 – Eisenach: Limberg, Das lebende u. schwebende Eisenach 30f – Perlen: Dö IV, 403 (nach Magister Meyer) u. 404 (Albinus, Meißnische Land- u. Bergchronika 1589). – *Die Venezianer.* Scheinhandel: Wu Nr. 70 – Goldborn (früher Hollaborn): Wu Nr. 168 – Silberlöcher: Wu Nr. 78 – Öchsen: Wu Nr. 523 – Auf dem Reinsberg: Wi II, Nr. 80 – Die Schlange in der Höhle: Wu Nr. 112 – Töffel in Venedig Ei 593 – Hilfe aus Venedig: Be Sa III, 154ff – Brettmühle: Ei Nr. 595, Anmerk. (a. d. Reichenf. Archiv), Be Th Nr. 206. – Salz- u. Heilquellen. Sulza: Eis 8 – Plaue: Be Sa III, 140 – Möhra: Wu Nr. 202.

Luther und die Reformation. *Chronist:* Pfe 65 – *Prophezeiung:* Be Sa I, 115. – *Erfurt u. Worms:* Kru I, Nr. 26, Bi III, 33; Wu Nr. 120, vgl. Bü 57. 116. Über Fußspuren in Steinen Westthüringens vgl. L. Gerbing, Wa He IV, 9. 190. – *Wartburg:* Be Sa I, 118 – Kru I, Nr. 27 nach Möllers alten Geschichten. – *Widersacher:* Th. u. d. H. VI, 20f u. Mühlh Sa 10 f. – *Weimar:* Mi Nr. 52, Lö 243. – *Heilung:* Wi I, Nr. 155; Wu Nr. 121, Be Sa II, 71, vgl. Bü 47. – *Anhang:* Wu Nr. 387; Wu Nr. 571. – *Erinnerungszeichen.* Bettstelle in Bastheim: Wu Nr. 778; auch zahlreiche andere Lutherkanzeln werden genannt (Burgk, Schleitz, Dittersdorf) – Schwabe, Monimente Luthers 70ff, Theatrum europ. VII, 136.
Bauernkrieg. Schlacht b. Frankenhausen: Bi III, 95ff u. Jo I, 190ff – Sülzfelder Bauern: Wu Nr. 740 u. Be Rhö 292; ähnliche treuherzige Einfalt auch im osterländ. Aufruhr s. Gey O 22 – Pritschreime: Pfe 458. – *Wiedertäufer:* Fa E 591. – *Karl V.:* Mi Nr. 53. – *Untaten der Spanier:* Vulpius,, Curiositäten I, 322 u. Mi Nr. 50 – Wette, Histor. Nachrichten von Weimar (Weimar 1737) 228f nach C. v. d. Lage. – *Fürstenblut für Ochsenblut:* Schiller, Kleine Schriften: Herzog Alba (nach J. Soeffing 1676, bezw. Cyriacus Spangenberg), vgl. Wa He II, 6ff.

Aus den letzten drei Jahrhunderten. *Dreißigjähriger Krieg:* Ei Nr. 710 – Ei 709; auch anderwärts Kroatengräben, vgl. Wu Nr. 150 u. 182; »Schwedenschanzen« in Deutschland etwa 8000. – *Kriegsgreuel:* Wu Nr. 24 – Wu Nr. 150 – Wer II, 121 – Döpel, Gesch. v. Marksuhl 86. – *Die Geisterschlacht:* Be Sa IV, 230, auch Storch in Th. u. d. H. II, 49 u. Wu Nr. 182. – *Not auch im Osterland:* Wünschendorf und Mosen Fi 79. – *Vorzeichen u. Rettungen.* Saalfeld: Klo 250 – Walldorf: Wu Nr. 724 u. Be Sa IV, 115 – Meiningen: Wu 732 nach Güth, Poligraphia Meiningensis 267 – Schweina: Wu Nr. 158 – Frauenbreitungen: Wu Nr. 603. – *Die Hangeiche:* Be Th Nr. 340, Th Va 1824, 106ff als Gedicht. – *Gustav Adolf:* Kru I, Nr. 34 aus Berta

Verdas, Eine gekrönte Dichterin I, 169 – Kru I, Nr. 36.. – *Die Trompetereiche:* Be Sa III, 229. – *Aufbau:* Wu Nr. 415. – *Der Siebenjährige Krieg:* Wu Nr. 553 – Beyer, Neue Chronik von Erfurt (Erfurt 1821) 68. – *Die Franzosenzeit.* Der Deserteur: Lie 80f – Prinz Louis Ferdinand: Wahl, Prinz Louis Ferdinand v. Preußen (Weimar 1917) 400ff – Verfehlte List: Fi 131 – Der perfekte Franzose: Klinghammer, Mei Rudelschtadt III, 14 – Napoleon: Kru I, Nr. 38.

Die Pest und andere Landplagen. *Himmelszeichen.* Eisenach: Pfe 374 – Großmölsen: Fa E 1044 – Zeitz: Ei 182. – *Blutquellen.* Nohra: Rehefeld, Blutgeschichte (1636) 2f; Pfe 376; Pfe 377, Bech 537f – Raben: Pfe 372. Bei Wittchendorf, zwischen Weida und Greiz, brannte von Michaelis 1549 bis in den Januar des nächsten Jahres ein Feld. Der Schosser zu Weida schließt seinen Bericht mit den Worten: Was nun gott durch solch und dergleichen Zeichen geben wirt, das wirt uns die Zeit wohl zeigen (Weimar, Gesamtarchiv). – *Regenwunder:* Ol II, 16; Ro 399 – Werra bleibt aus: Be Th Nr. 63. – *Wunderquellen:* Wi II, Nr. 37 n. Paullini, Philosophischer Feierabend 284ff – Be Sa III, 123 – Wu Nr. 204; – *Andere Vorzeichen:* Wu Nr. 232 – Mey 1. Heft, 14 – Wi I, Nr. 332[2].
Entstehung der Pest. Erdbeben: Fa E 226 u. Bi III, 108 – Ausgeackert: Wu Nr. 87 – Aus dem Morgenland: Ei Nr. 458, andere Lesarten ebenda. – *Verbreitung.* Gera: Ei Nr. 456 – Möhra: Wu Nr. 201[b] – Weida: Ei Nr. 554 – Pößneck: ebenda, Anmerk. – Seifersdorf: Ei Nr. 952, Zahnsicheln von den Slawen zum Abschneiden des Schilfes benutzt. – *Opfer:* Zadelsdorf: Schm 158 – Buttstädt: Mi Nr. 143 – Straße nach Zella: Be Sa III, 177. – *Abwehrmittel.* Erfurt: Fa E 227 – Vogtland: Ei Nr. 400 – Allendorf: Wu Nr. 555[b]. – *Erlöschen der Seuche.* Salzungen: Wu Nr. 555[a] – Herpf: Wu Nr. 717 – Motzlar: Wu Nr. 494 – Nordheim: Nr. 759.
Hungersnot. Teuerung: Annales Fuldenses ad ann. 850 – Opfer: Fa E 109; Bi I, 238 u. Ba Bl. 105; Bi II, 238; Bi II, 210 u. Be IV, 60. – *Verkauf von Grundstücken.* Endschütz: Ei Nr. 775 – Fichtelburg: Be Th Nr. 212. – *Hartherzige u. Wohltäter:* Limberg, Das i. Jahr 1708 lebende u. schwebende Eisenach (Eis 1712) 154 – *Wassersnot.* Waltershausen: Polack, Waltershäuser Chron 111 u. Be Sa II, 156 – Wunderbare Rettung: Lange, Zwo Wetterpredigten (Jena 1613) 105ff; »mit Leimen beschlagen« = mit Lehm verstrichen – Tod im Glauben: ebenda 103. – *Windsbraut:* Joan. Rhodium von Rockhausen, Pfarrer zu Bischleben: Wahrhafter Bericht und kurze Beschreibung des großen Schadens, welchen das Dorf Rockhausen empfunden... bei Ol II, 212ff. – *Feuersnot.* Erfurt: Kru I, 22; Fa E 337ff; vgl. Sto Nr. 292. Die Kosten der Hinrichtung haben angeblich 2285 Taler betragen (s. Mey 1. Heft 107) – Gera: Ha 911ff – Arnstadt: Th. u. d. H. VI, 219f.

Zigeuner und Räuber. *Zigeuner.* Erfurt: Ro 678 – Meiningen: Meininger Stadtchronik b. Be Th Nr. 38 – Stie II, 85. – *Geheime Künste.* Leumnitz: Ei Nr. 580 – Haueisen: Ei Nr. 870 – Blankenstein: Ei 692 – Steinbach: Be Sa IV, 175 u. Wu Nr. 132, ähnlich Ei Nr. 583 (Rusdorf b. Ronneburg) – Gera: Ha 226. – *Untaten:* Bobeck: Ei Nr. 718, vgl. die Verordnung von 1713 bei Ha 1146 – Frankenheim: Wu Nr. 420 – Schneekopf: Be Sa III, 158; über die Ermordung eines Försters bei Großbreitenbach s. Bü 27, bezeichnend, daß zum Schusse auch hier keine Kugel, sondern ein Stück Zinn verwendet wurde – Herpf: Wu Nr. 704.
Räuber. Henning: Th. u. d. H. V, 155 – Loth: Be Sa IV, 56 – Paulus: Wu Nr. 487 u. 488; der Kasten noch heute in Kaltennordheim als »Pauluskasten« gezeigt – Pölsmichel: Klo – Der Einbäumige: Wu Nr. 395 – Das rote Mieder: Be Th Nr. 45.

Male und Wahrzeichen. Kreuze. Kriegsopfer: Wu Nr. 375 – Wu Nr. 685 – Be Th Nr. 216 – Verunglückte. Hirschwirt von Meiningen: Be Th Nr. 41 Bechstein sah das Kreuz zuerst auf einer Wanderung im Jahre 1836 u. hörte die Sage erzählen. Im Jahre 1841 kam er wieder vorbei u. das Kreuz war noch erhalten, als sei es jüngst gegraben. Ähnlich ists mit einem Kreuz bei der Ruine Straufhain, das man mit Steinen gelegt hatte (s. Be Rhön 232) – Zweikämpfer: Wandersleben: Mey 1. Heft 92; vgl. Grä II, 374 (Anh. Nr. 6a) – Wichtshausen: Be Sa III, 192 – Dankmarsh. Wi II, Nr. 45 – Mellrichstadt Wu Nr. 770 – Ermordete: Eisermann Be Sa IV, 167 – Herpf Wu 716 – Weitersroda Wu 10 – Pflanzwirbach: Wi I, Nr. 198; vgl. Sig II, 30. Über Steinkreuze in Thür. vgl. Loth, Die Steinkreuze in der Umgegend von Erfurt. Alberti, Was bedeuten die sog. Schwedensteine? (Dö II, 268 ff).
Steine. »Frauenbreit.« Be Th Nr. 56 u. Wu Nr. 604 – Malmerz: Be Th Nr. 181 – Weiber-Wetzstein: Be Rhön 72 nach einem Henneb. Historiker, dass. Wu Nr. 406. – *Gräber und Felsen:* Friedrichroda: Wi I, Nr. 143 – Mönch und Nonne: Wi I, Nr. 112 – Normannstein: s. S. 29, Trompeterfelsen: Grä II, 391 nach Münnich, Die malerischen Ufer der Saale (Dresden o. J.) 66. Schlüsselheinze-Stein Th Sa III, 246. – *Bäume:* Wi II Nr. 179 – Wu Nr. 106 – Wu Nr. 600 – Dreiherrenbuche: Th. u. d. H. VIII, 224.
Holz- u. Steinbilder. Neustadt: Thur 1842, 64 u. 1843, 366. Nach einer andern Sage stellt das eine Holzbild den Kurfürsten Johann den Beständigen dar. Er soll 1525 auf seinem Zuge gegen die Bauern nach N. gekommen sein u. eine Feuersbrunst mit gedämpft haben – Buttstädt: Ku 212. – *Wappen.* Koburg: Be Rhön 207 u. Th Nr. 7 – Eisenberg: Gre 3, vgl. Back I, 283 f – Auma: Flöel, Aumaer Heimatfest 18, Aumaer Wochenbl. 1863 Nr. 46 – Erfurt: Ba Bl. 38 – Tiefenort: Be Th Nr. 60; daselbst auch eine Variante der Sage. – *Bauwerke u. Geräte.* Erfurt: Be Th Nr. 431 – Weida: Volkss., Thur 1841, 491 – Gera: die verschiedenen Deutungen des Schwertes s. Ha 983 – Tanna: Ei Nr. 742 – Urnshausen: Wu Nr. 612. – *Flurteile.* Eisenberg: Gre 37 – Dreißigacker: Wu Nr. 735.

Volksglaube

In den Bergen. *Stimmen der Tiefe.* Chlodramühle: Ei Nr. 631 – Wolfersdorf: ebenda – Seisla: Be Th Nr. 316 – Hohenleuben u. Gera: Ei Nr. 629. – *Höhlen:* Ei Nr. 693 – Be Th Nr. 243 – Ei Nr. 507, 2. Anm – Ei Nr. 507 – Die Höhle auf dem Buchberg bei Seisla, die mit Spuren eines ehemaligen Wallgrabens umgeben ist, untersuchte 1827 Diakonus Börner in Ranis, der verdienstvolle Sagensammler des Orlagaus. Über den Befund s. Va I, 129. – *Brunnen:* Be Sa IV? 70 – Ei Nr. 505 u. Be Th Nr. 201. – *Wasser im Berg:* Be Th Nr. 153, Wu Nr. 62, 343, 470, 475 – urspringen: Wu Nr. 334 – Sondershausen: Th. u. d. H. VII, 59. – *Gänge.* Haseltal: Be Sa III, 191 – Urnshausen: Wu Nr. 467 – Sittichenbach: Be Sa IV, 90; vgl. Th. u. d. H. III, 223 – Posterstein: Ei Nr. 501, vgl. auch Gey O Nr. 129. – *Geister:* Be Th Nr. 405 – Ei Nr. 495. – *Erlösung.* Drachenberg: Wu Nr. 728 – Singerberg: Be, Erfurter Gedenkbuch 140 – Hermannsberg: Be Th Nr. 158 – Körnberg: Wu Nr. 79 – Gamsenberg: Be Th Nr. 300, andere Lesart Wi II, Nr. 108. – *Die weiße Frau.* Trusen: Wu Nr. 94 – Brotterode: Wu Nr. 105[b] – Hausen: Wu Nr. 341 – Herges: Wu Nr. 48 – Steinbach: Be Th Nr. 128 – Andere Gestalten. Schweina: Wu Nr. 152 – Beyer: Wu Nr. 474 – Gerberstein: Wu Nr. 119 – Oberelsbach: Wu Nr. 345 – Tann: Wu Nr. 391[d].

DAS WILDE HEER. *Wege:* Be Th Nr. 137 – Wu Nr. 702 – Ei Nr. 317 – Schwarz, Salzunger Chron. (handschriftl.) bei Wu Nr. 572. – *Jagdschreie und Hunde:* Ei Nr. 304–306, 303 u. 305. – *Der wilde Jäger u. sein Gefolge:* Ei Nr. 291 u. 292, 298 – Dietrichsberg: Wu Nr. 518 – Stockheimer Warte: Wu Nr. 762. – *Liebliche Musik:* Wu Nr. 744[a] u. 430. – *Menschen bedroht:* Wu Nr. 496 – Ei Nr. 315 u. Be Th Nr. 220. – *Der wilde Jäger geneckt:* Be Th Nr. 299. Berndietrich heißt der wilde Jäger besonders in Nordböhmen u. der Lausitz, da man den Ostgotenhelden Dietrich von Bern offenbar als Führer des Heees denkt. In Thüringen tritt dieser Name nur in der einen Sage auf; doch versichert Bechstein, daß ihn ein glaubhafter Mann aus Langendembach gebraucht habe. Wernsdorf: Be Th Nr. 221 – Förtha: Wu Nr. 214[a]. – *Leute entführt:* Ei Nr. 306 Anm. – Wu Nr. 26 – Wu Nr. 58. – *Segnungen:* Wu Nr. 702. – *Der treue Eckart.* Schwarza: Prä Wei 403 u. Fa Th I, 166 – Die Zecher: Wu Nr. 447. – *Brotüberfluß:* Wu Nr. 469. Dasselbe in Bernshausen u. der Kleienmühle bei Hümpfertshausen (vgl. Wu Nr. 622 u. 703). Auch in Neubrunn zog das wilde Heer immer durch drei Häuser; das kam daher, weil in ihnen im Flur sich drei Türen in gerader Richtung hintereinander befanden: vorn die Haustür, in der Mitte eine Flur- od. Küchentür u. hinten die Hoftür. – *Geisterkutschen.* Bei Salzungen: Wu Nr. 561 – Unter der Brandenburg: Wu Nr. 221 – Viergespann: Ei Nr. 271 nach Dreßler, Sagen um Frössen. – *Schimmelreiter.* Schnibige: Ei Nr. 130 – Burkersdorf: Ei Nr. 745 u. 746. Nicht weit davon, bei Struth, soll auf einer von einem Wassergraben umgebenen Erderhöhung das Schloß des wilden Jägers gestanden haben u. tausend Schritt weiter war auch sein Grab – Hohenleuben: Klo u. Ei Nr. 148.

IM KYFFHÄUSER. *Otto der Rote:* So 1 ff. – *Friedrich II.:* Ro 426 u. Draud 325 – Der Sackpfeifer: Draud 327 f. – *Barbarossa:* Stadtarzt Joh. Adelphus zu Schaffhausen, History von dem Kaiser Friedrich mit einem langen rotten Barte (Landshut 1519) – Der schlafende Kaiser: Prä We I, 306 f, Mek 539 ff u. Beh 151 – Die Raben: Beh 151 – Bergwunder: Ku 217, Pröhle, Deutsche S. (Berl. 1879) 258. – Die Haare aus des Kaisers Bart: Volkssagen (Eisenach 1795–1800) II, 60 ff – Der Taufwein: Ot 134 u. Büsch 320. Variante bei Ku 218 – Osterwasser: Pröhle, Deutsche S. (Berl. 1879) 259 – Sauhirten: Ku 221; Pröhle a. a. O. 261 u. 263 – Der Ziegenhirt: Büsch 327 ff u. Ot 153 ff – Die Brautleute: Gott II, 246 f u. Büsch 331 ff – Die Nachtmusik: Gott II, 245; Büsch 334 ff; Ku 219 – Schatzgräber: Lu 99 f. Eine recht rationalistische Zerstörung der Sage ebenda S. 159 ff.: Die beiden Männer haben am Kyffhäuser Schafe stehlen wollen, werden erwischt, zerprügelt u. verwundet u. danach in Kelbra eingesperrt, worüber sie nach ihrer kläglichen Heimkehr wohlweislich schweigen. – *Markgraf Hans:* Ku 222. – *Frau Hulle:* Kuhn, Sagen, Märchen u. Gebräuche aus Westf. I, 304 – Königin Holle: So 5. Sogar der Schmied von Jüterbogk wird von der Sage als Wappner u. Rüstmeister des Kaisers in den Kyffhäuser versetzt (Lu 131, vgl. auch Ku 221). – *Napoleon gewarnt:* So 5 f.

ANDERE SEELENBERGE, FRAU HOLLE UND PERCHTE. *Der Hörselberg.* Mann aus Sättelstedt: Wi I, Nr. 131 – Die Schäferknechte: nach einem alten Gedicht von 1592 (Universitätsbibliothek in Jena). – *Vom Eckart:* Aus demselben Gedicht. – *Das Teufelsheer:* Zeitschr. f. d. Myth. I, 272 – Prä Blo 15 ff u. Agricola, Deutsche Sprichw. 667 – Höllisches Feuer: Pfe 25 f. – *Königin Reinschwig:* Ba Bl. 57 u. Prä Blo 13 f – *Vom Singerberg.* Be Erfurter Gedenkbuch 146 u. 148 – Der Kornfuhrmann: Wi I, Nr. 178. – *Frau Holle:* Brü II, 789; Ku 217 – Der Umzug: Prä Wei 403 – Ihre Gestalt: Luther, Ausleg. d. Episteln (Basel 1522), Bl. 69[a] – Der verkeilte

Wagen: Prä Wei 405, eine Sage, die vielerorts wiederkehrt, namentlich im Orlagau s. Ei Nr. 265 u. Schm 152 – *Werre:* Ei Nr. 265 Anm. 3. In einem Turm auf der Hohenwart soll eine weiße Frau gewohnt haben, die Frau Welle hieß, u. nicht weit davon ging eine um, die ein blankgeschliffenes Opfermesser trug (Be Th Nr. 333). – *Perchta.* Die Heimchen: Ha I, 172 u. Bö 113ff – Auszug: Bö 117f – Das Tränenkrüglein: Bö 142 – Die geblendte Magd: Bö 133ff – Der zerbroch. Pflug: Bö 126 – Bruch der Feierruhe: Bö 166 – Die übermütigen Spinnerinnen: Bö 159 – Grausame Strafe: Bö 153. Zemmede (Zamede, Zambe, Zamb),, eine der Holla-Perchta genehme Speise. Die Zubereitung ist verschieden; in der Schweinaer Gegend: geröstete Kartoffelschnitten mit Speckgrieben, in andern Teilen des Waldes: Kartoffelbrei mit Speck, in der Reichenfelser Pflege: Mischung aus Mehl, Wasser u. Milch, in der Pfanne gebacken. Sie galt früher als Fastenspeise, ebenso wie die Polse. Diese ist nach Köhler in der Reichenfelser Pflege dasselbe wie Zemmede, in Weida dagegen besteht sie aus geriebenen gekochten Kartoffeln, in der Pfanne gebacken (»Bröckel-Bulze«). In diesen Gerichten handelte es sich nach Kö 64 Anm. 2 um Fastenspeisen (vgl. Grimm, Myth. 4. Aufl. III, 452) u. in dem Aufschneiden des Leibes um eine von den Priestern ausgedachte Drohung zur Verschärfung der Fastenzeit.

Riesen. *Die Teufelsmühle:* Be Rhön 107. – *Riesen im Osterland:* Klo 223 – Riese Tod: Reichenf. Arch. b. Ei Nr. 22 – *Riesen a. d. Werra:* Wu Nr. 18, Be Th Nr. 50 – Der Wetzstein: Wi I Nr. 300 u. Mi Nr. 137. Da der »lange Stein« umgefallen war, wurde er 1902 unter besonderen Feierlichkeiten wiederaufgerichtet. – *Riesenspiel:* Be Th Nr. 2, Vorgänge, die Fr. Ranke in seinen Vermutungen (Gewittervorgang) unterstützen würden s. Ley IV, 223 – Die Riesenkegelbahn: Be Th Nr. 346; auch da liegt der Gedanke an das Gewitter nahe. In Dittersdorf sollen die Riesen im Gasthof Zum goldenen Hirsch oft gezecht haben – Das Riesenspielzeug: Wi I, Nr. 197; vgl. Ley IV, 219 – s. auch Chamisso, das Riesenspielzeug. – *Das Riesenkind:* Be Th Nr. 348. Die Hünkuppe od. Hunnenkuppe bei Blankenburg; auch die Hühnberge im Thüringerwald hat man als Hünensitze gedeutet, doch grundlos, denn Hühnberg 1540; Howenberg u. 1650; Hainberg; vgl. Bü 186 – Der Riesenfinger: Gri Nr. 137. – *Riese u. Drache:* Klo 225 u. Bö 38ff.

Zwerge, Berggeister, Kobolde. *Wie sie aussehen:* Wu Nr. 628 – Schwarze Männchen: Wu Nr. 625 – Zwergenmützchen: Be Th Nr. 3 u. Brü II, 505. – *Zwiebelbrüh mit Kümmel:* Wu Nr. 210[a] – Pferde geneckt: Wu Nr. 210[b] – Versalzte Kümmelbrüh: Th. u. d. H. VII, 240. – *Der vorlaute Knecht:* Bö 208f – Der Erntestrauß: Wu Nr. 200 u. Wi II, S. 223 – Geizhälse: Wu Nr. 200. – *Spinngeschichten:* Wi I, Nr. 188 – Der böse Freier: Be Th Nr. 310 – Die Prügelei: Ei Nr. 95. – *Der Wechselbalg:* Wu Nr. 763 – Der geprügelte Balg: Wu Nr. 212. – *Nonne u. Wichtel:* Wi I, Nr. 99 nach Chron. mon. 303. – *Zwergenkegel:* Ei Nr. 33. Dasselbe in der Hölle bei Weida s. Fi 160 – Die Magd im Querlichloch: Th. u. d. H. VII, 240. – *Was die Zwerge verscheucht.* Unsinniges Tun: Wi I, Nr. 107 – Spott: Wu Nr. 103 – Eibenbüsche: Wi I, Nr. 170 – Auswanderung: Ei Nr. 26 n. Va 8f, Ha 168f. – *Bergmännchen:* Wu Nr. 107 – Th. u. d. H. II, 45 – Der Berggeist: Th. u. d. H. II, 44 – Etzdorf: Wi II, Nr. 107; dgl. Sagen von der Braupfanne sind sehr häufig und scheinen mitunter durch Funde begründet zu werden. So war bei Peckatel (südsüdöstlich von Schwerin) ein großer Grabhügel, und die Sage erzählte: Wenn arme Brautleute nicht über einen genügend großen Grapen (dreibeinigen Kessel) zur Bereitung des Hochzeitsmahls verfügen, so müssen sie die Zwerge im Hügel darum bitten. Die leihen ihn gern, verlangen aber bei der Zurückgabe im Grunde des Gefäßes eine Probe des Essens. Als nun dieser Hügel in der Mitte des vorigen Jahrhunderts geöffnet wurde, fand man darin wirklich einen großen Bronzekessel. *Der Kobold im Ranzen:* Ei Nr. 112. Ein sehr anschaulicher Bericht vom Unfug des Kobolds s. in Zopf, Geraische Stadt- und Landchronika (1692) bei Ei Nr. 124. – *Opfergabe.* Jena: Wi I, Nr. 240 – Raudamühle: Gre 40 – Waltersdorf: Reichenf Arch. bei Ei Nr. 117 – Blankenhain: Klo 198. – *Das Futtermännchen:* Bö 243 – Schmiede u. Schleifer: Wu Nr. 130 – Die garstge Katz: Lie 137 – Das Baumännchen: Klo 202. – *Der Drache:* Glaube in Thüringen weit verbreitet, so daß noch heute Prozesse möglich sind, ähnlich wie Krü 472. Marte Renate Fischer, Das Drachenhaus – Gestalten: Ei Nr. 333 – Ei Nr. 398 – s guckt: Ei Nr. 428 – Leistungen: Ei Nr. 431 – Wi II, Nr. 106 – Die Feuersbrunst: Ha 855 Anm u. Ei Nr. 432 – Drachenmeister: Wi II, Nr. 127 – Ei Nr. 430. Anders bei Tautenhain: Da ließ er einen Kuhpratsch fallen. – Über die Teufelskutte bei Salzungen schreibt Heim in seiner Henneberg. Chron. S. 256, daß sich »nach denen alten Traditionibus der fliegende Drache oft in derselben sich einlassen soll, wenn er darüber hinfähret, vergehet u. sein Licht verlieret«.

Holzleute. Die erste Zusammenfassung dieser Sagen, die von allen Sammlern benutzt wurde, ist in Schmidt, Topogr. der Pflege Reichenfels (1827) S. 141–129. Auch die auf die Meinung der Landleute gestützte Vermutung des Verf., die Holzleute seien ein verwünschtes Menschengeschlecht (Reste der unterdrückten u. in die Wälder gescheuchten Slawen) ist in andere Bücher übergegangen. *Aussehn:* Schm 144 – Gri Nr. 48 – Schm 143. Ängstlichkeit: Schm 144. *Das mutwillige Holzweibel:* Bö 227f u. Ei Nr. 45. Der Übermut: Ei Nr. 31 – Das Männchen auf dem Heuschober: Thur 1843, 76. Der geizige Bauer: Schm 144. – *Das Laub im Brot:* Bö 235 u. Die goldne Wiege: Bö 231 – Der Bader: Ei Nr. 46. – *Moosweibelkuchen:* Schm 144 – Bestrafte Tücke: Thur 1842, 271. – *Das Mooskind:* Wi I, Nr. 187 – Verletzte Sittsamkeit: Schm 145 – Drieben der Bäume = Umdrehen auf dem Stamm (Baumgeister getötet?); das Piepen = Zeichnen der Brote mit den Fingerspitzen, ein ängstliches Abzählen und damit wohl Verletzung der altgermanischen Gastfreundschaft, vgl. den letzten Moosweibel-Ausspruch auf S. 215 u. Wi II, 285^{100}. – *Das Kümmelbrot:* Bö 188, Wi I, Nr. 212 – Das Holzweibel auf der Deichsel: Bö 212 – Hans Krepel: Gri Nr. 47 – *Das klagende Holzweibel:* Bö 222.

Wassergeister. »Die Nymphen oder Wassergeister können außer ihrem Element nichts ausrichten, lassen sich nicht einspannen und keine Spiritus familiaris aus ihnen machen, sind liebsinnig gegen die Menschen und lassen aus Liebe keinen leichtlich wiederum fahren, welche sie ertappet und an sich gezogen, wiewohl es wider ihren Willen geschicht und mit des Gefangenen höchsten Schaden und Untergang.« *Nixen.* Ilm: Wi I, Nr. 293^4 – Saale: Wi I, Nr. 238^9, 238^2, Prä We I, 482f – Unstrut: Thur 1843, 325 – Versöhnung: Th. u. d. H. VIII, 284 – Sig. 93. – *Opfer:* Wi I, Nr. 238^{11}, ^{7}, ^{5} – Nixenlust: Ei Nr. 63, Wi I, Nr. 293^3. – *Nixenwäsche:* Ei Nr. 69 – Wi II, Nr. 95 – Strafe und Lohn: Rothe im 16. Jahresbericht der voigtl. altertumsforsch. Vereins zu Hohenleuben, 77; Ei Nr. 69 – Ebenda – Ei Nr. 82. – *Zu Tanze:* Ei Nr. 64 – Ebenda – Die Nixen vom Döngessee: Gri Nr. 58 – Die getäuschten Nixen: Be Th Nr. 416 – Die Docken: Schm 149. Docke = Puppe, übertragen: hübsches junges Mädchen. – *Andere Liebschaften:* Mi Nr. 96; Vulpius, Romant. Gesch. der Vorzeit IX, 224 – Ei Nr. 76 – Der Schneider im Hautsee: Wu Nr. 233. – Nixenrache: Be Th Nr. 292 – Ei Nr. 72 – Ei Nr. 73 – Die übermütigen

Knaben Wi I, Nr. 289^3, Thur 1843, 325ff. – Der Nix: Gri Nr. 63; ähnlich der Hackelmärz in Werra u. Schleuße – Ei Nr. 77 – Die Wehmutter: Gri Nr. 49 – Die neue Spindel: Schm 149 (Schmidt schreibt Schindel, Köhler Spindel) – Das tote *Nixenkind:* Ei Nr. 81 u. Be Th Nr. 318.

GEHEIMNISVOLLE TIERE. Ehrung der *Otter:* Sig I, 92 – Ha 65. Kö: Die Slawen, besonders an Saale und Elster, verehrten Schlangen als Hausgötter, Priester hatten sogar für ihre Verpflegung zu sorgen. – *Otternkönig:* Ei Nr. 408; die betreff. Felswände durch Bahnbau und Steinbruch zerstört – Ei Nr. 409 – Wu Nr. 42 – Die Krone: Ei Nr. 409 u. 410; Rankes Vermutung (Ley IV, 209): Die Sage von der Krone auf ungenaue Beobachtung der Ringelnatter (goldgelbe Flecken am Kopfe) zurückzuführen. – Gewinn der Krone: Ei Nr. 415 – Kampf: Wu Nr. 754 – Der Gewinner: Wu Nr. 75 – Der Beschwörer: Wu Nr. 67, wird auch in anderen Gegenden erzählt. In Be Sa II, 148 die Otternkönigin gekocht und gegessen, Macht über die Schätze gewonnen. – *Gespenstische Hunde.* Bärenberg: Be Sa II, 114 – Beyer: Wu Nr. 481 – Am Asch: Wu Nr. 438. – *Hirsche:* Ei Nr. 326 u. 329. – Der *Feuerhase:* Ei Nr. 372. – *Katzen:* Heiderain: Wu Nr. 697 – Weida: Ei Nr. 392 – Pöltschen: Ei Nr. 393. – *Unk und Kröte:* Wu Nr. 264 – Wu Nr. 46. Hausunken ziehen das Gift, das in den Insassen ist, an sich und sterben dann, wohingegen jene befreit sind (Klo 301). Man sieht den Unk, weil glückbringend, nicht ungern in Ställen und Häusern; freilich treibt er nach manchen Angaben auch zuweilen Unfug und zwar ganz in der Art der Kobolde: flicht den müden Pferden Mähne und Schwanz zopfartig ineinander, trinkt den Kindern die Milch weg und zieht aus, wenn er gescholten wird, das Glück mit sich nehmend. – Unheimliche *Fische:* Ei Nr. 421 u. 423 – Wu Nr. 774. – *Lindwürmer:* Thü Va 1823, 174 u. 238 – Wi II, Nr. 122.

SCHÄTZE. Ein bezeichnendes Beispiel für verstecktes und vergessenes Geld s. Fi 133: Zweihundert Taler, die der Gutsbesitzer K. in Untitz unter dem Dächlein des Tores 1806 versteckt hatte, fanden sich 1872 unversehrt in dem Strumpfe, in den sie gebunden waren. – Der *Maurermeister:* Wu Nr. 776^c, vgl. Gey O Nr. 105 – Der alte May: Kru II, Nr. 120 (S. 47) – Der Schatz von Huflar: Wu Nr. 755. – Glühende *Kohlen:* Wu Nr. 659 – Wu Nr. 137 – Wu Nr. 586 – Die Kohle im Pfeifenkopf: Wu Nr. 433. – *Glücksblumen:* Wu Nr. 111 – Be Sa II, 123 – Wunderblumen: Wi II, Nr. 110 – Der ehrliche Schäfer: Thur 1843, 15 bei Wi II, Nr. 81. – *Glücksträume:* Gri Nr. 212, Grä Nr. 687 nach Curiosa Sax. (1737), 331 – Der Butzenhändler: Ei Nr. 470 – Bauer und Fleischer: Kru II, Nr. 124. – *Äffende Schätze.* Cronschwitz: Be Th Nr. 235 – Schusterflecken: Wu Nr. 133 – Allerhand Verblendung: Wu Nr. 333, 493, 743 – Der Ameisentopf: Klo 307. – *Gediegene Funde.* Tümpling: Brü II, 721 – Camburg: Wu 1. Aufl. Nr. 9 – Die entrüstete Magd: Wu Nr. 100, Be Sa II, 103 – Schatz an der Walper: Wu Nr. 125, vgl. Be Th Nr. 128 – Der blöde Knabe: Be Th Nr. 362 – Kegel: Be Th Nr. 375 – Ketten: Wu Nr. 672 und 140 – Orgel: Wi I, 203. Versetzt, d. h. verzaubert, Öffnung od. Eingang verblendet. – *Weinlager:* Wu Nr. 47 u. Wi II, Nr. 82 – Gleitsch: Be Th Nr. 243 – Ringelstein: Wu Nr. 191. – *Die Wünschelrute:* Wi II, Nr. 36; genauer bei Prä Wü (Vorrede): Die Wünschelrute wird geschnitten von einer Haselstaude, welche zweißelig od. zweisprossig ist. Doch müssen solche Sprossen gerade über sich stehen und sind die besten, welche von den Haselstauden geschnitten werden, die da auf Erzgruben wachsen. Man machet es auch auf eine andere Weise, wann man einen Ast von einer Haselstaude zerteilet gleich halbieret u. die zwei Teile aneinander hält, so schläget alsdann die Rute u. wendet sich in der Hand, sobald man eine Erzader betritt. – Rutengänger: Wi II, Nr. 36 – Johann Adam: Ei Nr. 482. – *Nakkelkappe:* Be Sa IV, 207, in Steinbacher Mundart – Der Schneider: Ei Nr. 478. – *Geschwätzige:* Des öfteren befindet sich ein prähist. Depotfund in einem gehenkelten Bronze- oder Eisenkessel. Der Pflug gleitet darüber hinweg, zerstört die Patina, u. das goldglänzende Metall leuchtet dem verdutzten Bauern entgegen. Doch die Pflugschar ist in dem gegenüberliegenden Henkel hängen geblieben. Ein kräftiges Hü treibt die Zugtiere an, der Henkel reißt ab (wird dann in der Familie als Wahrzeichen aufbewahrt) und der »Goldschatz« versinkt in der Erde. Die Zahl solcher vergrabenen »Schätze« ist sehr groß: bei Halle allein an die 300 vergrabene Äxte der ält. Bronzezeit (1800 v. Chr.). Besonders bemerkenswert sind auch die Schatzfunde von Münchenroda b. Jena und der Orlishäuser Ring-Axtfund, dieser in einem Topfe. – Ranis: Ei Nr. 476 – Heßberg: Be Th Nr. 15 – Schweina: Wu Nr. 152 – Der Stoffel von Öchsen: Wu Nr. 463. – Das bösartige *Graumännel:* Ei Nr. 102 – Packan: Wu Nr. 751. – Der *Mühlstein:* Storch, Vorwärts-Henns 217 – Buchenau: Wi II, Nr. 40. – Das *vergessene Kind:* Be Th Nr. 303.

Lichter u. Feuer. *Irrlichter:* Mitteilungen von Lehrer Müller in Niederroßla u. Lehrer Jahn in Schwarzbach. Schmiedemeister Ludwig daselbst will die »Laterne« wohl schon 50 mal gesehen haben, das letztemal vor vier Jahren – Eigenheiten: Ei Nr. 448 u. 451 – Der Schütz: Ei Nr. 452 – Irrlichter gerufen: Ei Nr. 454 u. 455. – Umgehende *Seelen:* Ei Nr. 449, Wu Nr. 342, Wi I, Nr. 264 – Irrlichter gereizt: Be Th Nr. 267 – Storch, Vorwärts-Henns 55ff – Wi I, Nr. 121 – Das freundliche Irrlicht: Be Th Nr. 280. – *Laternen:* Wu Nr. 679 Wi II, Nr. 177 – Kamburg: Br II, 720 Anm.; vgl. die hübsche Sage Gey Eis Nr. 18. Die Aubitzer Laterne – Feurige Kugeln. Tann: Wu Nr. 383 – Beyer: Wu Nr. 477, vgl. auch Nr. 50. – *Feuermänner.* Wilzental: Bö 80 – Kessel, eine alte Gerichtsstätte: Wi I, Nr. 201 nach altem Mskr. Kranlucken: Wu Nr. 491 – Die drei Spitzbuben: Ei Nr. 160 – Der Schatzgräber: Ei Nr. 159 – Feuermänner gerufen. Fambach: Wu Nr. 83 – Salzungen: Wu Nr. 567 – Aufgegebener Zweikampf: Wu Nr. 688. – *Erlöste* Feuermänner. Merkers: Wu Nr. 253 – Scherstieg: Be Sa IV, 140 – Arnshaugk: Thur 1841, 813.

Versunkenes und Erstandenes. Erdfälle werden in den Chroniken oft erwähnt, z. B. Ol I, 381: Zu Groß-Vargula hat Anno 1595 der Schäfer die Schafe an der Unstrut geweidet, gegen dem Pfarrgarten über. Als sie aber hinweg getrieben, ist plötzlich hinter ihm her das Erdreich eingesunken und durch solchen Erdfall ein Abgrund oder grundloses Loch entstanden, an der Breite und Größe dem Bruchhorn zu Tenstet gleich. Es ergeust sich aus diesem Loche ein starker Strom in die Unstrut. Vgl. auch Th. u. d. H. IV, 141. – *Schloß* im Büchensee: Wu Nr. 587, Be Sa IV, 149 u. Be Th Nr. 59. – *Schenken:* Be Th Nr. 319 u. 256. – *Dörfer und Städte.* Ebertsdorf: Wu Nr. 72, Be Th Nr. 156 – Stadt im Lautergrund: Be Th Nr. 11 – Reiter: Wu Nr. 682 – Schloß: Thur 1843, 618. – *Erstandenes.* Mord offenbart: Be Sa III, 197 – Die Pferchhütte: Wu 775 – Glocken: Th. u. d. H. V, 205 – Altar: Be Th Nr. 119 – Wiedenkirche: Klo, Volkss. – Kloster: Wi II, Nr. 92 – Kapelle: Klo 321 – Schloß am Beyer: Wu Nr. 471 – Gertles: Be Nr. 36.

Der Alp. *Seele als Maus:* Prä We I, 40 bei Gri Nr. 248, vgl. auch Gri Nr. 461 – Ungeborenes Leben: Wi I, Nr. 330. – *Der Alp.* Möhra: Wu Nr. 206 – Der Alp gefangen: Be Th Nr. 116 – Wu Nr. 640. – *Der Werwolf:* Wu Nr. 540.

HEXE UND ZAUBER. Die betreff. Gerichtsverhandl. Mitteld. Ztg. vom 18. Nov. 1925 – Hexenfeuer: Besonders in Steinbach (Hexen-Steinbach), aber auch in Schweina, Gumpelstadt, Ruhla, Winterstein, Brotterode soll es viel Hexen gegeben haben; auf dem Lobberg wurden sie angeblich zum Lobe Gottes verbrannt. Die Chroniken berichten von zahllosen Prozessen, vgl. Wa He IV, 223f u. 253, ferner Gey O Nr. 113: Ein Hexenprozeß zu Meuselwitz nach Kirchengalerie des Herzogtums Altenb. I, 348ff u. a. – *Gebräuche:* Kru I, Nr. 5; derselbe Brauch wird freilich auch mit dem Walperzuge in Verbindung gebracht; vgl. Fa E 185f u. Wi I, Nr. 313. – *Tanzorte.* Ostheim: Wu II, Nr. 54. – *Ausfahrt:* Wu Nr. 666 – Ein Hexenzug: Wu Nr. 562 – Spielleute. Merkers: Wu Nr. 256 – Kaltenlengsfeld: Wi II, Nr. 50 u. Wu Nr. 414 – Die Luftfahrt: Wu Nr. 27. – *Hexenwerke.* Läuse: Wu Nr. 700 – *Wetter:* Wu Nr. 490. Wid II, 13 Anhang: Wetter machen ist dem Teufel kein wunderlich u. übernatürlich Werk. Denn alles, was die Natur vermag, kann er zuwege bringen. – Kinder angelernt: Be Rhön 59; Eisenkuchen nach Be ein in jener Gegend beliebtes Backwerk aus Mehl, Fett und Eiern, das auf einem erhitzten Eisen von runder Form gebacken wird. Ein Knabe von zwölf Jahren wurde in Koburg mit dem Schwerte gerichtet und verbrannt, zwei andere mußten zusehen, im Glauben, daß ihnen eine gleiche Strafe bevorstehe, weil alle drei gutwillig bekannt, daß sie auf dem Mantel ausgefahren. – *Der fliegende Bock:* Ei Nr. 325. – *Hexen gebannt.* Möhra: Wu Nr. 197 – Zeitz: Ei Nr. 228. – *Hexenbälge:* Wu Nr. 606, Be Th Nr. 57 – Wu Nr. 736. – *Der Hexen Lohn.* Roßdorf: Wu Nr. 633 – Wiesenthal: Wu Nr. 436[a]. – *Liebeszauber.* Die abgeworfenen Hemden: Prä Wei 408, bei Gri Nr. 118 – Zauberkräuter: Bräuners Curiositäten 58ff bei Gri Nr. 120; einen andern Liebeszauber in Erfurt Hog 1040 – Messer im Brot. Prä Wei 401f, bei Gri Nr. 116 Sibylle: Wu Nr. 767 – Gelöste Liebe: Be Sa II, 122. – *Allerlei Zaubermittel.* Schleiz: Ei Nr. 698 – Erfurt: Staricius, Neu vermehrter Heldenschatz (1690), 94 bei Wi I, Nr. 327 – Der Stallmeister: Happel, Relationes curiosae V, 707 bei Wi II, Nr. 151 – *Der Erdspiegel.* Arnsburg: Be Sa IV, 67 – Wu Nr. 563 – Das Kristallsehen: Kru II, Nr. 133 nach dem Ratsprotokoll; anderes Vernichtungsmittel bei Klo 477: Wenn einer Schaden getan hatte, ohne daß man ihn belangen konnte, so wurden seine Fußtritte mit einem Klumpen Erde ausgestochen, in einen Leinwandsack genäht und in die Feueresse gehängt. Man glaubte, daß, wie die Fußtritte ausdorrten und zerfielen, auch der austrocknen und sterben müsse, dem sie angehörten. – *Geheimbücher:* Gre 64 – Gewitterbanner: Wu Nr. 180. – *Feuerbeschwörer:* Wu Nr. 734 – Feuerreiter. Sangerhausen: Thur 1842, 793f – Gera und Bieblach: Ei Nr. 585 – Feuerteller: Weimar, Gesamtarchiv. – *Der Binsenschnitter:* Klo 65–67 und Ei Nr. 550; Vgl. Kö 373. – *Zauberer und Hexenmeister:* General Auerochs: Wu Nr. 691 – Koppy (auch Kippy und Kitty): Ei Nr. 533, 557, 675 2. Anm.; noch zahlreiche andere Dinge werden von ihm erzählt. – Hans Leineweber: Be Sa II, 125 – Irmisch: Ei Nr. 574 – Kresse: Schm 154ff. – Hammermichel: Ei Nr. 572 – Schnupftabaksmann: Ei Nr. 566. – Vorwärts-Henns: Be Sa II, 128ff.

JÄGER UND SCHÜTZEN. *Irrkraut:* Wu Nr. 648 – Be Erf. Gedenkbuch 1840, 145. – *Diebeskunst:* Ei Nr. 570. – *Gefoppte Jäger:* Be Sa IV, 57 – Wu Nr. 154 – Ei Nr. 375 – Ei Nr. 388. – *Zauberschützen:* Be Sa III, 170 – Ei Nr. 577 Anm. – Freischützen: Be Sa IV, 180 – Th. u. d. H. II, 43 – Kaiser und Witsch: Be Th Nr. 133. – *Andere Jägerstückchen:* Be Sa IV, 131 – Ei Nr. 578 – Ei Nr. 568. – *Zaubermittel:* Markscheffel, Berth. Sigismund (Langens. 1900) 282 – Farnsamen (Fahrsamen): Be Th

Nr. 161 u. Klo, vgl. auch Gey Els Nr. 15 Der Jägerschuß – Freikugeln: Wu Nr. 639 – Wi II, Nr. 178 n. G. Hesekiel. Der Förster von Elsenberg: Gre 133, andere Lesart bei Gey Els Nr. 7 – der Reiter in Ohrdruf: Thur 1841, 231; andere Deutung des blutroten Loches im Quaderstein des Waldtores f. Krü 391 – Der Stein am Schneekopf: Th. u. d. H. VI, 86, auch bei Wi II, Nr. 77 u. Be Sa III, 151.

Der Teufel. *Teufelswerke:* Ei Nr. 5 u. Be Th Nr. 317 – Be Th Nr. 344 – Teufelsbad: Be Sa III, 148. – Vielerlei *Gestalt*: Ei Nr. 1; beim Schlämmen des Teiches soll man steinerne Streitäxte u. bronzene Ringe gefunden haben. Ein Herthhain u. Herthloch war in der Nähe – Wi II, Nr. 50; Wu Nr. 344; Schwarz, Salzunger Chron. Handschr. bei Wu Nr. 569 – Bös Munn: Wu Nr. 144 – Der leuchtende T: Wu Nr. 45 – Der brüllende T: Wu Nr. 401. – *Inspektor Holzapfel:* Wu Nr. 69 – Der Pfarrer von Rosa: Wu Nr. 638. – *Der Selbstmörder:* Wu 647 – Der Bekehrte: Wu 454. – *Lästerer:* Gey O 101; Wi I, Nr. 174 – Schmiedchen: Wu Nr. 436 – Dem Teufel zugesagt: Wu Nr. 708. – *Spieler:* Gre 43 – Der Astrolog: Ei Nr. 555 – Die Geschwister: Kru I, Nr. 42; Fa Th I, 218; Gri Nr. 358. – *Der Advokat:* Kru II, Nr. 126 – Der geschundene Schulz: Wu Nr. 549 – Die entwichene Seele: Wi II, Nr. 83. – *Teufelwehr:* Be Th Nr. 284 – Teufelsmauer: Büschings wöchentl. Nachr. III, 143 bei Wi II, Nr. 64. – *Der geprügelte T.:* Wu Nr. 450 – Der geschliffene T.: Ei Nr. 7; eine andere Lesart ebenda Anm.

Faust. *Herkunft:* Faustbuch von 1587, Kap. I (Kü 10) – Die Hechte: Faustbuch von 1587 (Scheible, Kloster 1040) – *Das Heufuder:* Faustb. von 1587, Kap. 36 (Kü 86); dasselbe auch im Faustb. von 1589 (Fri 72) – *Fausts Rache:* Widmann, Faustb. von 1599 II, Kap. 4. – Von einer *Vorlesung:* Wid I, Kap. 38 (Scheible, Kloster 500) – Die Komödien: Hog 1055 – *Die Luftreise:* Wid I, Kap. 39; auch im Faustb. von 1589 Kap. 53 (Fri 95). – *Die Gasterei:* Hog 1050 (ganz ähnlich in Fri 97). – *Mönch* will Faust bekehren: Faustb. von 1589, Kap. 55 (Fri 99, fast wörtlich auch bei Hog).

Der Tod und die Toten. *Trauerkutsche:* Krebs, Chron. von Zeitz bei Ei Nr. 273. – *Leichenzüge:* Wi II, Nr. 142 – Ei Nr. 281. – *Der Tod angezeigt:* Be Th Nr. 370 – Ei Nr. 254 – Die Erdhenne: Rö Nr. 196. – *Die Todesstunde:* Wu Nr. 446 – Die Seele im Stammhaus: Be Th Nr. 257. – *Wiederkehr:* Be Th Nr. 285. Der Wechsel ist die Ecke der Ofenbank, in der die beiden Sitzbretter zusammengegehrt sind. – Unruhe durch Nachrede: Wi I, Nr. 295. – Unerfüllte Wünsche: Wu Nr. 147 und Be Sa IV, 201 – Wi II, Nr. 143 – Wu Nr. 243. – *Der Toten Eigentum.* Grabkreuz: Be Th Nr. 16 – Grabsteine: Pau II, 653 – Leichentuch: Wi t, 332[3] – Tote zitiert: Be Th Nr. 286. – *Grenzfrevler:* Wu Nr. 595. – *Betrüger u. Bedrücker:* Steinbach: Th. u. d. H. II, 48, – Melkers: Wu Nr. 720 – Gera: Ei Nr. 222 – *Die geizige Frau:* Thur 1841, 681. – *Sündige Liebe:* Be Sa IV, 134 u. Wu Nr. 608 – Schultes, Cob-Saalfeld, Landesgesch. (Cob. 1808) I, 109ff. Die Unglückliche starb 1613. Ei Nr. 213 u. Gre 21ff. Eine Beschreibung der alchymistischen u. okkultistischen Neigungen dieses Eisenberger Herzogs s. Gre 10ff, Back I, 51ff u. II, 369ff. – *Spieler u. Kaufer:* Be Th Nr. 208 – Grä Nr. 676. – *Mörder.* Ungnadhausen nach Gnadental: Be Rhön 58 – Tummelhans: Wu Nr. 1, andere Lesart Lie 136. Das Blaubartmotiv ist wohl unverkennbar. – Vatermörder: Thur 1842, 780 – Kindesmörderinnen: Wi II, Nr. 164[2] – Hinrichtung: Wu Nr. 12 – Selbstmörder: Ei Nr. 146 – Mi Nr. 104. S. den Brief Goethes an Frau v. Stein vom 19. Jan. 1778 (Propyläen-Ausg. 3, S. 434). – *Ermordete und Verunglückte:* Gre 45 – Wu Nr. 725 – Gerichtete: Ei Nr. 227 – Der

Spuk von Schwaara: Ei Nr. 225. – *Spukende Geistlichkeit.* Mönch: Wu Nr. 211 – Pfarrer: Wu Nr. 484 – Berufstätige Gespenster: Reichenf. Arch. (Ei Nr. 197) – Mündl. – Wu Nr. 546 – Wi II, Nr. 124. – *Reiter:* Wu Nr. 139 – Wu Nr. 424. – *Geisterzüge:* Gre 55 – Chron. mon. 312 (Wi I, Nr. 93) – Be Sa IV, 89. – *Geistermetten:* Wu Nr. 559 – Rö Nr. 139 – Hellbach, Nachr. v. d. Frauen-Kirche zu Arnstadt 118 – Ei Nr. 283, aus einer Schleizer Chron.; vgl. auch Gri Nr. 176.

Ortsregister

Abkürzungen: b. = bei, s. = siehe, s = südlich, so = südöstlich usw. – A = Arnstadt – Ap = Apolda – Bl = Blankenburg – Cö = Cölleda – E = Erfurt – Ei = Eisenach – Eis = Eisenberg – Eisf = Eisfeld – Fr = Friedrichroda – Fra = Frankenhausen – Frey = Freyburg – Ge = Gera – Go = Gotha – Grä = Gräfenthal – Greu = Greußen – Hi = Hildburghausen – Ho = Hohenleuben – Ilm = Ilmenau – J = Jena – Ka = Kaltennordheim – Kra = Kranichfeld – La = Langensalza – Leu = Leutenberg – Lie = Liebenstein – Lo = Lobenstein – Mei = Meiningen – Mü = Mühlhausen – Mün = Münchenbernsdorf – Nau = Naumburg – Ohr = Ohrdruf – Ost = Ostheim – Pö = Pößneck – Ro = Ronneburg – Ru = Rudolstadt – Sa = Sangerhausen – Saa = Saalfeld – Sal = Salzungen – Schmal = Schmalkalden – So = Sondershausen – Sonn = Sonneberg – Wa = Wasungen – Wei = Weida – Weim = Weimar – Wie = Wiehe – V = Vacha – Zei = Zeitz

Allendorf b. Königsee 110
Allstedt 11, 34
Altar, Alter f. Saalthal 201
Altenberge so Fr. 110
Altenburg 101 f.
Altenstein in Lie 124, 311
Angelroda nw Ilm 209, 216
Arnsburg fw. Fra b. Seega 167, 299
Arnshaugk b. Neust. a. O. 275
Arnstadt 85, 152, 168, 197, 209, 318, 352
Asbach o Schmal 113, 320
Aschenhausen so Ka 351
Auleben no So 148
Auma 164, 229

Bairoda b. Lie 118
Bastheim s. Ost 126
Beichlingen in Cö 19
Benshausen nw Suhl 114, 160, 313
Berga a. E. 104, 159, 177, 291, 306
Berka a. I. 350
Berka a. W. 142
Bermbach s V 246
Bernshausen s Sal 309
Beyer sw Sal 272, 280, 350
Bieblach (Ge) 303
Bischofroda no Ei 142
Bischofsheim 205
Blankenburg 29, 261, 326
Blankenhain 220
Blankenstein a. S. 153
Bleß (Berg) s Sal 345
Bobeck sw Wis 154
Bodelwitz b. Pö 213
Böhmersdorf s Wei 338
Brandenburg w Ei 181
Breitungen (Herren, Frauen-) nw Schmal 135, 160, 292, 343
Brotterode n Schmal 39, 107, 114, 171, 218, 256, 319
Bucha o Saa 200, 225
Buchenau no Creuzb. 267
Buchfart s Weim 167
Burgk sw Schleiz 30
Burgscheidungen nw Laucha 83
Burkersdorf nw Wei 181
Buttstädt n Weim 78, 105, 145, 198
Buttelstedt n Weim 206

Cabarz b. Waltershausen 114
Camburg 260, 272
Clodra u. Clodramühle so Wei 167, 347
Closewitz n J 224
Cossengrün sw Elsterb. 237
Creuzburg 71, 104, 214, 267, 340, 351

Crimla n Wei 223
Cronschwitz o Wei 169, 174, 251, 258, 312
Culm no Ge 239

Dankmarshausen n V 160
Deicheroda s V 175
Dermbach 179, 321, 328
Dietrichsberg s V 175
Dittersdorf sw Auma 263
Dittersdorf sw Bl 206
Dobia w Elsterberg 132
Dobian sw Pö 211
Dönges nw Sal 239
Dörnfeld sw Stadtilm 309
Dörtendorf s Wei 306
Donndorf a. Rieth no Wie 22
Dorna no Ge 310
Dreißigacker w Mei 165

Eckardts s Sal 279
Eigenrieden (Eichen) w Mü 258
Eisenach 21 f., 33, 37, 47 f., 55, 57 f., 61 ff., 68, 70, 73 ff., 77, 117, 123, 141 f., 181, 195
Eisenberg 76, 165, 220, 266, 348
Eisfeld 108, 206
Elgersburg 239, 262
Elsterberg (Elsterburg) 39, 168, 352
Empfertshausen nw Ka 137
Endschütz o Wei 109
Engelsberg b. Tann 137, 319
Erfurt 8, 37, 39, 78, 80, 82 ff., 85, 89, 105, 123 f., 128 f., 136, 140 f., 146 f., 151, 165, 168, 254, 258, 283, 286, 295, 298, 323, 330, 332 ff.
Eßbach w Schleiz 327, 341
Etzdorf no Eis 219

Fambach nw Schmal 274
Farrenroda (Farnroda) so Ei 37, 271
Filke n Ost 267
Fladungen 267
Förtha sw Ei 177, 209
Frankenhausen 121, 185 f., 197
Frankenheim sw Ka 154, 159, 161, 265
Frankenstein b. Sal 33, 47
Frickenhausen s Ost 128, 252, 279
Friedelshausen no Ka 275
Friedrichroda 44, 162
Frießnitz w Wei 250
Fröhliche Wiederkunft s Roda 130
Frössen nw Hirschb. 238

Gamsenberg nw Pö 268
Gangloff s St. Gangl. 167, 224, 279
Gangloff-Sömmern s Greu 79, 107
Garsitz b. Königsee 209, 216
Geba nw Mei 176, 206
Gefell s Schleiz 227
Gehaus so V 350
Geisa 262
Georgenthal so Fr. 153
Gera 37, 81, 144, 152, 167, 209, 217, 257, 302, 337, 342, 349
Gerberstein no Lie 172
Gerstungen w Ei 142, 211
Giebichenstein 46
Glasbach s Königsee 113
Glattbach n Ka 179
Gleichberg w Hi 327
Gleichen nw A 43
Glücksbrunn nw Lie 218
Göringen w Ei 181
Göttendorf s Ho 227
Gössitz s Pö 208, 226
Gotha 8, 49, 87 ff., 329 f.
Grabfeld (Gau) 147
Gräfenroda nw Ilm 315 f.
Gräfenthal 157
Greifenstein b. Bl 259
Greiz 121, 318
Grimmenthal s Mei 302, 347
Großdrardorf o Wei 238
Großebersdorf w Wei 307
Großkamsdorf o Saa 222
Großkundorf so Berga 148
Großmölsen no E 141
Großobringen n Weim 336
Großromstedt s Ap 111
Grüna so Eis 269
Grumbach s Schmal 248
Gumpelstadt nw Lie 302, 311

Hain o Ho 277
Haueisen (Saaldorf) o Lo 153
Hausen nw Ost 171, 270
Hautsee nw Sal 241

Heilingen w Orlamünde 40, 117
Heinrichs w Suhl 135, 310
Heldra w Treffurt 155
Hellerstein b. Treff. 155
Hellmers w Schmal 261
Henneberg sw Mei 34 f.
Herges so Schmal 262
Heringen n V 142
Hermannsberg o Steinb.-Hall 170
Herpf w Mei 342
Herrengosserstedt no Buttst. 170
Heubach n Eisf. 108
Heustreu s Ost 254
Hildburghausen 265, 339
Hirschberg ob. Saale 271
Hirschfeld no Ge 30
Hörselberg so Ei 194 ff., 197 f.
Hohenleuben 167, 181
Hohenölsen s Wei 277
Hohlenstein b. Lie 20
Hoher Asch n Ka 249
Hohereuth nw Wei 181
Huflar nw Ost 255
Hutsberg n Ost 267

Ilmenau 118, 120, 197, 239
Immelborn so Sal. 162
Inselsberg 47, 59, 119

Jena 97, 138, 207, 220, 235 f., 262
Judenbach no Sonn 138, 221, 345

Kaltenlengsfeld no Ka 178, 250, 288
Kaltennordheim 161
Kaltenwestheim sw Ka 161, 319
Katzenstein nw Ka 39
Katzhütte Ob. Schwarzatal 236
Kleingeschwenda o Leutenb. 279
Kelbra no So 148, 156, 309
Kleindraxdorf so Wei 175
Klings nw Ka 137, 319
Klosterlausnitz 250, 351
Knau so Pö 230, 263
Koburg 16, 103 f., 286, 294 f., 343 f.
Köckritz nw Wei 223
Königsee 197
Köstitz b. Pö 241, 269
Köstritz nw Ge 323
Kolba w Neust. O 203
Krainberg (Kraienburg) nw Sal 76, 165
Kranichfeld 197
Kranlucken so Geisa 290
Krauthausen nw Ei 351
Krölpa w Pö 318
Kupfersuhl n Sal 210 f., 214
Kyffhäuser 17, 38, 156, 183 ff., 186 ff., 189 ff., 192 f., 197, 262

Langenberg n Ge 37, 217, 262
Langendembach no Pö 177, 203
Langenfeld s Sal 137
Langenorla n Pö 167
Langensalza 295
Langenwetzendorf s Ho 226
Langula s Mü 109
Lauterbach b. Ei 142
Lautergrund zw. Kob. u. Eisf. 278
Lengefeld so Ge 285, 291
Lengsfeld (Stadtlengsf.) sw Sal 30
Leislau no Camb. 272
Leumnitz (Ge) 199
Leutersdorf so Mei 109
Leutenberg 41, 227, 280
Leutnitz w Bl 253
Leutra s J 126
Lichtenberg so Ge 310, 318
Lichtenhain b. J 98
Liebenstein 40 f., 125, 275
Liebschwitz s Ge 119, 238, 328
Lobeda s J 235
Loitsch s Wei 225, 228, 238
Lützen 29
Lunzig o Ho 182

Mäbendorf w Suhl 318
Malmerz (Sonn) 160
Marisfeld o Mei 281 f.
Marksuhl 263, 292
Maßfeld (Unt. u. Ob.) s Mei 293
Meilitz n Wei 242 f., 305
Meiningen 111, 134, 153, 169, 174, 246, 302
Melkers nw Mei 342
Mellingen so Weim 150
Melrichstadt so Ost 160, 242
Memleben a. Unstrut sw Nebra 11, 34
Merkendorf o Auma 240
Merkers w Sal 288

Meschenbach nw Sonn 209 f.
Meura o Oberweißb. 213, 229
Mildenfurth b. Wei 83
Moderwitz b. Neust. O. 229, 275, 280, 343
Möbisburg sw E 340
Möhra n Sal 142, 144, 212, 284, 292, 350
Möhrenbach so Ilm 196
Mörsdorf o Roda 199
Mosen no Wei 174
Motzlar s Geisa 147, 176, 259, 273
Mühlberg nw A 33, 129, 142, 315
Mühlhausen 89, 105, 124, 258

Naumburg a. S. 9, 51, 91, 95, 197, 272
Nebra 271
Neidenberga no Leu 202
Neuenburg b. Frey 46, 52 f., 60
Neuhaus so Sonn 138
Neundorf nw Schleiz 271
Neundorf b. Lo 126
Neunhofen (Neustadt a. O.) 205
Neustadt a. O. 110, 163, 203, 241, 257 f., 280, 343
Nickelsdorf o Eis. 175
Niederdorla s Mü 109
Niederndorf w Ge 37
Nohra w Weim 142
Nordhausen 91 f., 192 f., 235
Nordheim nw Ost 147

Oberalba b. Dermb 281
Oberdorla s Mü 109
Oberelsbach w Ost 107, 319
Ober- u. Unterkatz 256
Oberlind (Sonn) 160
Oberröppisch s Ge 81, 270
Oberroßla b. Ap 126
Oberstadt o Mei 281
Obstfelderschmiede sw Bl 113
Öchsen (Berg) s V 118, 249
Öchsen (Dorf) so V 180
Öpfershausen no Ka 304
Ohrdruf 29, 113
Oppurg u. Oberoppurg 203 f., 215 f., 263, 268
Ostheim 286, 296
Otticha so Ge 274, 310
Ottilienstein b. Suhl 259

Pahren (Zeulenr.) 181
Pausa 344
Pennewitz no Gehren 211
Pflanzwirbach n Ru 160
Piesigitz o Auma 240
Pillingsdorf so Ro 111
Plaue 121
Plothen nw Schleiz 278
Pohlen no Wei 306
Pöltschen b. Berga E. 251
Pölzig no Ge 223
Pößneck 219
Posterstein o Ro 169

Queienfeld nw Römh. 247

Ranis 167, 181, 231, 237, 265
Rauschengeseeß so Leu 30
Reichenbach n Ge 30
Reichenbach no Saa 135
Reichenfels b. Ho 35
Reichmannsdorf nw Grä 114
Reinhardsbrunn b. Fr 48, 62, 65, 67, 71
Reinsfeld, Reinsberg (Reinsburg) o Plaue 118, 257
Reitzengeschwenda no Leu 117
Remda 105
Renthendorf sw Mün 309
Riethnordhausen n E 110
Ringelstein no Sal 133, 263
Roben n Ge 265
Rockhausen s E 150
Rödersdorf no Schleiz 126
Röpsen no Ge 37, 222
Rohr o Mei 159
Ronneburg 348
Rosa w Schmal 284, 313, 320, 345
Roßdorf no Ka 209, 293, 321
Rothenburg (Kyffh.) 309
Rothenstein s J 162
Rudolstadt 15, 130, 143, 261
Rüdersdorf nw Ge 222
Ruhla 48, 52, 114, 216, 249, 256, 280, 305
Ruttersdorf n Roda 112

Saaleck sw Nau 94
Saalfeld 11, 30, 102, 134, 138, 140, 222, 232, 234, 235, 259, 262, 283, 296, 318

Saalthal (Altar, Alter) so Sa 317
Sachsenburg s Oldisl. 19, 180
Sättelstedt o Ei 42, 194, 196, 251
Salzungen 121, 126, 137, 146, 319, 352
Sangerhausen 44, 47, 82, 146, 270, 302, 346
Schauenburg sw Fr 45, 49
Scheiplitz (Zscheiplitz) w Frey 45
Schleiz 126, 144, 223, 226, 246, 271, 297, 352
Schleusingen 280
Schmalenbuche n Sonn 157
Schmalkalden 65, 118, 125, 246, 248, 320
Schmeheim o Mei 136
Schmölln 321
Schneekopf so Ilm. 168, 315, 318
Schömberg sw Wei 312
Schöndorf nw Schleiz 338
Schöten s Ap 252
Schwaara no Ge 348
Schwabhausen n Ohr 37
Schwallungen n Wa 271
Schwarza no Mei 157, 168, 179
Schwarzatal 206, 318
Schwarzbach w Wa 159
Schwarzbach w Mün 269
Schwarzburg sw Bl 15, 32, 43, 229, 299
Schwarzhausen nw Fr. 111
Schweina b. Lie 19, 134, 219, 265, 310, 342
Scölen (Schkölen) s Nau 30
Seifarthsdorf so Eis 323
Seifersdorf nw Wei 145
Seisla sw Pö 167, 317
Singerberg s Stadtilm 39, 196 f., 279
Sinnershausen w Wa 279
Sittendorf n Kyffh. 190
Sittichenbach nw Allstedt 169, 352
Söllmnitz no Ge 269
Sondershausen 92, 156, 191, 199
Sonneberg 37
Spechtsbrunn sw Grä 157
Stadtilm 322, 326
Staitz sw Wei 229
Stedtlingen sw Mei 259
St. Gangloff n Mün 167, 224, 250, 279, 310
Steinbach n Lie 91, 114, 172, 218, 255, 311, 319, 342, 351
Steinbach-Hallenberg o Schmal 168, 170, 278
Steinbrücken n Ge 265
Steinsdorf nw Leu 227
Stepfershausen nw Mei 322
Stockheim o Ost 176
Stoffelskuppe s Sal 255, 345
Stotternheim n E 123
Struth no Schmal 118
Stublach (Ge) 217, 242
Sülzfeld sw Mei 128
Suhl 121, 259
Sulza 121
Sundhausen b. Go 88

Tambach so Fr 113, 125
Tanna s Schleiz 169
Tann 157
Tautenhain s Eis 301, 305
Teichel n Ru 39
Teichroda n Ru 39
Teichwolframsdorf n Greiz 344
Tenneberg b. Waltersh 76
Thal so Ei 308
Themar 277, 281 f.
Thimmendorf so Leu 220
Tiefenort nw Sal 198, 275, 339
Tilleda no Kyffh 189 ff.
Treffurt 33, 162
Triebes s Wei 226, 338
Trockenborn s Roda 129
Trusen so Lie 171
Tümpling b. Camb. 260

Übelroda so Sal 287
Unstrut 13
Untergeißendorf s Berga E 350
Unterharles o Ost 247
Untermaßfeld 109
Unterschönau b. Steinb.-Hall 178
Urnshausen sw Sal 110, 165, 168, 286
Urspringen w Ost 111, 168

Vacha 35, 105
Veitsberg b. Wei 139
Veßra nw Hi 162

Vippach nw Wei 79
Völkershausen so V 198

Wachsenburg nw A 38
Wahlwinkel o Waltersh. 149
Wahns nw Mei 159
Waldfisch no Sal 20, 133
Walldorf n Mei 134
Walpernhain no Eis 348
Waltersdorf n Greiz 223
Waltershausen 11, 149
Wandersleben nw A 159
Wartburg 8, 13, 15, 33, 47, 54f., 59ff., 62, 68, 75f., 124
Wasungen 132, 246, 289
Weida 7, 30, 104, 145, 165, 175, 181, 209, 223, 246, 251, 256f., 262, 270, 273, 280, 318
Weilar sw Sal 157, 286, 350
Weimar 7, 29, 43, 97, 99, 104, 123, 125f., 129, 142, 149, 234, 237, 246, 286, 298, 303, 318, 329, 336, 338f., 346
Weisbach w Ost 107
Weißbach o Ru 143
Weißenborn s Eis 267
Weißensee so Greu 19, 80
Weitersroda b. Hi 160, 339
Welkershausen (Mei) 348
Wendelstein o Wie 34
Wernsdorf o Wei 177, 291
Wichtshausen no Mei 159, 279
Wiesenthal n Ka 157, 226, 294, 322
Wildetaube so Wei 228
Wildprechtroda b. Sal 255, 276
Wilhelmsdorf s Ranis 115, 200, 211, 227, 230, 233, 238, 241, 244, 273, 277
Willmars n Ost 176, 214
Windischenbernsdorf w Ge 307f.
Winterstein w Tabarz 91, 111
Wirbach w Saa 283
Witzelroda no Sal 341
Wöhlsdorf so Pö 181, 231, 306, 318
Wöllnitz b. J 97
Wolfersdorf o Wei 174
Wünschendorf no Wei 104, 136, 174f., 246

Zabelsdorf so Auma 145
Zeitz 35, 197
Zella nw Ka 145, 337
Zeulenroda 145
Zickra so Wei 132
Ziegenhain b. J 321
Ziegenrück 208
Zillbach w Schmal 271, 312
Zwätzen (J) 224
Zwötzen (Ge) 304

Bildregister

Arnstadt 86
Auerstädt 143
Eisenach 49
Elisabeth Hl. 56
Erfurt 82
Getreideregen 143
Goldwäscher 116
Gotha 88
Hexe 290
Jena 96, 237
Klingsor 56
Kyffhäuser (Rothenburg) 183
Leuchtenburg 234
Liebenstein 41
Mühlhausen 90
Naumburg 93
Rudolstadt 130
Saaleck (Rudelsburg) 94
Saalfeld 103
Schwarzburg 32
Teufel 317
Wartburg 43, 65
Weimar 99, 143